汽车故障分析详解丛书

汽车电气设备故障分析详解

上 册

李清明 冯兆凯 等编著

机 械 工 业 出 版 社

本书以电气设备中不同系统的各种常见故障诊断为主线，对汽车电气设备各系统如充电系统、发动机起动系统、照明及信号系统、电动车窗控制系统、后视镜控制系统、电动座椅系统、门锁控制系统、刮水器和清洗器系统的常见故障现象、故障原因、诊断基本思路、诊断方法和技巧进行了归纳、总结，并对这些系统常见控制电路的工作原理进行了必要的分析。

本书实用性强，紧跟汽车维修技术发展步伐，适合于广大汽车使用维修检测技术人员、高职高专汽车相关专业的师生阅读参考。

图书在版编目（CIP）数据

汽车电气设备故障分析详解．上册/李清明等编著．—北京：机械工业出版社，2017.11

（汽车故障分析详解丛书）

ISBN 978-7-111-58339-4

Ⅰ．①汽…　Ⅱ．①李…　Ⅲ．①汽车－电气设备－故障诊断　Ⅳ．①U472.41

中国版本图书馆CIP数据核字（2017）第261216号

机械工业出版社（北京市百万庄大街22号　邮政编码100037）
策划编辑：齐福江　责任编辑：齐福江　王　荣
责任校对：杜雨霏　封面设计：马精明
责任印制：孙　炜
北京中兴印刷有限公司印刷
2018年2月第1版第1次印刷
184mm×260mm·16.25印张·393千字
0 001—3 000册
标准书号：ISBN 978-7-111-58339-4
定价：59.00元

凡购本书，如有缺页、倒页、脱页，由本社发行部调换

电话服务	网络服务
服务咨询热线：010-88361066	机 工 官 网：www.cmpbook.com
读者购书热线：010-68326294	机 工 官 博：weibo.com/cmp1952
010-88379203	金 书 网：www.golden-book.com
封面无防伪标均为盗版	教育服务网：www.cmpedu.com

前言

《汽车电气设备故障分析详解（上册）》《汽车电气设备故障分析详解（下册）》是《汽车发动机故障分析详解》《汽车底盘故障分析详解（上册）》《汽车底盘故障分析详解（下册）》的姊妹篇，介绍了汽车电气设备各系统中常见故障的故障现象、故障原因、诊断方法和思路、诊断与排除程序等。书中不仅对电气设备各系统的组成、工作原理进行了阐述，也针对当前汽车电气设备的发展现状，对电气设备中的各种新系统的电路原理进入了深入分析，使读者在理解工作原理的基础上，尽快提高诊断与排除汽车电气设备故障的技能。

《汽车电气设备故障分析详解（上册）》主要涉及充电系统、发动机起动系统、照明及信号系统、电动车窗控制系统、后视镜控制系统、电动座椅系统、门锁控制系统、刮水器和清洗器系统，分别对这些系统的常见故障现象、故障原因、诊断方法和技巧进行了较深入的分析与探讨。

本书力求做到以下三点：一是理论和实践相结合，既有对故障的理论分析，又阐述了电气设备各系统的部件及电路检测；二是通俗易懂，图文并茂；三是内容实用、较全面，涉及汽车电气设备各种常见系统的内容，力求反映当前汽车电气设备的新技术。

本书由李清明、冯兆凯、程森、戴圻春、林海波、黄世凯、陈子麒、张天柱、梁林、梁业庆、周敏年、周柱年编著。编著过程中，得到了河南汽车电脑维修专家祁栋玉老师（电话微信 13837014534）提供的技术支持，同时还得到了深圳技师学院汽车技术系老师的大力支持和指导，在此表示衷心感谢。

由于编著者水平有限，时间仓促，难免有很多缺点和错误，希望读者不吝赐教，欢迎批评指正。

编著者

目录

第一章

充电系统故障的诊断与分析

第一节　充电指示灯常亮故障的诊断

一、故障现象

发动机运转时，仪表板上的充电指示灯常亮。

二、故障原因

1）转子励磁绕组断路。

2）转子励磁绕组短路。

3）充电系统电路熔丝（如 ALT-S、GAUGE、CHARGE 或 ENGINE 熔丝等）烧断。

4）发电机 +B 端子接线松动。

5）发电机调节器不良。

6）发电机内部二极管损坏。

7）发电机定子绕组损坏损坏。

8）电刷磨损过甚，转子集电环与电刷接触不良等。

9）发电机驱动带打滑或断裂。

10）发电机带轮单向离合器损坏。

11）发电机励磁绕组外部电路不良。

12）从充电指示灯至发电机 L 端子之间电路短路。

三、故障诊断与排除的一般步骤

1. 问诊并验证故障现象

一般可问清楚故障出现的时间以及伴随的故障现象，例如，车主反映几天前就出现了充电指示灯常亮的故障，但又行驶了几天却没有影响起动，这说明发电机应该还是发电的或充电电压过高。如车主反映充电指示灯常亮且已影响起动机运转、扬声器声音、前照亮度，那显然说明发电机发电不足或不发电了。值得注意的是，充电指示灯常亮并不一定是发电机发电不足，也可能是发电机发电电压太高。

2. 目视检查

目视检查蓄电池接柱、发电机上线束插头是否松动、脱落；发动机前端发电机驱动带是否断裂等。

3. 按电路图检查接至发电机的外面电路是否存在故障

如对于图 1-1 所示的一种常见的充电系统，可按下述步骤进行检查：

从发电机上断开连接器插头，然后打开点火开关，如果充电指示灯仍不熄灭，说明从充电指示灯至发电机 L 端子之间电路短路。如果充电指示灯熄灭，则进行下一步检查。

关闭点火开关，测量 +B、S 端子与搭铁之间的电压应为蓄电池电压；打开点火开关，测量 IG 端子与搭铁之间的电压应为蓄电池电压。+B 端子应无松动、无腐蚀现象，用手触摸 +B 端子，应无局部温度过高现象，否则说明存在接触不良的现象。

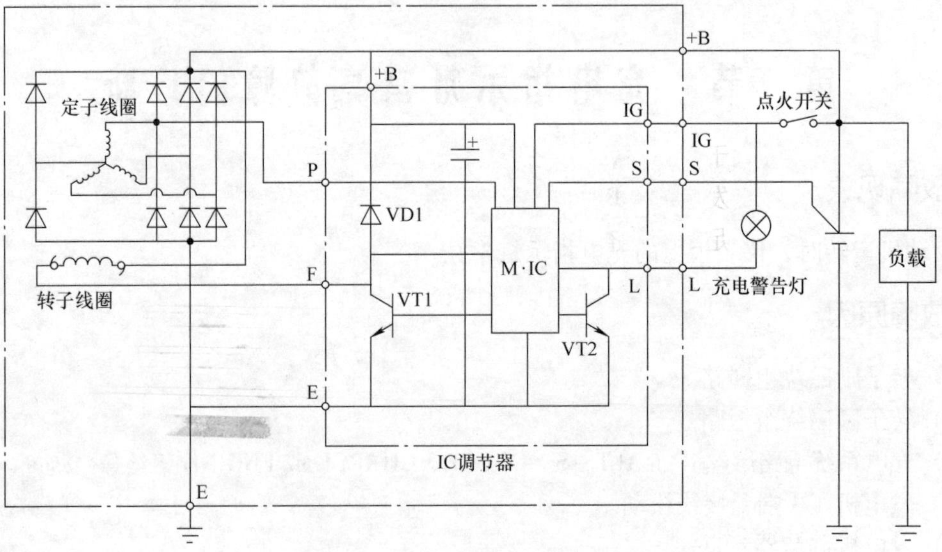

图 1-1 常见的充电系统电路

4. 检查熔丝

重点检查充电系统电路熔丝（如 ALT－S、GAUGE、CHARGE 或 ENGINE 熔丝等）是否熔断。

5. 测量蓄电池静态电压与无负载运转时的蓄电池端电压

测量蓄电池负极（－）端子和正极（＋）端子之间的蓄电池静态电压（发动机不起动时）。标准电压：20℃（68℉）时为 12.5～12.9 V。过低说明蓄电池充电不足。

建议：如果电压低于规定值，需要在车或拆下蓄电池给蓄电池充电。

如图 1-2 所示，连接好电压表与钳形电流表，测量发电机无负载时的充电电压。

发动机在怠速到 2000r/min 之间运转，除发动机运转外，不开其他的用电设备，此时电流表读数应在 10A 以下；观察此时的电压表读数应为 13.5V 与 15.1V，发电机温度高时的电压比温度低时略偏低，通常 25℃时为 14.0～15.1V，115℃时为 13.5～14.3V。

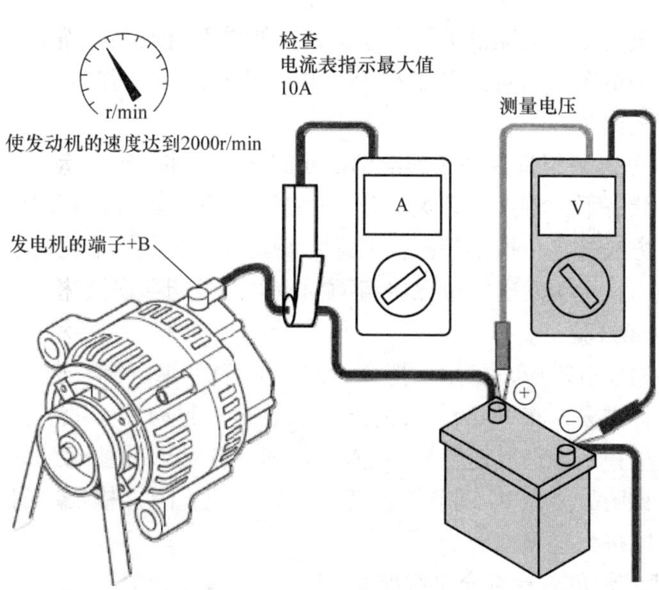

图 1-2　发电机无负载测试

如果测得的电压大于规定值，问题应该在 IC 调节器中，应更换 IC 调节器。相反，如果此值低于下限，应检查发电机 + B 端子的端电压，如果发电机 + B 端子的端电压同样低于下限，说明发电机发电不足，应检查 IC 调节器和发电机电路。如果发电机 + B 端子的端电压与蓄电池端电压相差大，应如图 1-3 所示检查线路的电压降，正常应小于 0. 2V。

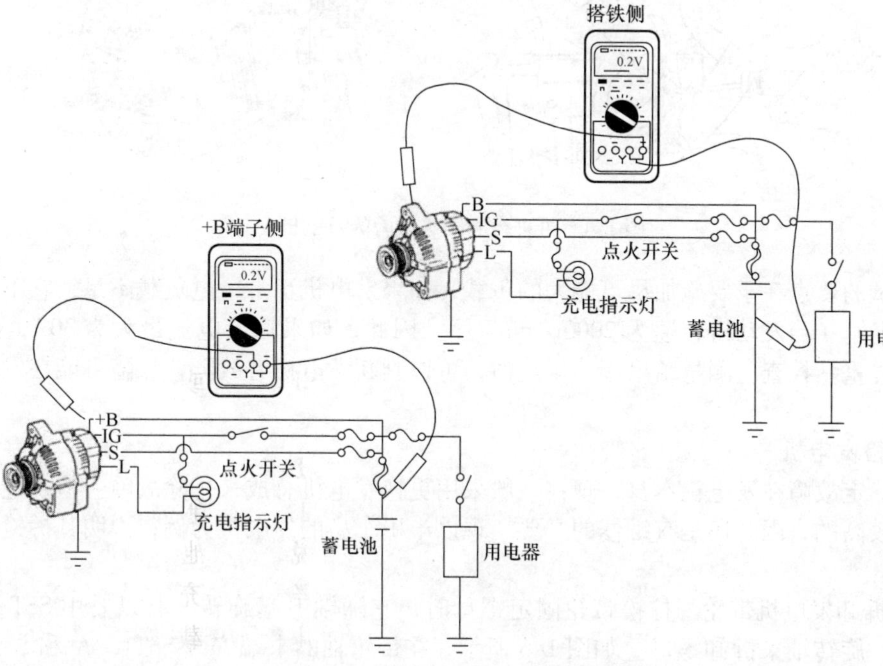

图 1-3　检查充电系统主线路的电压降

应在蓄电池存电充足的情况下进行上述检查。如果蓄电池存电不足，电流表读数可能会大于标准值。在这种情况下，可通过操作刮水器电动机和后窗除雾器来增加电气负载。然后，重新检查电流表读数。

6. 检查发电机励磁绕组是否处于通电励磁状态

在发动机熄火状态下，将点火开关打开，检查点火开关打开的短时间内励磁绕组是否处于通电励磁状态，方法是将一把不带磁性的螺钉旋具置于发电机带轮端或后端，感觉是否被磁力吸引，如无磁力，说明发电机励磁绕组的励磁电路可能存在故障。

7. 发电机满励磁试验

在图 1-4 所示的发电机中，可用一把合适的小螺钉旋具或类似工具从发电机后端的检测小孔（F 小孔）中伸进去，将 IC 调节器的 F 端子接地，起动发动机（注意，不要加速，以免电压太高对车上电控系统造成伤害），检查发电机 + B 端子或蓄电池的端电压。若电压大于前述的规定值，说明故障在 IC 调节器；若小于以上值，应拆检发电机。有些发电机没有这样的检测点，不能进行这项检查。

8. 带负载测试（带负载检查充电线路）

如果无负载测试正常，还应进行带负载测试，如图 1-5 所示。

在带负载测试时，当施加有电负载时，通过检查输出电流来检查发电机是否能按照负载来进行输出。

图 1-4 可进行满励磁试验的发电机

此测试的要点在于要施加尽可能大的负载，如果发电机正常，电负载不足，它不会超过 30A 的规定值（当发动机转速为 2000r/min 时）。因此，如果输出电流最大为 30A，必须增加电负载并重新检查。测量结果小于规定值，可以判断发电机有故障，故障可能在发电和整流部分。

9. 拆检发电机

一旦确定故障在发电机本身，现在一般采用更换发电机总成来排除故障。但发电机总成价格还是较高的，因此还是有维修的必要。现以丰田车型的发电机为例，说明其拆检的步骤与方法。

（1）拆卸发电机带轮　拧松带轮固定螺母时，它随轴一起旋转。所以要用 SST 使螺母保持不动，旋转轴来拆卸螺母。如图 1-6 所示，在带轮轴的末端安装 SST1 – A 和 SST1 – B。将 SST1 – A 和 SST1 – B 拧紧到指定转矩 39.2N · m（400kgf · cm），将 SST1 – A 固定在带轮轴上。

将 SST2 卡到台虎钳上，然后在 SST1 – A 和 SST1 – B 安装到发电机上的情况下，将带轮固定螺母插入 SST1 的六角部分，如图 1-7 所示。

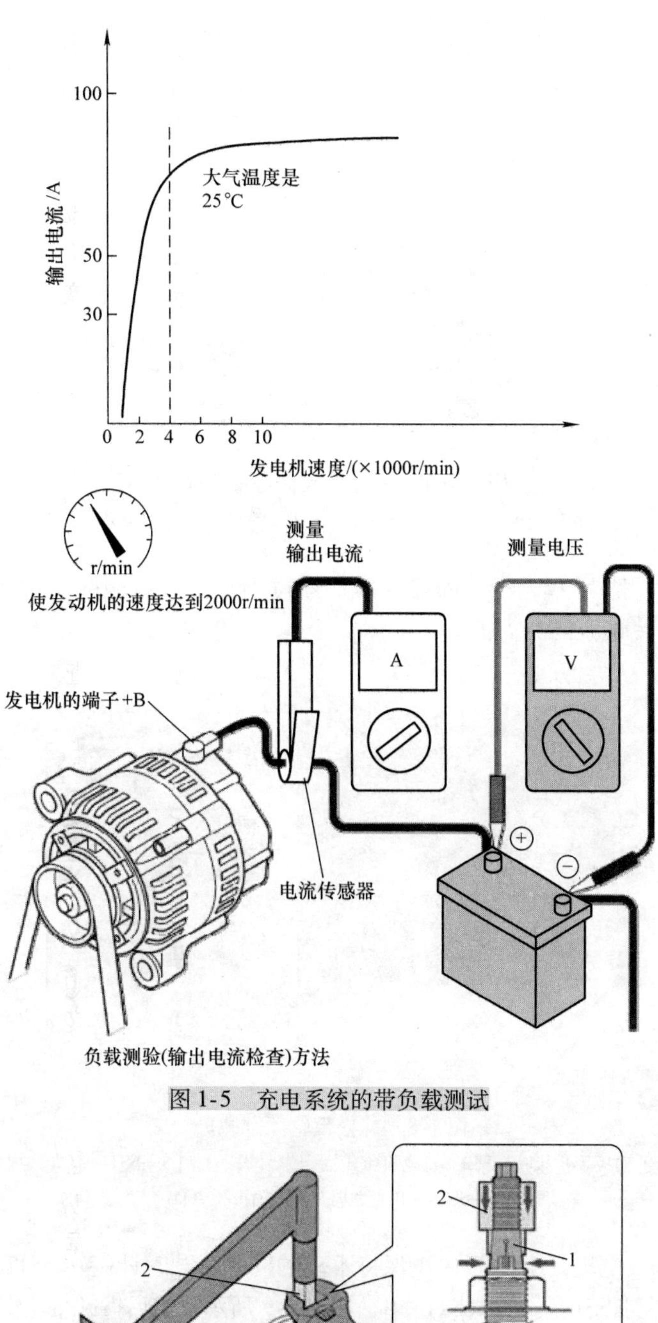

图 1-5　充电系统的带负载测试

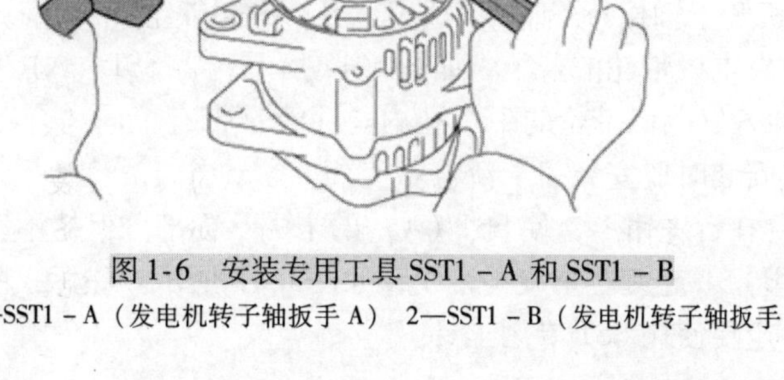

图 1-6　安装专用工具 SST1 - A 和 SST1 - B

1—SST1 - A（发电机转子轴扳手 A）　2—SST1 - B（发电机转子轴扳手 B）

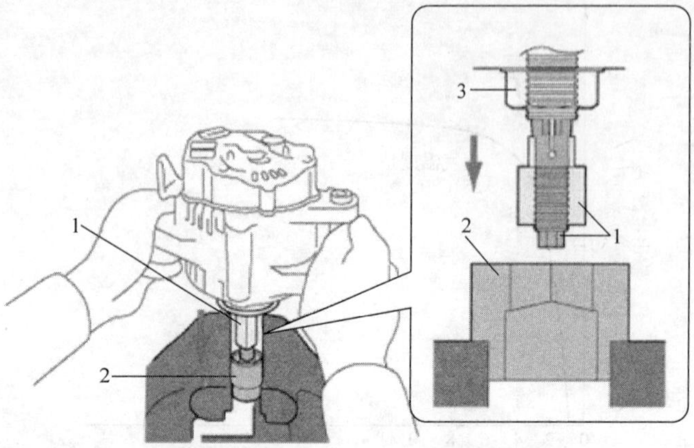

图 1-7 用台虎钳与专用工具保持带轮固定螺母不动

1—SST1（发电机转子轴扳手） 2—SST2（发电机带轮固定螺母扳手） 3—带轮固定螺母

如图 1-8 所示，使 SST2（带轮固定螺母）保持不动，相对顺时针旋转 SST1 – A 来旋松带轮固定螺母。旋转时应注意方向。

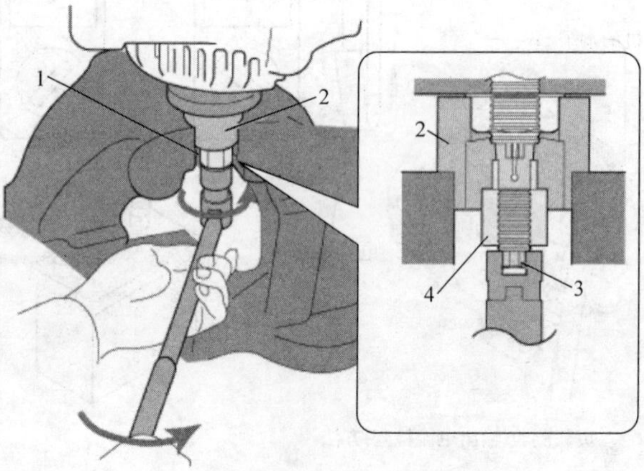

图 1-8 旋松带轮固定螺母

1—SST1（发电机转子轴扳手） 2— SST2（发电机带轮固定螺母扳手） 3—SST1 – A（发电机转子轴扳手 – A） 4—SST1 – B（发电机转子轴扳手 – B）

从 SST2 上拆卸发电机，使 SST1 – B 保持不动的同时，顺时针旋转 SST1 – A 来使它自身旋松，再从发电机上拆卸 SST1 – A 和 SST1 – B，如图 1-9 所示，然后拆卸带轮螺母和发电机带轮。

对于带轮带有单向离合器的发电机来说，拆卸带轮时应使用如图 1-10 所示的专用工具，用 SST（A）使发电机转子轴保持不动，用 SST（B）拆卸带轮。

操作时，先拆掉发电机带轮的盖子，如图 1-11 所示，将 SST（A）伸入轴内，使用 SST（B）的 3 个小突起伸入发电机带轮的 3 个孔内。注意：带有单向离合器的带轮的这个盖子不可重复使用，所以安装时要安装一个新盖。

如图 1-12 所示，在台虎钳上，使 SST（A）的末端平面部分保持不动。

使带轮和 SST（B）一起旋转来旋松带轮，如图 1-13 所示。注意：由于使用气动扳手将会损伤带轮，所以一定要使用 SST 专用工具。

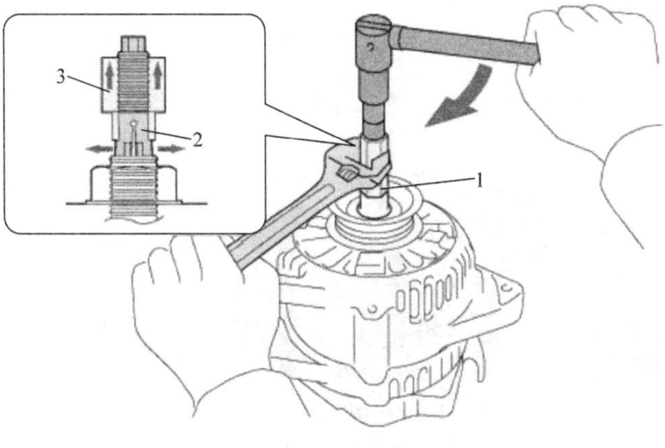

图 1-9　拆卸专用工具 SST1 - A 和 SST1 - B

1—SST1（发电机转子轴扳手）　2— SST1 - A（发电机转子轴扳手 - A）
3—SST1 - B（发电机转子轴扳手 - B）

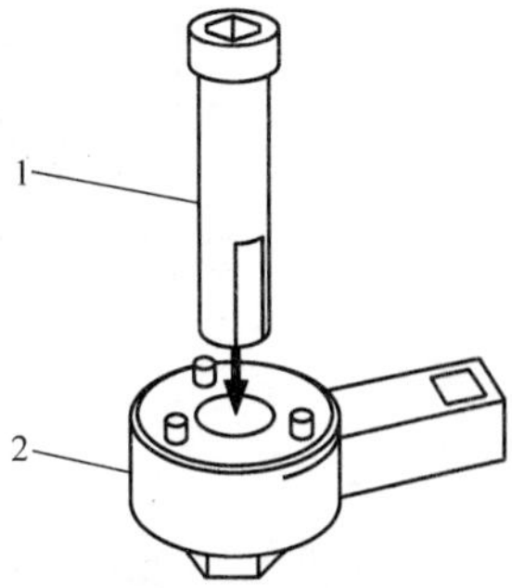

图 1-10　SST（A）和 SST（B）系列

1—SST（A）（发电机转子轴扳手）
2—SST（B）（发电机带轮扳手）

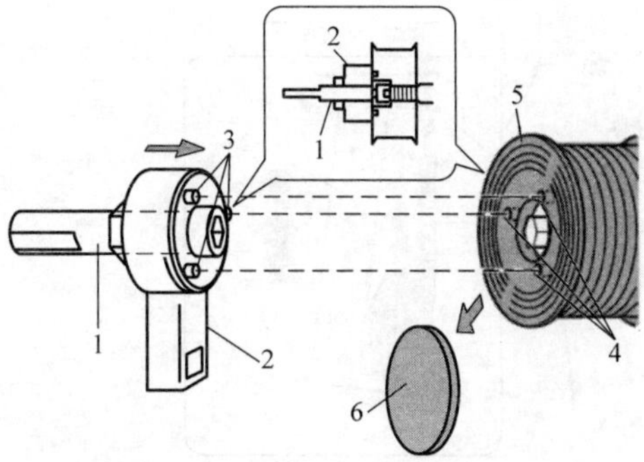

图 1-11　拆卸带有单向离合器的带轮时专用工具的使用

1—SST（A）（发电机转子轴扳手）　2—SST（B）（发电机带轮扳手）
3—小突起　4—孔　5—带轮　6—盖

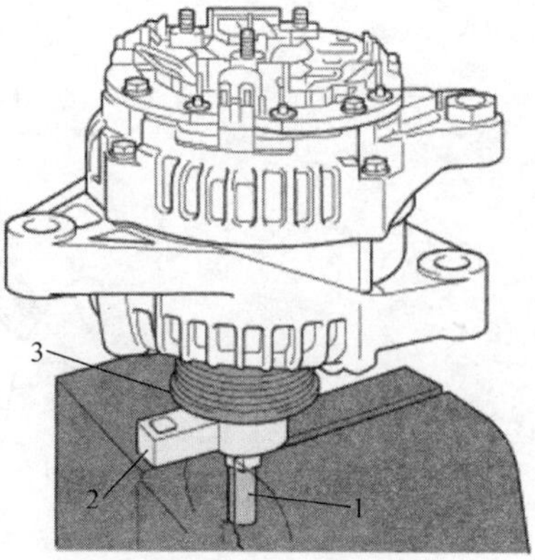

图 1-12　固定专用工具 SST（A）

1—SST（A）（发电机转子轴扳手）
2—SST（B）（发电机带轮扳手）
3—带轮

（2）拆卸发电机转子总成　拆下 +B 端子接柱螺母、绝缘座、后罩，然后拆下调节器、电刷座、整流器板。

由于整流器端盖机座和转子轴承是结合在一起的，所以需要使用专用工具 SST 来拆卸。如图 1-14 所示，先使用专用拉器或类似工具来拆卸整流器端盖，钩住 SST 的卡爪来拆卸整流器端盖。

如图 1-15 所示，拆卸发电机转子总成。注意：用锤子敲时，转子会掉下来，所以事先应当在下面摊开一块布料。

（3）检查发电机转子总成

1）目视检查：如图 1-16 所示，检查集电环变脏或烧蚀的程度。

2）清洗：用布料和毛刷，清洁集电环和转子。如果脏污和烧蚀明显，更换转子总成。

3）检查励磁绕组：使用万用表，检查集电环之间是否导通。

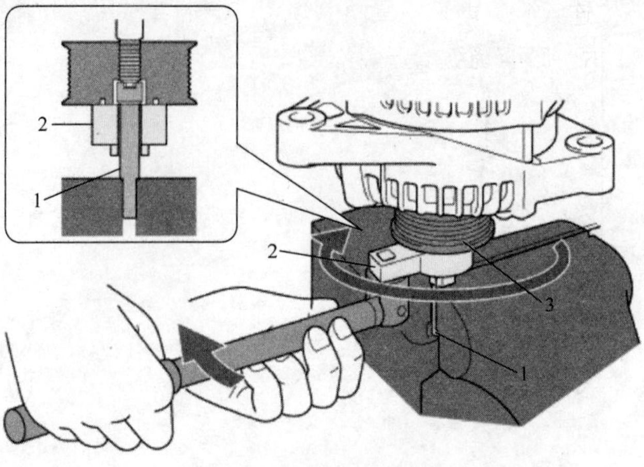

图 1-13 拧松发电机带轮

1—SST（A）（发电机转子轴扳手） 2—SST（B）（发电机带轮扳手） 3—带轮

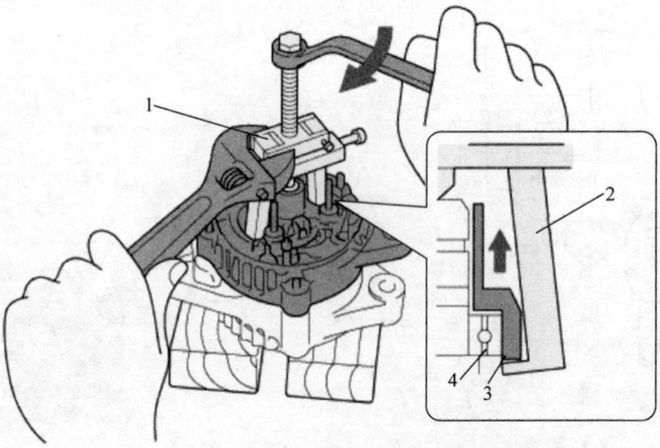

图 1-14 拆卸整流器端盖

1—SST（拉具） 2—SST 的卡爪 3—整流器端盖机座 4—转子轴承

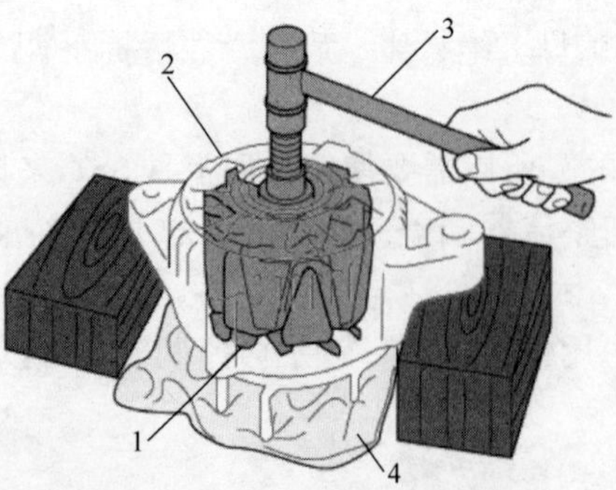

图 1-15 拆卸发电机转子总成

1—转子 2—驱动端盖 3—锤子 4—布料

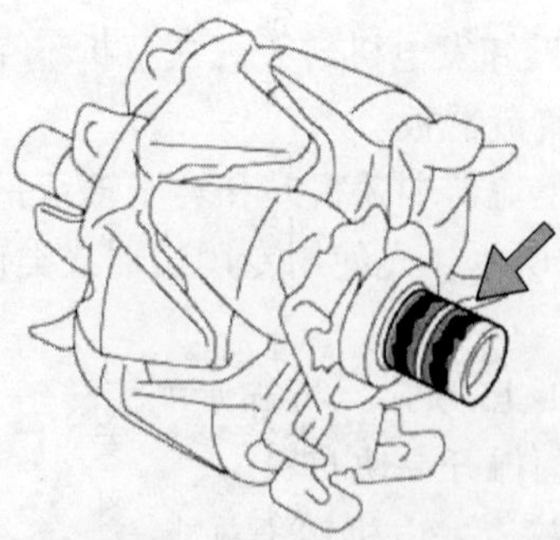

图 1-16 目视检查发电机转子总成

励磁线圈的两端都连接到集电环上。检查集电环之间是否导通可以用于检测线圈内部是否开路，如图 1-17 所示。励磁绕组的电阻一般为几欧。

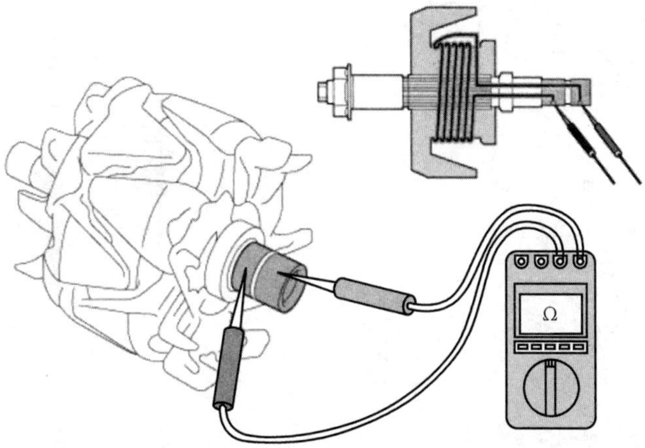

图 1-17　检查励磁绕组

4）检查集电环和转子之间的绝缘：如图 1-18 所示，用万用表检查集电环和转子之间的绝缘。如果发现在绝缘或导通方面存在问题，应更换转子。

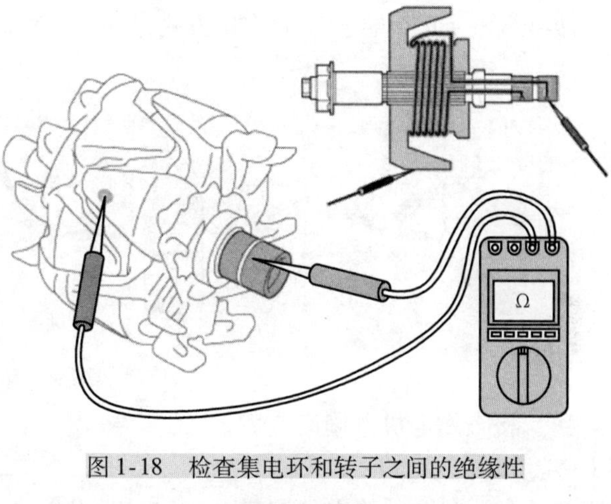

图 1-18　检查集电环和转子之间的绝缘性

5）测量集电环外径：如图 1-19 所示，用游标卡尺测量集电环的外径。当集电环的外径小于规定值时，集电环和电刷之间的接触不足，有可能影响电流环流的平稳，结果可能降低发电机的发电能力。因此，如果测量值超过规定的磨损极限，应更换转子。

(4) 检查发电机定子绕组（图 1-20）　使用万用表检查三相定子绕组之间是否导通。用万用表检查三相定子绕组和定子壳体之间的绝缘。

(5) 检查调节器　如图 1-21 所示，目视检查调节器各个连接部位是否正常。连接点在电路图中的分布如图 1-1 所示。如在前述的满励磁试验中，将 IC 调节器的 F 端子接地，发电机发电，则更换调节器。若充电电压过大，一般也应更换调节器。

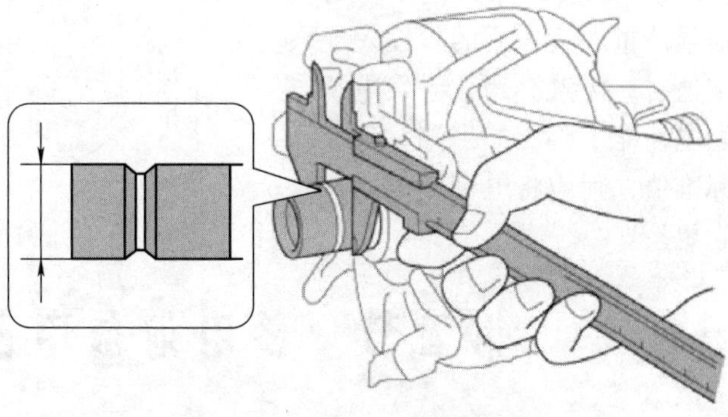

图 1-19　检查集电环外径

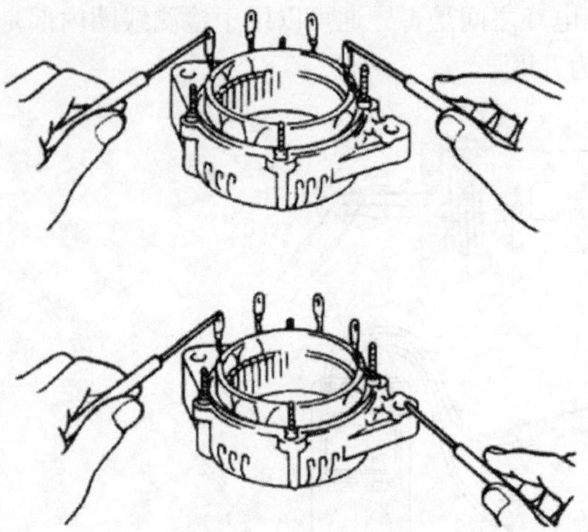

图 1-20 检查发电机定子绕组

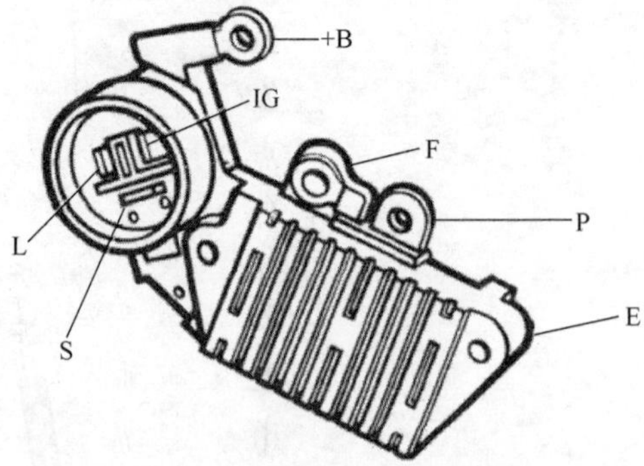

图 1-21 发电机调节器的连接点

（6）检查整流器（图 1-22） 检查整流器的二极管：使用万用表的二极管测试模式，依次在整流器的端子 + B 和端子 P1 ~ P4 之间测量，交换测试导线时，检查是否只能单向导通。改变端子 + B 至端子 E 的连接方式，测量过程同上。

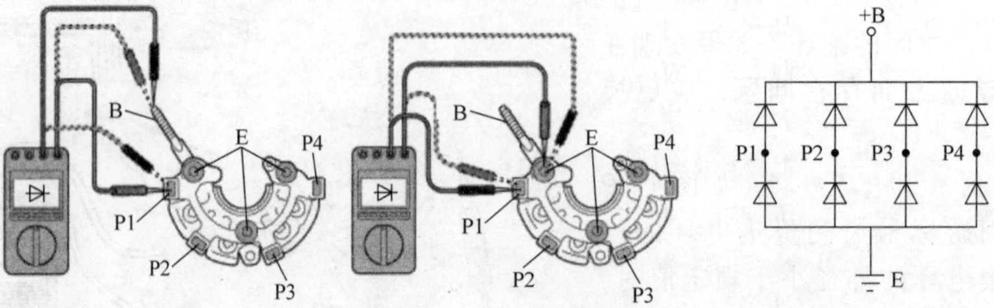

图 1-22 检查整流器

（7）检查发电机电刷座 如图 1-23 所示，用游标卡尺测量电刷的长度。在电刷的中部测量（电刷的）长度，因为这个地方磨损最严重。当电刷的长度短于规定值时，接触会恶化，发电机的发电性能下降。如果测量值小于标准值，则应将电刷和电刷座一起更换。

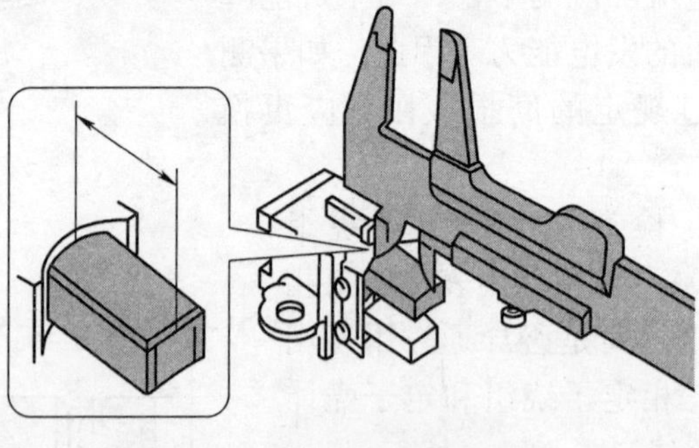

图 1-23 测量电刷的长度

第二节 蓄电池放电故障的诊断

一、故障现象

发动机熄火一段时间后，再次起动发动机经常出现蓄电池存电不足，而发动机运转无力或不能运转的现象。

二、故障原因

1）蓄电池自放电或其他故障。

2）发电机不发电或发电量过小。

3）个别用电设备在点火开关关闭后仍不能停止工作。

① 人下车时点火开关仍开着或行李箱内的灯仍然开着。

② 电器设备或线路出现故障。

③ 客户加装的一些零件的接电方法不正确（点火开关关闭时通常会有电漏出）。

④ 客户经常将钥匙插入点火钥匙孔中。

4）客户日常使用的电量和交流发电机的发电量不一样多，如经常在晚上于市内开空调系统、前照灯低速行驶等。

三、故障诊断与排除的一般步骤

1）验证故障现象并对客户进行诊断性提问：向客户提出询问，对该车的情况进行确认核实，同时还要了解客户对车辆的使用习惯，然后验证故障现象并记录。如有的车型的灯光不受点火开关控制，客户容易忘记关闭灯光开关，可向客户询问是否存在车辆附件整夜未关的现象。有的车辆在出现故障之前的一段行车时间里，由于堵车或其他原因行车速度较慢且频繁停车，时停时走，堵车时还使用了很多电气附件，特别是空调系统、前照灯、刮水器、加热型后窗、车载电话等。还可询问车辆是否自行加装了一些用电设备等。

2）目视检查：观察充电指示灯是否常亮、发电机传动带是否打滑或断裂、故障车辆上是否增加了售后加装设备、线束插头是否松动脱落等。有的车型的冷却液温度传感器连接器松动会导致风扇常转等，因此可检查各连接器是否松动。

3）检查蓄电池和充电系统等，判断这种故障是由车辆本身问题还是客户的使用习惯造成的。

测量发电机无负载时的充电电压，按本章第一节中所述方法判断充电系统是否存在充电不足的故障。

4）检查寄生电流。寄生电流通常指电器设备不在工作时仍在流动的电流，对于汽车而言，寄生电流指点火开关关闭时仍在流动的电流。

人们可按图1-24所示来检查寄生电流。关闭点火开关，接好电流表，关闭所有车门，发动机盖锁开关也应处于锁上的状态，然后让车门上锁，并等待一段时间，此时电流应逐渐减少至最低，这时的电流即为寄生电流。等待时间应因车而异，一般在几十秒钟到十几分钟。

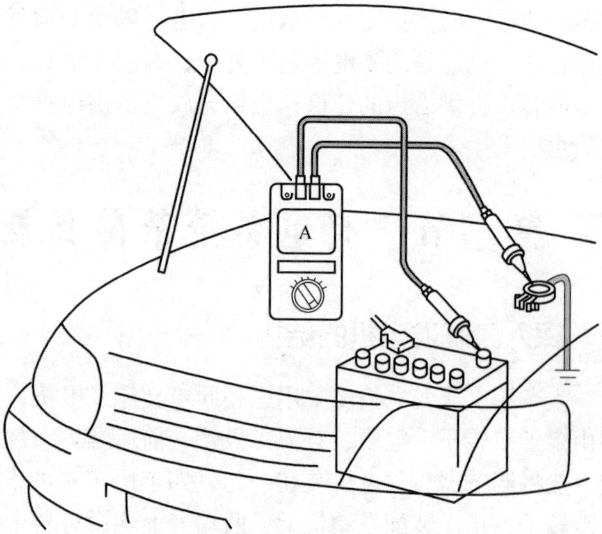

图1-24　检查寄生电流

在汽车上，以下电流作为正常的寄生电流保存在系统记忆库里：微型电脑等电器设备的备用电流，这些电流为汽车重新起动做准备；故障检修系统存储器或收音机频道选择信息所用的电流；时钟运转所需的电流。一般地，进入这些用电设备的寄生电流分别是：时钟约为 2.0mA；ECT ECU 约为 3.0mA；安全气囊传感器总成约为 1mA；ABS ECU 约为 2.0mA；点火开关钥匙孔里（带钥匙解锁报警开关）约为 3.0mA。当然，各种车型的寄生电流并不相同。一般情况下，寄生电流只有 10～50mA，最大应小于 100mA，这不会对蓄电池功能造成影响。

然而以下一些情况可导致寄生电流达到几百毫安，这将导致蓄电池放电：人下车时点火开关仍开着或行李箱内的灯仍然开着；电器设备或线路出现故障；客户加装的一些零件的接电方法不正确（点火开关关闭时通常会有电漏出）；客户经常将钥匙插入点火钥匙孔中。

当车辆寄生电流过大时，逐个卸下熔丝直至放电电流下降到可接受水平。这样就可判断哪个系统电路导致放电。维修时可参考原厂电路图中的“电源分布示意图”，以准确诊断可疑电路中哪个部位引起了寄生放电。在有些情况下，不带熔丝的电路或部件，如继电器，导致了过大的寄生电流，这时可直接拔下这些元件的插头来判断故障。

完成任何维修后，均应重复寄生电流测试程序，以确保寄生电流在可接受水平。

5）进行充电/放电平衡的检查。检查结束以后，如果在车上找不出任何故障，客户平时的一些使用习惯很可能有问题。在这种情况下，可以向客户提出一些问题，根据客户的回答检查充电/放电平衡。

发动机运转时，如果发电机产生的电量输出大于消耗量，蓄电池就会充电。相反，如果电能消耗大于发电机的发电量，而蓄电池还要供电就会造成蓄电池放电。蓄电池的充电量和其放出的电量称为充电/放电平衡。如果这种平衡明显恶化，就会造成蓄电池放电。

当所用的电负载超过交流发电机的输出时，蓄电池放出的电就补偿了交流发电机的输出电流。如果这种情况持续了很长一段时间，蓄电池就会放电。为了防止这种情况的发生，要在蓄电池放电时检查流入用电设备的电流以及交流发电机的输出特性以判断充电/放电平衡是否正常，也就是说蓄电池是否处于良好的充电和放电状态。

向客户提供恰当的建议，根据充放电平衡检查结果确定造成故障的原因，尽量避免这种故障再次发生。

第三节 充电系统故障诊断、排除的相关要点

一、深入了解发电机的结构

汽车用交流发电机多采用三相同步交流发电机，各国生产的交流发电机都大同小异，主要由定子、转子、电刷、整流二极管、前后端盖、风扇及带轮等组成，如图 1-25 所示。现在一般将调节器与发电机装在一起，如丰田车系的发电机，如图 1-26 所示。它用前后端盖支承转子，用于装配发动机上。两端盖上均设有若干气隙以改善冷却效率。定子压入到前端盖上，装于前后端盖间。整流器、电刷架、IC 调节器等均用螺栓固定到后端盖的背面。

转子用来建立磁场。定子中产生的交变电动势经过二极管整流器整流后输出直流电。电压调节器使发电机的输出电压保持稳定。

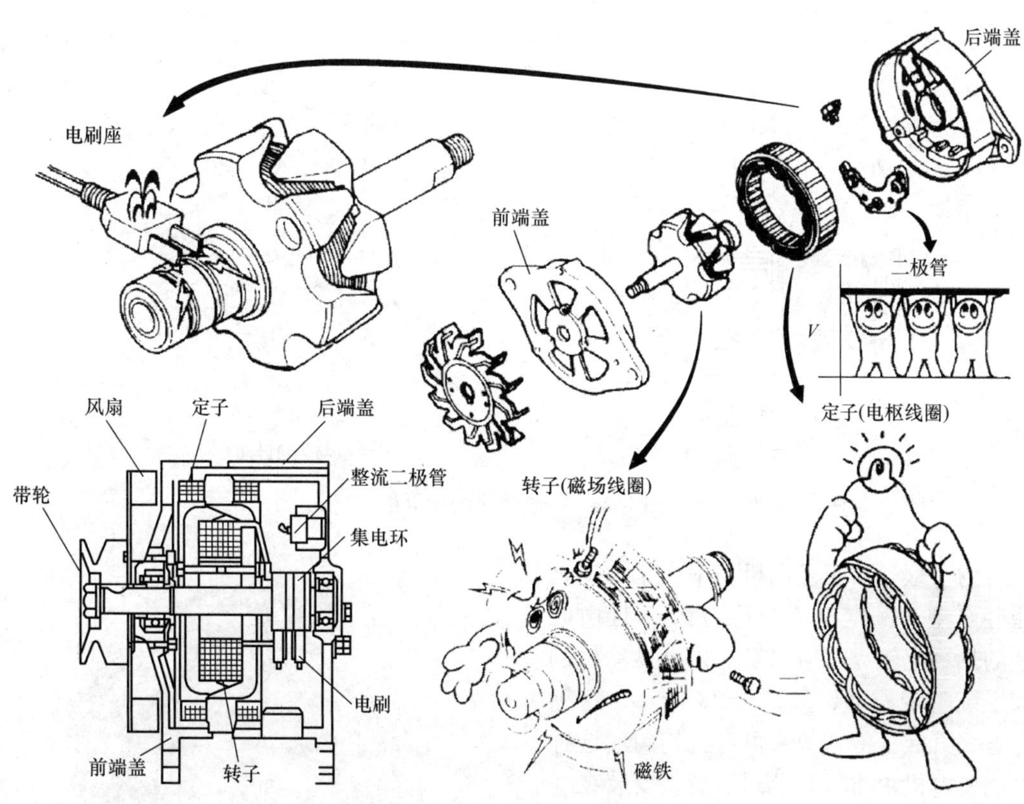

图 1-25　发电机的一般组成

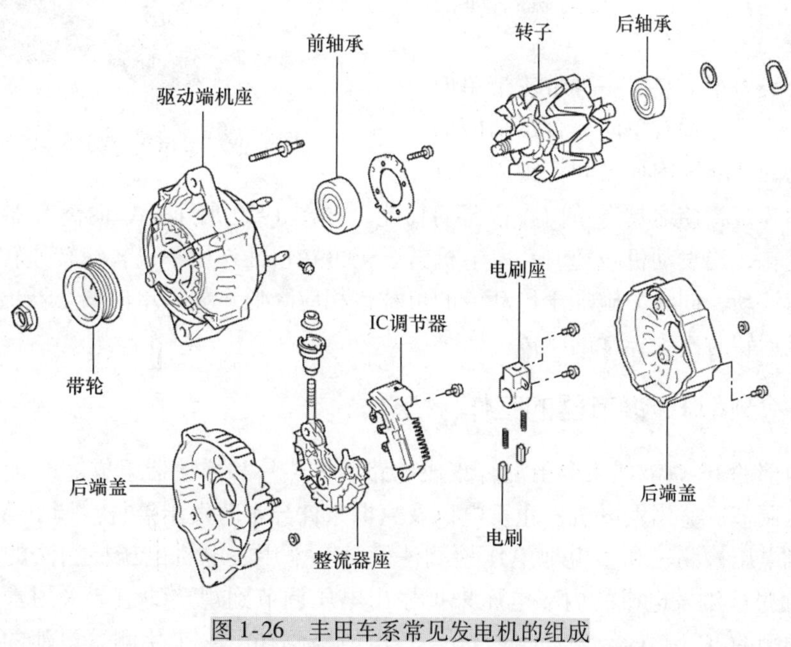

图 1-26　丰田车系常见发电机的组成

而用于柴油发动机的发电机一般为带真空泵的发电机，它装有真空泵以对制动系统的真空助力器提供负压。真空泵与发电机轴组合在一起，并且与轴一起转动。这类带真空泵的发电机大体分成两类：一种发电机真空泵在带轮一侧，另一种则在带轮的相反一侧，如

图 1-27所示。

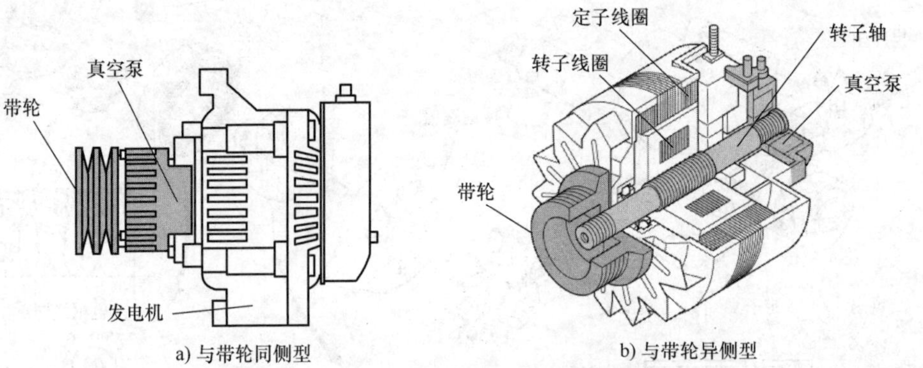

a) 与带轮同侧型　　b) 与带轮异侧型

图 1-27　带真空泵的发电机

有的车型，由于发电机功率大，如宝马的一些车型，额定电流高达 180A，且由此产生的热量也较大，所以发电机由发动机的冷却系统附带冷却，如图 1-28 所示，这种冷却方式可保证冷却效果恒定且均匀。这种无电刷发电机由 Bosch 公司供货，安装在一个通过法兰连接到发动机缸体上的铝质外壳中，发电机外壁四面都有发动机冷却液流过。

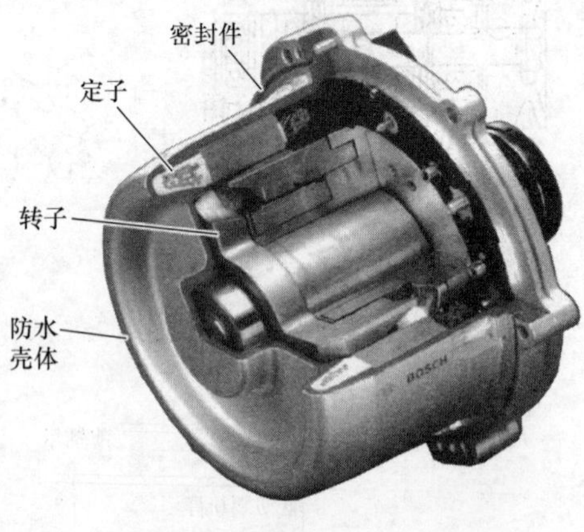

图 1-28　采用水冷却的发电机

近几年，很多车上装了一种带轮带单向离合器的发电机，这种有单向离合器功能的带轮是在带轮的外环和内环之间在圆周边方向安装支撑和弹簧，使之具有单向离合器的功能，如图 1-29 所示。单向离合器可以吸收发动机转速的变化，当发动机减速时，发电机转子仍可在惯性作用下以较快转速转动，减少了发电机的转速波动，同时，施加于传动带的负载也相应降低。如果单向离合器出现问题，可能导致发电机运转时出现异常的噪声。

二、蓄电池检测型 IC 调节器的工作

发电机内部的 IC 调节器主要由混合集成电路、散热片和连接器组成。IC 调节器有下述功能：①电压调节；②当发电机停止发电以及充电条件异常时发出警告。调节器电压检测方法分为发电机电压检测法和蓄电池电压检测法两种。采用发电机电压检测法的这一类型的 IC 调节器，通过检测发电机的内部电压来把输出电压调节到规定的值。采用蓄电池电压检测法的这一类型的 IC 调节器，通过端子 S（蓄电池检测端子）来检测蓄电池的电压，并把输出电压调节到规定的值。

下面说明 IC 调节器保持所发电压恒定的原理，并以蓄电池电压检测型 IC 调节器为例，说明如何操作。

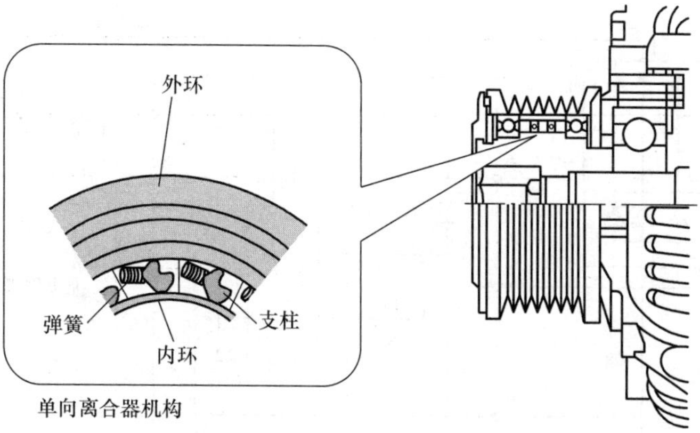

图 1-29　带单向离合器的带轮

1. 正常运行

(1) 当点火开关为 ON，发动机停机时　当点火开关开到 ON 时，蓄电池电压施加在 IG 端子上。结果 M · IC 线路被触发，VT1 开到 ON，使转子线圈允许电场电流通过。在这种情况下并没有发电，因此调节器通过将 VT1 开到 ON 和 OFF，尽可能减少电池的放电。此时，端子 P 处的电压为 0V，并且 M · IC 检测到这一情况，并将信号发送到 VT2，点亮充电警告灯，如图 1-30 所示。

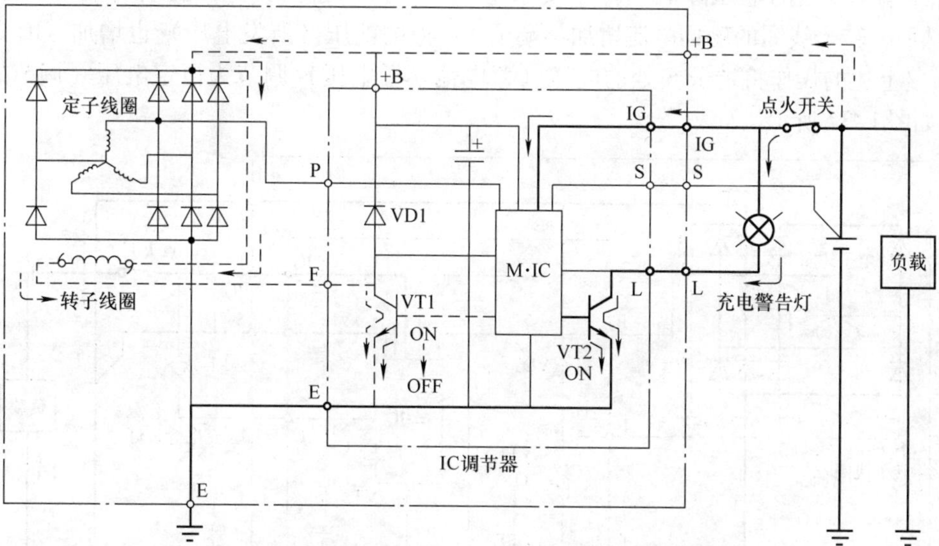

图 1-30　当点火开关为 ON，发动机停机时充电系统的工作情况

(2) 当发电机发电时（当低于规定电压时）　发动机起动，并且发电机转速增加，M · IC 打开 VT1，以允许足够的电场电流流过，并且发电电压突然升高。此时，如果端子 + B 处的电压超过蓄电池电压，电流流到蓄电池进行充电并且给电气设备供电。结果，端子 P 处的电压增加。因此，M · IC 确定发电机正在发电，并将 OFF 信号发送到 VT2 ，将充电警告指示灯关掉，如图 1-31 所示。

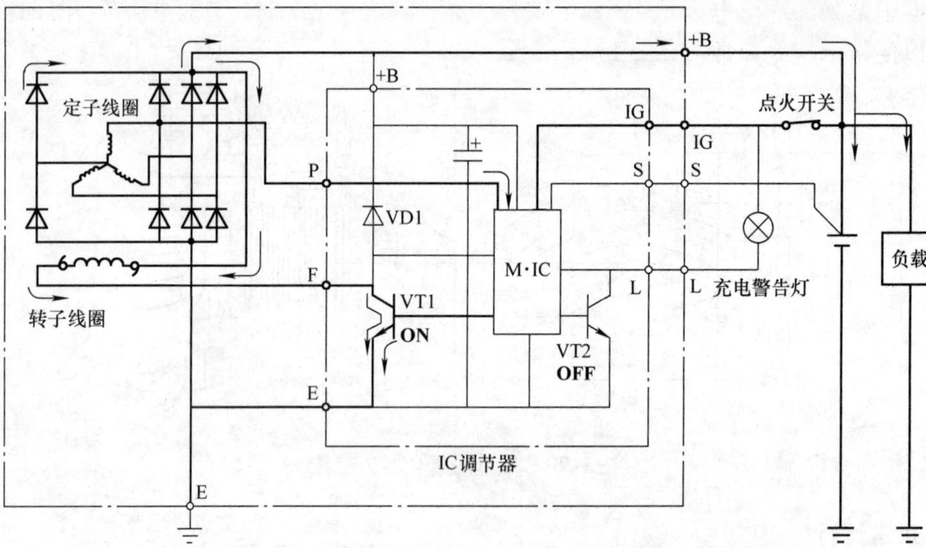

图 1-31　当发电机发电且低于规定电压时充电系统的工作情况

(3) 当发电机发电时（当高于规定电压时）　如果 VT1 继续导通，端子 + B 处的电压增加。然后，端子 S 处的电压超过规定电压，M · IC 检测到此情况并关掉 VT1。结果转子线圈的磁场电流经逆电动势吸收二极管被衰减，并且端子 + B（所发电压）处的电压降低。然后，如果端子 S 处的电压降低到低于要求电压，M · IC 检测到这一情况并将 VT1 打开到 ON。从而，转子线圈的磁场电流增加，端子 + B 处的电压（所发电压）也增加。IC 调节器通过重复上述的操作将端子 S 处的电压（蓄电池端子电压）调节为恒定电压（调节好的电压），如图 1-32 所示。

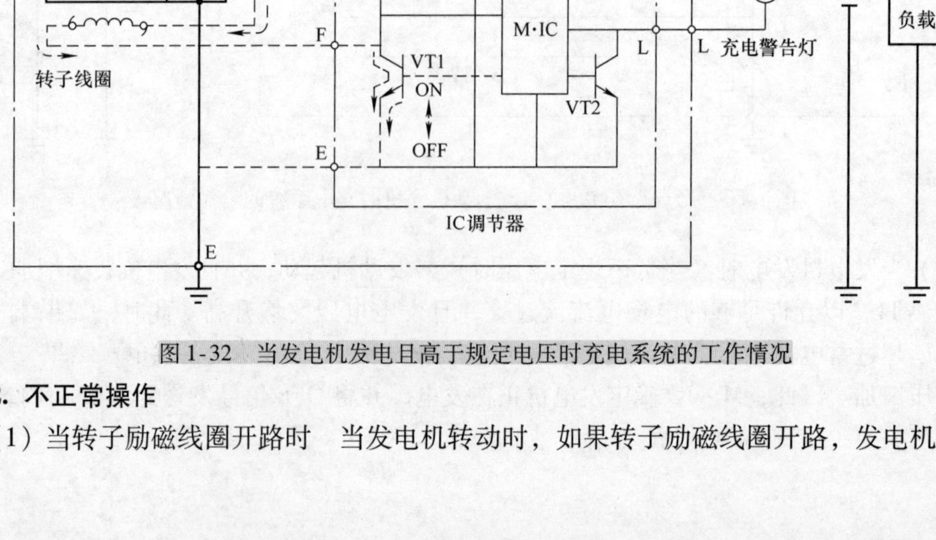

图 1-32　当发电机发电且高于规定电压时充电系统的工作情况

2. 不正常操作

(1) 当转子励磁线圈开路时　当发电机转动时，如果转子励磁线圈开路，发电机便停止发电，端子 P 处的输出电压变 0V。当 M · IC 检测到这一情况时，它打开 VT2 并打开充电警告灯，以便指示这一异常，如图 1-33 所示。

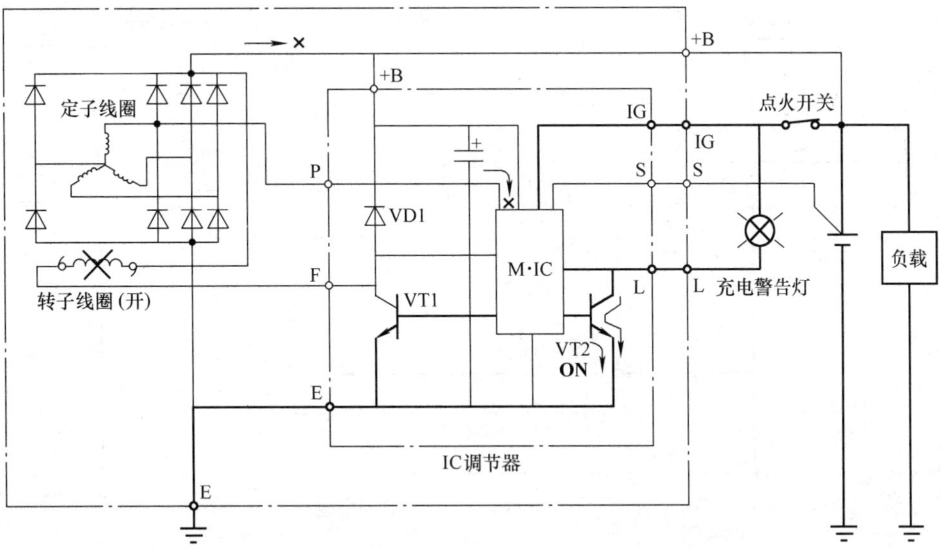

图 1-33　当转子励磁线圈开路时充电系统的工作情况

（2）当转子线圈短路时（图 1-34）　当发电机转动时，如果转子线圈发生短路，终端 + B处的电压直接施加到端子 F，并出现大电流。当 M · IC 检测到此情况时，关掉 VT1 进行保护，同时打开 VT2 以便打开充电警告灯指示异常发生。

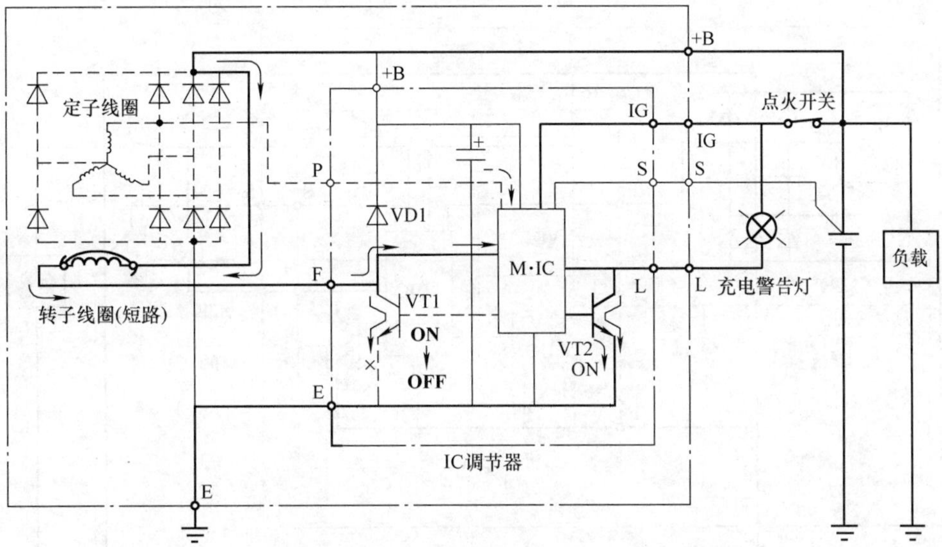

图 1-34　当转子励磁线圈短路时充电系统的工作情况

（3）当端子 S 脱开时（图 1-35）　当发电机旋转时，端子 S 发生开路情况，M · IC 检测到“端子 S 无输入信号”，便打开 VT2 以便打开充电警告指示灯。与此同时，在 M · IC 中，端子 + B 取代 S 端子的工作来调节 VT1，因此端子 + B 处的电压变为规定电压（大约 14V），

以防止端子 + B 处电压的异常增加。

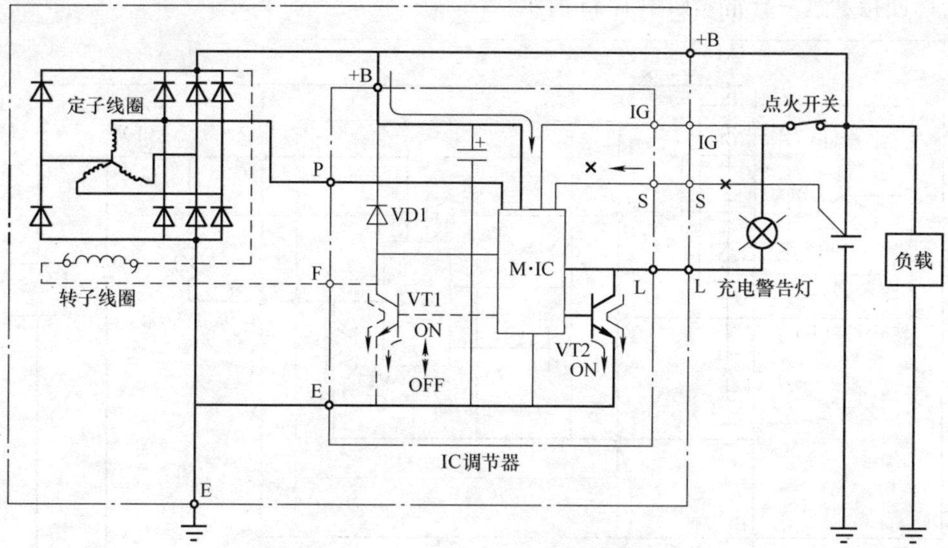

图 1-35 当端子 S 脱开时充电系统的工作情况

（4）当端子 + B 脱开时（图 1-36） 当发电机旋转期间，端子 + B 处发生开路情况，那么不再对蓄电池充电，电池电压（端子 S 处）逐步下降。当端子 S 处的电压下降时，IC 调节器增加磁场电流，以便进一步发电。结果端子 + B 处的电压增加得越来越高。然而，M · IC调节磁场电流，使端子 + B 处的电压不超过 20V，以便保护发电机和 IC 调节器。

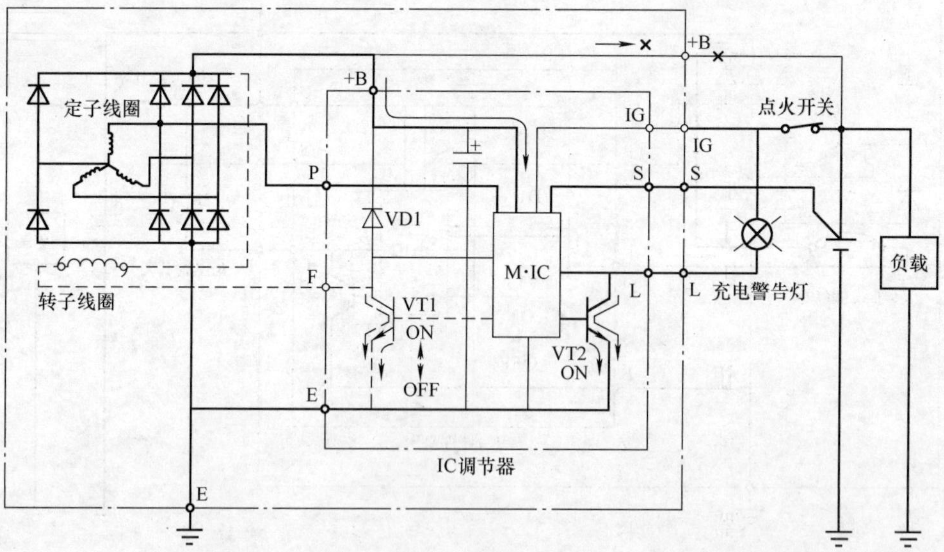

图 1-36 当端子 + B 脱开时充电系统的工作情况

当端子 S 处的电压变低时（大约在 11 ~ 13V 之间），M · IC 判断蓄电池不在充电。然后它打开 VT2 并打开充电警告灯，并且调整磁场电流。这样，端子 + B 处的电压同时下降以便保护发电机和 IC 调节器。

(5) 端子 F 和 E 之间短路时（图 1-37）　发电机运转期间，如果端子 F 和 E 之间发生短路，端子 +B 处的电压从端子 E 经转子线圈接地，而不经过 VT1。因为磁场电流不能被 VT1 来调节，即使端子 S 处的电压超过了规定电压，发电机的输出电压也会变得高于规定值。如果 M · IC 检测到这种情况，它打开 VT2，使充电警告灯点亮以指示异常情况。

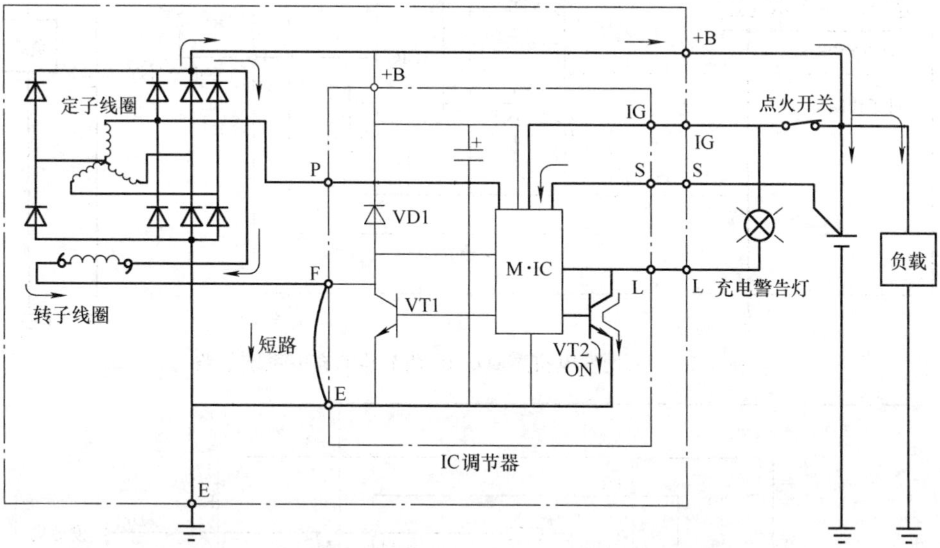

图 1-37　当端子 F 和 E 之间短路时充电系统的工作情况

三、发电机感应型 IC 调节器的运行

这一类型的基本操作与蓄电池检测型一样，但是发电机感应型 IC 调节器没有检测蓄电池电压的端子 S。因此，M · IC 直接在端子 +B 测量发电机发出的电压，并调节此电压，控制充电警告灯。

这种基本电路中，如果采用发电机电压检测法线路，发电机的引出线可以少一根，如图 1-38 所示。不足之处在于，当图中 +B 点到蓄电池正极之间的电压降较大时，蓄电池的充电电压将会偏低，使蓄电池充电不足。因此，一般大功率发电机要采用蓄电池电压检测法线路的调节器。

四、带端子 M 的 IC 调节器的工作情况

带端子 M 的 IC 调节器的一般电路如图 1-39 所示，主要用于有 PTC 电加热器的车辆。

1. 端子 M 的作用

对于有 PTC 电加热器的车辆，如果在发电机怠速情况下使用 PTC 电加热器，那么耗电总量将大于发电机的发电量。

装上端子 M 后，端子 M 经过与调节磁场电流的 VT1 同步的 VT3 将发电机的发电状态发送到发动机 ECU。发动机 ECU 根据来自端子 M 的信号控制发动机怠速提升和 PTC 电加热器。PTC 电加热器装在加热器芯中，当加热器的作用不够时，它加热发动机的冷却液。

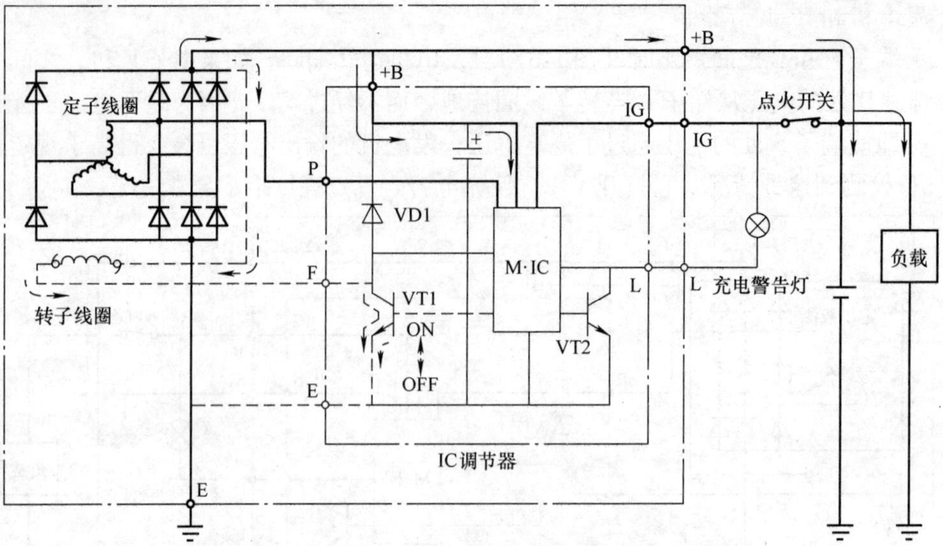

图 1-38 采用发电机感应型 IC 调节器的充电系统电路

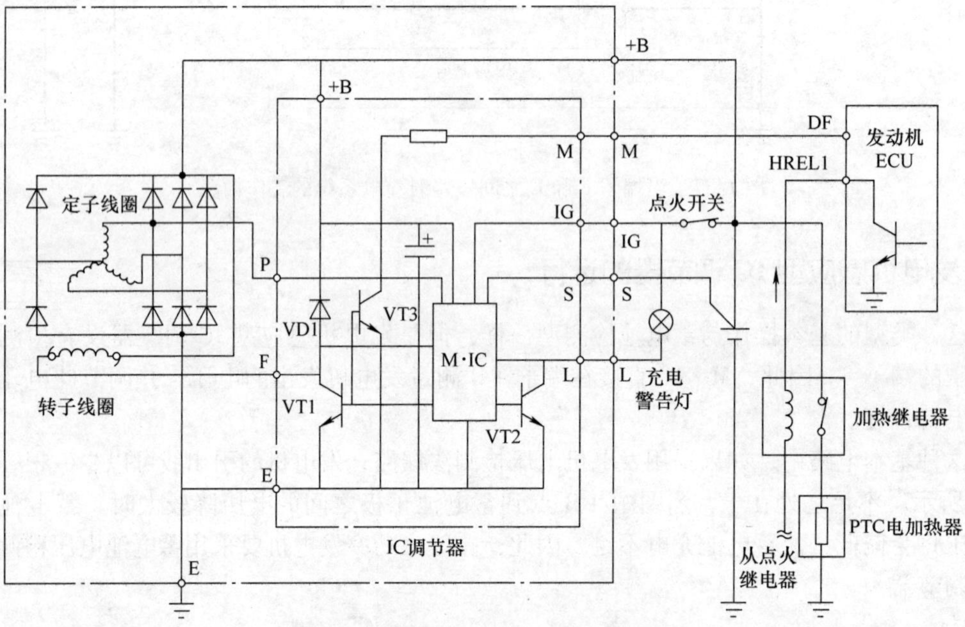

图 1-39 IC 调节器带端子 M 的充电系统电路

2. 操作

因 VT3 与 VT1 同步，当 VT1 变为 ON 时，VT3 也变为 ON。端子 M 用脉冲信号输出这一变化。

当 PTC 电加热器 ON 时，充电系统的工作情况如图 1-40 所示。

当 PTC 电加热器 OFF 时，充电系统的工作情况如图 1-41 所示。

五、双绕组系统的发电机

此系统采用双绕组系统，包括两套三相绕组，各相位差为 30°。此系统可减小电噪干扰

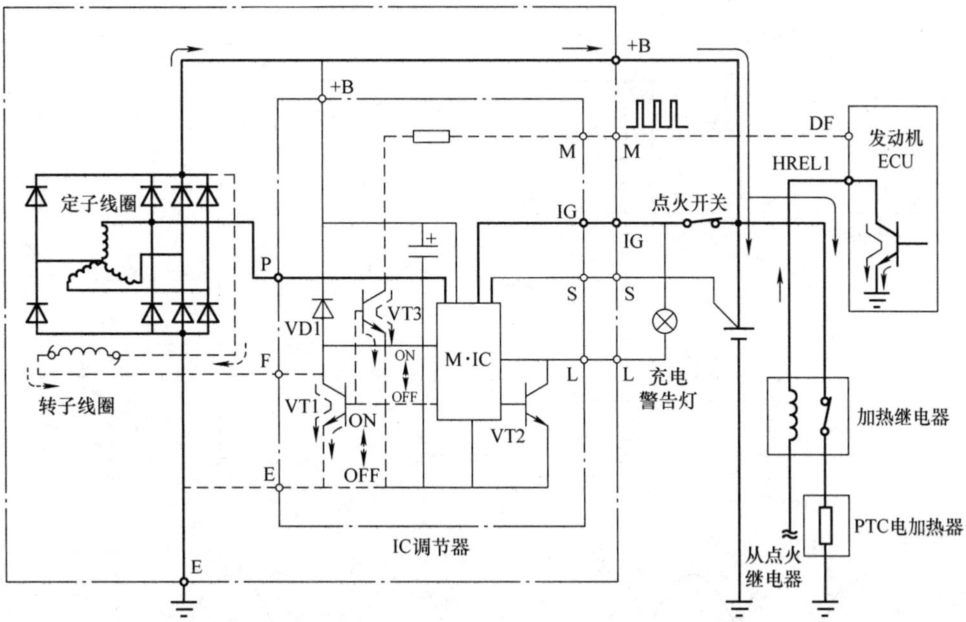

图 1-40　当 PTC 电加热器 ON 时充电系统的工作情况

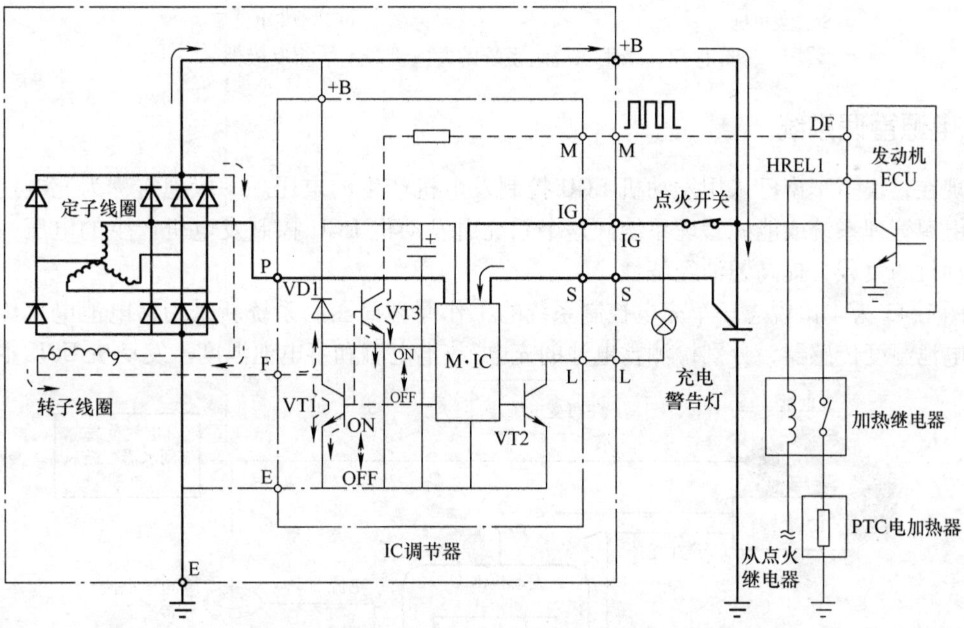

图 1-41　当 PTC 电加热器 OFF 时充电系统的工作情况

（脉冲和尖峰信号）和电磁干扰（交流发电机负载增大时发出的嗡嗡声），并能有效地消除声源（交流发电机）产生的噪声。由于相应绕组产生的电波极性相反，所以有效地减小了电磁干扰。但是由于分别使用单独的整流器，所以产生的电能不会自行抵消。产生的相反极性如图 1-42 所示。

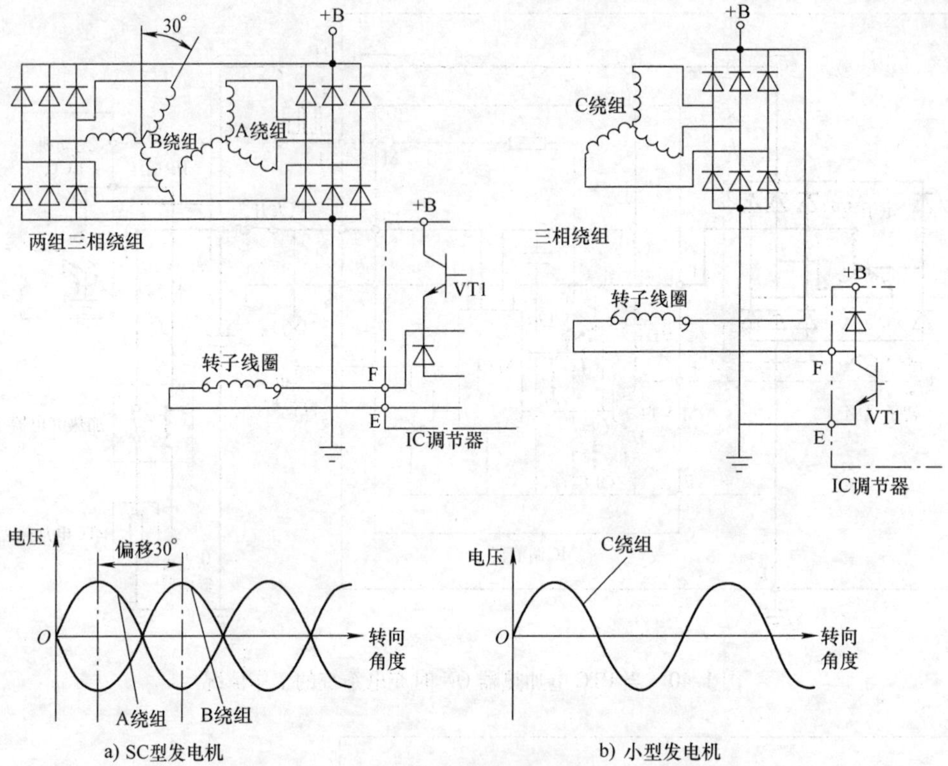

图 1-42　采用双绕组系统的发电机产生的相反极性

六、电源管理系统

现在，很多车型已采用发动机 ECU 控制发电机产生的电压。一般把它称为充电控制系统、电源管理系统或能源管理系统。这个系统由发动机 ECU 控制发电机产生的电压，降低对发动机的负载，提高燃油经济性。

图 1-43 为丰田锐志轿车充电控制系统的工作原理简图。系统新采用蓄电池电流传感器和蓄电池温度传感器，分别检测蓄电池的充电/放电电流和蓄电池温度。发动机 ECU 主要根

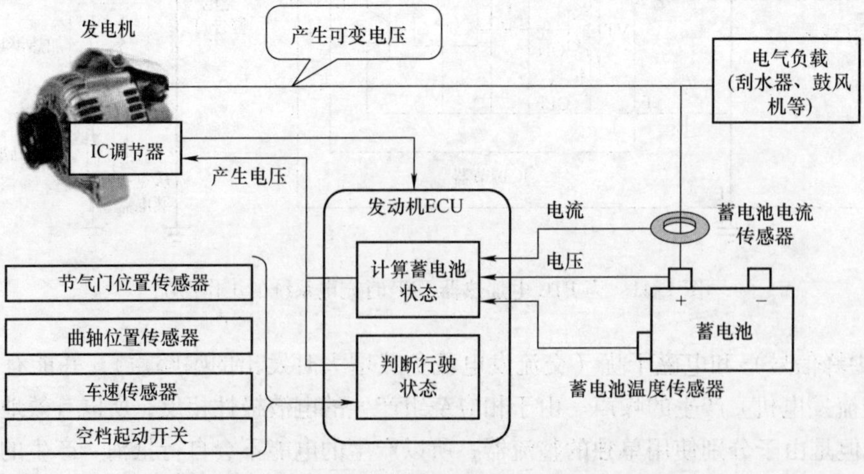

图 1-43　丰田锐志轿车充电控制系统的工作原理简图

据蓄电池端电压、蓄电池的充电/放电电流、蓄电池温度和车辆行驶状态来控制发电机的输出电压，同时在必要时进行失效保护控制，即当传感器发生故障时，或根据蓄电池状态电气负载的运行情况，中止发电机的充电控制，切换到定额电压发电模式。

蓄电池电流传感器为霍尔 IC 式，如图 1-44 所示，蓄电池电流传感器安装在蓄电池正极端子部，检测蓄电池的充电/放电电流量后，向发动机控制 ECU 发送信号。发动机控制 ECU 根据接收到的信号，计算蓄电池容量。采用霍尔 IC 检测蓄电池的充电/放电电流量，把因蓄电池充电/放电电流而在心部产生的磁通量密度的变量，转换为电压输出。

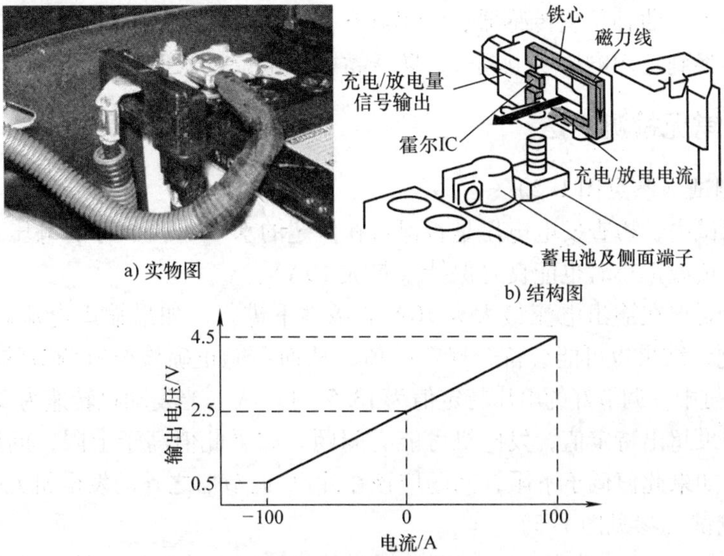

a) 实物图　b) 结构图　c) 工作特性

图 1-44　蓄电池电流传感器

蓄电池电解液温度过高或过低，会造成蓄电池过度放电。此外，电流的传入特性随蓄电池电解液温度而变化，因此，蓄电池温度传感器检测电解液温度，向发动机 ECU 发送信号，起到保护蓄电池的作用。蓄电池温度传感器为热敏电阻式，蓄电池温度传感器安装在蓄电池隔热体的侧面。

如图 1-45 所示，由发动机 ECU 控制的充电控制系统在车辆加速时降低发电机的输出电压；当车辆减速时提高发电机输出电压；在怠速和恒速行驶工况时则根据蓄电池输入/输出电流值调节发电机的输出电压。

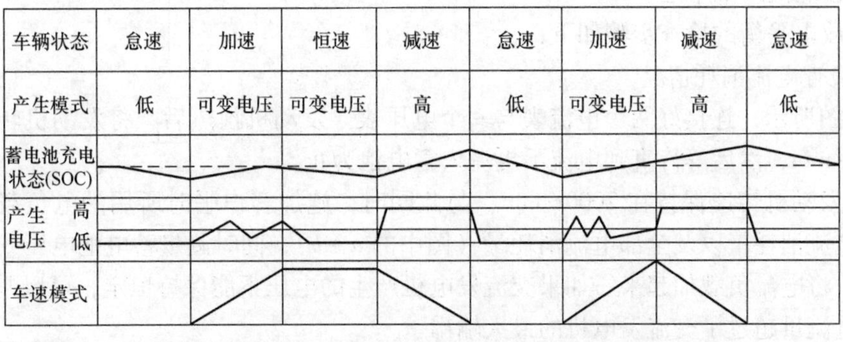

图 1-45　不同工况下发动机 ECU 控制充电系统的工作情况

当发动机 ECU 检测到以下情况时，将中止发电机的充电控制，切换到定额电压发电模式，具体控制如下：

当蓄电池电量低或蓄电池温度过低或过高时，根据蓄电池电量和电解液温度判断充电状态，充电过度、放电过度时应中止充电控制，以保护蓄电池和防止电量过低。

当刮水器工作时或鼓风机电动机高负载运转时，由于电气负载较高，将中止充电控制，防止由于电压变化而影响用电器的正常工作。

当检测到以下传感器和开关异常时，如检测到电流传感器、温度传感器、节气门位置传感器、车速传感器、曲轴位置传感器、停车灯开关、档位开关异常时，传感器系统故障时中止充电控制，切换到定额电压发电模式，防止蓄电池电量过低。

七、充电系统常见检测方法

1. 无负载测试（参见图 1-2）

在无负载测试中，检查发电电压是否保持在恒定的水平（调节好的电压），即使发动机转速发生变化，负载很小时也能良好保持（最大 10A）。

无负载测试要求在输出电流最大为 10A 的条件下进行。如果输出电流超过 10A，即使 IC 调节器有问题，结果也可能会符合规定的值，从而不能正确检查所调节的电压。在 IC 调节器类型的发电机中，调节好的电压特定值为 13.5～15.1V（当发动机转速为 2000r/min 时）。

如果测得结果超出特定值，发电机可能有问题。如果此值高于上限，问题应该在 IC 调节器中；相反，如果此值低于下限，问题应该在除 IC 调节器之外的发电机元件中。

2. 带负载测试（参见图 1-5）

在带负载测试中，当施加有电负载时，通过检查输出电流来检查发电机是否能按照负载来进行输出。

此测试的要点在于要施加尽可能大的负载。如果发电机正常，电负载不足，它不会超过 30A 的规定值（当发动机转速为 2000r/min 时）。因此，如果输出电流最大为 30A，必须增加电负载并重新检查。若测量结果小于规定值，可以判断发电机有故障。在此情况下，故障可能在发电和整流部分。

提示：即使当测量结果超过 30A 时，输出的不总是最大额定功率，可以通过电压能保持稳定的情况下测量发出的极大电流来检查最大额定功率，此时发动机转速大约为 2000r/min并且电负载增加。

3. 充电/放电平衡检查

充电/放电平衡的检查步骤如下：

（1）检查电流消耗情况

1）按图所示，连接好两个电流表与一个电压表。发动机预热后，将发动机转速保持在大约 2000r/min，然后等待直到电流不再流入蓄电池为止。

2）将发动机转速保持在 2000r/min，与此同时，施加客户平时所用的电负载，然后测量每一个电流消耗量以及全部电流消耗量（图中的 $a+b$），同时测量蓄电池电压（图中 c）。

提示：将电流负载加起来。如果交流发电机产生的电压不能保持恒定，可以判定电负载所消耗的电流量超过了交流发电机的最大输出。

（2）检查交流发电机的输出情况（图 1-47）

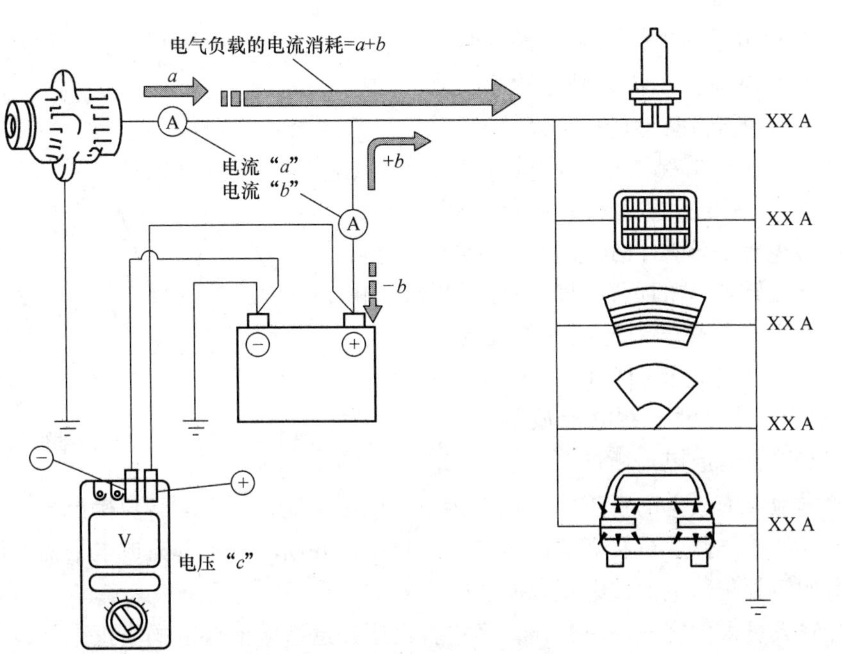

图 1-46 检查电流消耗情况

1）发动机预热后，将发动机转速保持在大约 2000r/min，然后等待直到电流不再流入蓄电池为止。

2）在发动机转速保持在 2000r/min 的同时施加客户平时所用的全部电气负载。

3）改变发动机转速，将发动机转速调到交流发电机输出电流（图 1-47 中“*a*”），与在步骤“1）检查电流消耗情况”中所测得的总的电流消耗相等的转速上。该发动机转速是保持充放电与客户的电负载所消耗的电流平衡的最低转速。记下这个发动机转速“*N*”。

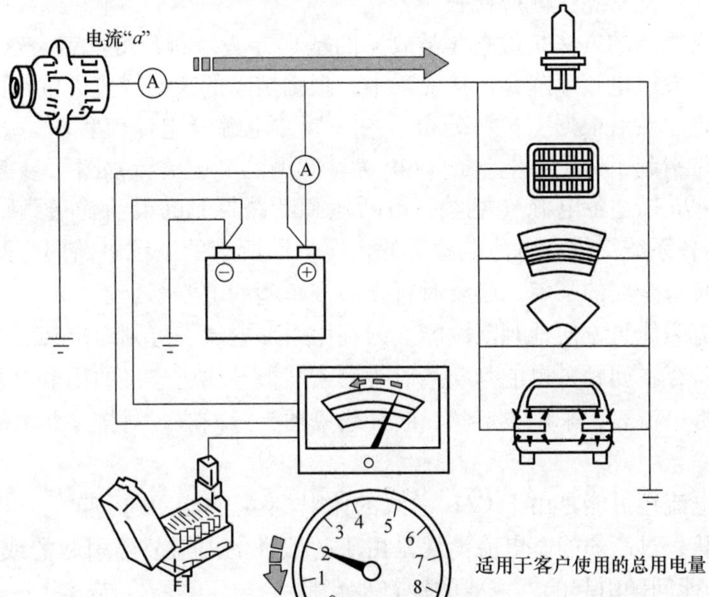

图 1-47 检查交流发电机的输出情况

(3) 对充放电平衡进行判断(图1-48)

统计一下蓄电池在车辆行驶过程中,发动机转速低于最低转速 N(在步骤"2)检查交流发电机的输出情况"中得出的维持充放电电流平衡的最低转速 N)的运行时间;再统计一下蓄电池在车辆行驶过程中,发动机转速高于最低转速 N 的运行时间。如果以交流发电机输出电流高于消耗电流的发动机转速行驶时间大于总运行时间的一半,也就是说蓄电池充电时间大于蓄电池放电时间,一般可以判断这种充放电平衡良好。

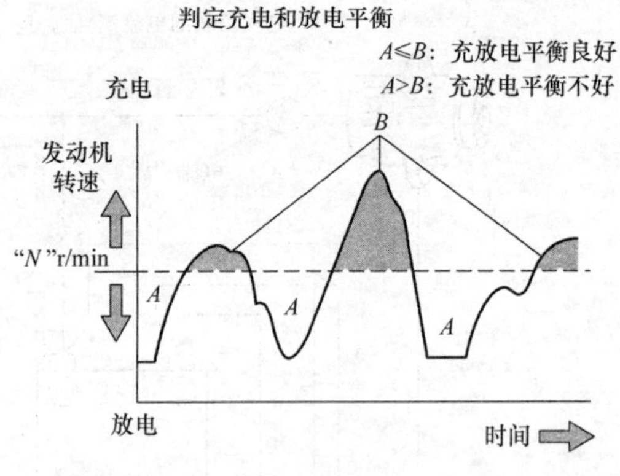

图1-48 对充放电平衡进行判断

由于蓄电池频繁放电的真正原因在于客户的使用情况,所以对客户提出合理的建议和解释是非常重要的。维修人员有必要向客户提出建议,并向客户解释充放电平衡的后果,以便让客户知道如何预防蓄电池放电现象的发生。

如果维修人员未向客户提出建议,客户就无法知道蓄电池放电的真正原因,也不会改变对车辆有害的使用习惯。因此,同样这种故障再次发生的可能性就非常大。

八、寄生电流过大故障的检查方法与技巧

寄生电流一般不会大于100mA,通常为10~50mA。各型号车的寄生电流并不相同,如宝马轿车允许的最大寄生电流为80mA。必要时应与同型号车相比较。当发现寄生电流过大时,应减去正常的寄生电流数值后再估算一下其功率大小,如寄生电流为350mA,减去正常的50mA左右,剩300mA左右,其功率就约为3.5W,约等于一个杂物箱照明灯灯泡的功率,如怀疑是这个灯泡常亮,就应检查。

采用依次断开线路的方法是检查此类故障的基本方法,断开熔丝就是这个方法的首选。逐个卸下熔丝直至放电电流下降到可接受水平。根据熔丝的说明或查阅电路图就可判断哪个系统电路导致放电。然后根据"电源分布示意图"、"电源(电流流程图)",以准确诊断可疑电路中哪个部位引起了寄生放电。图1-49为某车型的"电流流程图"参考图。

图中,图1-49a描述各电源(熔丝、熔断丝和断路器)的电流输送到哪个零件。在图1-49b中说明了给各系统提供蓄电池电源时的情况。因所有的系统电路图都与电源有关,因此必须对电源系统有全面的了解,必要时可查阅该车型的电路图。

结合钳形电流表能更方便地判断故障。因利用钳形电流表可判断出某股线束或某根导线所连接的用电设备存在问题,也能判断某股线束或某根导线所连接的用电设备不存在放电故障,所以结合钳形电流表,采用拔熔丝、断开线束插头等方法,对排除此类故障可起到事半功倍的效果。

过高的寄生电流还可能是由于CAN总线的休眠/唤醒功能问题引起的。

首先必须确认,过高的静态电流消耗是由于一般性的电器故障引起的或者由于CAN总线的休眠/唤醒功能问题引起的。一般的检查步骤是:

1) 静态电流测量。电流过高,用传统的办法(拔熔丝)进行检查,看故障是否由于电器线路内的故障引起。

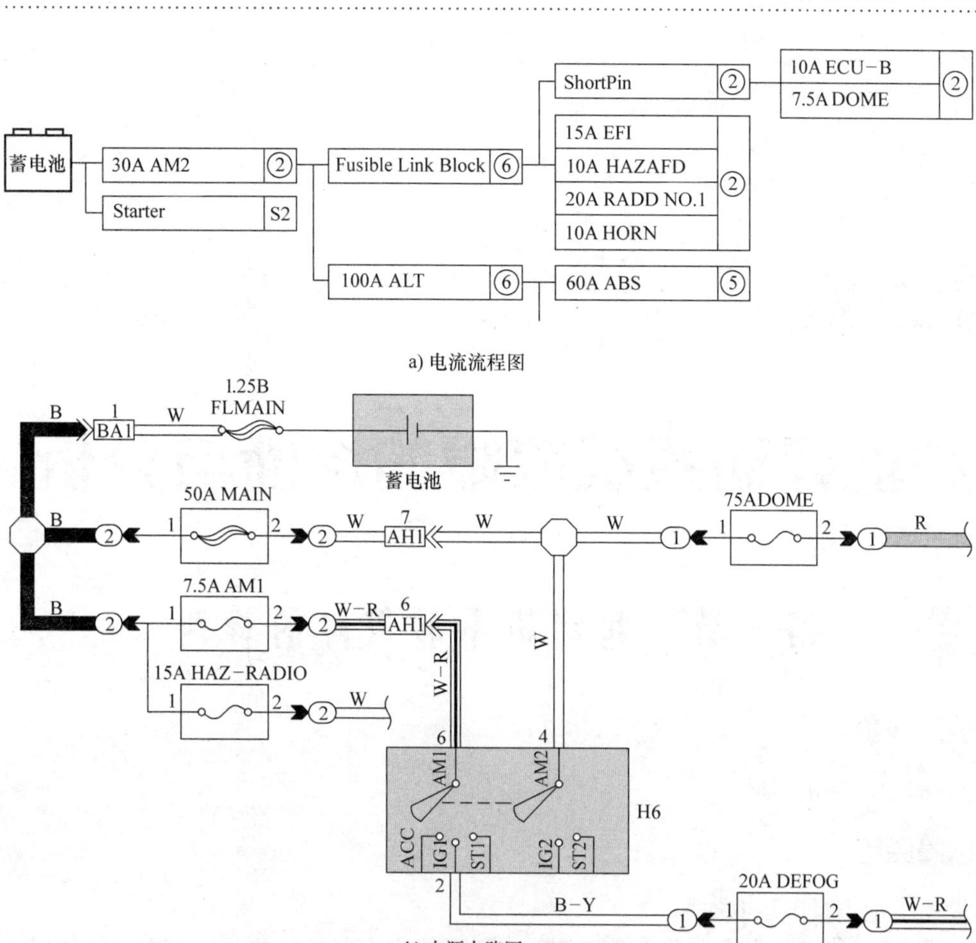

a) 电流流程图

b) 电源电路图

图 1-49　某车型“电流流程图”参考样图

2）如果不是该情况，则用数字存储示波器（Digital Storage Oscilloscopes，DSO）对 CAN 总线进行检测。

3）车辆处于闭锁状态并注意观察 DSO 图形。

如果总线未处于休眠状态（总线继续为激活状态），应该查找产品信息资料。

如果总线处于休眠状态（总线不再为激活状态），应注意静态电流。

如果静态电流还是同样高，问题为电器系统故障。

如果静态电流变为正常，当总线处于睡眠状态继续观察总线的情况，是否在一定的时间下又处于唤醒的工作状态，这时应注意查询有关唤醒问题方面的产品信息资料。

第二章 发动机起动系统故障的诊断与分析

第一节　起动机不转故障的诊断

一、故障现象

起动时，起动机不运转。

二、故障原因

1）蓄电池电量不足或损坏。
2）蓄电池正极电缆与电磁开关接柱连接不良、蓄电池各接柱接触不良、接地线接地不良。
3）安全性蓄电池接线柱已触发。
4）起动继电器不良。
5）空档起动开关（档位开关）或离合器开关损坏。
6）起动机切断继电器、停车档和空档位置继电器不良。
7）起动机电磁开关不良。
8）起动机内部不良。
9）起动熔丝断路。
10）起动电路线路不良。
11）点火开关或发动机开关不良。
12）智能进入和起动系统故障：
① 电源控制 ECU 和制动灯间的通信或通线路异常。
② STOP（制动灯）熔丝或制动灯开关。
③ 多路通信系统：CAN 通信系统、ECM、电源控制 ECU、线束或连接器。
④ 电源控制 ECU 内部的浸水电路监视器检测到车辆浸在水中。

三、故障诊断与排除的一般步骤

1. 验证故障现象

点火开关置于起动档或接通起动开关后，起动机没有任何动作或只是发出“咔啦”的声音却不能带动曲轴旋转。这两种故障现象应区分清楚，以利诊断。

2. 基本检查

主要是观察仪表显示情况，开前照灯、按喇叭，目视检查线束插头是否有松动、脱落等，听起动机电磁开关是否发出动作声音等，用手触摸蓄电池插头处、主接地点处是否烫手等。如观察档位开关显示是否正常，否则检查档位开关等；观察起动瞬间是否仪表上各警告灯全变得很暗或不亮，点火开关回到ON位置后各指示灯仍不能恢复正常亮度，就说明蓄电池电量不足或插头松动；前照灯发暗、喇叭声音不响亮也说明蓄电池电量不足或插头松动；用手触摸起动机主电路各插头处（蓄电池插头、起动机主电缆接线柱30或端子+B、电磁开关输出端接线柱端子M、起动机主接地点）是否烫手等，如烫手说明此处端子有污物或锈蚀导致的接触不良现象；如起动机完全不工作，还应检查防盗是否解除等。对有自动变速器的车辆，轻轻移动档位选择操纵杆并试着起动发动机，如果起动机运转，档位开关就需要检查与调整了。

3. 检查蓄电池电压

先检查蓄电池静态时的端电压。如图2-1所示，在发动机起动时，检查蓄电池的端电压。如果静态下蓄电池的端电压为12V以上而起动时低于9.6V，则需更换电池。如果静态下与起动时蓄电池的端电压均过低，则需说明蓄电池存电不足，能否充电后再次使用，还要对蓄电池做进一步检测。

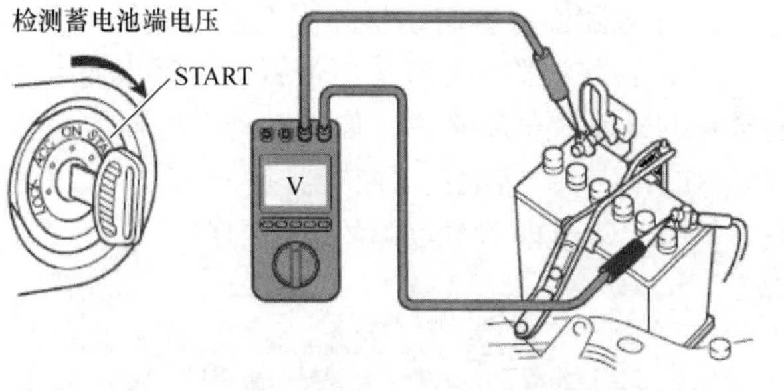

图2-1 检查发动机起动时蓄电池的端电压

4. 检查端子30的电压

如图2-2所示，将点火开关旋到START，测量起动机端子30与机体接地之间的电压。应在8.0V或以上，如果电压低于8.0V，则需修理或更换起动机的电缆、检查安全型蓄电池接线柱是否已触发等。

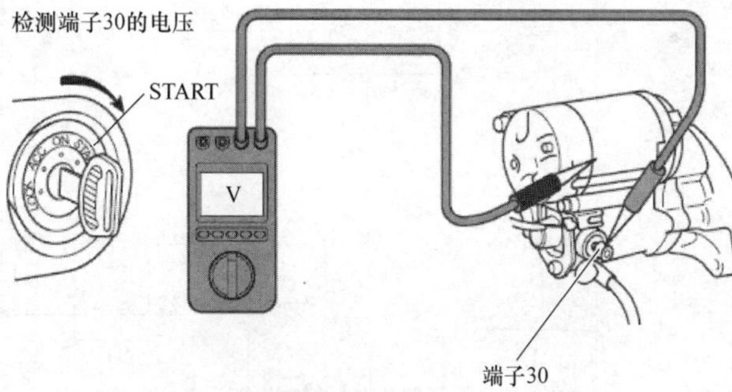

图2-2 检查起动时起动机端子30的电压

5. 检查电磁开关输出端M端子的电压

如果端子30的电压正常，可进一步测量电磁开关输出端端子M的电压。将点火开关旋到START，测量起动机电磁开关输出端端子M与机体接地之间的电压。应在8.0V或以上，如果电压低于8.0V，则需修理或更换起动机电磁开关。如果电压高于8.0V，则需进行发动机旋转阻力检查，即用可试着用扳手旋转曲轴螺栓让发动机转动。如果感觉发动机没有转的意思，可试着稍稍往回转一下。如能动，表明有破损的部件卡住发动机，造成不能转。如果两个方向都不能动，可能是轴承坏了，将发动机抱死了。如果发动机旋转阻力正常，就需拆检起动机。

6. 检查端子50（或S）的电压

如图2-3所示，将点火开关旋到START，测量起动机端子50与机体接地之间的电压。

应为8.0V或以上，如果电压低于8.0V，说明故障在起动机的控制电路中，则需检查熔丝、点火开关、空档起动开关、起动机继电器、离合器起动继电器、离合器起动开关、线路等，一次查一项，参照线路图。更换或修理有故障的部件。注意在装有离合器起动开关的手动变速器汽车上，如不踩下离合器踏板，起动机不工作；带防盗系统的车子中，如果此系统被触发，有些车型中起动机不会起动，因为即使点火开关在START位置，起动继电器仍保持在开路状态。

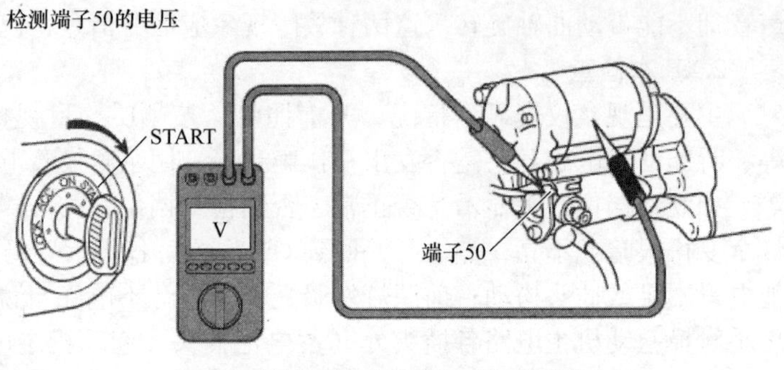

图2-3 检查端子50（或S）的电压

7. 按电路图检查起动机外围控制电路及部件

图2-4为卡罗拉轿车（不带智能上车与起动系统）的起动系统电路图。对于类似这样的常见起动系统电路来说，如果起动继电器容易接近的话，就找到起动继电器，在点火开关旋到START时，感觉起动继电器是否动作，如有动作，说明继电器线圈侧的控制电路正常，只需检查起动继电器触点侧的电路回路即可。

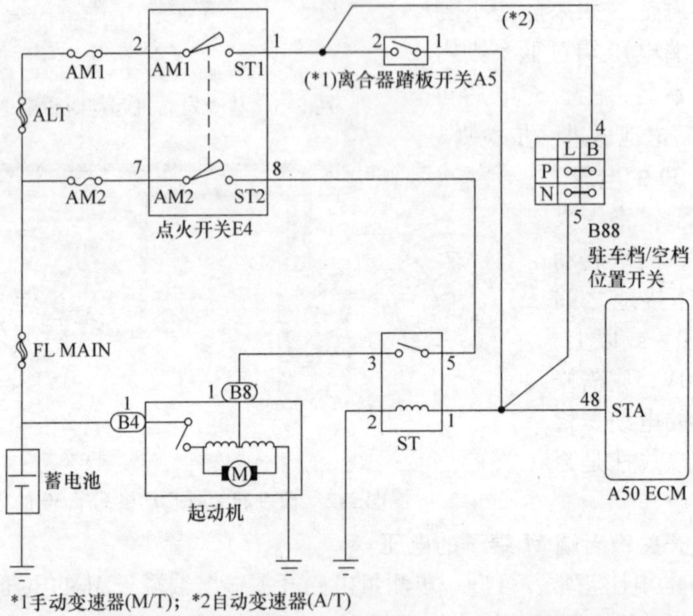

图2-4 卡罗拉轿车（不带智能上车与起动系统）的起动系统电路图

图2-4为维修手册上提供的，而电路图（Electrical Wiring Diagram，EWD）中提供的起动系统电路图（图2-5）更有利于故障的查找，因为其上标出了线束连接器的代号与端子号，而维修手册上的系统图则没有。但实际上根据图2-5可知，起动继电器位于5号继电器盒，而5号继电器盒在车上的位置（图2-6）并不好接近，可在线束连接器BA2#8、BA2#2处分别测量起动时其与接地之间的电压，还可在断电情况下测量BA2#2与接地之间的电阻，其电阻应约等于起动继电器线圈的电阻值。这些需要在检测时根据实际情况灵活运用。

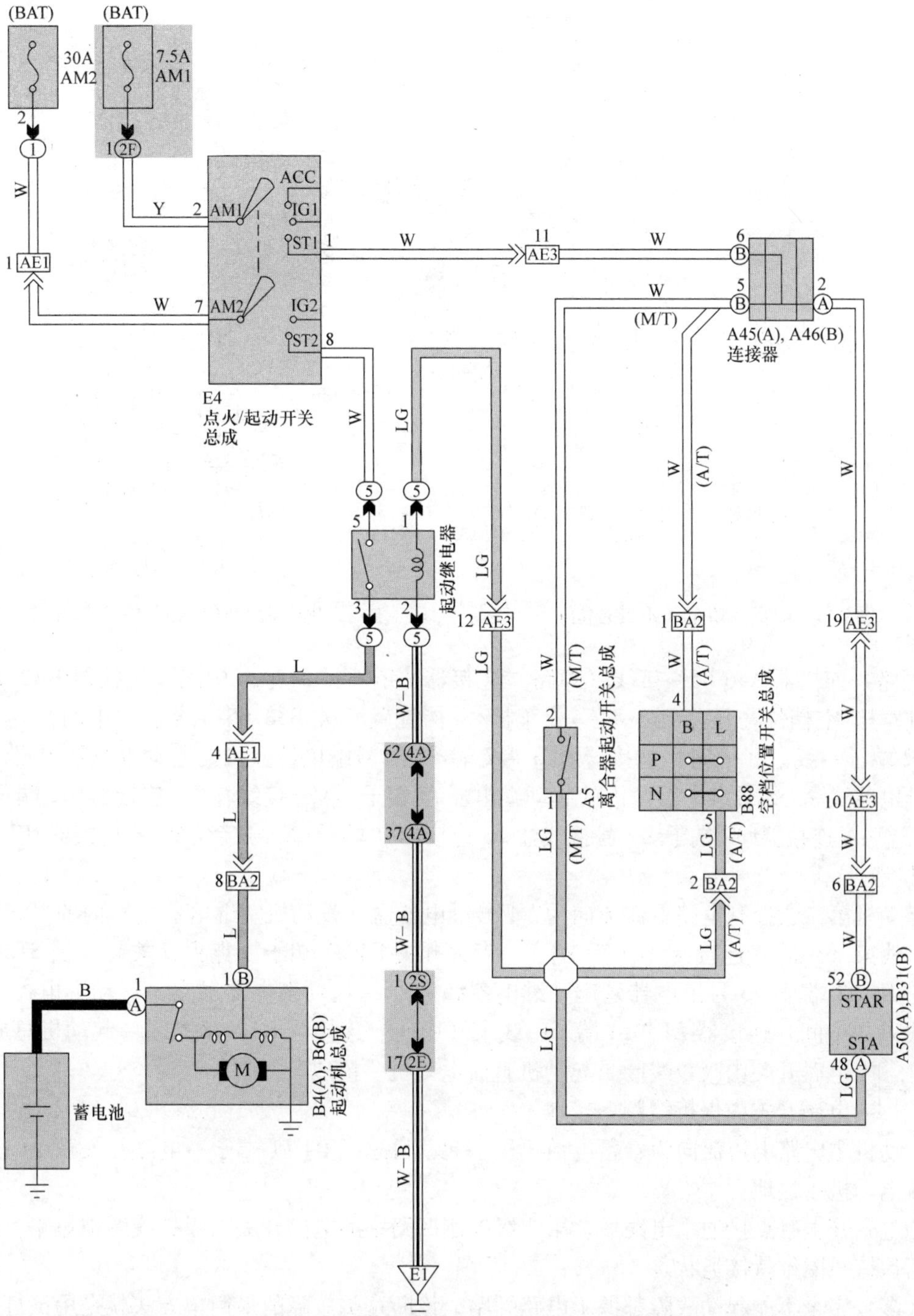

图 2-5　EWD 上提供的卡罗拉轿车（不带智能上车与起动系统）的起动系统电路图

由电路图可知，起动系统电路主要由三个回路组成：第一级控制电路、第二级控制电路和起动机主电路。

点火开关置于起动档瞬间，A/T 车型的起动机第一级控制电路电流流向依次为：2 号接线盒（仪表板接线盒）内的 7.5A AM1 熔丝→2 号接线盒 2F 连接器#1 端子→点火开关E4 #2 端子→点火开关起动档 ST1→点火开关 E4 #1 端子→线束（中间）连接器 AE3 #11 端子→接

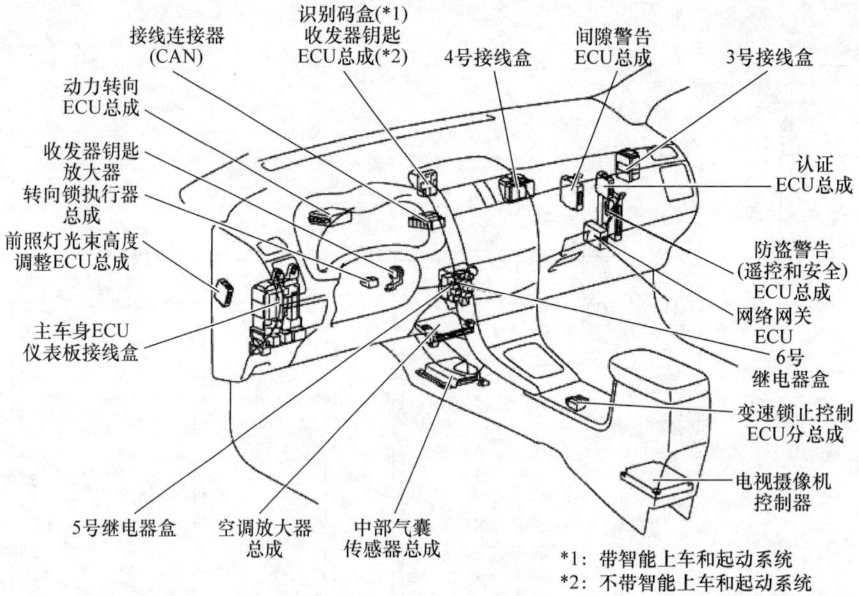

图 2-6 卡罗拉轿车（不带智能上车与起动系统）主要继电器盒、ECU 等零件位置图

线（短路）连接器 A46 #6→接线（短路）连接器 A46 #5→线束（中间）连接器 BA2 #1 端子→驻车档/空档位置开关 B88 #4→驻车档/空档位置开关 B88 #5→线束（中间）连接器 BA2 #2 端子→线束（中间）连接器 AE3 #12 端子→5 号继电器盒内的起动继电器#1 端子→起动继电器线圈→5 号继电器盒内的起动继电器#2 端子→4 号接线盒 4A 连接器#62 端子→4 号接线盒 4A 连接器#37 端子→2 号接线盒 2S 连接器#1 端子→2 号接线盒 2E 连接器#17 端子→E1 接地点。

起动机第二级控制电路电流流向为：1 号继电器盒（发动机室继电器盒）内的 30A AM2 熔丝→线束（中间）连接器 AE1 #1 端子→点火开关 E4 #7 端子→点火开关起动档 ST2→点火开关 E4 #8 端子→5 号继电器盒起动继电器#5 端子→起动继电器触点→起动继电器#3 端子→线束（中间）连接器 AE1 #4 端子→线束（中间）连接器 BA2 #8 端子→起动机总成 B8

#1 端子
- →电磁开关内吸拉线圈→起动机直流电动机→接地。
- →电磁开关内保持线圈→接地。

起动机主电路电流流向为：蓄电池正极→起动机总成 B4 #1 端子→电磁开关触点→起动机直流电动机→接地。

当电磁开关触点接通主电路后，第二级控制回路中的电磁开关内吸拉线圈被短路，电磁开关由保持线圈维持接通状态。

大多数完全不能起动故障都源于电路开路，诊断这类故障的最简单方法就是用试灯。对于电磁开关固定在电动机上的起动机系统，电磁开关输出端 M 端子是外部电路的终端。连接试灯正极引线到 M 端子，负极引线到良好接地点，点火开关打到 Start 档时灯应发亮。如果灯亮，则此电路回路（包括点火开关、空档安全开关、导线、电磁开关和所有连接点）工作正常。

如果试灯很暗，则电路中存在很大的电阻。通过试灯沿路查找，直至蓄电池，应该能发现高阻的原因。如果试灯不亮，按照相同的操作步骤反过来向蓄电池方向的电路查找，直至发现开路为止。还要检查起动机主电缆接线柱 30 或 + B 端子的电压。为此，连接试灯，点火开关关闭试灯应点亮。点火开关转到 Start 档时，灯应依然亮。如果在 Start 档时灯熄灭了，则修理电缆或终端插头。

试灯的不足之处是只凭灯泡的明暗程度无法确切说明电压降具体有多少。如果用户熟悉所测的电路，试灯不失为一种方便快捷的工具。但有时最好还是使用数字电压表来测试，这个方法更为安全，而且只需转动一下选择开关就可以进行电阻、电压、电流等其他项目的测试。

只要发现开路，运用跨接线跨接失效部件或连接点两端便可以认证这一点。例如，搭接电磁开关两端，起动机就旋转，表明电磁开关中存在开路。同样的操作步骤可以应用于点火开关、空档安全开关或开路导线等的两端。

对于带有智能上车和起动系统的车辆来说，起动电路就显得复杂得多了。图 2-7、图 2-8为卡罗拉 1. 8L 轿车的智能上车与起动系统电路图。

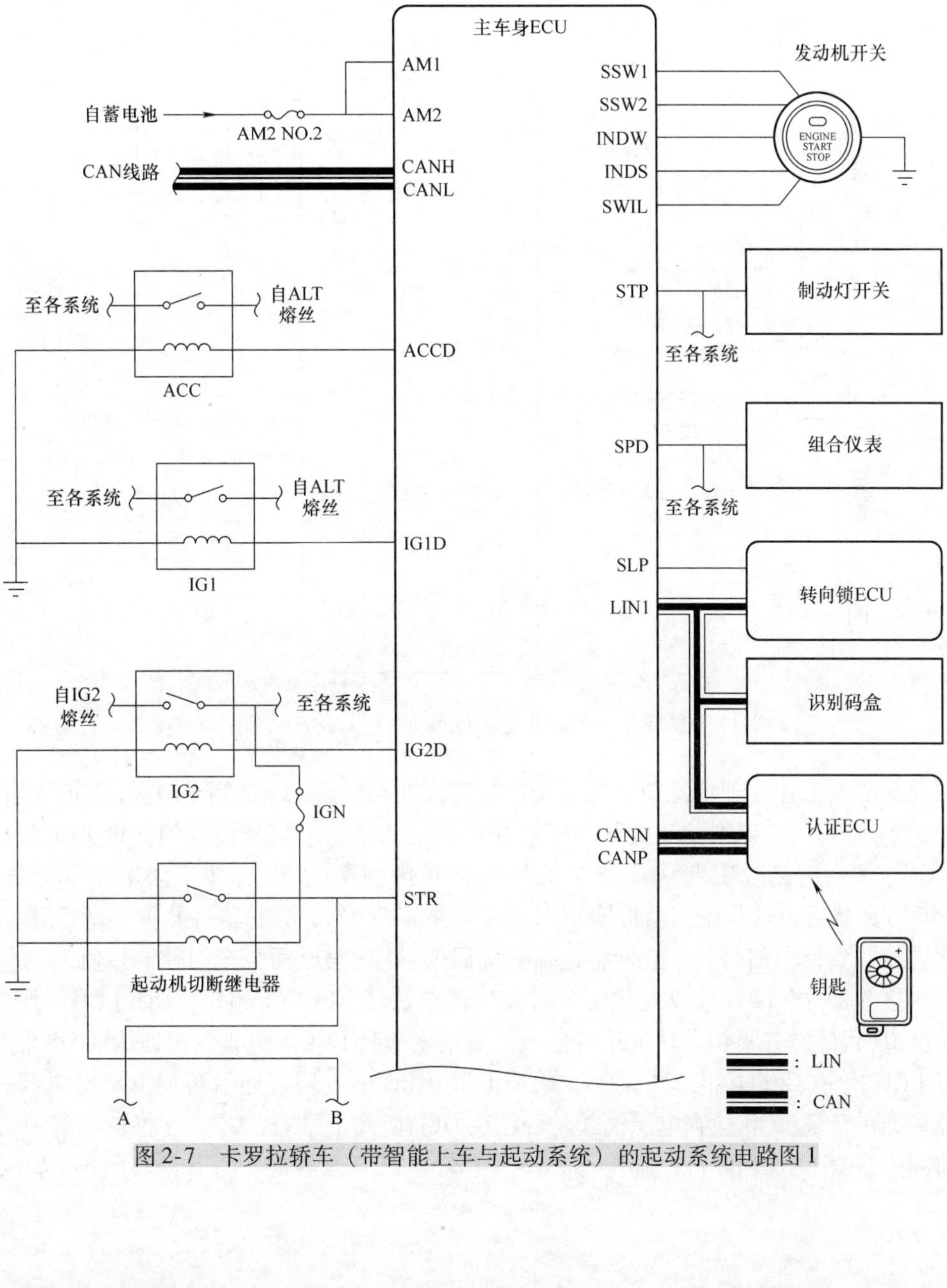

图 2-7　卡罗拉轿车（带智能上车与起动系统）的起动系统电路图 1

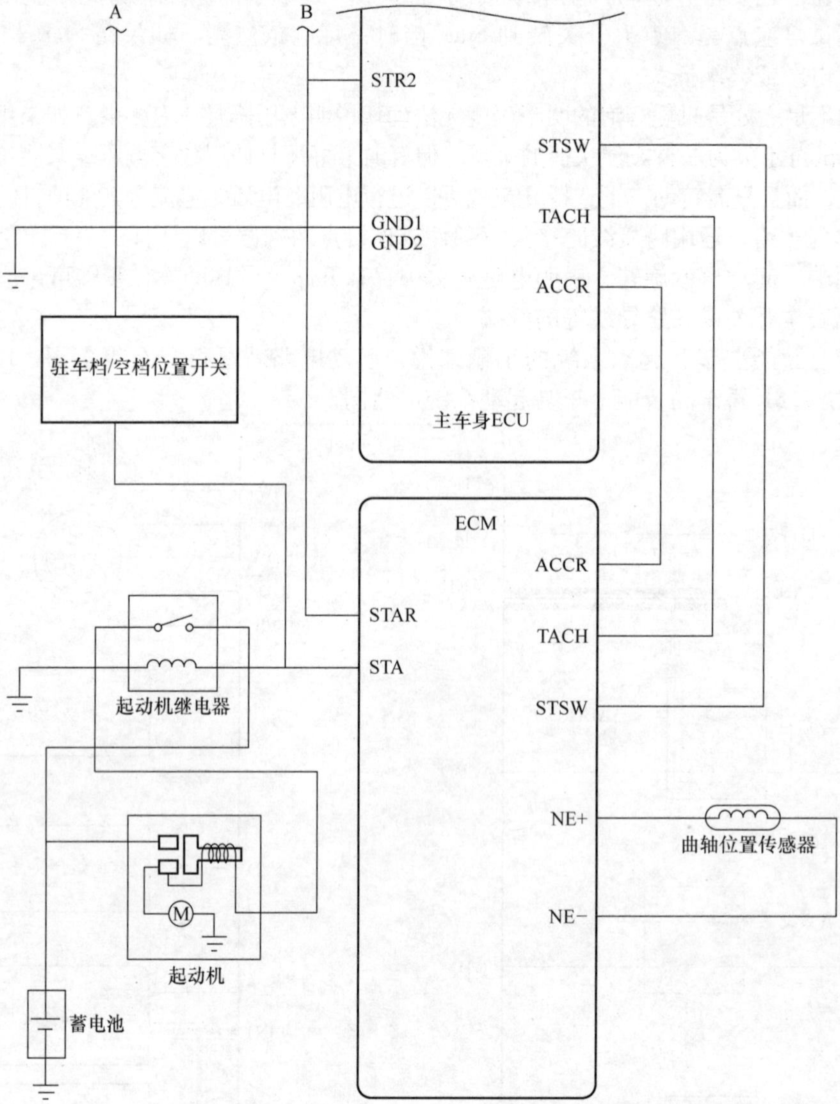

图 2-8 卡罗拉轿车（带智能上车与起动系统）的起动系统电路图 2

图 2-9 为其工作原理示意图。驾驶人携带钥匙进入车辆，踩住制动踏板，同时按下发动机开关；主车身 ECU 识别发动机开关信号并将钥匙认证请求信号传输到认证 ECU（E36）。认证 ECU（E36）接收钥匙认证请求信号并将其传输至前部/后部车内电子钥匙振荡器（E37/L25），然后由这些振荡器传输请求信号。主车身 ECU 使发动机开关的绿色指示灯亮起。钥匙接收到请求信号时，立即将包括响应码的 ID 代码返回至车门控制接收器（M14）。车门控制接收器（M14）接收此代码并将其传输至认证 ECU（E36）。认证 ECU（E36）判断并认证 ID 代码，并将钥匙认证正常信号传输至主车身 ECU。接收到钥匙认证 OK 信号后，主车身 ECU 使 ACC 继电器打开。主车身 ECU 使 ACC 继电器接通后再使 IG1 继电器和 IG2 继电器接通。认证 ECU 检查电源模式是否已从 OFF 切换至 ON（IG），并将转向解锁请求信号传输到主车身 ECU 和停机系统代码 ECU。主车身 ECU 接收此信号并给转向锁 ECU 供电。

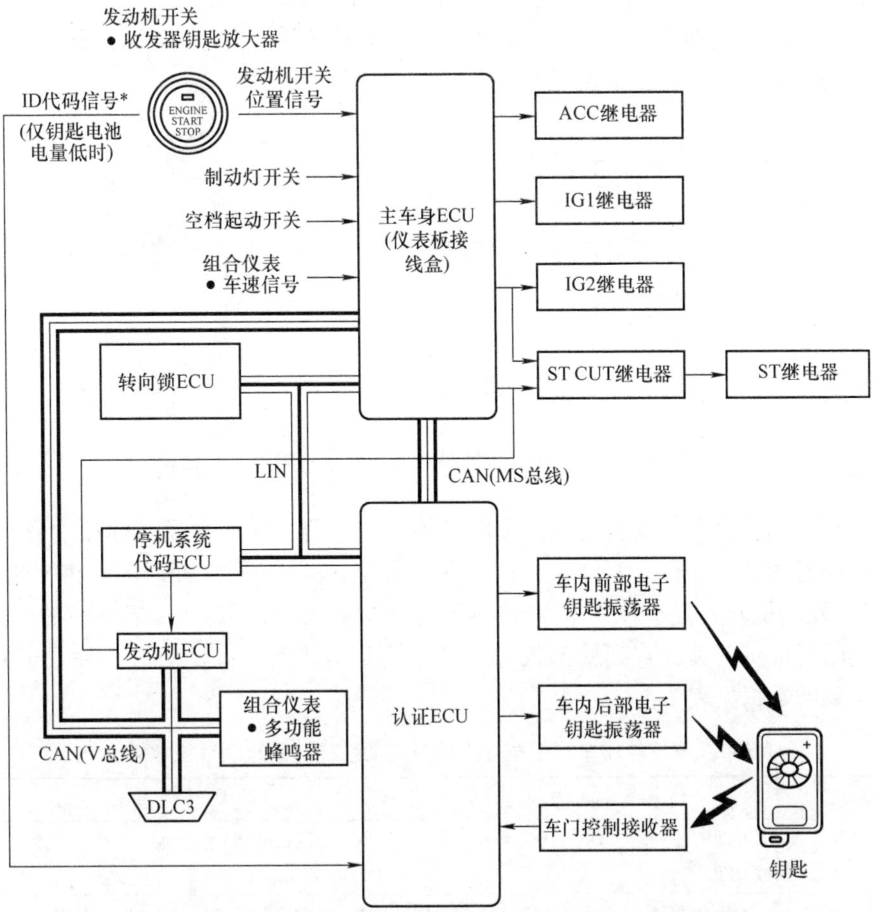

图 2-9 卡罗拉轿车（带智能上车与起动系统）的起动系统工作原理示意图

转向锁 ECU 通过停机系统代码 ECU 接收转向解锁请求信号，并解除转向锁。检查到转向解锁状态后，认证 ECU 将发动机停机系统解除请求信号传输到停机系统代码 ECU（E22）。停机系统代码 ECU（E22）对认证 ECU 的发动机停机系统解除信号进行认证，将信号传输到发动机 ECU，并解除发动机停机系统。检查到转向解锁状态后，主车身 ECU 将起动机请求（STSW）信号传输到发动机 ECU。发动机 ECU 输出 ST 继电器（STAR）信号，并起动起动机。如果施加到发动机 ECU 的电源功率低（主车身 ECU 检测到 STR 信号电压低），导致 ST 继电器（STAR）信号不能被输出，主车身 ECU 将输出 ST 继电器（STAR）信号（STR2）以帮助起动起动机。发动机 ECU 根据发动机转速信号判断发动机完全起动时，将停止传输 ST 继电器（STAR）信号并关闭起动机。主车身 ECU 检查发动机完全起动，并使发动机开关指示灯熄灭。

对于不能起动且起动机电磁开关不发出动作声音的故障，在确认蓄电池有电后，一般应先读取故障码和系统数据流，然后按故障码和系统数据流的提示进行检修。如果故障是突然发生的，可先考虑是否因制动灯开关或 STOP 熔丝故障导致，或智能钥匙电池电量过低所致。如因制动灯开关或 STOP 熔丝故障所致，可执行发动机紧急起动控制。即将发动机开关从 OFF 位置转至 ON（ACC）位置，然后按住发动机开关 15s，发动机应能起动。如果钥匙电池电量低时，如图 2-10 所示，可通过将钥匙上的 TOYOTA 标记对着发动机开关，等待组合仪表内的多功能蜂鸣器鸣响后，在 5s 内按下发动机开关（踩下制动踏板时），则电源模式将切换至与正常状态下相同的起动功能。

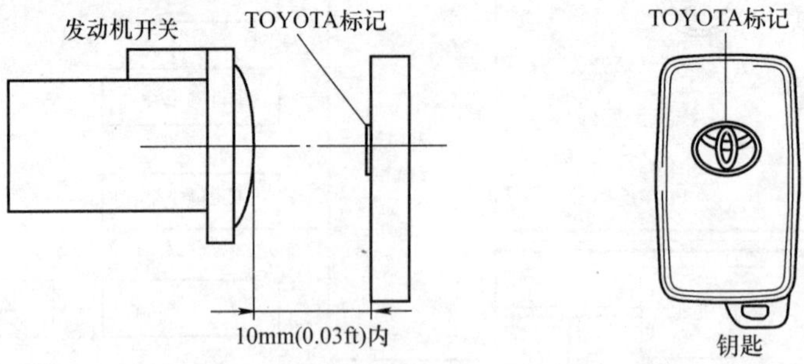

图 2-10 钥匙电池电量低时的发动机紧急起动控制操作

使用智能检测仪读取数据表，可以读取开关、传感器、执行器及其他项的数值或状态，而无须拆下任何零件。进行故障排除时，尽早读取数据表可节省诊断时间。将智能检测仪连接到 DLC3。发动机开关置于 OFF 位置并使用智能检测仪时，以 1.5s 或更短的时间间隔重复打开和关闭门控灯开关，直到检测仪与车辆之间开始通信。将发动机开关置于 ON（IG）位置。其主要的数据见表 2-1。

表 2-1 卡罗拉轿车（带智能上车与起动系统）的起动系统数据流

检测仪显示	测量项目/范围	正常状态
ACC SW	发动机开关置于 ON（ACC）位置/ON 或 OFF	ON：发动机开关置于 ON（ACC）位置 OFF：发动机开关置于 OFF 位置
IG SW	发动机开关置于 ON（IG）位置/ON 或 OFF	ON：发动机开关置于 ON（IG）位置 OFF：发动机开关置于 OFF 位置
制动灯开关	制动灯开关/ON 或 OFF	ON：踩下制动踏板 OFF：松开制动踏板
St SW1	起动开关 1/ON 或 OFF	ON：发动机开关按下 OFF：发动机开关未按下
St SW2	起动开关 2/ON 或 OFF	ON：发动机开关按下 OFF：发动机开关未按下
Str Unlock SW	转向锁状态/ON 或 OFF	ON：转向解锁（发动机开关置于 ON（ACC）位置） OFF：转向锁定（发动机开关置于 OFF 位置）
N SW	驻车档/空档位置开关/ON 或 OFF	ON：变速杆在 P 或 N 位置 OFF：变速杆不在 P 或 N 位置
Vehicle Spd Sig	车速信号/STOP 或 RUN	STOP：车辆停止 RUN：车辆行驶
E/G Cond	发动机状态/STOP 或 RUN	STOP：发动机停机 RUN：发动机正在运转

（续）

检测仪显示	测量项目/范围	正常状态
IG1 Relay Mon1	IG1 继电器监视器（外）/ON 或 OFF	ON：发动机开关置于 ON（IG）位置 OFF：发动机开关置于 OFF 位置
IG2 Relay Mon1	IG2 继电器监视器（外）/ON 或 OFF	ON：发动机开关置于 ON（IG）位置 OFF：发动机开关置于 OFF 位置
IG1 Relay Mon2	IG1 继电器监视器（内）/ON 或 OFF	ON：发动机开关置于 ON（IG）位置 OFF：发动机开关置于 OFF 位置
IG2 Relay Mon2	IG2 继电器监视器（内）/ON 或 OFF	ON：发动机开关置于 ON（IG）位置 OFF：发动机开关置于 OFF 位置
ACC Relay Mon	ACC 继电器监视器/ON 或 OFF	ON：发动机开关置于 ON（ACC）位置 OFF：发动机开关置于 OFF 位置
Latch Circuit	棘轮电路/ON 或 OFF	ON：发动机开关置于 ON（IG）位置或发动机运转 OFF：发动机开关置于 OFF 或 ON（ACC）位置
Start Req Sig	起动机请求信号监视器/ON 或 OFF	ON：起动机继电器 ON OFF：起动机继电器 OFF
Pwr Cond	电源状态/ALL、ACC ON、IG1 IG2、ST ON	ALL：所有继电器断开 ACC ON：ACC 继电器接通 IG1：IG1 继电器接通 IG2：IG2 继电器接通 ST ON：ST 请求信号 ON
ACC Cut Sig	ACC 继电器切断信号/ON 或 OFF	ON：发动机起动 OFF：发动机未起动
St Relay Mon	起动继电器监视器/ON 或 OFF	ON：发动机起动 OFF：发动机未起动
Comm Entry & Start	认证 ECU 通信/OK 或 STOP	OK：通信 STOP：不通信

第二节　起动机运转无力故障的诊断

一、故障现象

将点火开关置于 Start 档，驱动齿轮向外移出发出“咔嗒”声，但是起动机运转的转速太低，带动曲轴转动缓慢无力甚至停止转动，发动机偶尔能突然发动。

二、故障原因

1）蓄电池电量不足或损坏。

2）蓄电池正极电缆与电磁开关接柱连接不良、蓄电池各接柱接触不良、接地线接地不良等。

3）起动机电磁开关不良，如电磁开关接触盘和触点接触不良、保持线圈损坏等。

4）起动机内部不良，如换向器与电刷接触不良、电动机励磁绕组或电枢绕组有局部短路等。

5）发动机内部故障，导致旋转阻力过大，如轴瓦烧坏、冷却液漏进气缸等。

三、故障诊断与排除的一般步骤

起动机运转无力是指起动机起动机构已经与齿圈啮合，但由于发动机旋转太慢而不能起动。一般可按下述步骤进行检查。

1）进行基本检查。按扬声器或开前照灯，如果扬声器声音小或嘶哑，灯光比平时暗淡，说明电源有问题，应该检查蓄电池容量和电源导线的连接情况，确认蓄电池容量是否足够，线路连接是否良好。可用手触摸起动机主电路各插头处（蓄电池插头、起动机主电缆接线柱 30 或 +B 端子、电磁开关输出端接线柱 M 端子、起动机主接地点）是否烫手等，如烫手，说明此处端子有污物或锈蚀导致的接触不良现象。

2）检查蓄电池电压与输出电流。先检查蓄电池静态时的端电压。然后在发动机起动时，检查蓄电池端电压。如果静态下蓄电池的端电压为 12V 以上而起动时低于 9.6V，则需更换电池。如果静态下与起动时蓄电池的端电压均过低，则需说明蓄电池存电不足，可充电后再试，还应在起动时检测起动电流，这需要一个大量程的钳形电流表。在大多数应用中，起动机的起动电流需要 130～200A，具体与起动机的设计和发动机的大小有关。齿轮减速式起动机的起动电流要小一些。如果起动电流过大、起动转速过低，通常表明起动机发生了故障，也可能是由发动机内部问题造成的。如果反过来，起动电流偏小，起动转速偏低以及起动电压偏高，则表明起动机电路中的电阻过大。如图 2-11 所示，起动机电路的高电阻故障也可通过测量电压降的办法来寻找。对任何电气系统，测量电压降始终是重要的诊断方法。它常应用在汽车上的许多电路中（线路插头、电缆、开关或其他装置），这是一个在蓄电池线和蓄电池桩头、开关、插头、负载和其他接地电路查找高电阻的非常有用的测试方法，它是动态的测试。也就是说，为了完成电压降测量，必须给电路通电（例如接通点火开关或闭合相应的开关），使电流流过电路。没有电流，电路中负载的两端就不会有电压降。电压降测试更适用大电流电路的检查，在大电流电路，电压降的测量比电阻更为精确，例如起动机电路有 200A 电流，0.01Ω 电阻就能产生 2V 的电压降，测量 2V 电压降比测量 0.01Ω 电阻更容易、可靠。此外，2V 电压是真正的判定性数字，这个数字说明起动机在工作时有 2V 的电压降损失。一般通过一根蓄电池电缆的电压降不应超过 0.2V，这包括底盘接地电缆及其边接。太大的电压降会导致起动机运转过于缓慢。在进行这些测试时，必须关闭点火系统和

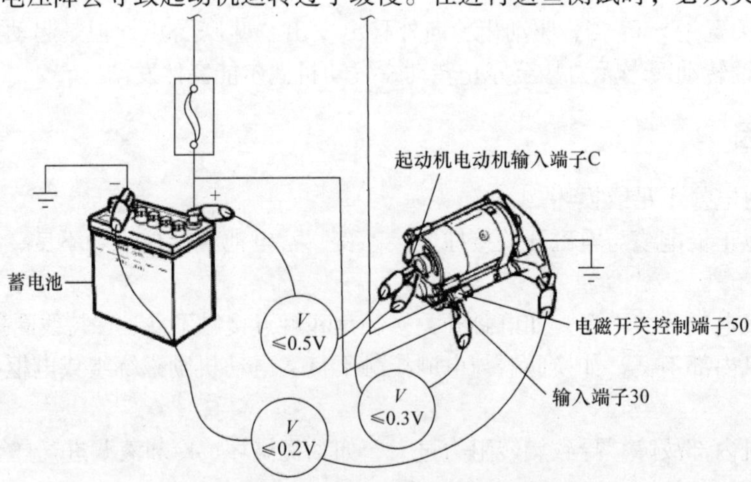

图 2-11 测量起动机电路的电压降

供油系统。在起动机工作时读取各部件的电压降。例如，可将电压表引线接到蓄电池正极端和起动机电磁开关的正极电缆上，然后起动发动机，测量蓄电池正极电缆上的电压降。

3）检查发动机曲轴的旋转阻力。关闭点火开关，试着用扳手盘动曲轴皮带轮前端的固定螺栓让发动机转动。如果发动机不转，但感觉曲轴螺栓处的反应有点弹性，可以卸下火花塞再试一下。或许会发现发动机有的缸中充满了冷却液或燃油。因为液体不能压缩，如果冷却液或燃油泄漏进入气缸，气缸内的液面达到一定程度就会导致活塞不能向上移动。如果感觉发动机没有转的意思，可试着稍稍往回转一下。如能动，表明有破损的部件卡住发动机，造成不能转。如两个方向都不能动，可能是曲轴主轴承或连杆轴承烧坏了，将发动机抱死了。这些就需要视情进行进一步的检查与维修。

4）用螺钉旋具或一粗导线短接起动机电磁开关的端子 30 和电磁开关输出端子两个接线柱。若短接后起动有力且运转正常，说明起动机电磁开关内主触点和接触盘接触不良；若短接后起动仍然无力，则可认为电动机有故障，需进一步拆检。故障可能是起动机内部不良，如电枢轴轴承间隙过大或过小，电枢轴弯曲变形，换向器破损，励磁绕组绝缘层烧焦、接地，电刷磨损、电刷和换向器之间电阻过大或接触不良等，必须拆检起动机。

5）如果在接通起动开关后，起动机有连续的“咔嗒”声，如果蓄电池经检查正常，电源导线的连接良好的话，则可能是电磁开关保持线圈断路。

第三节　起动机空转故障的诊断

一、故障现象

接通点火开关置于起动位置，起动机只是空转，速度较快但不能带动发动机运转。

二、故障原因

1）起动机单向离合器打滑。
2）起动机驱动齿轮严重磨损。
3）起动机齿轮减速机构损坏。
4）起动机单向啮合器拨动机构损坏。
5）飞轮齿圈或传动板齿圈轮齿严重磨损。

三、故障诊断与排除

接通起动开关后，只有起动机快速旋转而发动机曲轴不转。这种症状表明起动机电路畅通，故障在于起动机的传动装置和飞轮齿圈等处。起动机空转时，速度较快但无碰齿声音：说明起动机单向离合器打滑，即驱动齿轮已经啮入飞轮轮齿中，但不能带动飞轮旋转，只是起动机电枢轴在空转，应更换单向离合器总成。若在起动机空转的同时伴有齿轮的撞击声，则表明飞轮齿圈牙齿或起动机小齿轮牙齿磨损严重或已损坏，致使不能正确地啮合。应拆下起动机进一步检查，根据实际情况更换驱动齿轮或飞轮轮齿；如飞轮齿圈或传动板齿圈轮齿正常，就要分解起动机进行检查，检查起动机齿轮减速机构是否损坏、单向离合器是否打滑、起动机单向啮合器拨动机构是否损坏等。

第四节 起动系统故障诊断、排除的相关要点

一、检测蓄电池

在大多数蓄电池上可以看到由数字和字母组成的编码。这就是表明与蓄电池有关信息的电瓶编码。

蓄电池编码表明了该电瓶所属的等级。头两位数字表明了性能等级，其大致表示了安培·小时容量。紧邻着的字母代表体积等级（宽度和长度）。随后的数字表示以厘米为单位电瓶壳体的大约长度。其余的字母表明了接线柱的形状和位置。如55B26R表示性能等级为55（20h放电率容量为55A·h，5h放电率容量为48A·h）；B表示宽为203mm，高为127或129mm；26表示长度约为26cm；R表示当从前面（电极极桩一侧，人可以正确阅读ID码的方向）看时，蓄电池的负极端在电池的左边位置。

安培·小时容量是用于确定一个新的、完全充足电的电瓶（环境温度为26.7℃）在20h内放电，在每个电解液槽的电压降到1.75V以前，能够产生多少电流值。例如，一个12V，120A·h的电瓶表示该电瓶可以在20h内产生6A电流。

起动系统的作用就是使发动机转动足够快以实现发动机的起动。起动系统故障的诊断一般从检查蓄电池开始。

电解液密度（相对密度）能反映蓄电池的充电状态。除免维护蓄电池夕外，均可用此方法测量蓄电池。进行测试时，要拆开蓄电池通风盖，并检查电解液液面高度。如液面偏低，应加入适量蒸馏水，并以小电流充电5~15min，再进行测试。

充满电状态的电解液密度在80℉（26.7℃）应为1.260~1.280kg/cm^3。温度高于80℉（26.7℃）时密度计的读数应校正：方法是每偏差10℉，应增加0.004kg/cm^3。当温度低于80℉（26.7℃）时，每偏差10℉，应减去0.004kg/cm^3。如校正密度小于1.23kg/cm^3，蓄电池应重新充电。如蓄电池两单元格中的密度差超过0.050kg/cm^3，应更换蓄电池。

蓄电池负载测试（容量试验）用来确定当蓄电池电压最低降到9.6V时能输出的电流值。测试的方法是利用负载测试器给蓄电池加上一个大电流。为此，将测试器导线接到蓄电池正、负极极桩上，并将一块电感电流计接到测试器正极导线上。蓄电池电压在测试前至少应为12V。经初次测试除去表面电荷并让蓄电池稳定后，进行第二次测试往往可以得到结果。很多蓄电池都通不过第二次测试。如果通不过，表明蓄电池已坏。

根据蓄电池的规范标牌来决定加到蓄电池上的负载大小。有些标牌说明了蓄电池的测试负载。如果测试规范没有提供这一指标值，就参阅蓄电池的额定输出信息。如果蓄电池的额定值以安培·小时计，测试负载电流应是额定值的3倍（单位为A）；如果标出的是冷起动的安培数，则测试负载电流是额定值的1/2（单位为A）。如未提供额定值，可根据有关发动机的尺寸和型号采用与最大的起动机起动负载相适应的负载。

为进行蓄电池的负载测试，将测试器的负载控制到需要的电流值。维持负载15s，观察电压表读数。如果在测试时保持9.6V或更高的电压，说明蓄电池是良好的；如果电压偏低，需继续对蓄电池进行测试，以确定该蓄电池是否需要更换。

用3min的充电测试来确定一个放完电的蓄电池能否再次有效充电，或者因该蓄电池已被硫酸盐化是否应更换。实施这一测试时，要连接蓄电池充电器和电压表。打开充电器并设

置为不高于40A的高速充电状态，持续充电3min后看电压表读数。如果电压表读数达到16V或更高，便关闭充电器以防止蓄电池爆炸；如3min后电压为15.5V或更低，可以进行慢速充电并重新投入使用；如读数超过15.5V，则必须更换蓄电池。但对免维护蓄电池而言，这种测试是不可靠的。

优选的重新充电方式是慢速充电。5～15A的慢速充电可以将电池发热量限制在最小限度，并使极板潜在损坏降到最小限度。由于慢速充电费时，有时采用大电流快速充电方式。如果能控制蓄电池的温度，快速充电也是最有效的充电方式。如电解液开始起泡或存在冒气现象，则应降低充电速度。蓄电池充电前，应断开蓄电池电缆。蓄电池充电时，将充电器在对符合要求的充电速度，并周期性检查蓄电池电压。如电压达到15.5V，要减小充电速度。当电解液密度为1.260～1.280g/cm^3，并通过了负载测试，蓄电池就处于满充电状态。

由一个附加电源或辅助蓄电池和跨接电缆可以起动一辆蓄电池亏电的汽车。方法如下：将正极跨接电缆一端接到放完电的蓄电池正极，另一端接辅助蓄电池。然后，将负极跨接电缆一端接到辅助蓄电池负极接线柱，另一端接到汽车底盘接地端。接好后开始起动发动机。发动机运转后，从底盘断开负极跨接电缆，然后断开与辅助电源相连的正极和负极跨接电缆。正极电缆另一端应最后断开。

二、安全型蓄电池接线柱

为了将发生事故时发生短路的危险降至最低，已有一些车辆使用了安全型蓄电池接线柱，如BMW。

由于起动机电路无法通过任何传统熔丝方式提供保护。为了保护起动机电路，BMW首次在E38/E39上采用了安全型蓄电池接线柱（SBK）作为保护措施，该装置可在发生事故时消除短路危险。

图2-12为BMW车型上用的安全型蓄电池接线柱，这种安全型蓄电池接线柱直接与蓄

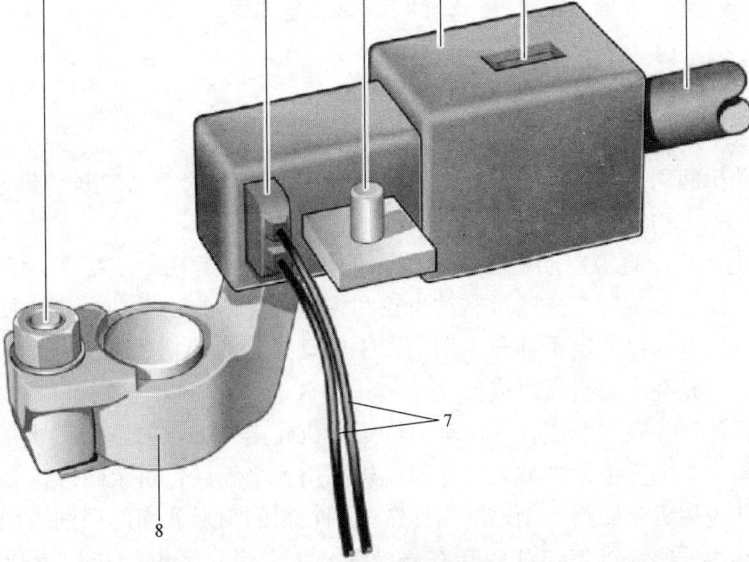

图2-12　安全型蓄电池接线柱

1—紧固螺钉　2—插接连接　3—连接接线柱B+　4—保护外壳

5—卡爪　6—蓄电池导线　7—控制导线　8—蓄电池接线柱

电池正极连接。SBK 由一个传统的可拧紧式接线柱组成，带有内装燃爆材料的空心圆柱体。有一个锁杆用于防止蓄电池导线重新滑回触点位置。

图 2-13 展示了导线分离过程。图 2-13a 为安全型蓄电池接线柱初始状态；图 2-13b 为分离过程开始，由控制单元点燃燃爆材料，时间大约为 0.22ms；图 2-13c 表示分离过程结束，时间大约为 0.45ms；图 2-13d 为蓄电池导线在安全性蓄电池接线柱内截断状态，时间大约为 3.00ms。触发燃爆材料后不得继续使用安全性蓄电池接线柱，必须更换。

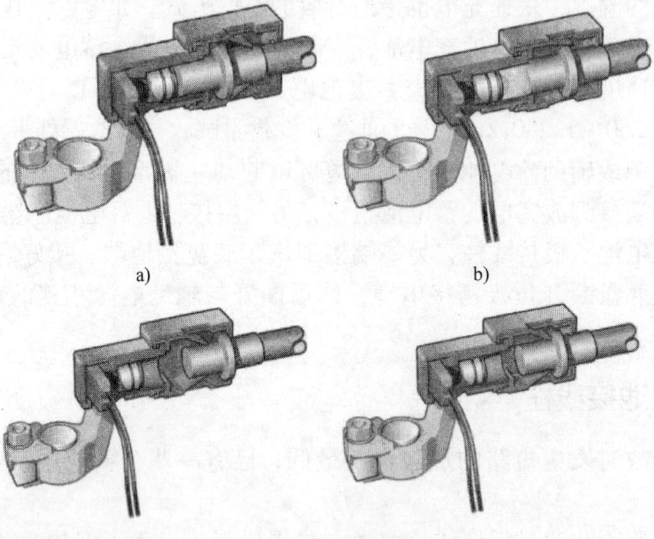

a) b) c) d)

图 2-13 安全型蓄电池接线柱的工作原理

由于蓄电池导线分为不同部分，因此触发 SBK 后，其他车载网络仍能正常使用，只要没有任何主熔丝因短路断开电源电路，从而确保仍可执行所有重要功能，例如危险报警灯、电话等。

三、起动机的结构、原理

1. 起动机结构

用电力起动机起动发动机几乎是现代汽车唯一的起动方式。电力起动机简称为起动机，它由直流电动机、传动机构、控制机构等组成。

（1）直流电动机 直流电动机在直流电压的作用下，产生旋转力矩。接通起动开关起动发动机时，电动机轴旋转，并通过驱动齿轮和飞轮的环齿驱动发动机曲轴旋转，使发动机起动。磁极是直流电动机的定子部分，用来产生电动机运转所必需的磁场，它由磁极铁心、安装在铁心上的励磁绕组及机壳组成。

磁极铁心用硅钢片叠加而成，并用螺钉固定在机壳内壁上，为增强磁场、增大转矩，车用起动机通常采用 4 个磁极，少数大功率起动机采用 6 个磁极，每个磁极铁心上都缠有励磁绕组，并通过外壳构成磁回路。励磁绕组通常是用较粗的矩形截面的裸铜线绕制，匝间用绝缘纸绝缘，外部用玻璃纤维带包扎后套在磁极铁心上。当直流电压作用于励磁绕组的两端时，励磁绕组的周围产生磁场并使磁极铁心磁化，成为具有一定极性的磁极，且 4 个磁极的 N 极与 S 极相间排列，形成起动机的磁场。

电枢是直流电动机的转子部分，用来将电能转变为机械能，即在起动机通电时，与磁场相互作用而产生电磁转矩。它由换向器、铁心、绕组和电枢轴组成。电枢铁心由外圆带槽的硅钢片叠成，压装在电枢轴上；铁心的外槽内绕有绕组，绕组用粗大的矩形截面裸铜线绕制而成，并且多采用波绕法，以便结构紧凑，并可通过较大的电流，获得较大的电磁转矩。为防止电枢绕组接地和匝间短路，在电枢绕组与铁心之间和电枢绕组匝间用绝缘纸隔开。

换向器用来连接励磁绕组与电枢绕组的电路，并使处于同一磁极下的电枢导体中流过的电流保持固定方向。它由一定数量的燕尾形铜片组成，并用轴套和压环组装成一个整体，压装在电枢轴上，各铜片之间以及铜片与轴套、压环之间均用云母或硬塑料片绝缘。电枢绕组各线圈的两端焊接在相应铜片的接线凸缘上，经过绝缘电刷和接地电刷分别与起动机磁场绕组一端和起动机壳体连接。电枢轴除了铁心和换向器外，还制有螺旋槽或花键槽，以便安装传动装置，电枢轴两端通过轴承支撑在起动机前后端盖上。

电刷用铜和石墨粉压制而成，一般含铜 80% ~90%，石墨 10% ~20%，以减小电刷电阻并增加其耐磨性。一般起动机的电刷个数等于磁极个数，也有的大功率起动机电刷个数等于磁极个数的两倍，以便减小电刷上的电流密度。有些小功率高速起动机的电刷弹簧采用螺旋弹簧，多数起动机采用碟形弹簧。电刷架采用箱式结构，铆装于前端盖上。电刷装于架内，并用弹簧压紧在换向器的外圆表面；电刷与换向器有较大的接触面积，以尽量减小电刷与换向器之间的接触电阻，并延长电刷使用寿命。

（2）起动机的传动机构　起动机的传动机构安装在电动机电枢的延长轴上，用来在起动发动机时，将驱动齿轮与电枢轴联成一体，使发电机起动。发动机起动后，飞轮转速提高，它将带着驱动齿轮高速旋转，会使电枢轴因超速旋转而损坏，因此，在发动机起动后，驱动齿轮的转速超过电枢轴的正常转速时，传动机构应使驱动齿轮与电枢轴自动脱开，防止电动机超速。为此，起动机的传动机构中必须具有超速保护装置。

超速保护装置是起动机驱动齿轮与电枢轴之间的离合机构，也称为单向离合器（超越离合器）。常用的单向离合器有滚柱式、弹簧式、摩擦片式等多种形式。

（3）起动机的控制机构　起动机的控制机构也称为操纵机构，它的作用是控制起动机主电路的通、断和驱动齿轮的移出和退回。起动机的控制机构为电磁操纵式。电磁操纵式控制机构俗称电磁开关，其使用方便，工作可靠，并适合远距离操纵。

传统的起动机的结构如图 2-14 所示。

2. 起动机的工作原理

（1）旋转运动的传递　在传统的起动机中，小齿轮安装在起动机的电枢轴上。通过这个小齿轮和发动机飞轮外圆周的齿圈啮合，将电动机的转动传递给发动机曲轴，如图 2-15 所示。

发动机起动时，小齿轮是与齿圈啮合在一起的，然而发动机起动以后，齿圈开始带动小齿轮旋转，如果发动机通过小齿轮带动电动机旋转的话，也即小齿轮仍与齿环啮合在一起的话，那么电动机将以惊人的速度旋转，结果是电动机将会损坏。

为了防止这类现象发生，需要采用一个单向离合器来中断发动机把旋转传递给电动机。其结构原理如图 2-16 所示。单向离合器包括一个外座圈、内座圈、滚子以及支撑滚子的弹簧。外座圈在内侧开有楔形沟槽，内部装有靠弹簧支撑的滚子。

因为外座圈与轴套结合在一起，而轴套可以在电枢轴上的螺旋花键上来回滑动，这样外

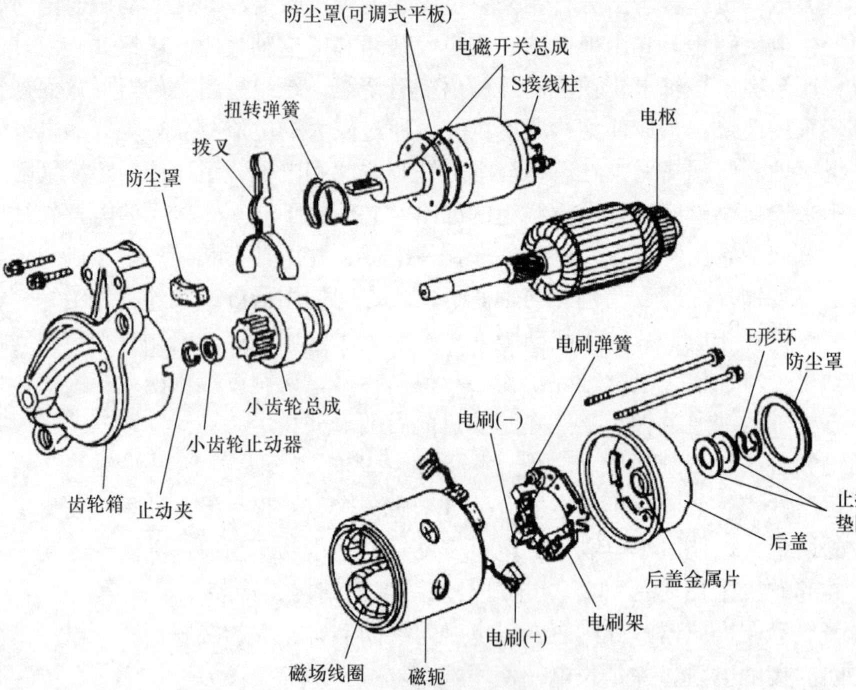

图 2-14 传统的起动机的结构

座圈就可以和电枢轴一起旋转，内座圈是与小齿轮结合在一起的。

当发动机起动时，由于摩擦力和弹簧张力的作用，滚柱被带到内、外座圈之间楔形槽窄的一端，将内、外座圈联成一体，于是电枢轴上的转矩通过下面路径传给了齿圈：电枢转轴→外座圈→滚子→内座圈→小齿轮→齿圈。

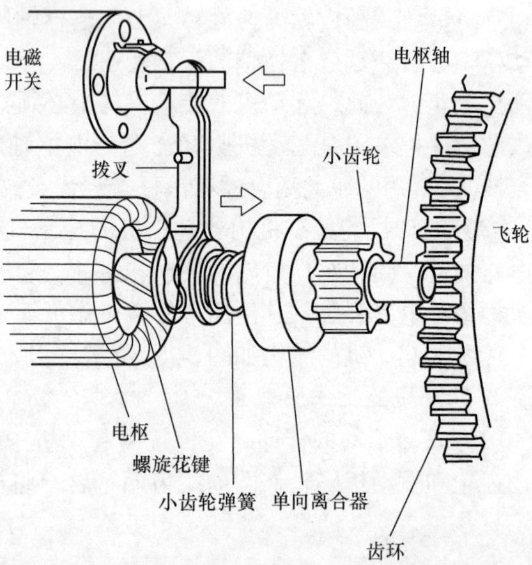

图 2-15 起动机旋转运动的传递

发动机起动后，曲轴转速升高，飞轮齿圈将带着驱动齿轮高速旋转。虽然驱动齿轮的旋转方向没有改变，但它由主动轮变为从动轮。当小齿轮与内座圈比外座圈转得快时，在摩擦力的作用下，滚柱克服弹簧张力的作用滚向楔形槽宽的一端，使内、外座圈脱离联系而可以自由地相对运动，高速旋转的驱动齿轮与电枢轴脱开，防止电动机超速。

（2）起动控制电路 电磁开关用作控制流到电动机的电流的主开关，并且通过推、拉控制小齿轮，吸拉（吸引）线圈绕制得比保持线圈密，吸拉线圈的磁动势也比保持线圈大。

起动机控制电路工作情况如下：

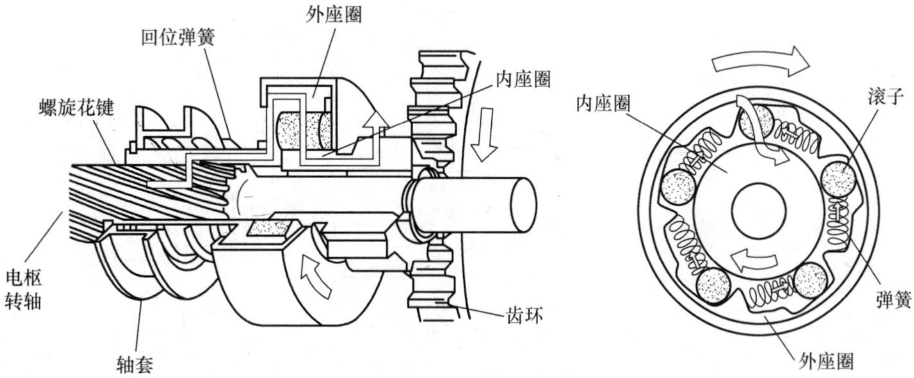

图 2-16 单向离合器

1）点火开关 OFF。当点火开关处于 OFF 位置，由于回位弹簧的作用，触点是分开的，也就切断了流过线圈的电流，如图 2-17 所示。

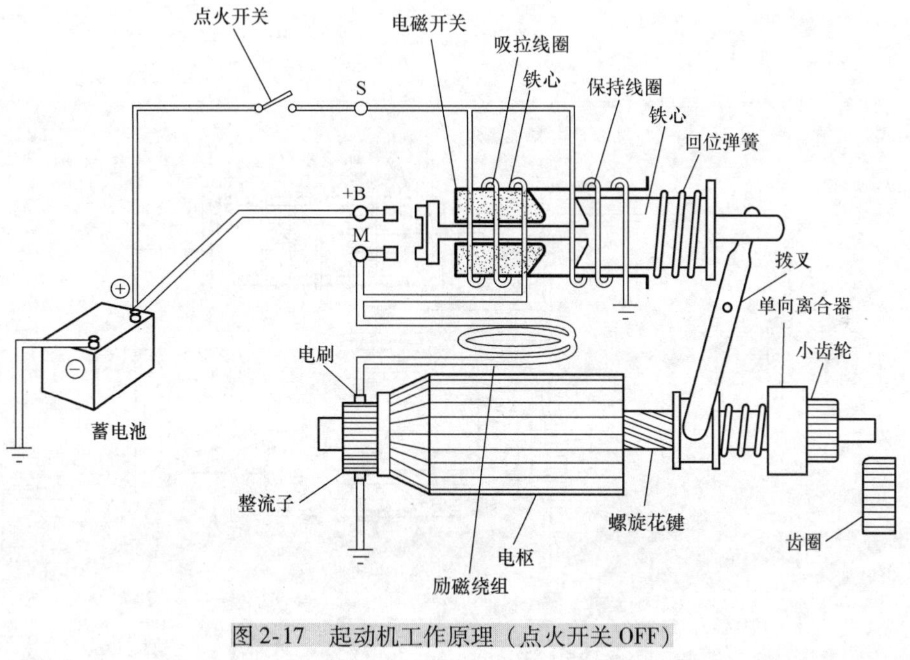

图 2-17 起动机工作原理（点火开关 OFF）

2）点火开关置于 ST 位置瞬间（图 2-18）。

点火开关转到 ST 位置的瞬间，电流就从蓄电池经过 S 接线端分两路，一路流向吸拉线圈，一路流向保持线圈，铁心也就被磁化成为一个电磁铁，把柱状铁心拉向左侧。柱状铁心的运动通过拨叉传递给小齿轮，这样小齿轮向右移动，开始与齿圈啮合。

在触点接通之前，流过吸拉线圈的电流流入电动机，这样电动机开始缓慢转动。

3）点火开关处于起动位置（图 2-19）。当发动机开始起动的时候，因为柱状铁心一直被拉着，所以触点一直接触在一起，这就接通了接线端 +B 和 M 之间的电路，强电流（通常为 150～200A）开始流向电动机，然后电动机就快速旋转起来。

同时小齿轮完全与齿环啮合在一起，这样可以用大的起动功率起动发动机。

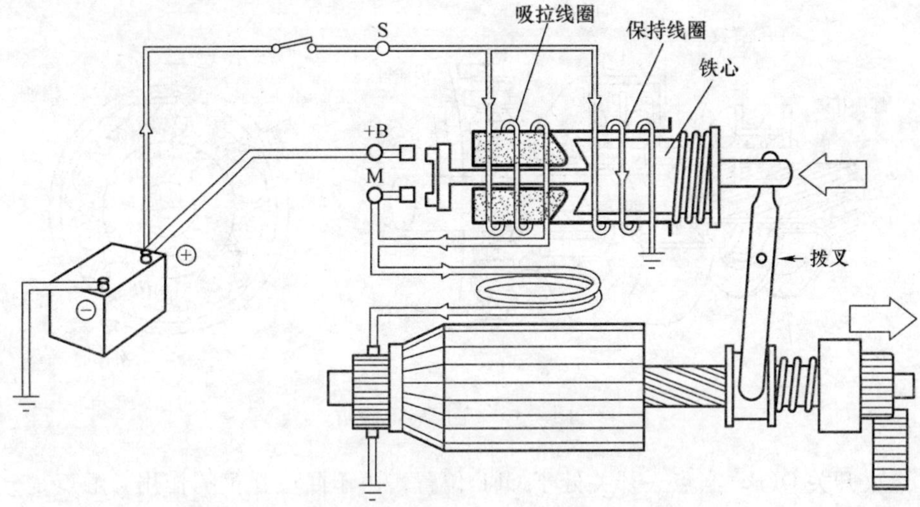

图 2-18 起动机工作原理（点火开关置于 ST 位置瞬间）

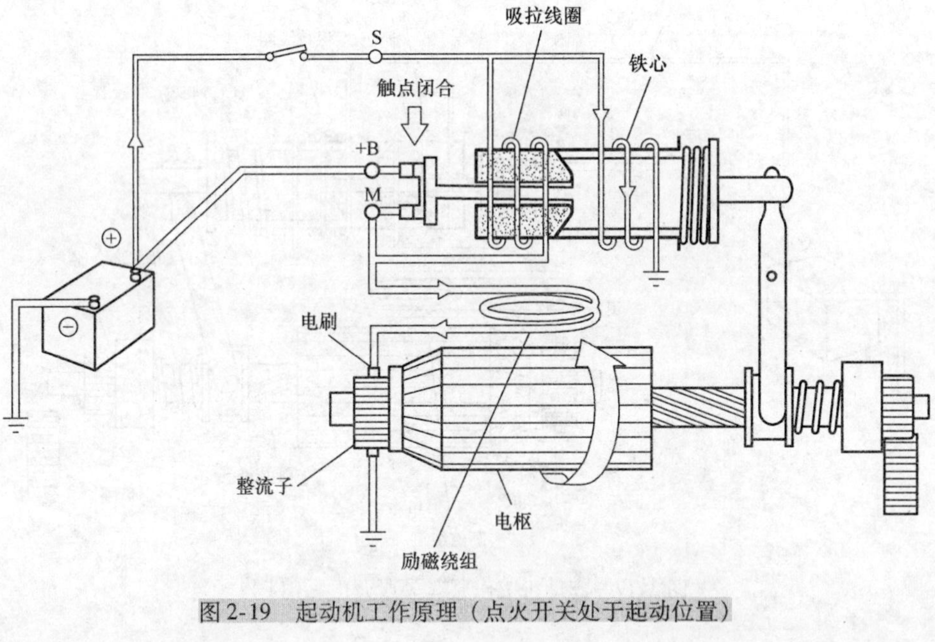

图 2-19 起动机工作原理（点火开关处于起动位置）

当触点闭合时，电流将不会流过吸拉线圈，触点仅仅在保持线圈的电磁作用下闭合在一起。

4）点火开关从起动位置回到点火位置瞬间（图 2-20）。当点火开关从起动位置回到点火位置瞬间，发动机起动以后流过串联线圈的电流将反向流动，当点火开关合上时产生一个反向的电磁力，抵消保持线圈的电磁力，结果柱状铁心在回位弹簧的作用下回到初始位置，小齿轮与齿环分离，同时触点分开，流向电动机的电流被断开，电动机的旋转力消失。

3. 减速起动机

一些起动机在小齿轮和电动机之间装有减速齿轮装置，目的是用来增大驱动转矩。

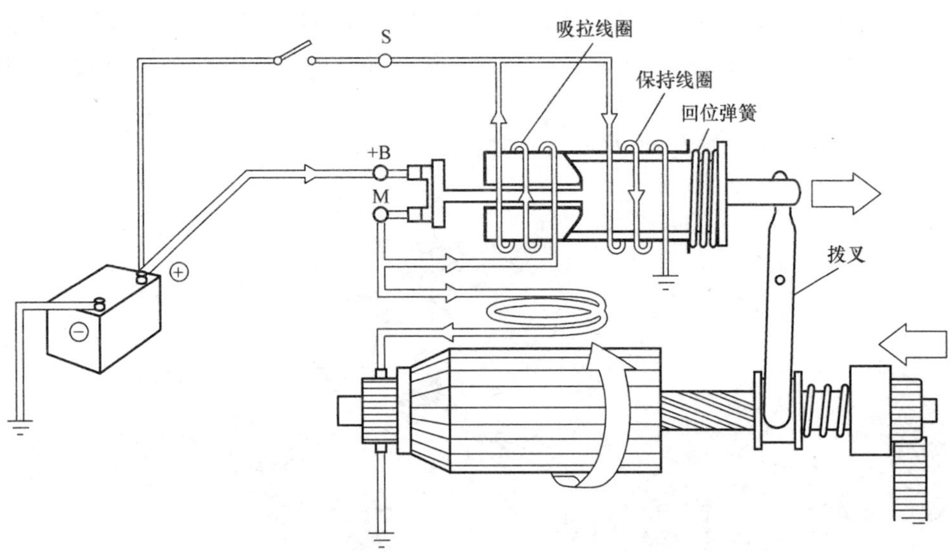

图 2-20 起动机的工作原理（点火开关从起动位置回到点火位置瞬间）

在起动机的电枢轴与驱动齿轮之间装有齿轮减速器的起动机，称为减速起动机。减速起动机的齿轮减速器有外啮合式（图 2-21）、内啮合式、行星齿轮式三种不同形式。

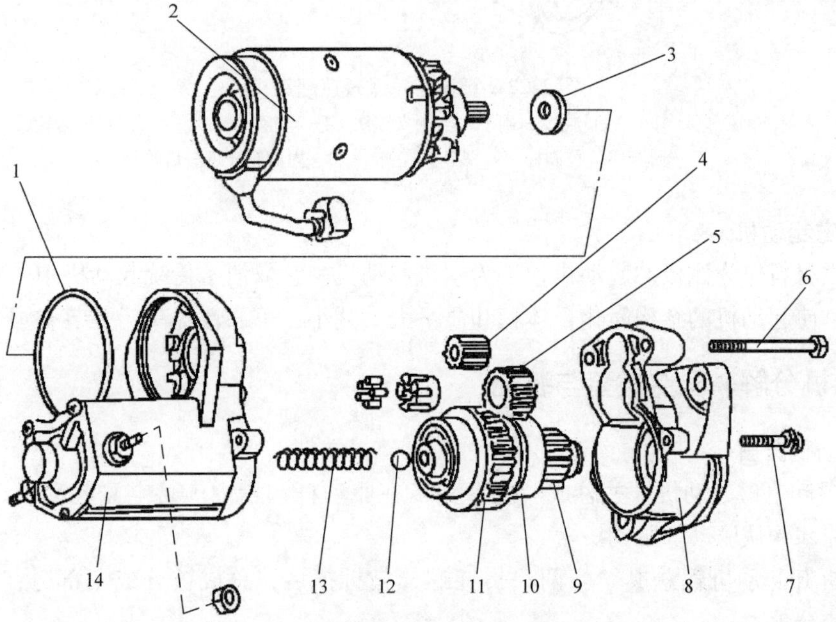

图 2-21 丰田系列汽车用外啮合式减速起动机

1—O 形橡胶圈 2—电动机 3—毡垫圈 4—主动齿轮 5—惰轮 6—拉紧螺栓 7—螺栓 8—传动外壳 9—驱动齿轮 10—单向离合器 11—从动齿轮 12—钢球 13—回位弹簧 14—电磁开关

串励式直流电动机的功率与其转矩和转速成正比，可见，当提高电动机转速的同时降低其转矩时，可以保持起动机功率不变，故当采用高速、低转矩的串励式直流电动机作为起动机，在功率相同的情况下，可以使起动机的体积和质量大大减小。但是，起动机的转矩过低，不能满足起动发动机的要求。为此，在起动机中采用高速、低转矩的直流电动机时，在电动机的电枢轴与驱动齿轮之间安装齿轮减速器，可以在降低电动机转速的同时提高其转矩。

其中，行星齿轮式减速起动机的结构如图 2-22 所示。

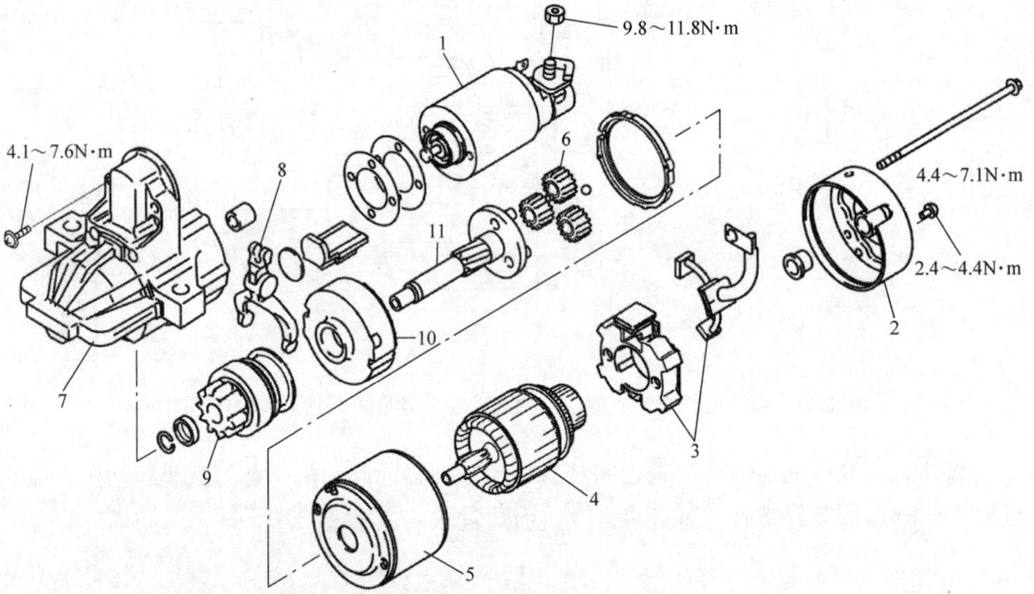

图 2-22 行星齿轮式减速起动机

1—电磁开关 2—后机罩 3—刷子和电刷支撑架 4—电枢 5—拨叉 6—行星齿轮 7—前盖 8—控制杆 9—驱动小齿轮 10—内齿轮 11—齿轮轴

4. 永磁起动机

以永磁材料作为磁极的起动机，称为永磁起动机。它取消了传统起动机中的励磁绕组和磁极铁心，使起动机的结构简化，体积和质量大大减小，可靠性提高，并节省了金属材料。

四、起动机分解、部件检查与装配

1. 起动机分解

（1）拆卸电磁起动机开关总成 柱塞钩卡在驱动杆沟槽内。将电磁起动机开关的顶端向上拉，柱塞钩从驱动杆脱钩。

（2）拆卸起动机轭总成 当两只贯穿螺栓被拆掉后，总成被分成三部分：起动机轭、起动机壳和端盖。

（3）拆卸起动机轭总成 某些种类的起动机有 O 形圈，有些没有。当有水进入起动机内部时，没有 O 形圈的起动机的构造可以使水排出，如果水能彻底排空，不会有问题。

（4）拆卸起动机电刷弹簧 当把电枢轴固定在台虎钳上时，务必要卡在铝片之间或用布卡住。当板拆卸掉时，弹簧会飞出来，所以拆卸板时要小心。当从电刷座上拆卸电刷时，用一块布盖住，防止弹簧飞出。用保护带捆紧平头螺钉旋具顶部。

（5）拆卸起动机单向离合器 当把电枢轴固定在台虎钳上时，务必要使它卡在铝片之间或用布卡住，防止损坏零件。拆卸使用一字螺钉旋具或等效物撬开卡环端口的同时拆卸卡环。

2. 起动机部件检查

（1）检查起动机电枢总成

1）目测检查。当起动机电枢转动时，整流子与电刷接触，并允许电流流动。它会变脏和被烧灼。整流子过脏和烧坏时，会妨碍电流流动并使起动机不能正常运行，因此要更换掉。

2）清洁。为了检验绝缘和导通性，预先用细砂纸重新打磨表面，以清洁起动机电枢。

3）起动机电枢绝缘和导通性检查。如图 2-23 所示，检验换向器和电枢铁心之间的绝缘，以及各整流片之间的导通性。电枢铁心和电枢线圈之间的状态为绝缘，每个换向器片通过电枢线圈连接。如果零部件正常，换向器和电枢铁心之间的状态为绝缘，换向器片之间的状态为导通。

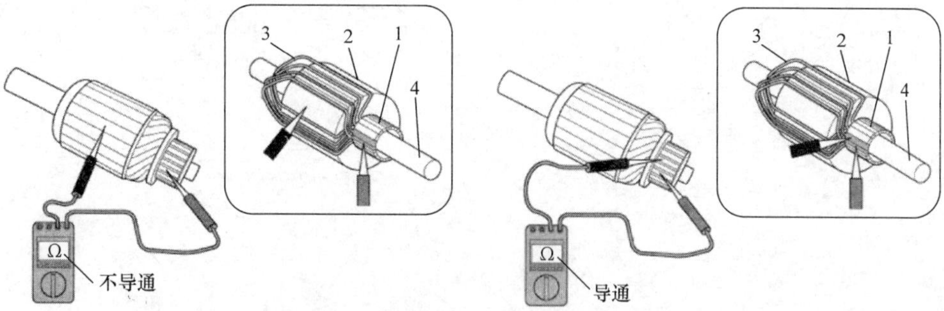

图 2-23　起动机电枢绝缘和导通性检查

1—换向器　2—电枢铁心　3—电枢线圈　4—电枢轴

4）换向器圆跳动检查（图 2-24a）。当换向器的圆跳动增加时，它与电刷的接触减少，结果起动机功能下降。径向圆跳动一般应小于 0.05mm。

5）换向器外径检查（图 2-24b）。当它转动时，整流子与电刷接触，结果引起电刷磨损。如果测量值超过指定的磨损限度，与电刷的接触减少，对电流流动发生影响。结果起动机功能下降。

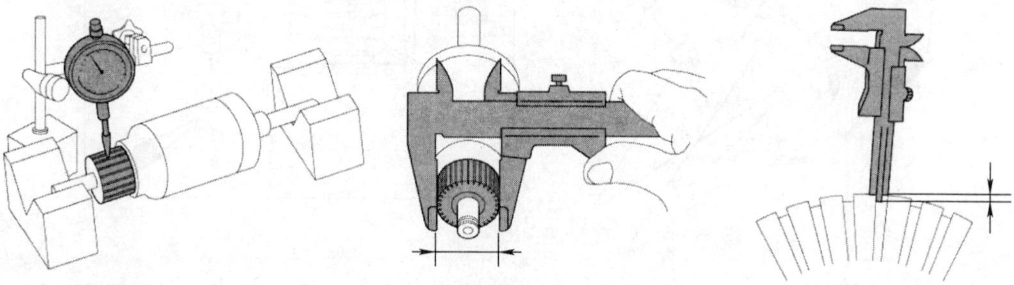

a) 换向器圆跳动检查　b) 检查换向器的外径　c) 检查凹槽深度

图 2-24　检查起动机电枢换向器

6）换向器片之间凹槽深度检查（图 2-24c）。使用游标卡尺的测深计在换向器片之间测量深度，一般应在0.20~0.90mm之间。当换向器片之间深度不够时，会发生绝缘不良，结果起动机功能下降。

（2）检查励磁绕组 电刷引线有两组：一组连接到引线，另一组连接到起动机磁轭（接地）。目测检查可判断电刷引线的组别。励磁绕组是否开路可以通过检查电刷引线和引线间的导通性来判定。A组的两根电刷引线导通，与B组的两根电刷引线不导通。励磁绕组的绝缘可以通过检查电刷引线与起动器磁轭之间的绝缘来判定，如图2-25、图2-26所示。

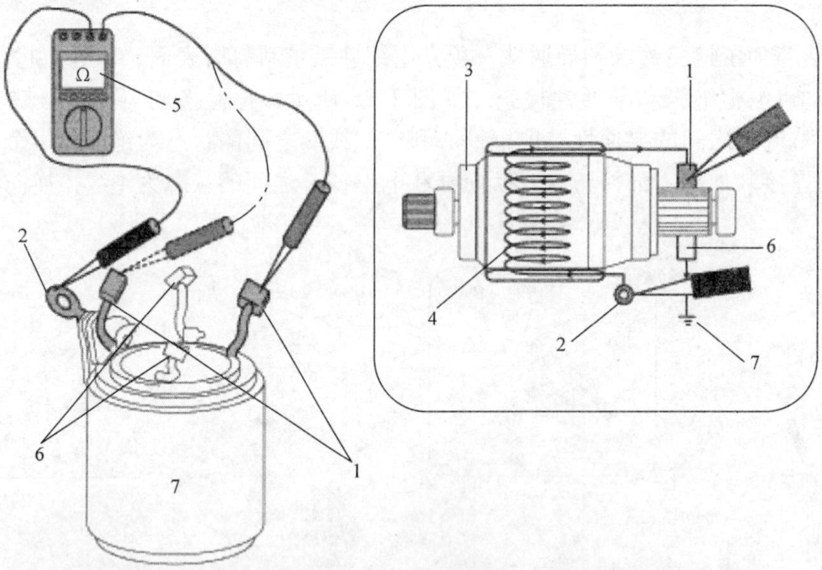

图2-25 检查电刷引线（A组）和引线之间的导通情况

1—电刷引线（A组） 2—引线 3—电枢 4—励磁绕组 5—万用表 6—电刷引线（B组） 7—起动机磁轭

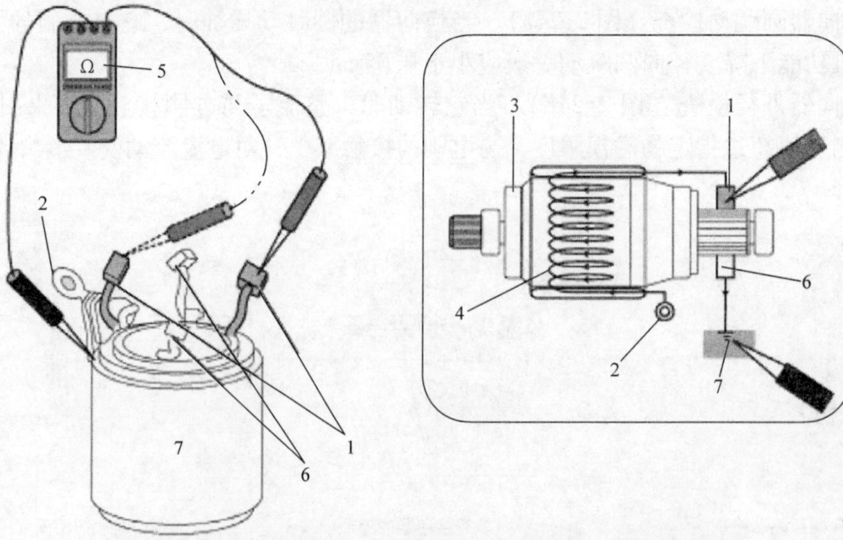

图2-26 检查电刷引线（A组）和起动机磁轭之间的绝缘情况

1—电刷引线（A组） 2—引线 3—电枢 4—励磁绕组 5—万用表 6—电刷引线（B组） 7—起动机磁轭

（3）检查电刷　如图 2-27 所示，在电刷中间测量电刷长度，应符合原厂规定。此零件是起动机磨损最严重的部件之一。如果电刷磨损超过规定极限，起动机会停转。

（4）检查起动机单向离合器分总成　单向离合器只朝一个转动方向传输转矩。在另一个方向，离合器只不过空转，并不传输转矩。

（5）检查磁铁起动机开关总成

1）柱塞回位性能检查。如果柱塞卡住或不能顺利回到它的原始位置，柱塞内部的开关触点将变差，并会使得电动机（起动机）无法开/关。

2）吸拉线圈与保持线圈的检查。可以通过检验起动机端子 50 和端子 C 之间的导通性来判定牵引线圈（吸拉线圈）是否开路。可以通过检验起动机端子 50 与开关体之间的导通性来判定保持线圈是否开路，如图 2-28 所示。

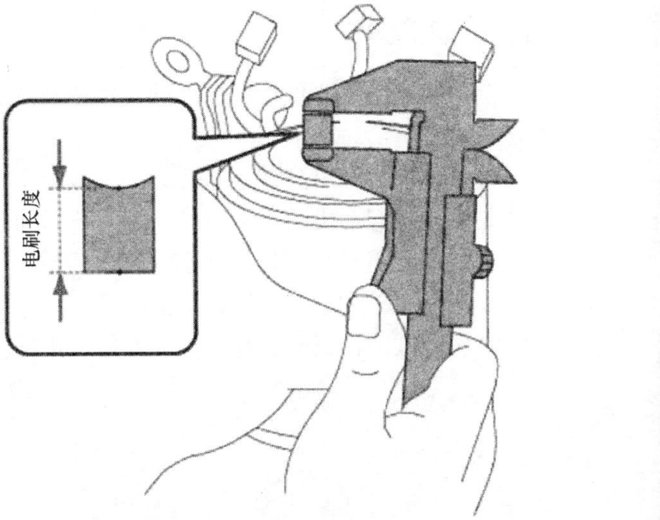

图 2-27　检查电刷长度

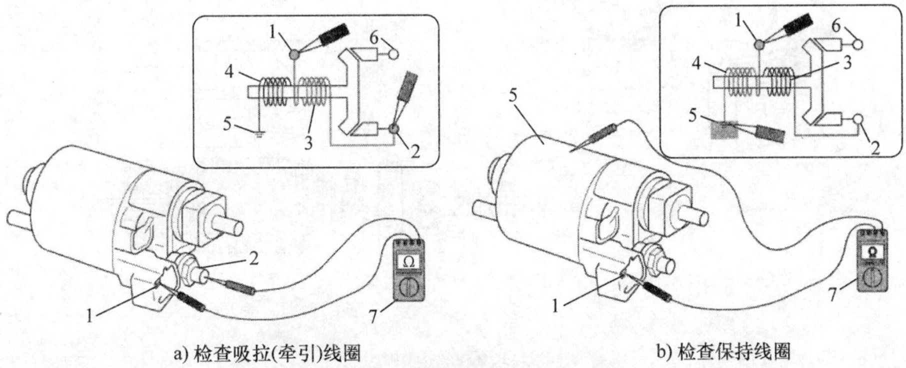

a) 检查吸拉(牵引)线圈　　b) 检查保持线圈

图 2-28　检查吸拉线圈与保持线圈

1—端子 50　2—端子 C　3—吸拉线圈　4—保持线圈　5—开关壳体（地）　6—端子 30　7—万用表

3. 重新装配起动机

（1）安装起动机离合器分总成　通过将卡环紧固在台虎钳中来安装。在起动机上的花键上涂抹一层润滑脂。装配挡圈和卡环，当装配时，轻敲电枢轴可以使得挡圈和卡环装配比较容易。

（2）安装起动机电刷弹簧　当把电枢轴固定在台虎钳上时，务必要卡在铝片或布之间。即使有铝片或布，在台虎钳上夹得太紧也可能损坏此零件。按顺序安装电刷架绝缘体、电刷弹簧、电刷和板。当装配电刷架时，用螺钉旋具将弹簧收缩并插入。此时要非常小心，不要让弹簧飞出来。

（3）安装起动机轭总成　在驱动杆上抹上一层润滑脂以便其更好地滑动。安装两只贯穿螺栓，同时检验起动机轭、起动机壳和端盖的位置关系。

（4）安装电磁起动机开关总成 将柱塞钩挂到驱动杆上并安装电磁开关。

五、起动机测试

起动机测试主要包括牵引测试、保持测试、检查小齿轮间隙、小齿轮返回测试和无负载测试。

连续地进行牵引测试、保持测试、检验小齿轮间隙以及小齿轮返回测试，因为这些测试主要是要检查起动机的连续动作。因为长时间施加电池电压到起动机会烧坏线圈，每次测试不要超过5s。开始检查以前要彻底理解步骤。

1. 牵引测试（图2-29）

牵引测试即检查电磁起动机开关是否正常。

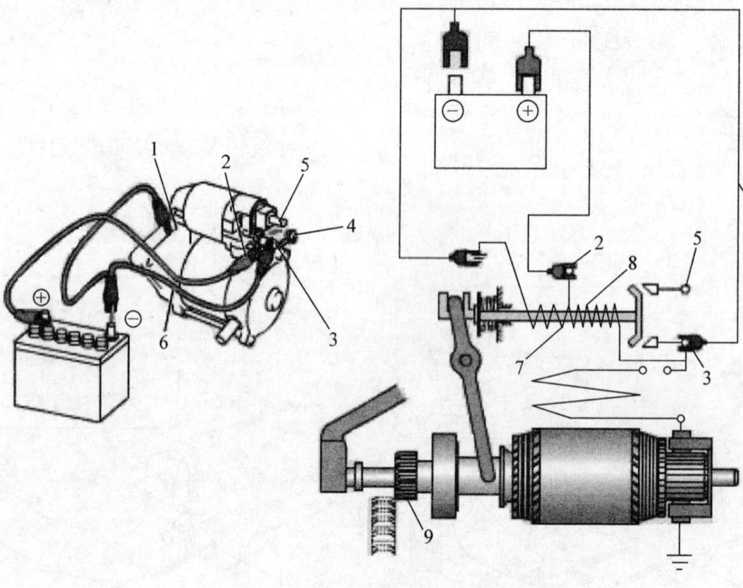

图2-29 牵引测试

1—起动机体 2—端子50 3—端子C 4—励磁绕组引线 5—端子30
6—测试引线A 7—保持线圈 8—牵引线圈 9—小齿轮

1）为防止起动机转动，从端子C断开励磁绕组引线。

2）将蓄电池正极（+）端子连接到端子50上。

3）将蓄电池负极（-）端子连接到起动机体和端子C（测试引线A）上，检查小齿轮是否露出。如果小齿轮没有伸出，更换电磁起动机开关总成。

2. 保持测试（图2-30）

牵引测试之后，当小齿轮伸出时，从端子C断开测试引线A，使电流停止流到吸拉线圈。当电流只流到保持线圈时，检查小齿轮是否保持在外面。如果小齿轮无法保持伸出状态，更换电磁起动机开关总成。

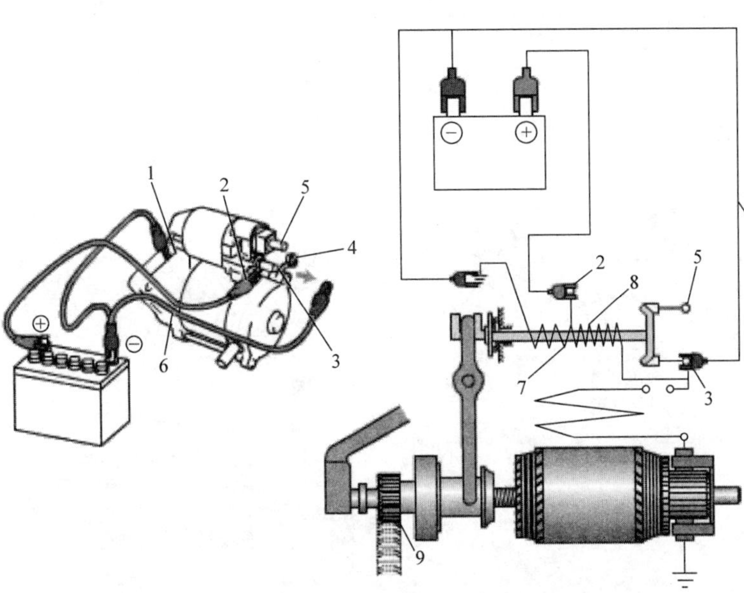

图 2-30　保持测试

1—起动机体　2—端子 50　3—端子 C　4—励磁绕组引线　5—端子 30
6—测试引线 A　7—保持线圈　8—牵引线圈　9—小齿轮

3. 检查小齿轮间隙（图 2-31）

保持引入测试的状态，用游标卡尺测量小齿轮出来的量。如果间隙不是规定值，可能会导致诸如发动机不能起动等故障。如果间隙超出规定值范围，更换电磁起动机开关总成。

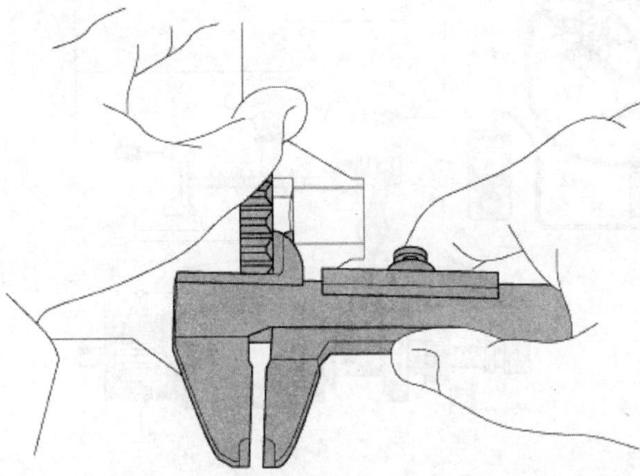

图 2-31　检查驱动小齿轮端面与驱动端盖之间的间隙

4. 小齿轮回复测试（图 2-32）

当到保持线圈的供电停止时，检查小齿轮是否返回。如果小齿轮未返回其原始位置，更换电磁起动机开关总成。

5. 空载试验（图 2-33）

1）用台虎钳固定住夹在铝板或者布之间的起动机。

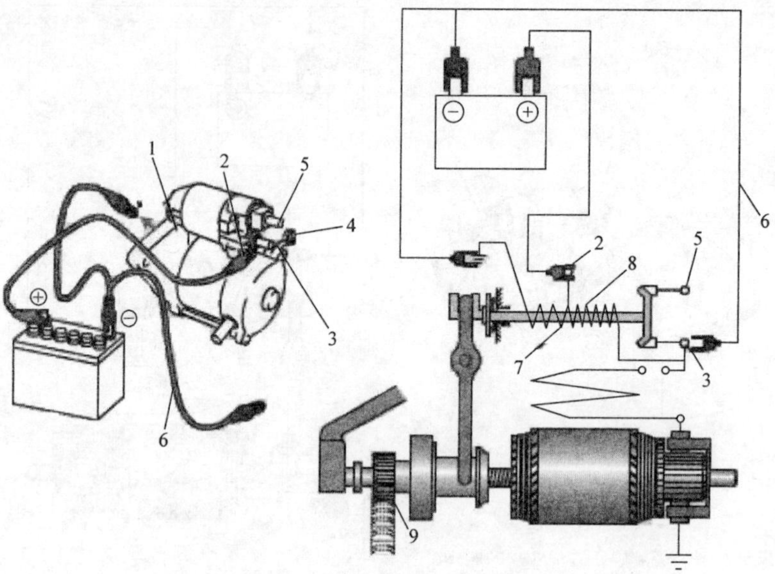

图 2-32 小齿轮回复测试

1—起动机体 2—端子 50 3—端子 C 4—励磁绕组引线 5—端子 30
6—测试引线 A 7—保持线圈 8—牵引线圈 9—小齿轮

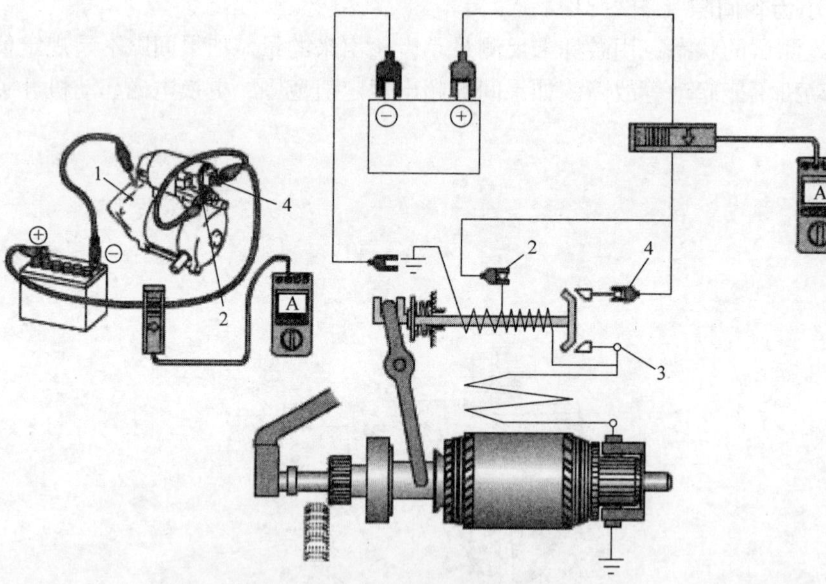

图 2-33 起动机空载试验

1—起动机体 2—端子 50 3—端子 C 4—端子 30

2）将拆下的励磁绕组引线连接到端子 C。

3）将蓄电池正极（+）端子连接到端子 30 和端子 50 上。

4）将万用表连接在蓄电池正极（+）端子和端子 30 之间。

5）将蓄电池负极（-）端子连接到起动机体上，然后转动起动机。

6）测量流入起动机的电流。如卡罗拉 1ZR - FE 发动机的起动机空载电流不大于 90A。

注意：用蓄电池向起动机长时间供电会烧坏线圈，因此测试时间限定为 3 ~ 5s。

在无负载测试中，电流会随起动机电动机的不同而略有不同，有时甚至会用到 200 ~ 300A 的电流。预先查阅维修手册，务必使用量程足够大的电流表和引线。空载测试检查起动机的空载性能。如果电流值达不到额定值，可能是由于磁铁起动机开关接触的问题或整流子和电刷之间接触的问题引起的。

如无电流表，起动机检修完毕后，可对起动机做低压运转试验。方法是取起动机额定电压的 1/2（如 12V 的取 6V）做空转试验，此时如果起动机运转自如，无异常响声，装上车后定会正常。

第三章

照明及信号系统故障的诊断与分析

第一节　前照灯异常发光故障的诊断

一、故障现象

操纵灯光开关时，前照灯近光、远光不能正常点亮或左右侧亮度明显不一样等。

二、故障原因

1）熔丝烧断或接触不良。

2）灯泡接地不良。

3）左右侧灯泡功率不等或灯泡不良。

4）前照灯控制线路存在断路、短路、接触不良故障。

5）灯光控制模块（或主车身 ECU）不良。

6）灯光操纵开关不良。

7）前照灯继电器或变光继电器不良等。

8）高压放电氙气前照灯系统的氙气灯泡不良或灯光控制 ECU 不良等。

三、故障诊断与排除的一般步骤

1. 检查灯泡

对于只是一侧灯不亮的故障，一般先检查灯泡。

以检查前照灯为例：如图 3-1 所示，拉橡胶的突出部分拆下橡胶套。拆卸固定灯泡的弹簧，并拆卸灯泡。注意不要触摸灯泡，以免灯泡的玻璃部分粘上机油，缩短灯泡寿命。拆卸的灯泡长时间搁置将会使外部杂质和潮气进入透镜，所以需用塑料袋等物品套住灯泡插口。

以丰田威驰车为例，如图 3-2 所示，用万用表电阻档测量灯泡各端子之间的导通性。近光侧：在端子 1 和 3 之间连接万用表；远光侧：在端子 2 和 3 之间连接万用表。

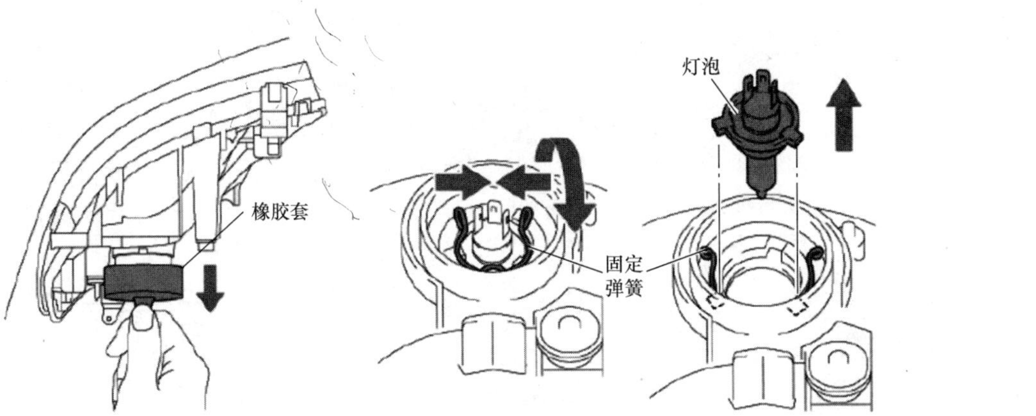

图 3-1　拆卸灯泡示例

2. 检查灯泡的工作电压

如图 3-3、图 3-4 所示，把万用表置于直流电压档，表笔连接到车辆侧前照灯插头上来检查电压。

灯控开关在近光和远光位置切换时，检查灯控开关和端子电压的变化情况。电压应为蓄电池电压。如电压过低，则检查保险及线路。

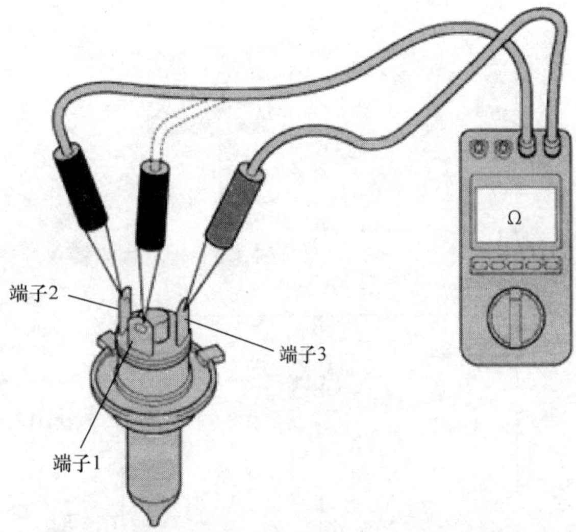

图 3-2　用万用表检查灯泡各端子之间的导通性

3. 检查熔丝

常见的灯光熔丝为“H－LP LH LO（左近光灯）”“H－LP RH LO（右近光灯）” “H－LP LH HI（左远光灯）”“H－LP RH HI（右远光灯）” “High－beam（远光）” “Lamp（灯）” “Headlamp Switch（前照灯开关）” “Headlight High（远光灯）”“Headlight Low（近光灯）”“HEAD（RH）（右侧前照灯）”“HEAD（LH）（左侧前照灯）” 等。

检查熔丝时应使用试灯或万用表，用眼睛观察可能会不可靠。

4. 检查继电器

如果车辆配备自动灯控，车外灯（前照灯、尾灯、前雾灯和后雾灯）由主车身 ECU 控制，则可进行动作测试，感觉继电器是否动作或车灯是否由不亮变为亮，如果车灯由不亮变为亮，则应检查开关信号输入是否正常，这可由诊断仪的数据流功能来读取。如果继电器动作正常，则故障应在继电器主电路（触点一侧的电路）上。常见的前照灯控制电路上的继电器的英文缩写有“HEAD”（前照灯继电器）、“DIMMER”（前照灯变光继电器）或“High Beam Relay”（前照灯远光继电器）、“Low Beam Relay”（前照灯近光继电器）等。

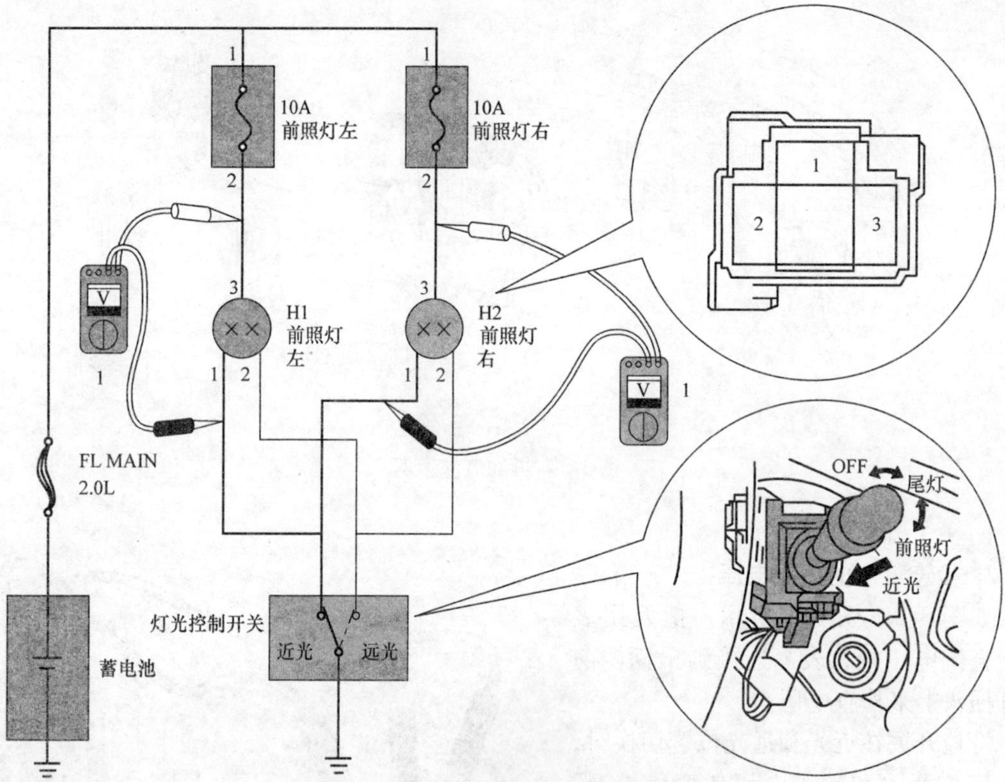

图 3-3 用万用表检查近光灯泡的工作电压

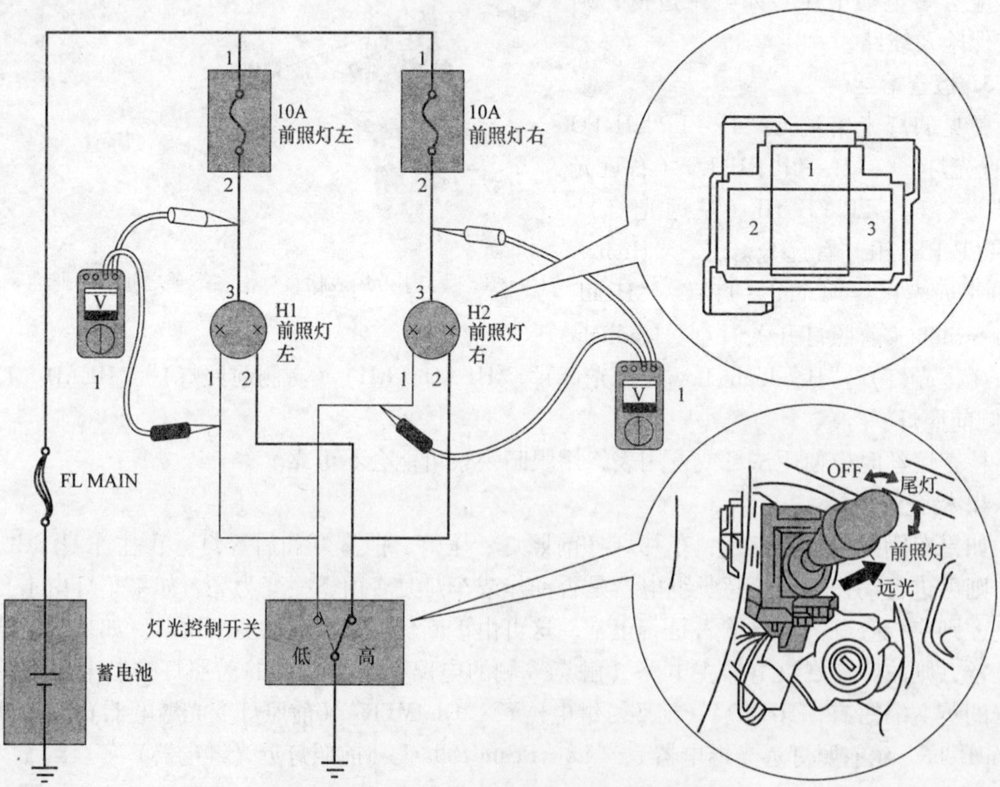

图 3-4 用万用表检查远光灯泡的工作电压

5. 检查继电器插头处的线路

6. 检查开关

如果车辆配备自动灯控，车外灯（前照灯、尾灯、前雾灯和后雾灯）由主车身 ECU 控制，则可进行数据流的读取，以确定开关信号输入是否正常。图 3-5 为卡罗拉轿车带自动灯光控制的车外照明控制电路。表 3-1 中所示数据可以帮助人们快速诊断开关信号输入是否正常。

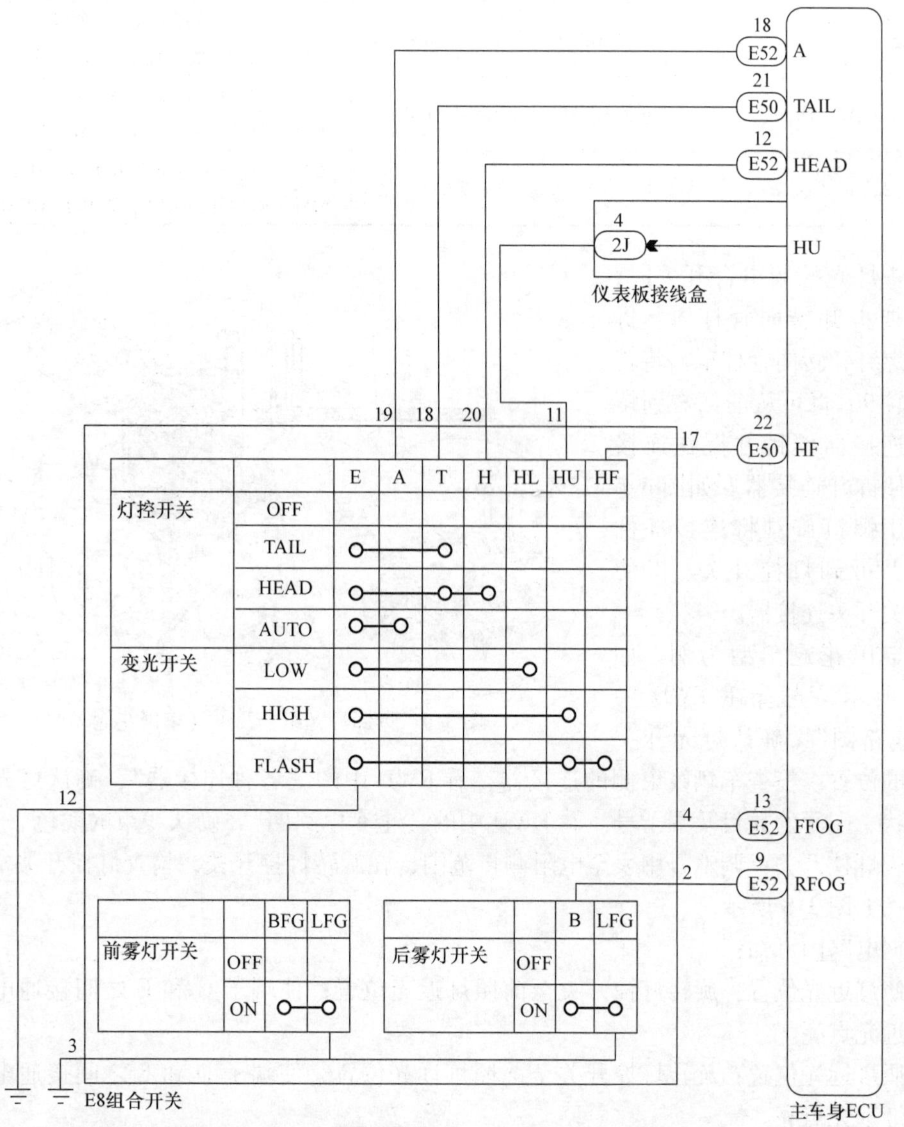

图 3-5　卡罗拉轿车带自动灯光控制的车外照明控制电路

表 3-1 卡罗拉轿车带自动灯光控制的车外照明控制系统的开关信号

检测仪显示	测量项目/范围	正常状态
Passing Light SW	变光开关 HIGH FLASH 信号/ON 或 OFF	ON：变光开关置于 HIGH FLASH 位置 OFF：变光开关未置于 HIGH FLASH 位置
Rear Fog Light SW	后雾灯开关信号/ON 或 OFF	ON：后雾灯开关置于 ON 位置 OFF：后雾灯开关置于 OFF 位置
Front Fog Light SW	前雾灯开关信号/ON 或 OFF	ON：前雾灯开关置于 ON 位置 OFF：前雾灯开关置于 OFF 位置
Auto Light SW	灯控开关 AUTO 信号/ON 或 OFF	ON：灯控开关置于 AUTO 位置 OFF：灯控开关未置于 AUTO 位置
Head Light SW（Head）	灯控开关 HEAD 信号/ON 或 OFF	ON：灯控开关置于 HEAD 位置 OFF：灯控开关未置于 HEAD 位置
Head Light SW（Tail）	灯控开关 TAIL 信号/ON 或 OFF	ON：灯控开关置于 TAIL 或 HEAD 位置 OFF：灯控开关未置于 TAIL 或 HEAD 位置

检查灯光控制组合开关时，通常需要拆卸转向管柱罩，拆卸 3 个螺钉和转向管柱罩。将转向盘旋转 90°将可从前面看到螺钉。推连接器锁销并握住连接器，以便拆开连接器。如图 3-6 所示，用螺钉旋具将连接部件松开，并拆卸灯控开关。以便检查灯关开关连接器。

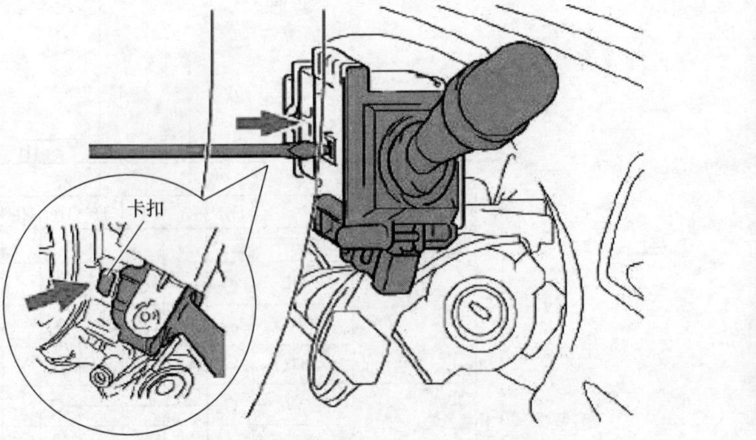

图 3-6 拆卸灯光组合开关（丰田花冠车型）

以丰田花冠车型为例，如图 3-7 所示，先看在 EWD 中“电气线路图”，确认灯光开关连接器的位置。检查车辆线束侧的连接器，看 EWD 中的“各种连接器”，确认灯光开关插头的形状、端子的数目及端子号。看 EWD 中的“全车电路图”，确认线束的颜色。

检查灯控开关：调整万用表至电阻测量范围，在旋转灯控开关，检查灯控开关端子之间导通性，如图 3-8 所示。

根据电路图可知：

前照灯近光位置：旋转灯控开关至前照灯近光位置，使端子 C 和 E 之间接通电流，则前照灯近光点亮。

前照灯远光位置：旋转灯控开关至前照灯远光位置，使端子 D 和 E 之间接通电流，然后前照灯远光点亮。

7. 按电路图检查线路和其他元件

对于不同的电路，其检查步骤是不同的，都应遵循由易到难的原则。

对于简单的不带继电器灯光电路来说，一般的检查顺序为“一灯泡，二熔丝，三开关，四线路”。

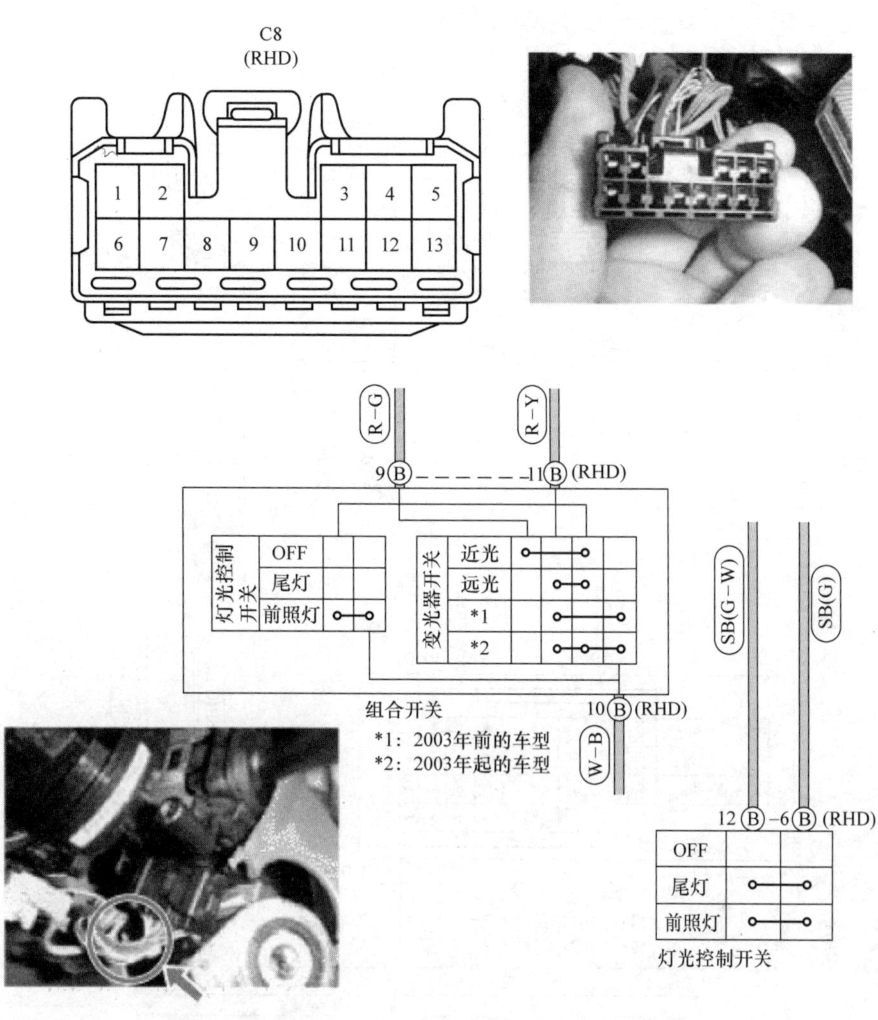

图 3-7　使用 EWD 确认连接器形状、端子及线束颜色

四、电路分析

有各种类型的前照灯系统，其差别在于是否有诸如前照灯继电器和变光继电器之类的电气设备或者由车身电脑控制。一般来说，当变光开关在 FLASH 位置时，即使灯光控制开关处于 OFF 位置也可开亮灯光。

1. 既无前照灯继电器，又无变光继电器的类型（图 3-9）

此前照灯系统电路的特点是前照灯灯泡公共端子接常电，灯光组合开关控制灯泡的接地端。

前照灯（近光灯）：灯光控制开关移动到 HEAD（LOW）位置时，前照灯（近光灯）点亮，如图 3-10 所示。

前照灯（远光灯）：当灯光控制开关移到 HEAD（HIGH）位置时，前照灯（远光灯）点亮，并且组合表上的远光指示灯点亮，如图 3-11 所示。

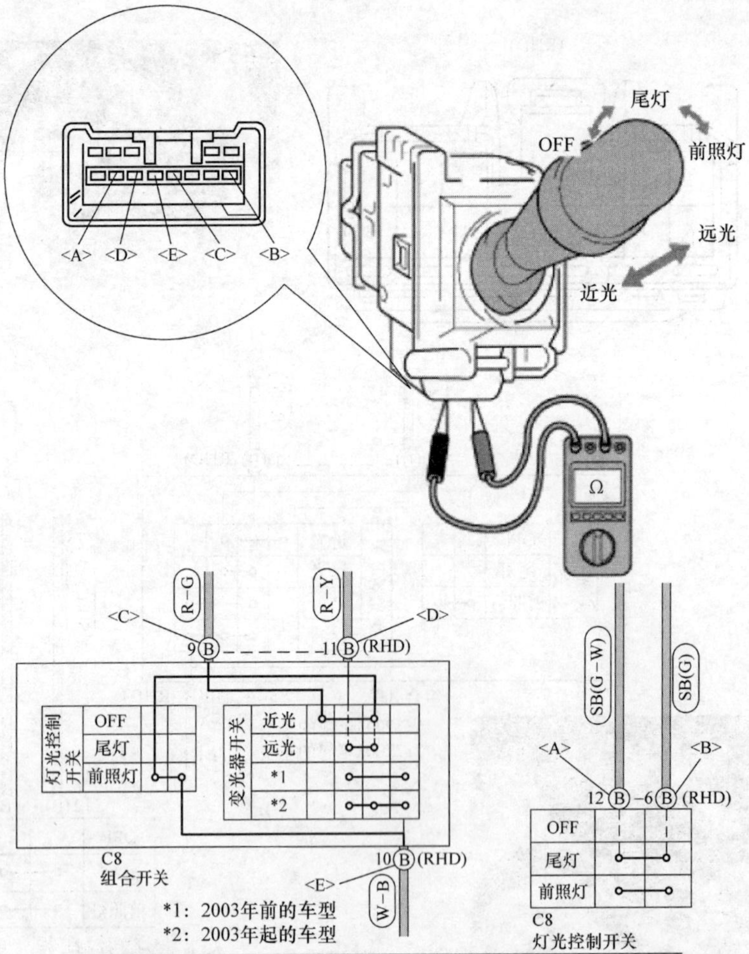

开关位置	端子	规定条件
尾灯	<A>−<B>	导通
前照灯近光	<C>−<E>	导通
前照灯远光	<D>−<E>	导通

图 3-8 根据 EWD 检查开关导通情况（丰田花冠车型）

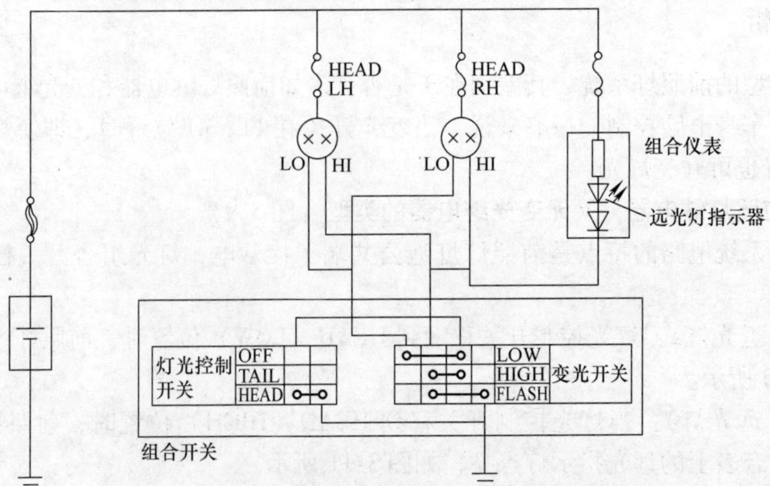

图 3-9 既无前照灯继电器又无变光继电器的前照灯电路

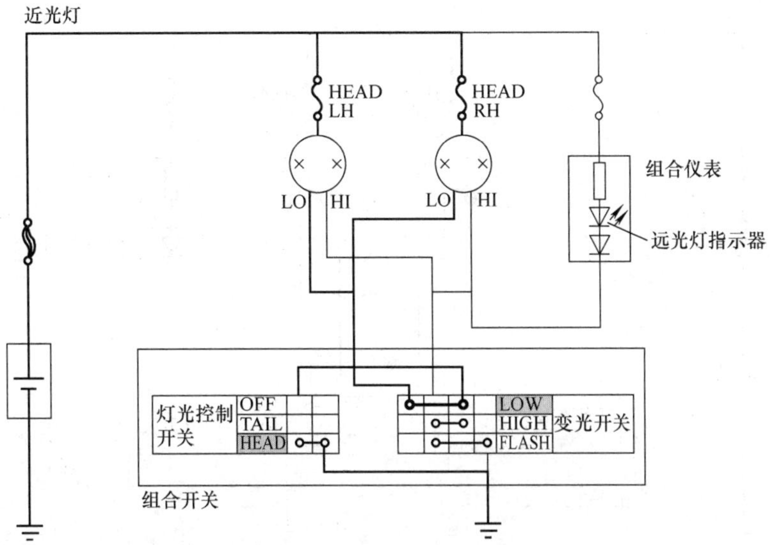

图 3-10　前照灯近光工作电路

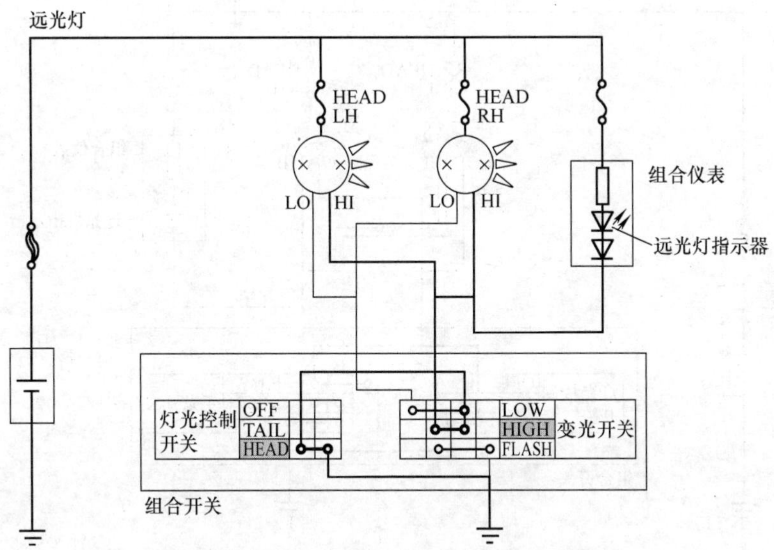

图 3-11　前照灯远光工作电路

前照灯闪光：灯光控制开关移动到 FLASH 位置时，前照灯（远光灯）点亮，如图 3-12 所示。

根据前照灯电路图（图 3-9 ~ 图 3-12），可以分析出当“HEAD LH”熔丝熔断后，开前照灯时左侧前照灯仍会发出微弱的红光的原因。此时灯光开关置于近光灯档位时左侧前照灯的电路回路。

如图 3-13 中箭头所示，当“HEAD LH”熔丝断开后，开前照灯近光灯档时，右侧远光灯灯丝、左侧远光灯灯丝、左侧近光灯灯丝三者仍可构成串联电路，故左侧前照灯仍会发出微弱的红光。所以当出现类似此类故障时，应先检查熔丝。

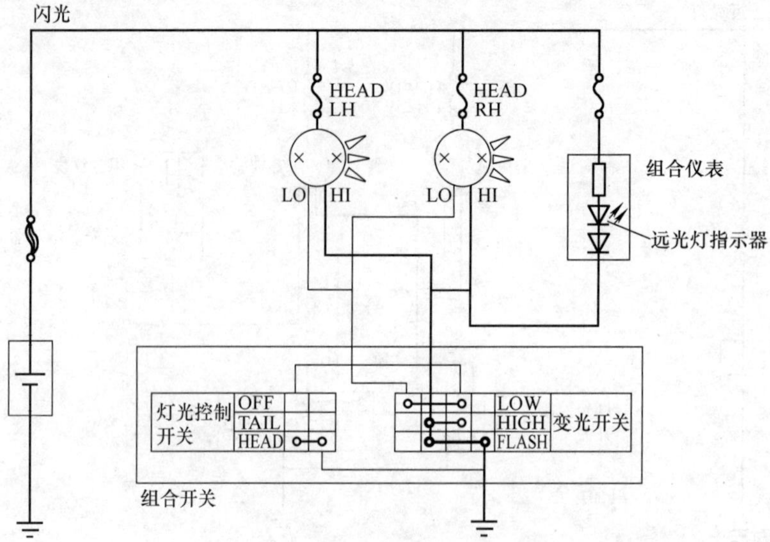

图 3-12 前照灯闪光远光灯工作电路

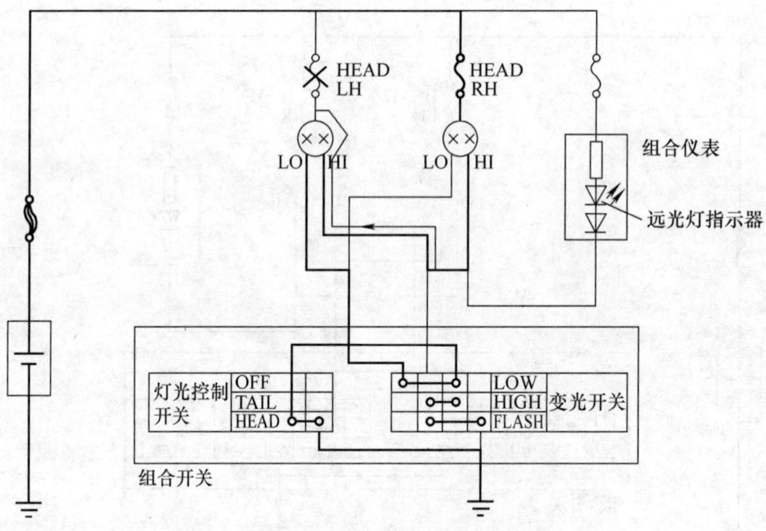

图 3-13 一侧前照灯熔丝烧断的灯光工作情况

2. 带前照灯继电器，但不带变光继电器的类型（图 3-14）

此前照灯系统电路的特点是前照灯灯泡公共端子由前照灯继电器触点提供电源，灯光组合开关变光开关控制灯泡的接地端，前照灯继电器电磁线圈的接地端由灯光控制开关的 HEAD 位置或变光开关的 FLASH 位置控制。

前照灯（近光灯）操作：灯光控制开关移动到 HEAD（LOW）位置时，前照灯继电器打开，前照灯（近光灯）点亮，如图 3-15 所示。

前照灯（远光灯）操作：当灯光控制开关移到 HEAD（HIGH）位置时，前照灯继电器打开，前照灯（远光灯）点亮，如图 3-16 所示。

提示：这里的远光指示灯为指示灯串联类型，它与近光灯丝串联。电流从前照灯（近

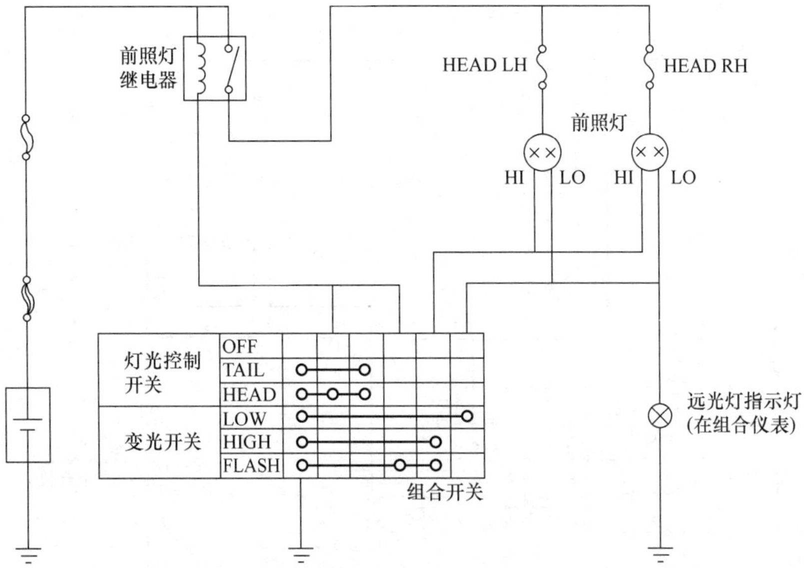

图 3-14 带前照灯继电器但不带变光继电器的前照灯电路

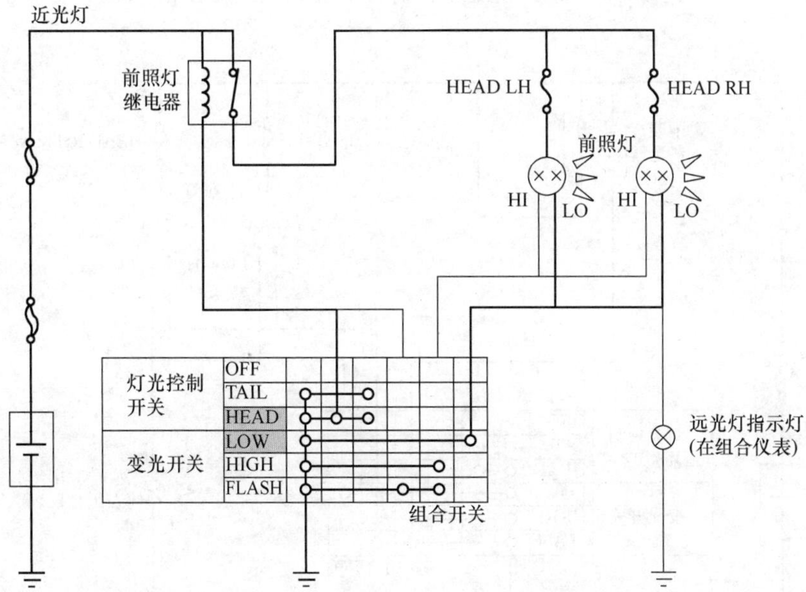

图 3-15 仅带前照灯继电器前照灯电路的近光档工作情况

光灯）流到远光指示灯，指示灯亮。电流也流到前照灯（近光灯），但是由于它们的电阻和电流小，它们不点亮。

前照灯闪光操作：灯光控制开关移动到 FLASH 位置时，前照灯继电器打开，前照灯（远光灯）点亮，如图 3-17 所示。

3. 既有前照灯继电器，又有变光继电器的类型（图 3-18）

此前照灯系统电路的特点是前照灯远、近光灯泡均由切换式变光继电器触点提供电源，近光电源由变光继电器常闭触点提供电源，远光电源由变光继电器常开触点提供电源，而变

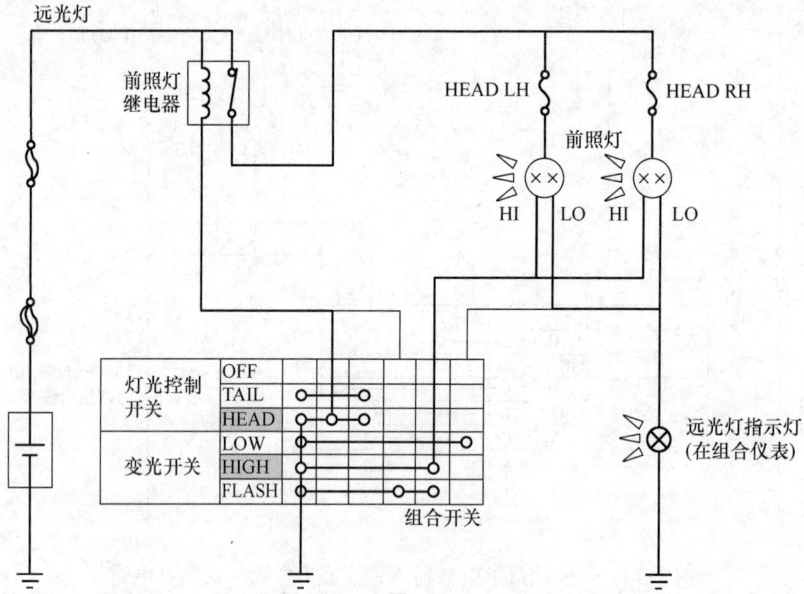

图 3-16　仅带前照灯继电器前照灯电路的远光档工作情况

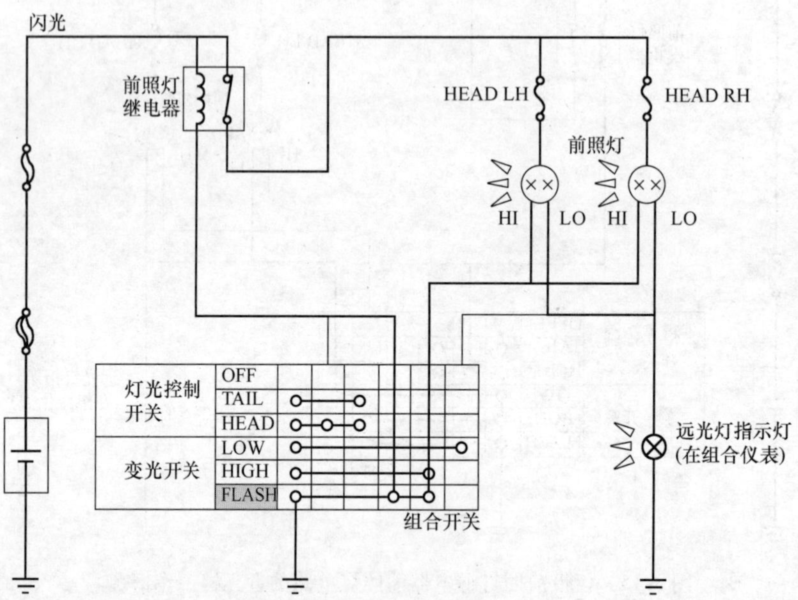

图 3-17　仅带前照灯继电器前照灯电路的前照灯闪光档工作情况

光继电器的电源源于前照灯继电器触点，前照灯继电器工作后变光继电器才能得到电源，灯光组合开关控制前照灯继电器、变光继电器线圈的接地端。

4. 灯光开关信号输入给主车身电脑，主车身电脑再控制灯光继电器的类型

图 3-19、图 3-20 分别为丰田卡罗拉的车外灯控制框图和电路原理图。

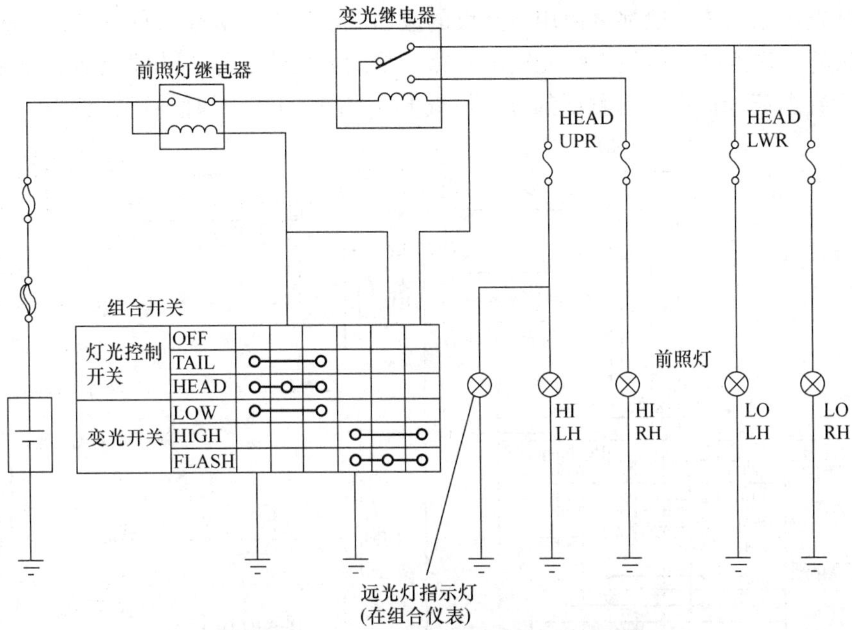

图 3-18　带前照灯继电器与变光继电器的前照灯电路

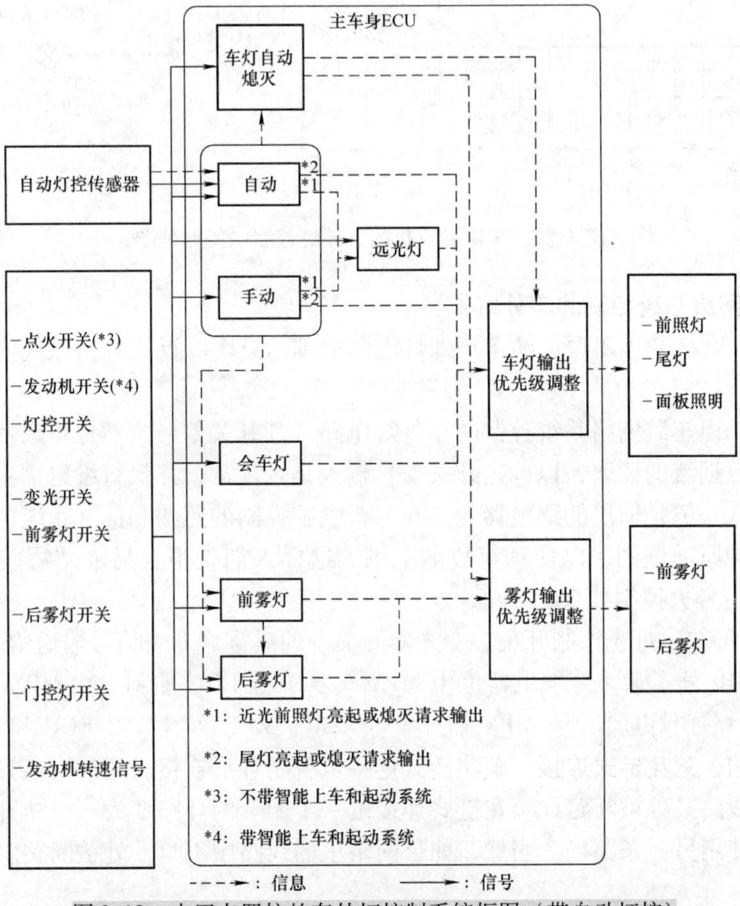

图 3-19　丰田卡罗拉的车外灯控制系统框图（带自动灯控）

这种灯光控制系统一般都可使用诊断仪的数据流功能对开关输入信号进行检查，也可以使用诊断仪的动作测试功能检查灯光输出电路，帮助人们快速缩小故障范围。详见本章第四节“四、用数据流分析和主动测试的方法检查 ECU 控制的照明和信号系统故障”内容。

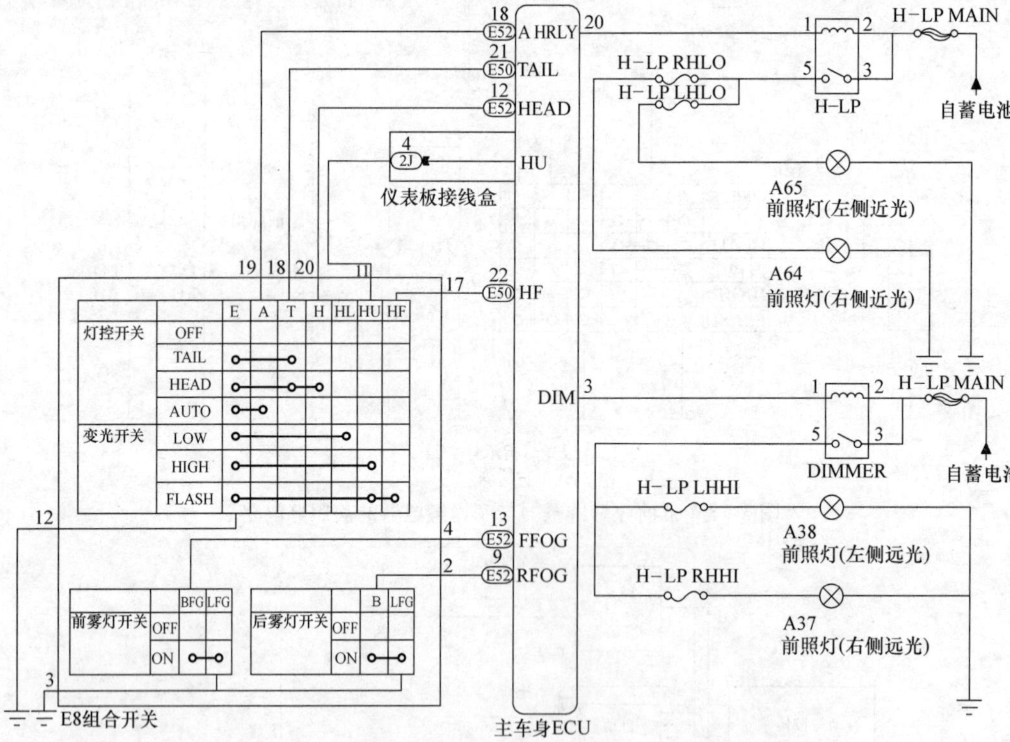

图 3-20 丰田卡罗拉的车外灯控制电路原理图

5. 由车载网络系统控制的车外灯类型

图 3-21 为 2009 款丰田锐志轿车车外灯电路原理示意图。近光灯为氙气前照灯，远光为卤素灯。

这就是一个由车载网络系统控制的车外灯电路。其开关信号当然也可以使用诊断仪的数据流功能进行数据流的读取，以确定开关信号输入是否正常，并执行继电器主动测试以判断故障在开关输入一侧是输出的继电器侧。在分析电脑控制的照明和信号系统电路时，应将其电路简化成一种原理框图，以便理解故障范围。这样人们就很容易清楚哪些信号为输入信号，ECU 输出信号去控制什么。

由图 3-21 可知，灯光控制开关、变光器开关、前后雾灯开关信号输送给 MPX 车身 1 号 ECU，前照灯继电器、后雾灯继电器也由 MPX 车身 1 号 ECU 控制，而 MPX 车身 2 号 ECU 则控制前雾灯、前照灯远光等。MPX 车身 1 号 ECU、MPX 车身 2 号 ECU 和网关 ECU 之间的通信线路采用了菊花链式连接。菊花链式连接也就是环形连接。这种连接方式增加了可靠性。即使通信线路某处被断路，菊花链式连接由一个闭合的环路变为一个断开的环路，它能够使通信继续使用另一条路径。当然，如果网络里的线路中不只一处被断路时，通信就不可能了。

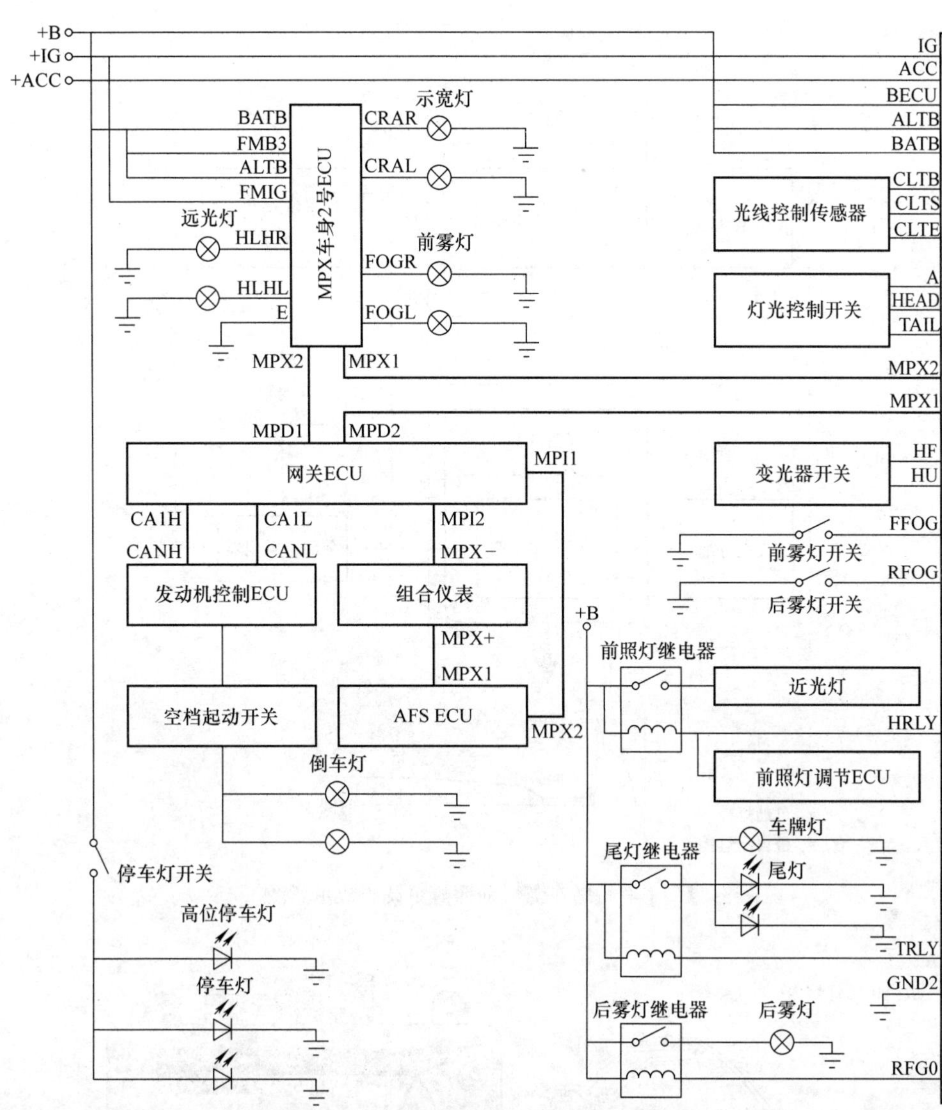

图 3-21　2009 款丰田锐志轿车车外灯电路原理图

6. 放电前照灯系统

放电前照灯系统也称氙气前照灯系统，即指高强度气体放电灯（High Intensity Discharge Lamp，HID）。

图 3-22 为卡罗拉轿车氙气前照灯系统组成示意图。

前照灯总成中主要包括放电灯泡、灯光控制 ECU，如图 3-23 所示。灯光控制 ECU 中有一个高压发生电路，是点亮放电前照灯灯泡所必需的电子控制装置。它通常位于左右前照灯的下面。它执行对灯泡的最佳供电以确保灯泡发光时能迅速达到最佳的发光亮度，进行稳定、连续的照明。它还设有故障防护功能，可检测到输入故障，防止电压过高、过低或空载等。灯光控制 ECU 的输出端子产生极其危险的高压，需极其小心地处理。为防止危险，在前照灯侧面和灯光控制 ECU 本身需放置警告标牌。

氙气前照灯的发光原理与普通卤素前照灯不同，在氙气前照灯灯泡的发光管内，充满了

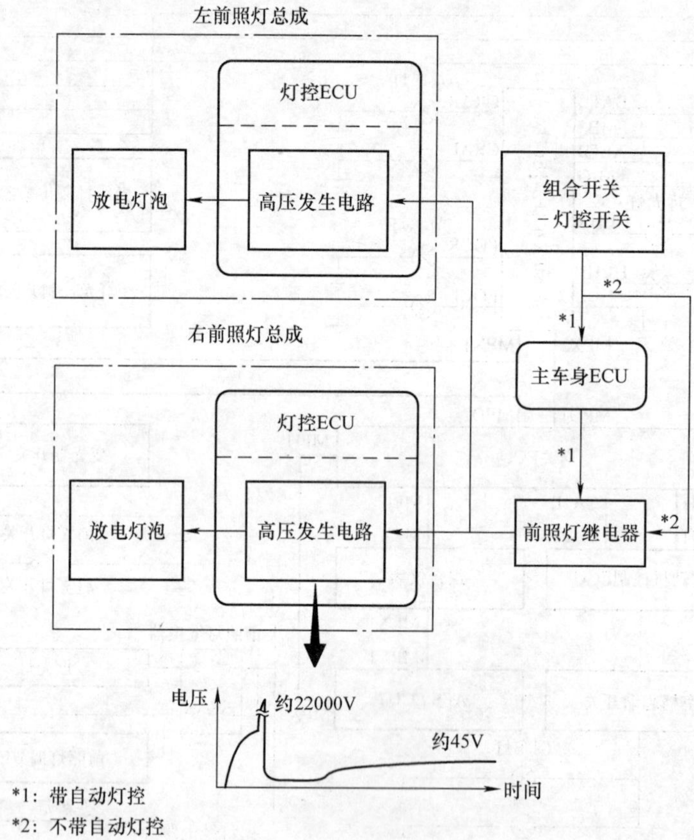

图 3-22 卡罗拉轿车氙气前照灯系统组成示意图

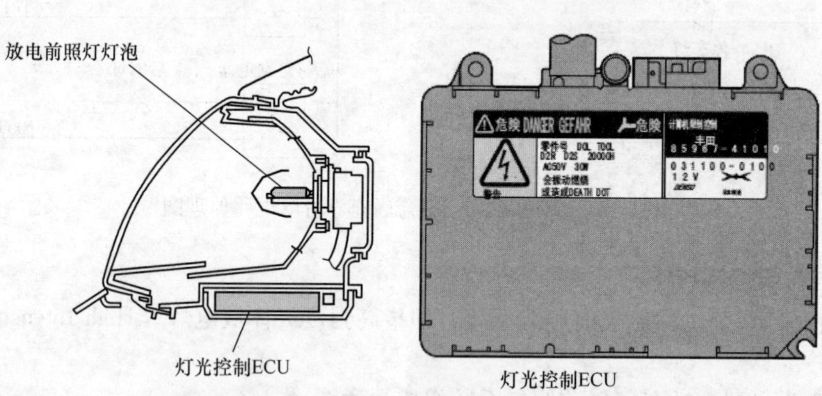

图 3-23 包括放电灯泡、灯光控制 ECU 的前照灯总成

惰性气体（氙气）和金属碘化物（锌、钠和钪），然后再透过增压器将车载 12V 电源瞬间增至约 22000V（各种车型略有不同），在高电压下，氙气会被电离并在电源两极之间产生光源。

氙气前照灯的结构如图 3-24 所示。在氙气前照灯的发光管内，充满了惰性气体（氙气）和金属碘化物（锌、钠和钪）。在灯泡螺口和引线部分加上电压，便会在发光管内进行电弧放电。

在发光管的外管中使用了吸收紫外线的隔离紫外线玻璃，能把紫外线降低到与卤素灯泡一样的程度。

氙气前照灯照明控制的过程如图 3-25 所示。

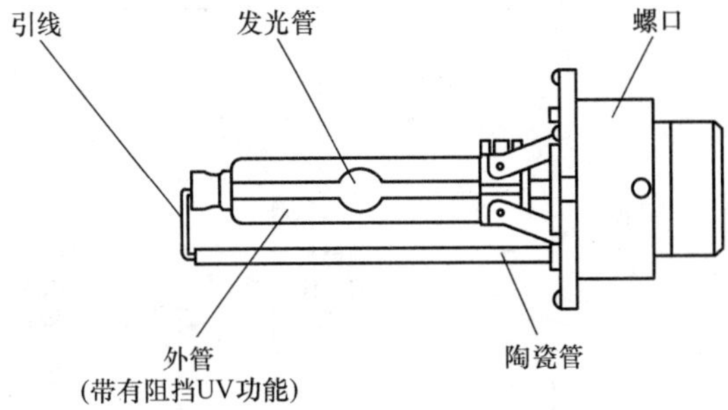

图 3-24 氙气前照灯的结构

灯光控制 ECU 通过内部的电路在氙气前照灯的两个电极间施加约 22000V 的高压脉冲，充满弧形管的氙气被电解后形成电弧放电。电弧放电导致弧形管内温度上升。因此，金属碘化物会汽化。汽化的金属碘化物（钠和钪）会在电弧中分解成金属原子和碘原子。金属原子变得很活跃，发出金属原子（钠和钪）特定光谱的光。

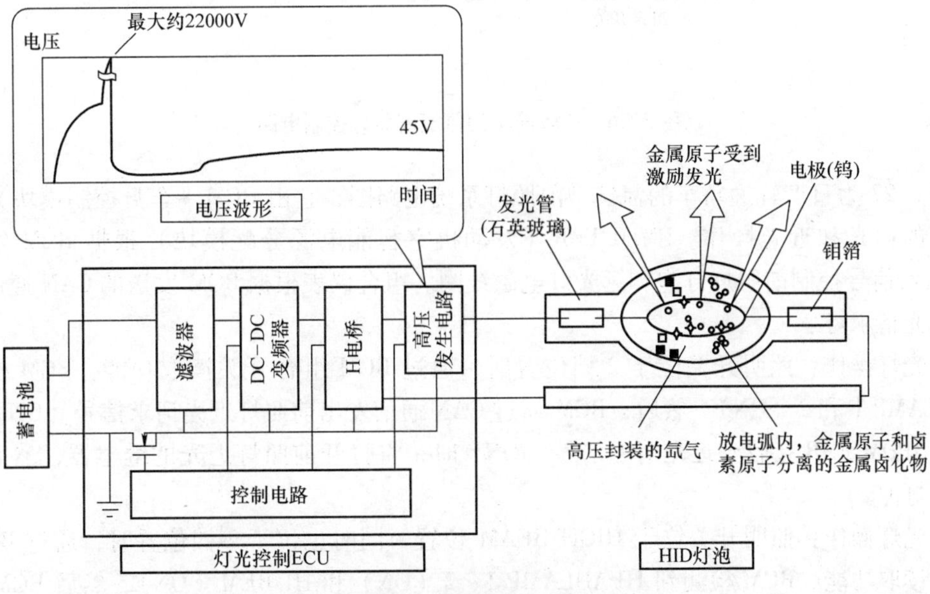

图 3-25 氙气前照灯照明控制的过程

比较简单的氙气前照灯控制电路如图 3-26 所示。它的外部控制电路与前述带前照灯继电器但不带变光继电器的前照灯类型相同。

灯光控制 ECU 判断已发生的故障，并在下述条件下触发故障安全功能。

检测到输入故障：如果输入电压超出了运行电压范围（9～16V），故障安全功能将关闭放电前照灯。如果发生此情况，一旦运行电压恢复，放电前照灯马上点亮。

检测到输出故障（开路/短路）或检测到灯光闪烁：如果输出电压有故障或者放电前照灯闪烁，故障安全功能将关掉放电前照灯。如果发生这种情况，ECU 不能确定输出故障的原因，在检查熔丝和线束系统的故障后，更换前照灯灯泡。如果问题没有解决，更换灯光控制 ECU。

检测到灯泡开路：如果在前照灯灯泡插座中没有灯泡，会检测到灯泡开路。故障保护功能将停止产生高压。如果发生此情况，关掉点火开关并安装灯泡。

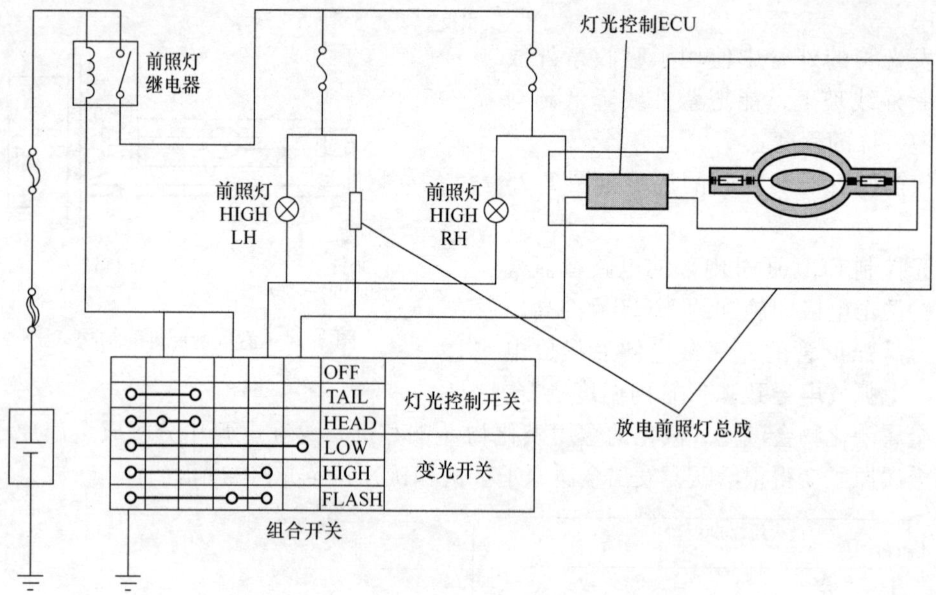

图 3-26 比较简单的氙气前照灯控制电路

图 3-27 为日产轩逸轿车的氙气型前照灯系统电路图，它由 BCM（车身控制模块）控制前照灯的远光和近光操作。IPDM E/R（发动机室智能电源分配模块）根据 BCM 发送的 CAN 通信信号控制前照灯灯泡和远光灯电磁线圈。组合仪表根据 BCM 发送的 CAN 通信信号控制远光指示灯。

近光灯操作：照明开关位于 2 档位置时，通过 BCM 组合开关读取功能，BCM 检测到 HEADLAMP 1 和 2（ON）。然后，BCM 通过 CAN 通信发出前照灯近光请求信号（ON）。

当 IPDM E/R 接收到近光请求信号（ON）时，将打开前照灯近光的继电器，然后点亮前照灯灯泡。

远光灯操作：照明开关位于 HIGH BEAM 位置，同时也位于 2 档位置时，通过 BCM 组合开关读取功能，BCM 检测到 HEADLAMP 1、2（ON）和 HI BEM（ON）。然后 BCM 通过 CAN 通信发送近光灯请求信号（ON）和远光灯请求信号（ON）。

接收那些信号时，IPDM E/R 打开 IPDM E/R 中的前照灯近光灯和远光灯继电器。然后，前照灯灯泡点亮。远光灯电磁线圈移动前组合灯中的灯罩，灯罩改变到远光灯位置。

组合仪表通过 CAN 通信接收远光请求信号（ON），并点亮组合仪表中的远光指示灯。

超车灯操作：当照明开关位于 PASSING 位置时，BCM 通过 BCM 组合开关的读取功能检测到 PASSING（ON）。然后 BCM 通过 CAN 通信发送近光灯请求信号（ON）和远光灯请求信号（ON）。

接收那些信号时，IPDM E/R 打开 IPDM E/R 中的前照灯近光灯和远光灯继电器。然后，前照灯灯泡点亮。通过远光灯电磁线圈执行动作，移动前组合灯中的灯罩位置，从而使前照灯切换到远光灯或近光灯位置。

组合仪表通过 CAN 通信接收远光请求信号（ON），并点亮组合仪表中的远光指示灯。

从图 3-27 可以看出，此车前照灯系统是一个双氙气前照灯。双氙气前照灯就是双光透

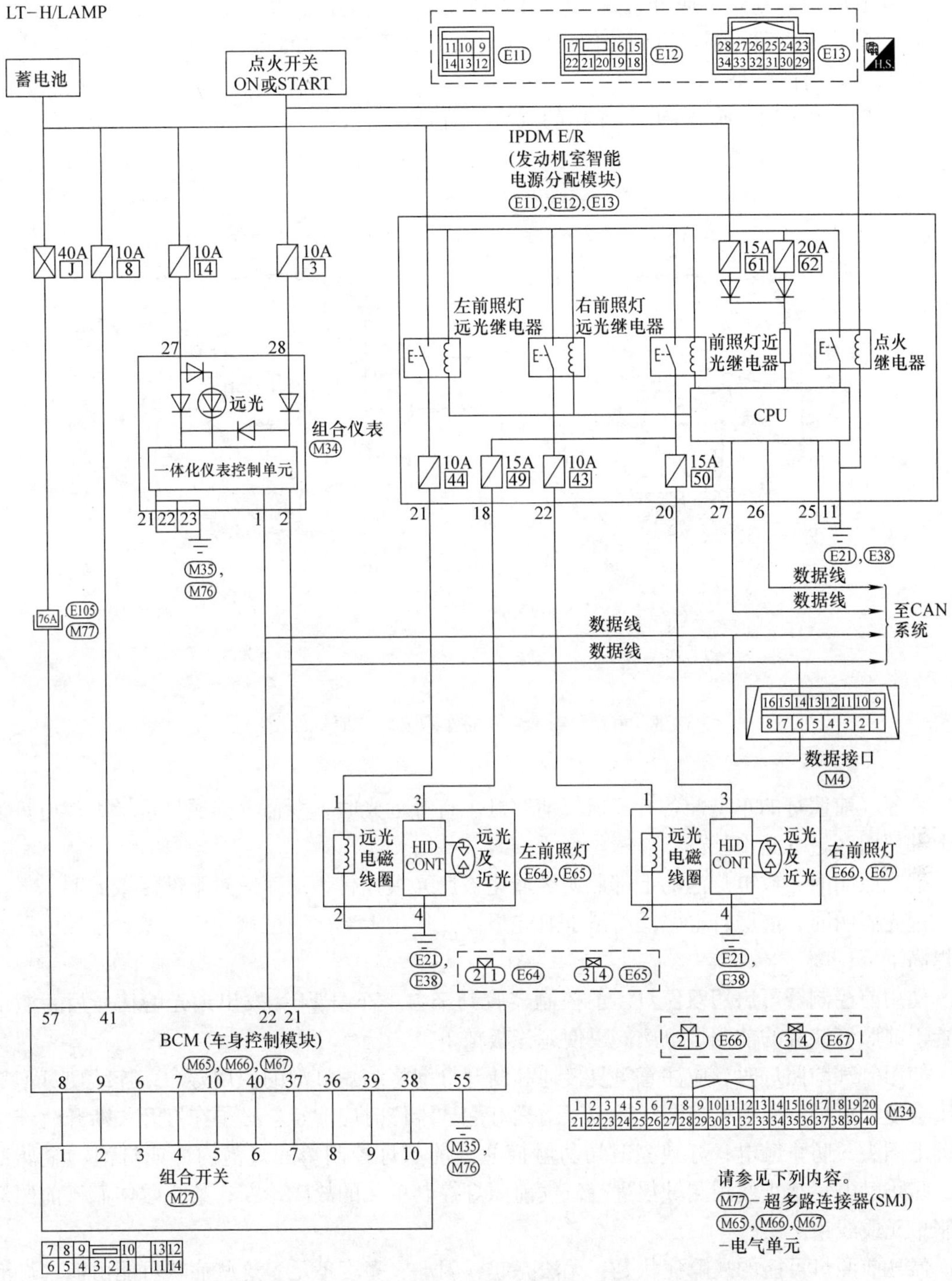

图3-27　日产轩逸轿车的氙气型前照灯系统电路图

镜氙气前照灯（Bi-Xenon）的简称，确切描述为：在同一个反射系统中，只使用一颗氙气灯泡，通过机械快门的切换来满足近光和远光两种照明功能。这种透镜可以实现变光，当开启近光时，透镜里有个遮光板是闭合状态；当开启远光时，透镜变光电磁阀工作将遮光板吸起然后又放出一部分光，通过透镜的作用达到光更匀更亮的效果。也就是说：双氙气前照灯，用一套照明光源，通过机械快门机构，实现了两套单光源的照明效果，并不是安装两套氙气前照灯，而恰恰是一套。

图 3-28 为雷克萨斯 LS460 轿车用的双氙气前照灯结构图。

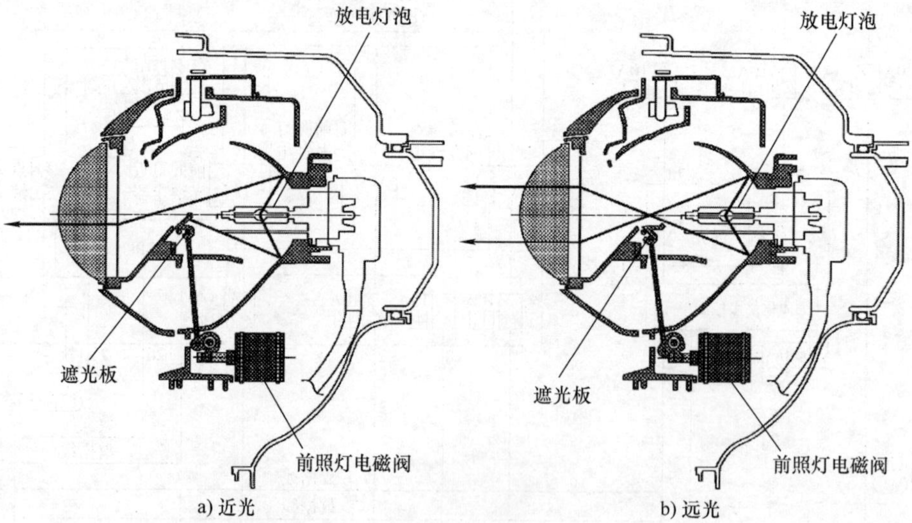

图 3-28 雷克萨斯 LS460 轿车双氙气前照灯的结构

带氙气前照灯的车型配备有双氙气前照灯。打开远光时，双氙气前照灯可增大放电灯泡的上部照明区域（近/远光）。

近光照明时，放电灯泡的上部照明区域将被遮光板挡住，从而只对下部区域照明。

远光照明时，前照灯电磁阀将滑下遮光板以便使用上部照明区域，因而增大了照明区域并提高了可见度。

使用前控制器可启用双氙灯。前控制器收到来自主车身 ECU 发出远光的信号后，激活内置于前照灯装置的前照灯电磁阀以使遮光板滑下。

使用氙气前照灯时，应注意重复接通和断开灯泡将缩短灯泡的使用寿命，连续使灯泡变亮则会使其更加耐用，这也同样适用于卤素灯泡。维修时应注意：必须在灯开关断开时连接或拆下插头，防止触电；灯泡亮时切勿触摸氙气前照灯控制单元灯泡内部或灯泡的金属部分，防止触电；禁止使用测试仪进行氙气前照灯控制单元的故障诊断；禁止解体氙气前照灯控制单元或线束。

氙气前照灯可能的故障症状是：无法亮起、闪烁、亮度不足。这些症状可能由氙气灯泡引起；有时候氙气前照灯控制单元故障和其他故障也能引起这些故障。当灯泡使用寿命即将结束时，发光量将明显减少并重复闪烁或者发出微红色的光。氙气前照灯会因为前照灯亮起时间的不同，发光颜色发生变化。因灯泡破裂而更换氙气前照灯后，可以看出它和没有更换的一侧灯泡在点亮时的发光颜色是不同的。

第二节 转向灯、危险警告灯异常故障的诊断

一、故障现象

转向灯、危险警告灯异常有不同的故障现象，主要有：转向信号灯正常而危急警告灯不工作；危急警告灯正常而转向信号灯不工作；危急警告灯和转向信号灯都不工作；转向信号灯在一个方向上不工作；仅有一个转向灯灯泡不工作；一侧的转向灯闪烁较正常的快等。

二、故障原因

1）熔丝烧断或接触不良。

2）灯泡接地不良。

3）左右侧灯泡功率不等或灯泡不良。

4）控制线路存在断路、短路、接触不良故障。

5）闪光继电器不良。

6）转向灯开关或危险警告灯开关不良。

三、故障诊断与排除的一般步骤

1）如只有一个灯泡不工作，首先检查灯泡及该灯泡的线路及连接器。

2）如一侧的转向灯闪烁较快，则该侧发光较暗的灯泡电路中存在接触不良、功率不等的现象。

3）如转向信号灯在一个方向上不工作，则检查转向信号开关（前照灯变光器开关总成）、转向信号闪光器总成及其线束或连接器。

4）如危急警告灯正常而转向信号灯不工作，则检查转向灯熔丝、转向信号开关（前照灯变光器开关总成）、转向信号闪光器总成及其线束或连接器。

5）如转向信号灯正常而危急警告灯不工作，则检查危急警告灯（HAZ）熔丝、危急警告信号开关、转向信号闪光器总成、线束或连接器等。

6）如危急警告灯和转向信号灯都不工作，则检查熔丝、转向信号闪光器总成、危急警告信号开关、线束或连接器等。

以上步骤应根据具体电路不同而相应变化。

四、电路分析

转向信号和危险报警系统常见的电路有两种，如图 3-29、图 3-30 所示。一种转向信号闪光器较为简单，只有 3 个端子；一种转向信号闪光器内带有 IC，通常有 8 个端子。当操作转向信号开关时，转向信号闪光器打开左侧或右侧转向信号灯，使其发出闪光。为了使驾驶人关注此操作，发出操作声音。当危险警告灯开关置于打开位置时，所有的转向信号灯闪烁。

现以转向信号闪光器内带 IC 的转向信号和危险报警系统电路（图 3-30）为例，说明其工作过程。

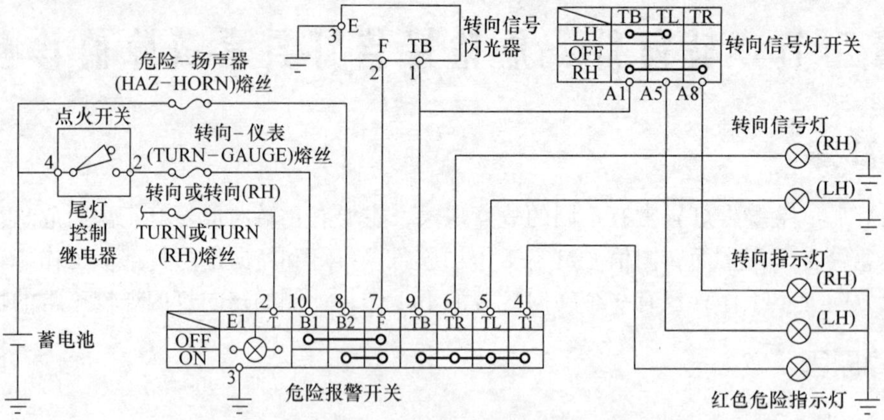

图3-29 常见的转向信号和危险报警系统电路1

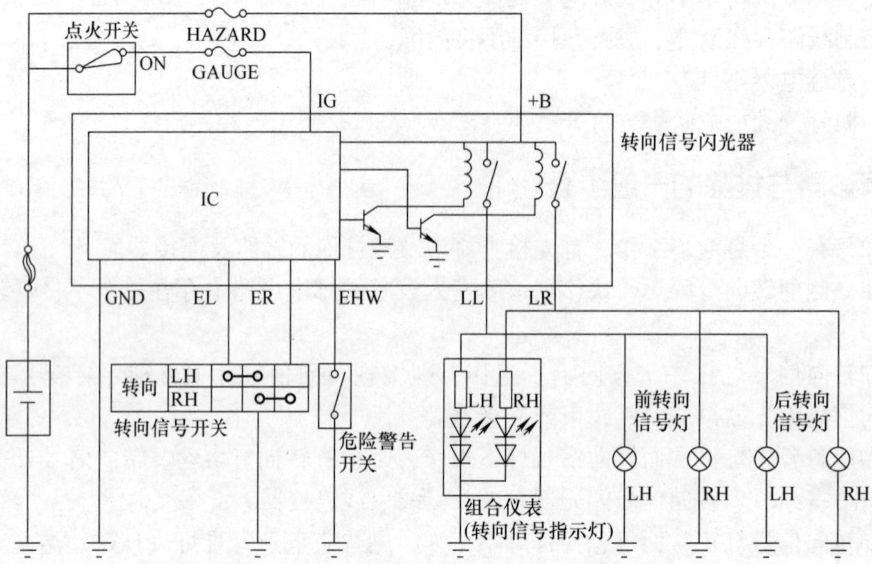

图3-30 常见的转向信号和危险报警系统电路2

如图3-31所示，当转向信号开关移动到左边位置时，转向信号闪光器的EL端子接地，电流流到LL端子，左转向信号灯闪烁。

如图3-32所示，当转向信号开关移到右侧位置时，转向信号闪光器的ER端子接地，电流流到LR端子，右转向信号灯闪烁。

提示：如果某只转向信号灯泡烧坏了，电流总量减少，闪烁变快，以便通知驾驶人。

当危险警告灯开关移到ON位置时，转向信号闪光器的EHW端子接地，电流流向LL和LR两个端子，并且所有的转向信号灯闪烁，如图3-33所示。

由上述的工作情况可知，当“HAZARD”熔丝烧断后，不论转向信号开关置于左、右转向位置还是打开危险警告灯开关，转向信号灯及转向信号指示灯均不会工作。当“GAUGE”熔丝烧断后，打开转向信号开关时，转向信号灯及转向信号指示灯不工作；但打开危险警告灯开关时，转向信号灯及转向信号指示灯均能工作。

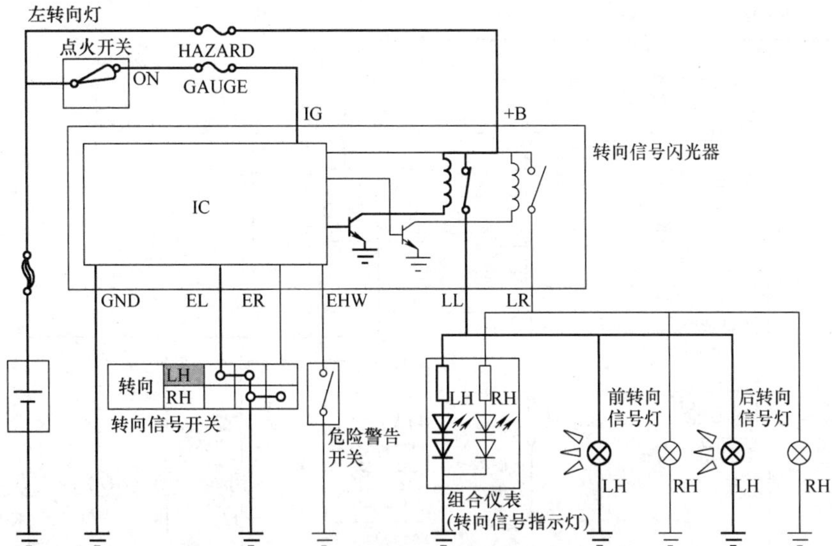

图 3-31　左转向信号灯的工作情况

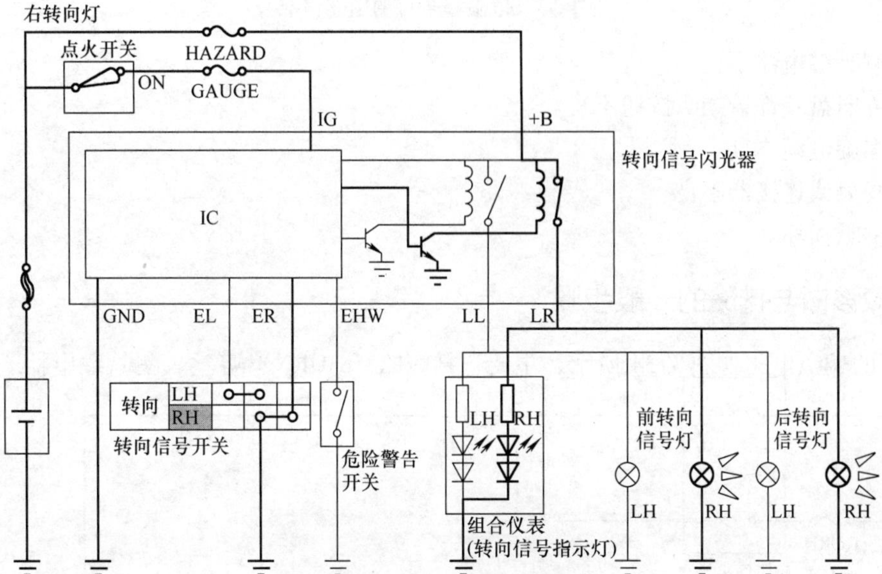

图 3-32　右转向信号灯的工作情况

第三节　喇叭异常故障的诊断

一、故障现象

喇叭异常主要有以下几种可能的故障现象：喇叭不响；喇叭声音沙哑；喇叭一直鸣响；低音喇叭工作，但高音喇叭不工作或高音喇叭工作，但低音喇叭不工作。

二、故障原因

1）HORN 熔丝熔断。

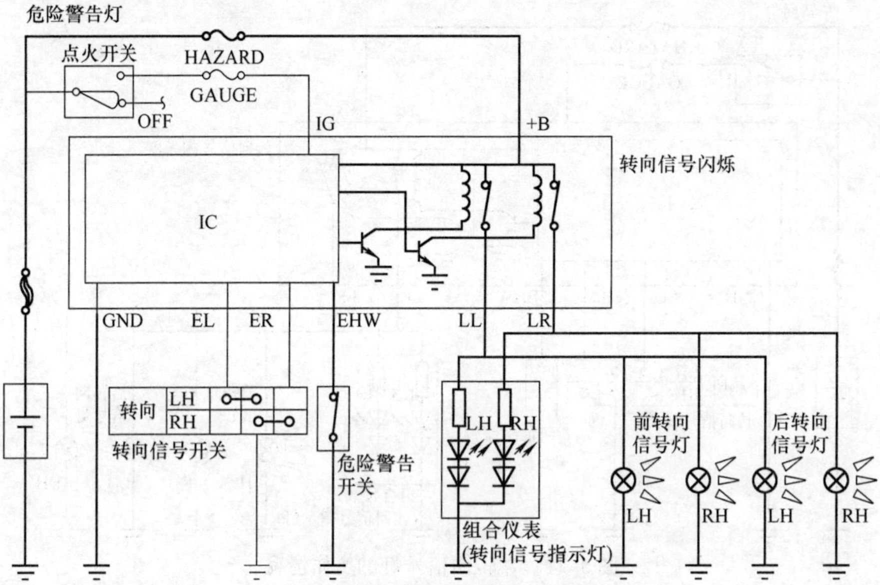

图 3-33 危险警告灯的工作情况

2）喇叭继电器不良。

3）方向盘装饰盖喇叭按钮不良。

4）螺旋电缆不良。

5）线束或连接器不良。

6）喇叭损坏。

三、故障诊断与排除的一般步骤

常见的喇叭电路如图 3-34 所示，主要包括喇叭（HORN）熔丝、喇叭继电器、喇叭按

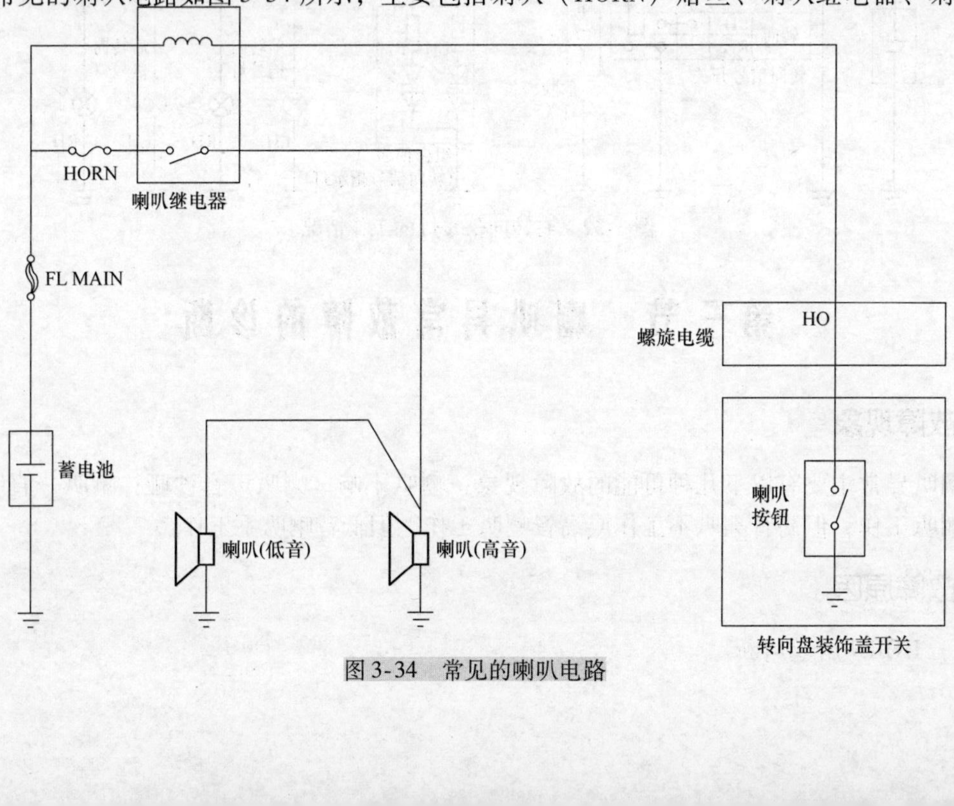

图 3-34 常见的喇叭电路

钮（或方向盘装饰盖喇叭开关）、螺旋电缆、高音和低音喇叭。

1）如电路中具备高、低音喇叭，而喇叭完全不响，因为两个喇叭一般不至于同时损坏，故一般不用检查喇叭本身，可先检查熔丝，再速查继电器，然后检查喇叭按钮线路。

2）如喇叭声音沙哑，一般先检查和调整喇叭，再检查线路的电压降，是否存在接触不良或喇叭固定、接地不良的现象，如不能调整出满意效果，需更换喇叭。

3）如喇叭单音，则检查另一个喇叭，可施加蓄电池电压来检查喇叭的工作情况，如图3-35所示。

4）如喇叭一直鸣响，则检查喇叭继电器、喇叭按钮等或说明电路中存在短路现象，可采用依次断开法检查判断。

5）有些车辆的防盗系统，除用到自身系统的安全喇叭外，也用到车辆喇叭，即触发防盗系统后，车辆喇叭与防盗安全喇叭一起鸣叫，同时灯光闪烁。故在诊断喇叭不响故障时，可用诊断仪进入防盗系统，进行动作测试，图3-36所示即为使用专用诊断仪GTS诊断丰田卡罗拉车辆时进行动作测试。如果动作测试时喇叭能响而按喇叭按钮时喇叭不响，故障应为按钮控制侧不良，喇叭继电器及喇叭本身正常。

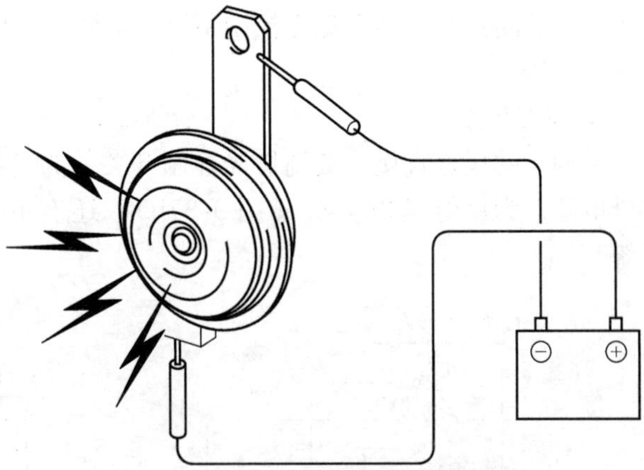

图3-35　通电检查喇叭的工作情况

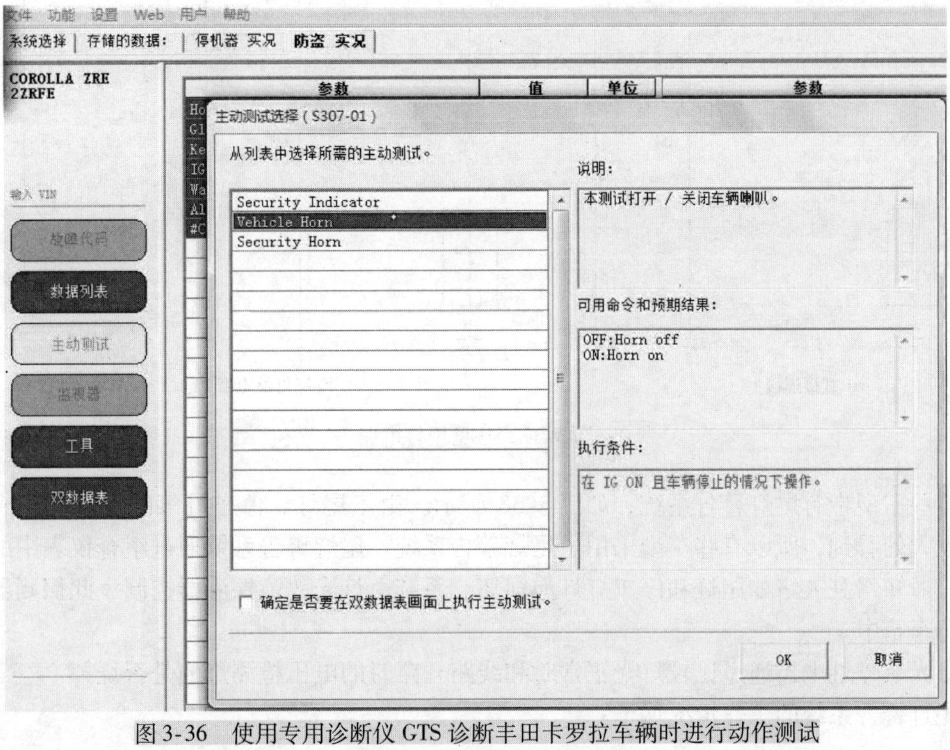

图3-36　使用专用诊断仪GTS诊断丰田卡罗拉车辆时进行动作测试

第四节 照明和信号系统故障诊断、排除的相关要点

一、熟悉照明和信号系统电路

车辆使用的灯光可按用途分类，即用于照明、信号或指示。例如，前照灯用于夜间照明，转向信号灯用于向其他车辆和行人发出信号，尾灯则指示自己车辆的存在和位置。除了一般的照明系统，根据地区和等级，车辆还装有不同功能的系统，主要有尾灯警告系统、前后雾灯系统、白天行车灯光（Daytime Running Lamps，DRL）系统、灯光提醒蜂鸣器系统/灯光自动关闭系统、自动灯光控制系统、前照灯光束水平控制系统、进车照明系统和车内灯提醒系统等。

1. 尾灯系统

有的车的尾灯直接连接到灯光控制开关，为直接连接型（图 3-37a）；有的车则带有尾灯继电器，为尾灯继电器型（图 3-37b）。还有的车如前所述，由车身 ECU 控制的尾灯系统。

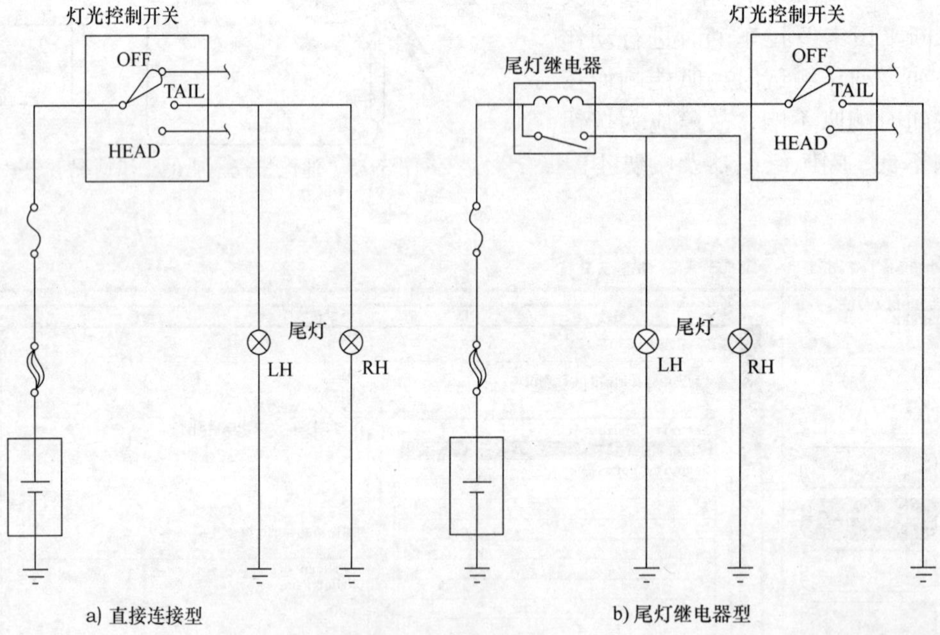

图 3-37 常见尾灯电路

有些车型带有尾灯警告系统，如图 3-38 所示。由于尾灯、停车灯等的灯泡烧坏时无法从驾驶人处看到，所以有些车型采用了尾灯警告系统。尾灯警告系统通过组合仪表中的警告指示灯通知驾驶人诸如尾灯和停车灯灯泡损坏。系统由灯光故障探测器控制，此探测器一般装在行李箱中。

灯光故障继电器通过比较灯光正常时和线路开路时的电压检测灯泡是否烧掉。

尾灯警告系统的工作情况如下：

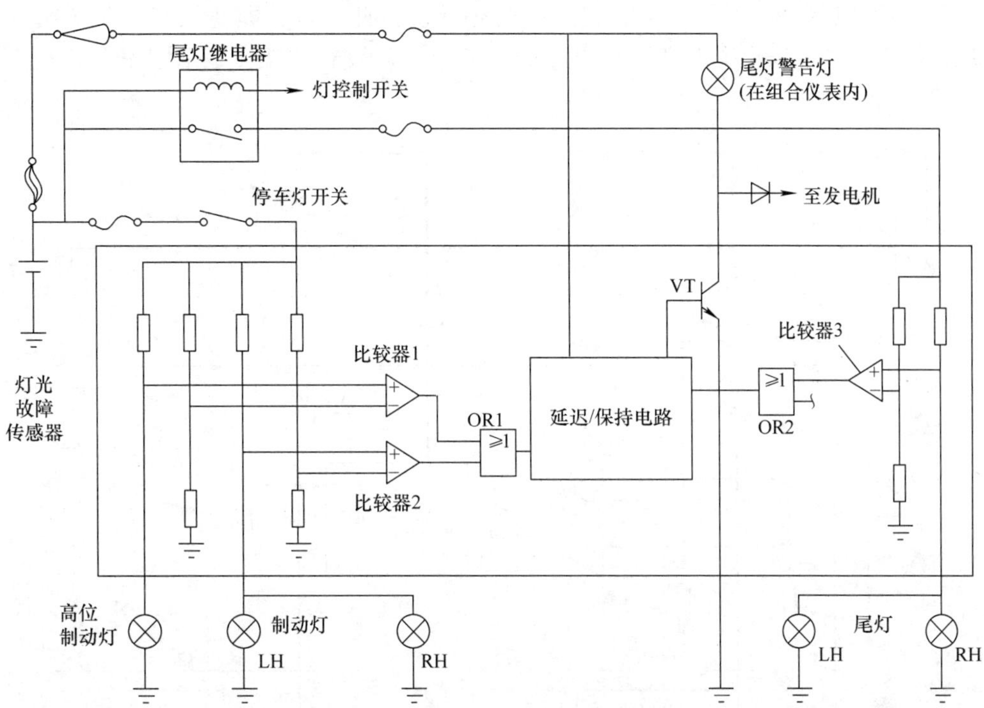

图 3-38　尾灯警告系统电路

（1）高位停车灯（高位制动灯）故障报警（图 3-39）和停车灯（制动灯）故障报警（图 3-40）　当停车灯和高位停车灯正常运行且点亮时，比较器 1 和 2 正侧的电压低于输入到负侧的标准电压，因此比较器 1 和 2 输出“0”。

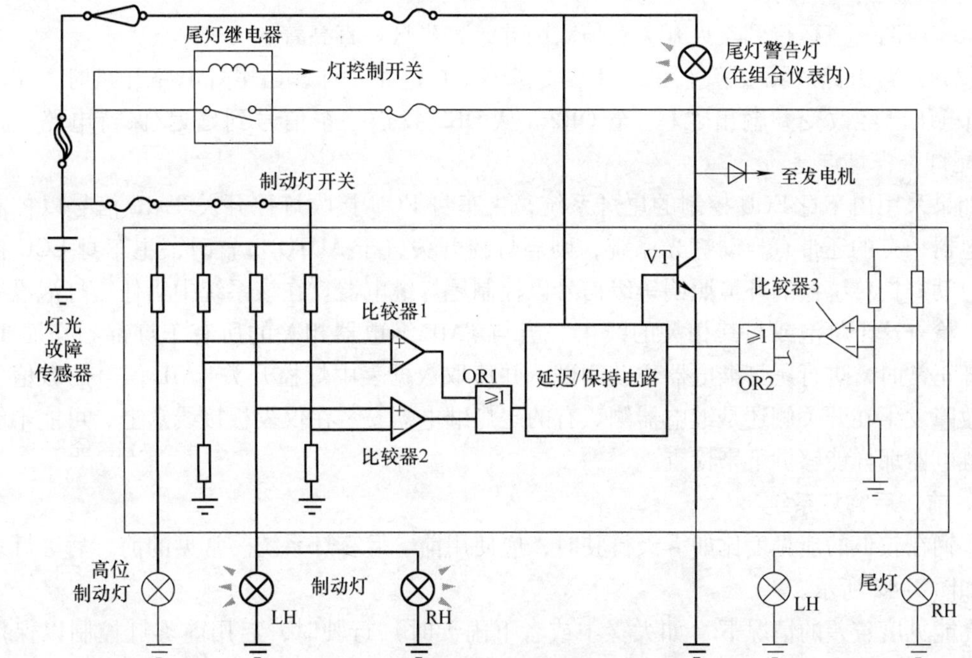

图 3-39　高位制动灯故障报警的工作原理

因此，VT 保持 OFF 状态并且尾灯警告灯熄灭。由此状态，即使只有一条照明电路开路，比较器正侧的电压也会上升，并变得高于负侧的标准输入电压，因此比较器 1 或 2 输出“1”到或门 OR1。

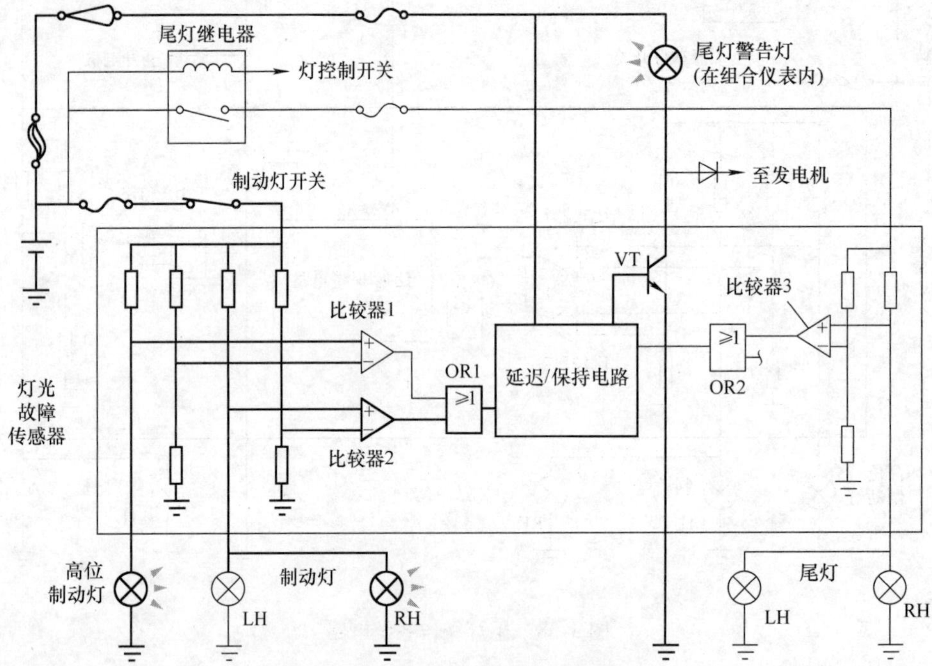

图 3-40　制动灯故障报警的工作原理

OR1 输出“1”到延时/保持电路，延时/保持电路在 0.3～0.5s 后开通 VT。这将点亮组合仪表上的尾灯警告灯。

保持电路一直运行到点火开关关掉。因此，警告灯一直亮着。

（2）尾灯开路故障报警（图 3-41）　像停车灯电路一样，当尾灯电路开路时，比较器 3 判断电压已经改变并输出“1”至 OR2。从 OR2 发送一个信号到延迟/保持电路，再到 VT，尾灯警告灯点亮。

如果采用由车身 ECU 控制的尾灯系统，主车身 ECU 接收灯控开关 TAIL 信号以控制尾灯继电器；有的还带有自动灯光系统，则当灯控开关置于 AUTO 位置时，主车身 ECU 接收来自自动灯控传感器的环境照明等级信号以控制尾灯继电器。在该系统中当任一灯泡没有亮起时，检查这个灯泡或与其相关的线束。当与 TAIL 继电器相关的所有车灯都不亮而 TAIL 熔丝却正常时，进行尾灯继电器主动测试，并读取数据表中灯控开关 TAIL 信号的数值，以确定故障发生在开关侧还是继电器侧。有的尾灯继电器安装在仪表板接线盒上，可能不能像常规继电器那样能够拆下来检查。

2. 前、后雾灯系统

车辆在较低的能见度比如雾天行驶时，应使用前、后雾灯系统。常见的前、后雾灯系统电路如图 3-42 所示。

在能见度较差的情况下（如大雾中或者下雨天时）行驶时，启用前雾灯控制以保持前方道路的能见度；启用后雾灯控制，使后方来车注意到车辆的存在。

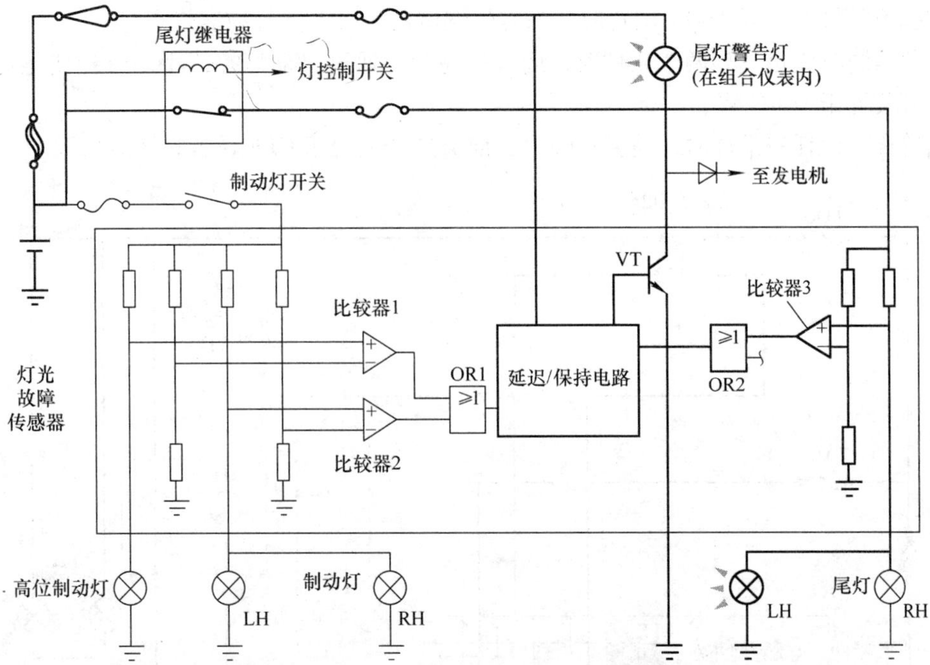

图 3-41 尾灯故障报警的工作原理

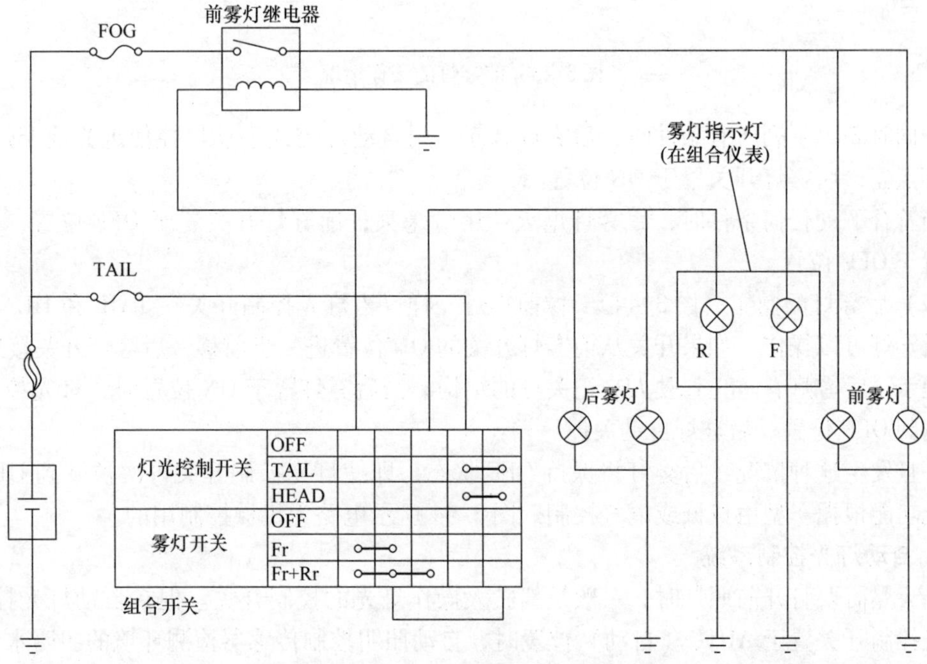

图 3-42 常见的前、后雾灯系统电路

(1) 前雾灯的操作（图3-43） 当灯光控制开关在TAIL和HEAD位置时，前雾灯可以操作。当前雾灯开关置于ON位置时，前雾灯继电器运行，并且前雾灯点亮。

一般当同时满足下列两个条件时，前雾灯亮起：通过自动灯控或手动灯控使尾灯亮起；前雾灯开关置于ON位置。

当符合下列任一条件时，前雾灯熄灭：前雾灯开关置于OFF位置；尾灯熄灭。

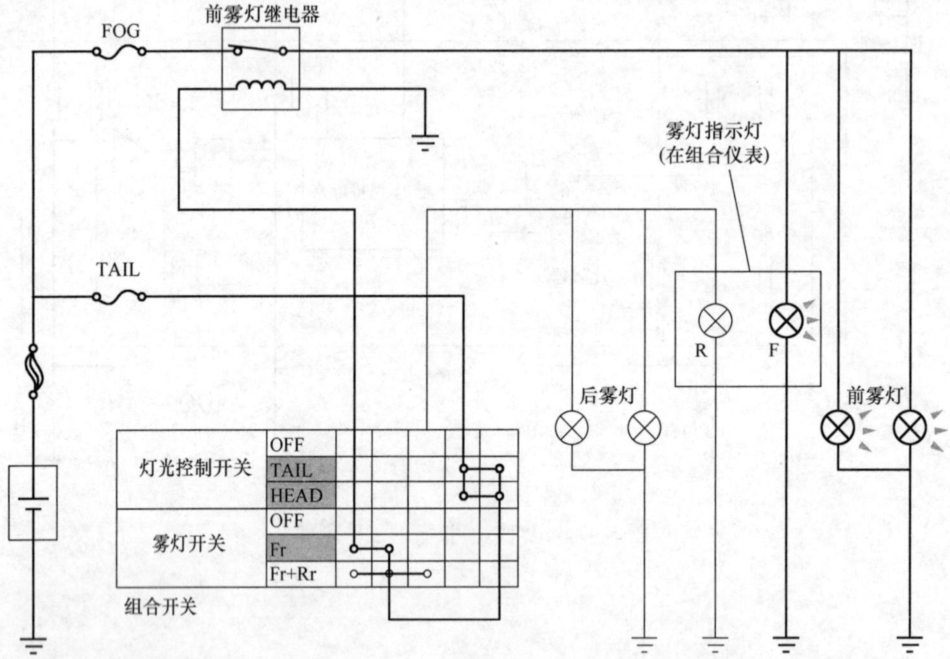

图3-43 前雾灯的工作情况

当同时满足下列所有条件时，后雾灯亮起：用自动灯控或手动灯控使近光前照灯亮起；前雾灯点亮；后雾灯开关置于ON位置。

当符合下列任何条件时，后雾灯熄灭：尾灯熄灭；前雾灯开关置于OFF位置；后雾灯开关置于OFF位置。

(2) 后雾灯的操作（图3-44） 像前雾灯一样，当灯光控制开关在TAIL和HEAD位置时，后雾灯可以操作。如果开关从前雾灯开关的ON位置进一步前移，后雾灯开关接通。

提示：后雾灯有防止驾驶人忘记关灯的结构。当后雾灯置于ON位置时，灯光控制开关被移动到OFF位置，后雾灯自动关掉。

一旦发生这种情况，后雾灯将保持OFF状态，即使灯光控制开关再次被开到HEAD位置。此功能根据车型由机械或电气控制。图3-44所示电路为机械控制用的。

3. 自动灯光控制系统

当天黑需要打开前照灯时，一般是驾驶人操作灯光的控制开关。但在自动灯光控制中，当灯光控制开关置于AUTO（自动）位置时，自动照明控制传感器检测环境的照明水平。当暗的时候，系统自动打开前照灯。自动灯光控制系统如图3-45所示。自动照明控制传感器位于仪表盘的上部。某些车辆在照明开关上没有AUTO位置。在这种情况下，自动照明控制

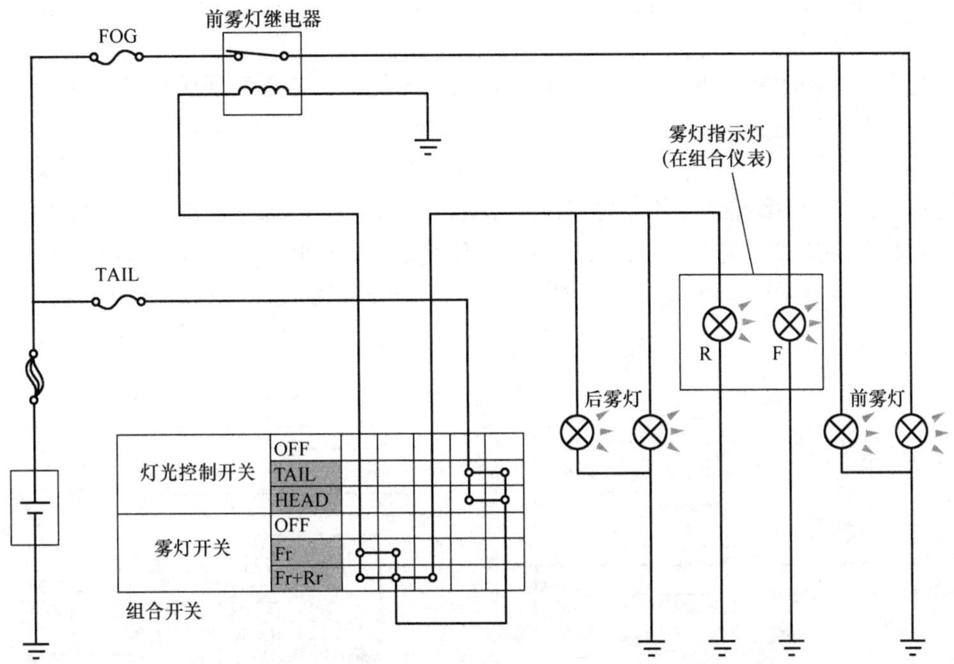

图 3-44 后雾灯的工作情况

系统在 OFF 位置工作。

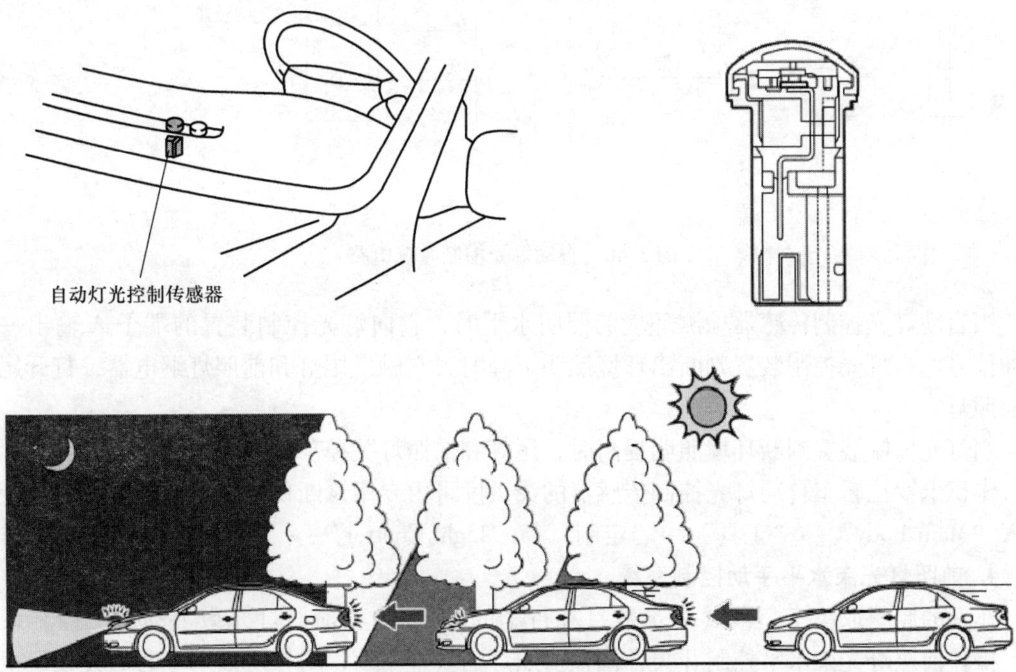

图 3-45 自动灯光控制系统

自动灯光控制传感器在灯光控制开关置于 AUTO 位置时（无 AUTO 位置的车型则为 OFF

位置）检测环境的亮度水平，它向灯光控制装置发送一条信息，根据环境亮度状况，先开尾灯，然后开前照灯。

系统还有一种功能：当环境亮度忽明忽暗时打开尾灯，但不使前照灯忽明忽灭。例如在桥下行驶或者沿林荫道行驶时。但是若是一定时间过去后，环境亮度仍低于规定值，前照灯将点亮。

自动灯光控制系统有各种各样的类型，这取决于车型。例如某种车型上，自动灯光控制传感器和灯光控制装置成为一体；或者另有一种类型，尾灯和前照灯同时点亮。

自动灯光控制系统电路如图 3-46 所示，自动灯光控制系统工作情况如图 3-47 所示。

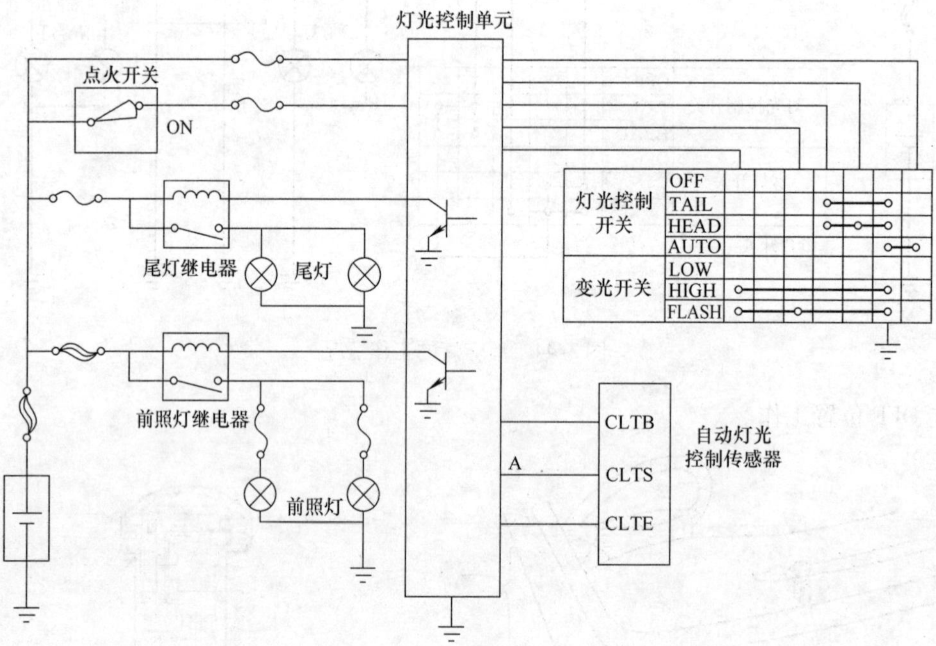

图 3-46 自动灯光控制系统电路

当自动灯光控制传感器检测环境的照明水平时，它向灯光控制装置的端子 A 输出一个脉冲信号。当灯光控制装置判断出环境照明下降时，它触发尾灯和前照灯继电器，打开尾灯和前照灯。

当灯光控制装置判断环境照明提高时，尾灯和前照灯关掉。

丰田卡罗拉轿车自动灯光控制传感器的灵敏度可由专用诊断仪来设定。如图 3-48 所示，进入“Main Body”→“工具”→“定制”→“Light Control”→“灵敏度”，按提示操作。

4. 前照灯光束水平手动控制系统

车辆的倾斜取决于负载（乘员数目和行李的数量）。在前照灯光束手动水平控制系统中，操作前照灯光束水平控制开关，调整前照灯的垂直角度，防止对面来车时驾驶人发生眩目。驾驶人可用前照灯光束水平控制开关（旋钮）上下调整前照灯的光束水平度。前照灯光束水平控制开关中有一只可变电阻，它根据旋钮位置输出相应的电流。

如图 3-49 所示，前照灯光束水平控制执行器执行器使电动机以顺时针或逆时针方向旋

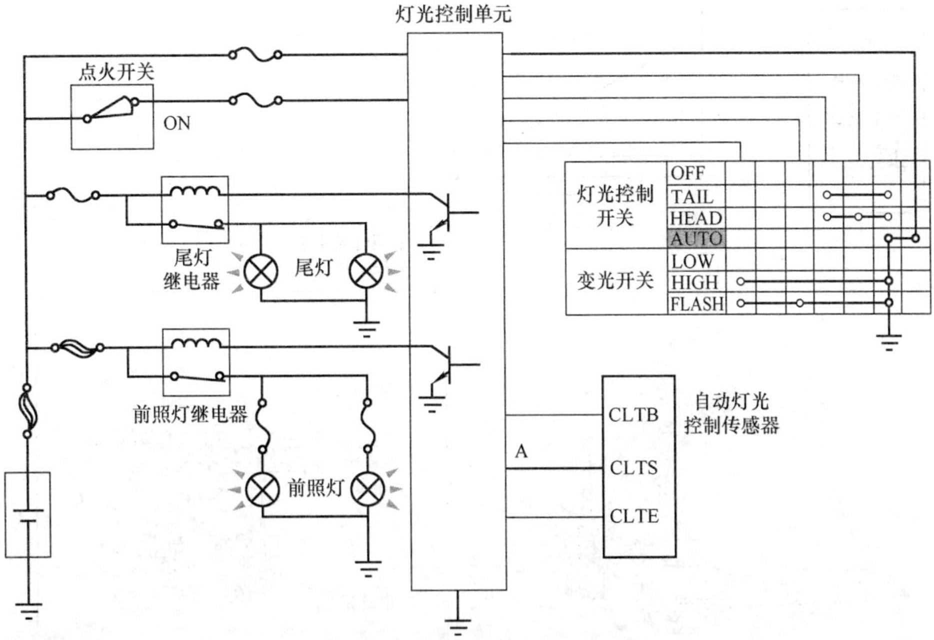

图 3-47　自动灯光控制系统的工作情况

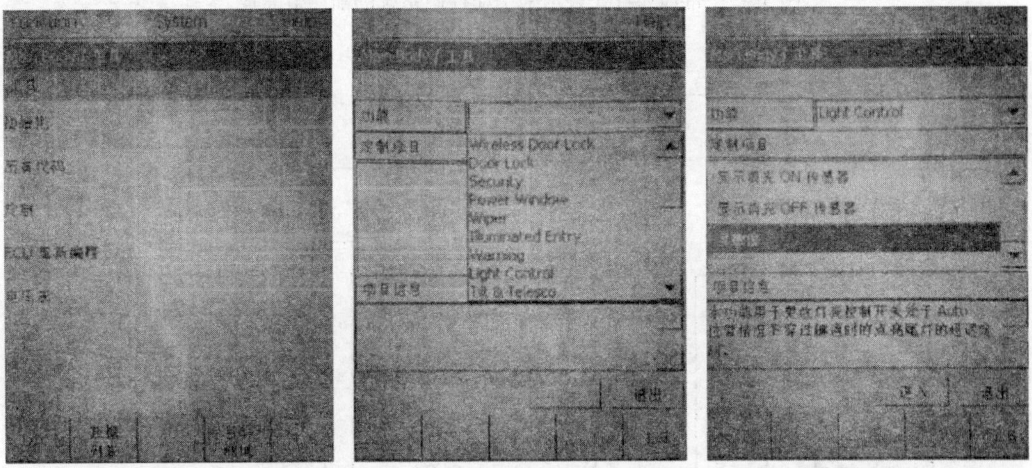

图 3-48　用专用诊断仪设置丰田卡罗拉轿车自动灯光控制传感器的灵敏度

转，按照前照灯光束水平控制开关使输出轴前后移动，使前照灯的光束移上移下。执行器设有一只电位器。按照执行器的位置，发送一个信号到内部集成电路（IC）。

前照灯光束水平手动控制系统的工作情况如图 3-50 所示。与前照灯光束水平控制开关旋转角度成比例的电流从集成电路（IC）输出。执行器左侧和右侧的 IC 根据开关来的电流量驱动电动机。执行器中的 IC 同时用电位器检测执行器的实际位置（前照灯光束水平）并控制电动机的运行，使执行器按照来自开关的电流检测前照灯光束的水平位置。

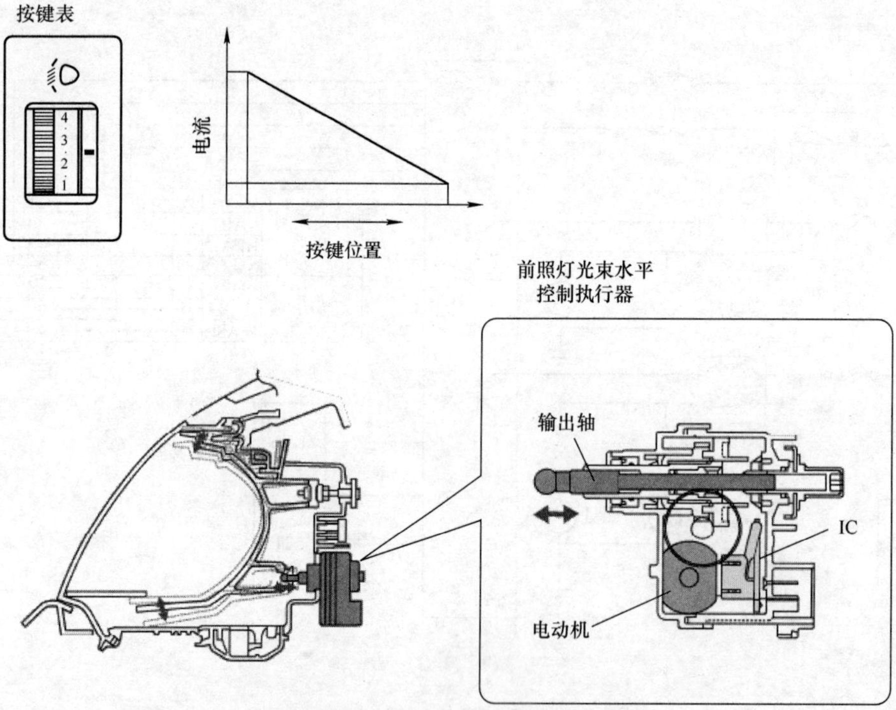

图 3-49 带前照灯光束水平手动控制系统的前照灯总成

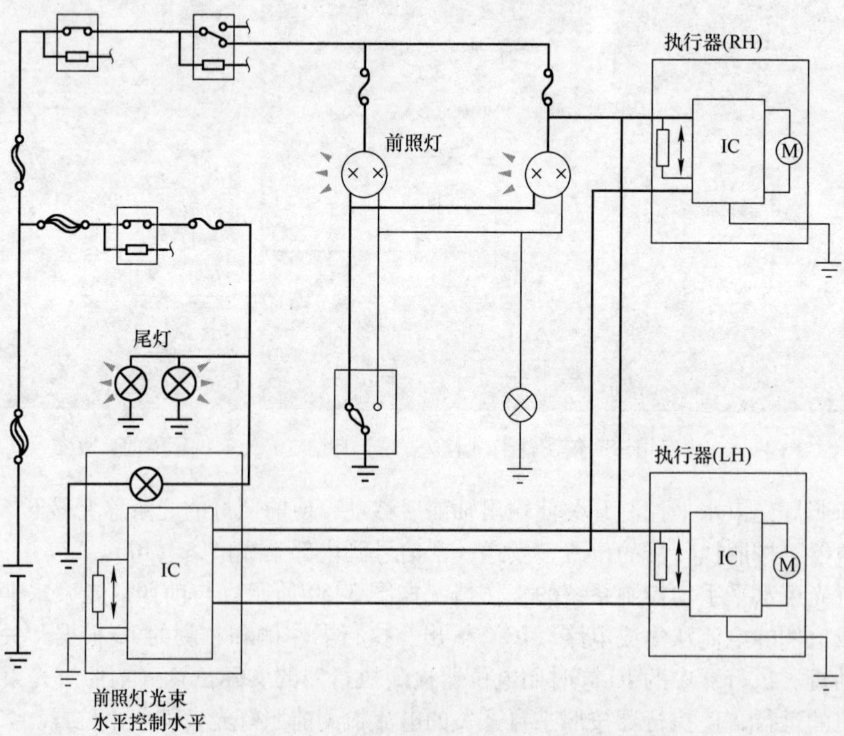

图 3-50 前照灯光束水平手动控制系统的工作情况

5. 前照灯光束水平自动控制系统

某些车辆中有一自动前照灯光束水平控制系统（前照灯光束高度自动控制系统），它自动将前照灯调到最佳垂直角度。

打开前照灯时，前照灯光束高度自动控制系统根据车辆姿态来操作前照灯光束高度调整执行器，如图3-51所示。

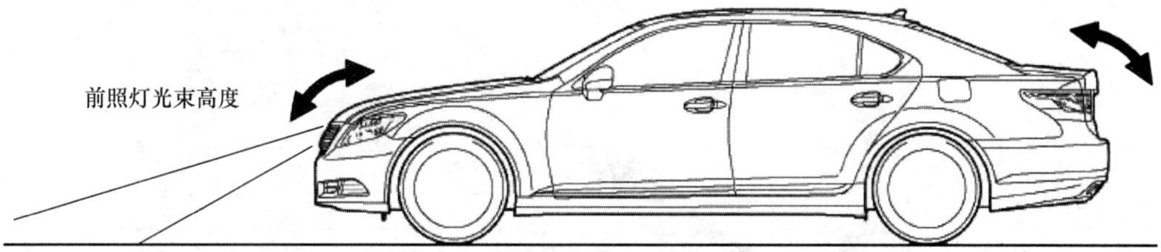

图3-51　根据车辆姿态来自动控制前照灯光束高度调整

图3-52为雷克萨斯LS460轿车的前照灯光束高度自动控制系统的组成示意图，该系统主要由AFS ECU（自适应前部照明系统ECU）、前/后高度控制传感器和两个前照灯光束高度调整执行器组成。

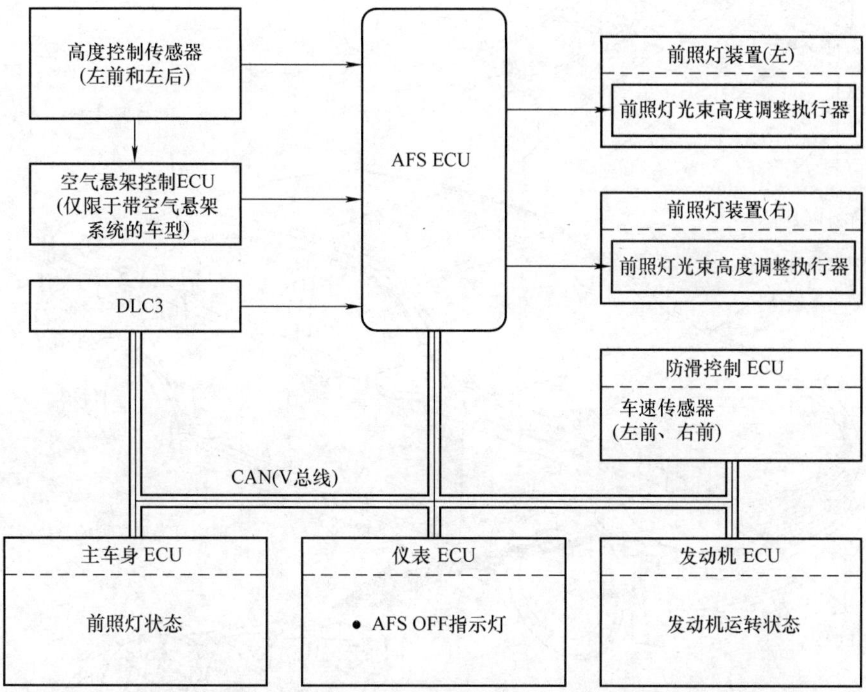

图3-52　雷克萨斯LS460轿车的前照灯光束高度自动控制系统的组成示意图

对于不带空气悬架系统的车型，AFS ECU可根据高度控制传感器（左前和左后）发出的信号来计算车辆姿态的变化。

对于带空气悬架系统的车型，AFS ECU可根据空气悬架ECU所发出的信号来计算车辆姿态的变化。然后，ECU根据此信息来控制前照灯光束高度调整执行器以改变前照灯反射器角度。

图 3-53 为雷克萨斯 LS460 轿车的前照灯光束高度自动控制系统主部件位置分布图。其主要部件的功能见表 3-2。

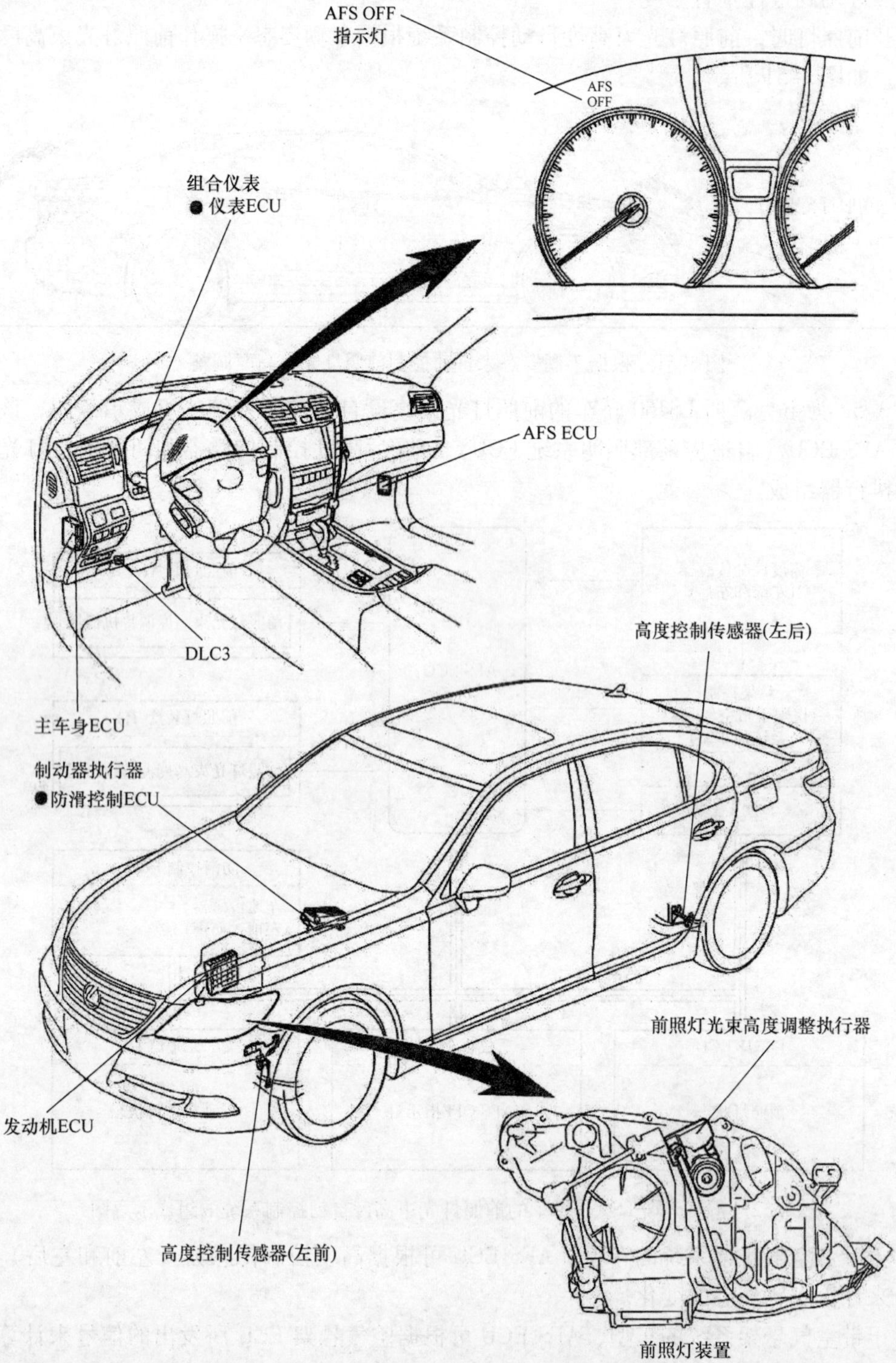

图 3-53 雷克萨斯 LS460 轿车前照灯光束高度自动控制系统主部件位置分布图

表 3-2 雷克萨斯 LS460 轿车前照灯光束高度自动控制系统主要部件的功能

部件		功能
AFS ECU		根据来自高度控制传感器或空气悬架控制 ECU 发出的信号及车速信号来计算车辆姿态的变化 将控制信号输入到前照灯光束高度调整执行器 具有初始设定控制、失效保护和诊断功能
前照灯装置	前照灯光束高度调整执行器	执行器根据来自 AFS ECU 的信号移动前照灯内的反射器以改变近光 使用步进电动机以精确调节反射器的角度
高度控制传感器（左前和左后）		检测车辆的高度
防滑控制 ECU		将车速传感器信号（左前和右前）传输到 AFS ECU
发动机 ECU		将发动机运转状态信号传输到 AFS ECU
主车身 ECU		传输前照灯状态信号
空气悬架控制 ECU①		将高度控制传感器检测到的车辆高度传输到 AFS ECU
组合仪表（仪表 ECU）	AFS OFF 指示灯	系统出现故障时，仪表 ECU 根据来自 AFS ECU 的信号使 AFS OFF 指示灯闪烁以提醒驾驶人

① 仅限于带空气悬架系统的车型。

初始设定控制：起动发动机时，AFS ECU 驱动前照灯光束高度调整执行器，将前照灯反射器移至下限位置，然后使其移至合适位置。AFS ECU 由此可估算出前照灯的位置以进行相关控制。

失效保护：如果 AFS ECU 检测到前照灯光束高度自动控制系统或智能 AFS 出现故障，则将按表 3-3 所示采取相应措施。

表 3-3 前照灯光束高度自动控制系统的失效保护

故障部位	条件（前照灯光束高度自动控制的失效保护控制）	AFS OFF 指示灯
前照灯旋转执行器故障	继续控制直到比当前位置低 0.65°	闪烁
转向角传感器信号故障	继续控制	闪烁
车速传感器信号故障	如果一个传感器信号中断，将使用正常车速传感器信号继续进行控制 如果两个传感器信号均已中断，则判断车速为 0km/h 并继续进行控制	闪烁
高度控制传感器信号故障	在比初始位置稍高位置出现故障：返回初始位置后停止工作 在比初始位置稍低位置出现故障：在当前位置停止工作	闪烁
前照灯光束高度调整执行器故障	前照灯光束高度调整执行器正常侧：返回初始位置后停止工作（在比初始位置稍高位置出现故障）。在当前位置停止工作（在比初始位置稍低位置出现故障）	闪烁
	前照灯光束高度调整执行器异常侧：在当前位置停止工作	
通信信号故障	防滑控制 ECU：判断车速是否为 0 km/h 并继续进行控制	闪烁
	转向角传感器：正常控制该系统	闪烁

6. 智能 AFS（智能型自适应前部照明系统）

在雷克萨斯 LS460 轿车上，有的车型配备了智能 AFS，现介绍如下：

（1）概述　采用智能 AFS（智能型自适应前部照明系统），当车辆转弯时，该系统将移动近光以增大近光的照明区域，实现最佳可见度。

新款 LS460 的智能 AFS 采用中 - 高速控制以及低速控制。中 - 高速控制时，此系统根据转向角和车速计算出目标照明角度并分别调节近光前照灯的旋转角度。低速控制时，系统根据转向角计算出目标照明角度并调节转弯方向内侧近光前照灯的旋转角度。

中－高速控制如图 3-54 所示。

低速控制如图 3-55 所示。

（2）系统图（图 3-56） 此系统由两个前照灯装置（近光）、AFS ECU、两个前照灯旋转执行器、转向角传感器和前速度传感器组成。此系统由 AFS ECU 控制。

前照灯光束高度自动控制系统也由 AFS ECU 控制。

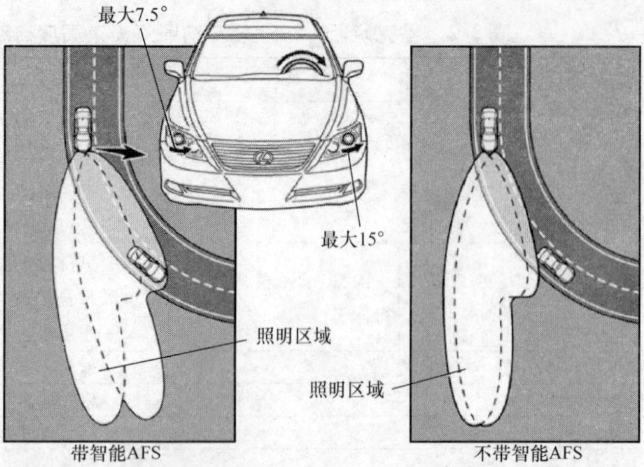

图 3-54 雷克萨斯 LS460 轿车智能 AFS 系统的中－高速控制

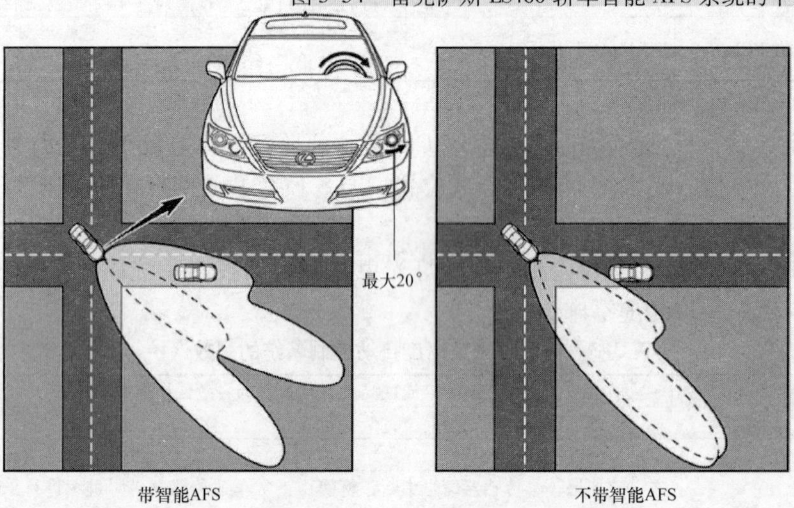

图 3-55 雷克萨斯 LS460 轿车智能 AFS 系统的低速控制

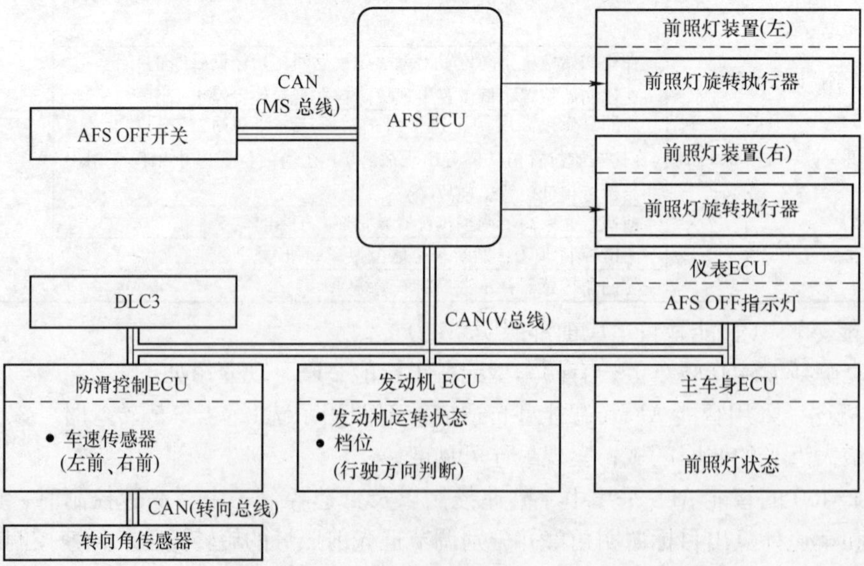

图 3-56 雷克萨斯 LS460 轿车智能 AFS 系统框图

（3）主部件位置分布图　主部件位置分布如图3-57所示。

（4）主部件的功能（表3-4）　主部件的功能见表3-4。

（5）系统控制

1）概述。AFS ECU根据接收到的转向角和车速信号来计算近光的目标照明角度。然后驱动前照灯旋转执行器以达到目标照明角度。通过前照灯旋转执行器内步进电动机的位置（步进数），可检测前照灯的工作角度。LS460L/460中，旋转角度控制根据转向角和车速在中－高速和低速之间进行转换。

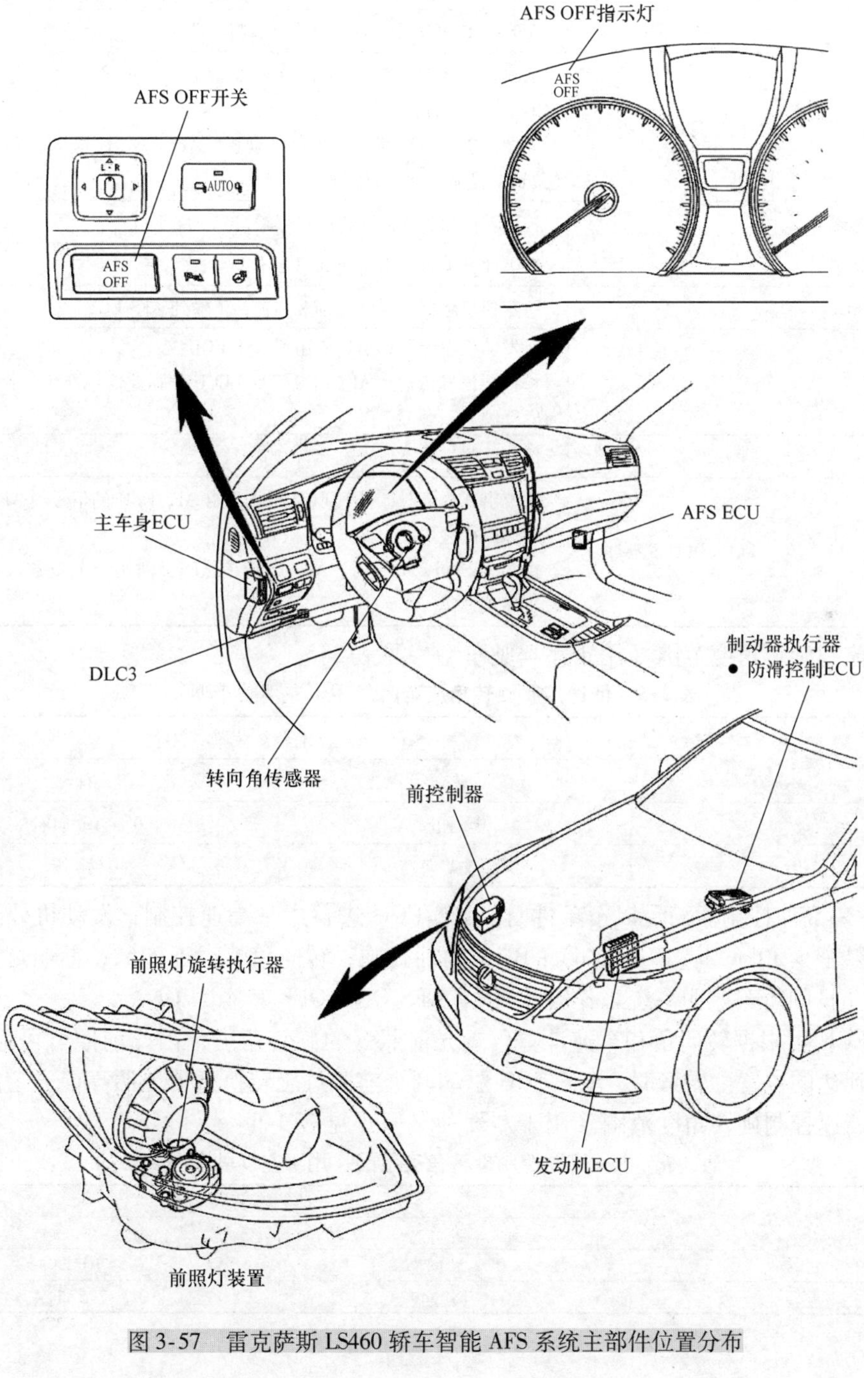

图3-57　雷克萨斯LS460轿车智能AFS系统主部件位置分布

2）低速控制。满足以下条件时，AFS ECU 进行低速控制：发动机处于工作状态；车辆以至少 10 km/h（6mile/h）的速度向前行驶；转向角不小于 6°；前照灯近光处于照明状态（日间行车照明系统工作时除外）；AFS ON/OFF 状态为 ON。

车辆转弯时，AFS ECU 根据转向角计算旋转角度并驱动转弯内侧的前照灯旋转执行器以照亮前方道路。

表 3-4 雷克萨斯 LS460 智能 AFS 系统主部件的功能

部件		概要
AFS ECU		AFS ECU 可接收多种信号、计算目标照明角度并启动前照灯旋转执行器
前照灯装置	前照灯旋转执行器	前照灯旋转执行器由 AFS ECU 驱动后，将近光向左或向右移至 AFS ECU 计算出的角度 前照灯旋转执行器采用步进电动机。AFS ECU 根据步进电动机的步进（位置）数确定近光的角度
转向角传感器		检测转向角和方向并将此信号输出到 AFS ECU
AFS OFF 开关		按下此开关可取消智能 AFS 操作
防滑控制 ECU		将车速传感器信号（左前和右前）传输到 AFS ECU
发动机 ECU		将发动机运转状态信号传输到 AFS ECU 将档位信号传输到 AFS ECU。AFS ECU 根据此信号判断车辆是否向前或向后行驶
主车身 ECU		传输前照灯状态信号
组合仪表（仪表 ECU）	AFS OFF 指示灯	系统出现故障时，仪表 ECU 根据来自 AFS ECU 的信号使 AFS OFF 指示灯闪烁以提醒驾驶人 打开 AFS OFF 开关时，AFS ECU 使 AFS OFF 指示灯亮起以通知驾驶人系统停止操作

低速控制旋转角度范围（用于左驾驶车型）见表 3-5。

表 3-5 低速控制旋转角度范围（用于左驾驶车型）

行驶条件	前照灯装置	
	左	右
右转	0°静止	0°~10°向右
左转	0°~20°向左	0°静止

3）中-高速控制。满足以下条件时，AFS ECU 进行中-高速控制：发动机处于工作状态；车辆以至少 30km/h（19mile/h）的速度向前行驶；转向角不小于 7.5°；前照灯近光处于照明状态（日间行车照明系统工作时除外）；AFS ON-OFF 状态为 ON。

AFS ECU 可根据转向角和车速计算出近光前照灯的旋转角度，因此前照灯可照亮 3s 后车辆将要到达的位置。转弯时，AFS ECU 驱动两个前照灯旋转执行器以照亮前方道路。

中-高速控制旋转角度范围（用于左驾驶车型）见表 3-6。

表 3-6 中-高速控制旋转角度范围（用于左驾驶车型）

行驶条件	前照灯装置	
	左	右
右转	0°~5°向右	0°~10°向右
左转	0°~15°向左	0°~7.5°向左

4）初始设定控制。起动发动机时，AFS ECU 驱动前照灯旋转执行器，并将投射式前照灯向车辆中间位置转至极限，然后使其移至合适位置。AFS ECU 由此可估算出前照灯的位置以进行相关控制。

5）失效保护。如果 AFS ECU 检测到智能 AFS 或前照灯光束高度自动控制系统出现故障，则将按表 3-7 所示采取相应措施。

表 3-7　雷克萨斯 LS460 智能 AFS 系统的失效保护

故障部位	智能 AFS 的失效保护控制	AFS OFF 指示灯
前照灯旋转执行器故障	前照灯旋转执行器正常侧：返回初始位置后停止工作 前照灯旋转执行器异常侧：在当前位置停止工作	闪烁
转向角传感器信号故障	返回初始位置后停止工作	闪烁
车速传感器信号故障	返回初始位置后停止工作	闪烁
高度控制传感器信号故障	返回初始位置后停止工作	闪烁
前照灯光束高度调整执行器故障	返回初始位置后停止工作	闪烁
通信信号故障	主车身 ECU：返回初始位置后停止工作	闪烁
	ECM：返回初始位置后停止工作	闪烁
	防滑控制 ECU：返回初始位置后停止工作	闪烁
	转向角传感器：返回初始位置后停止工作	闪烁

6）诊断。如果 AFS ECU 检测到智能 AFS 出现故障，则使 AFS OFF 指示灯闪烁以提醒驾驶人。同时，将诊断故障码（DTC）存储到存储器内。使用手持式检测仪可读取 DTC。

二、用试灯检查电路

简单电路可以用试灯测试。对于未使用任何固态器件或数字式开关控制的大电流电路，用试灯来测导通性非常方便。试灯非常适用于测试普通照明电路及信号系统电路以及快速检查电源或接地线路上是否有电。试灯只是简单地从用户所测的电路接到蓄电池的另一极。如果用户测的是照明电路的正极侧，试灯的另一端便与接地相连。如果试灯亮了，说明正极侧的电路正常。如果试灯比较暗或不亮，可以将试灯接正常蓄电池的正极来测量接地侧。如果试灯显示正常，则说明接地是好的，问题在电路的电源侧。试灯的不足之处是只凭灯泡的明暗程度无法确切说明电压降具体有多少。如果用户熟悉所测的电路，试灯不失为一种方便快捷的工具。为了减小造成损坏的可能，最好还是使用数字万用表来测试，这个方法更为安全，而且只需转动一下数字万用表的选择开关就可以进行电阻、电压、电流等其他项目的测试。

三、用万用表检查电路的电压降和电流

1. 测量电压降

测量电压降是一种适用范围广泛的检测方法，如在电脑的信号输入端与输出端进行检测比较，可以判断出电脑是否有故障；对传感器与开关等进行检测，可以很好地判断其是否正常；对线路也可以进行测试和检查，看其是否有故障。使用这种方法的关键是掌握所检测车

型的参数与电路图等资料。

对任何电气系统，测量电压降始终是重要的诊断方法。它常应用于汽车上的许多电路中（线路插头、电缆、开关或其他装置），这是一个在蓄电池线和蓄电池桩头、开关、插头、负载和其他接地电路查找高电阻的非常有用的测试方法，它是动态的测试。也就是说，为了完成电压降测量，必须给电路通电（例如接通点火开关，或闭合相应的开关），使电流流过电路。没有电流，电路中负载的两端就不会有电压降。测量电压降可以用下面的两种方法：

（1）步进法 步进法是检查低压系统（如计算机控制系统）电压降过大的最有效的方法。

计算机控制系统中电路工作电流很低。将电压表直接跨接在电路负载上，观察系统极性，并直接读出电压降，如图3-58所示。

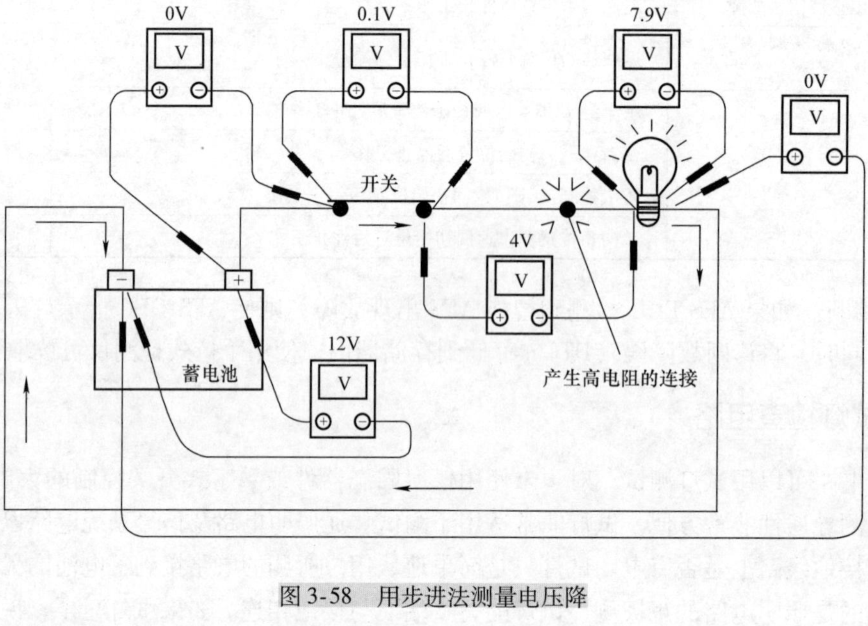

图3-58 用步进法测量电压降

（2）累积法 将电压表负极引线接到接地处，将电压表正极引线先接到电路负载的正极侧，然后再接到负极侧。第一次的读数减去第二次读数就得到这个特定电路负载两端的电压降，如图3-59所示。在图3-59中，在蓄电池与灯泡之间有一个4.1V的过大压降。

电路导线、插头和开关的最大正常电压降如下：插头0.00V、一段导线和电缆0.20V、开关0.30V、接地处或接地插头0.10V。

因此保持接地连接处的清洁以获得最小的电压降是很重要的。为了测量电路接地侧的电压降，应将电压表的负极引线直接接到蓄电池负极输出端子（负极柱）上。然后将电压表正极引线接触接地接头、端子和蓄电池接地电缆本身。总接地电压降不应超过0.10V。运用测量电压降的方法对检查“搭铁电阻过大”这类故障来说，是一种很好的检测方法。

有时，为了测量一条线路是否存在腐蚀和接触不良，可外加一负载如试灯，让试灯工作，观察试灯的亮度并进行电压降测试。

需要注意的是，电路中所有电压降的总和必须精确等于电源电压。如果测量的电路负载

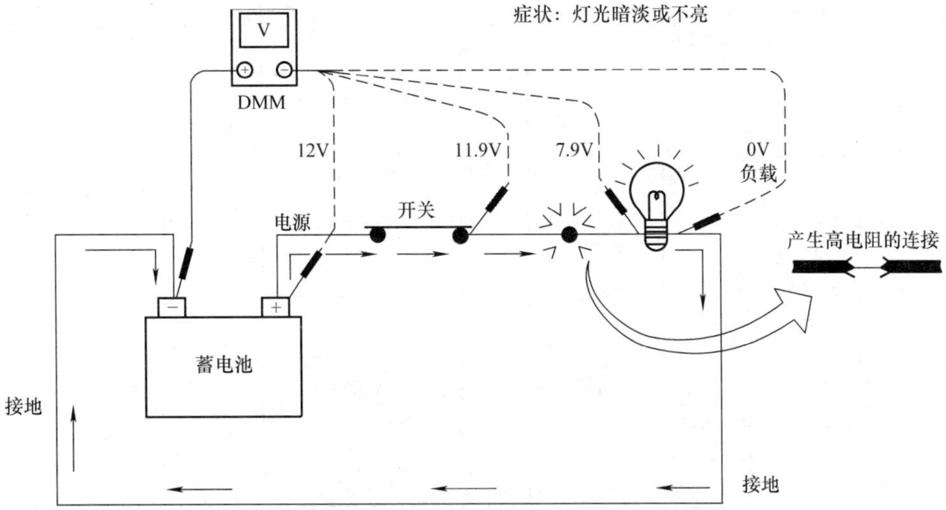

图 3-59　用累积法测量电压降

的电压降低于电源电压，表明电路中存在不希望有的电阻。通常，这就是插头和导线损坏、接地连接处有腐蚀和接触不良所引起的电阻。

2. 测量系统各电路的电流

测量系统电流常用来检查继电器和电动机的工作情况，如测量电流时，应将万用表串联在电路中合适的位置，熔断器位置可能是一个比较方便的位置，拆下熔断器，将万用表接在熔断器的位置上，使执行器工作，便可测量了。

四、用数据流分析和主动测试的方法检查故障

如果车辆的车外灯（前照灯、尾灯、前雾灯和后雾灯）由主车身 ECU 控制的话，一般均可进行数据流的读取，以确定开关信号输入是否正常，并执行继电器主动测试以判断在开关侧或继电器侧是否存在故障。在分析电脑控制的照明和信号系统电路时，可将其电路简化成一种类似图 3-60 所示的输入－输出框图，以便理解故障范围。用户可以很容易清楚哪些信号为输入信号，ECU 输出信号去控制什么。这样在读取数据流与进行主动测试时才能做到有的放矢。

如丰田车系可使用智能测试仪的 DATA LIST（数据表）功能，在不拆卸任何零件的情况下，读取开关、执行器和其他项目的数据。在故障排除过程中，先读取数据可以节省时间。

1）将智能测试仪连接到 DLC3 上。

2）将点火开关转到 ON（IG）选择主车身系统。

3）根据测试仪上的显示来读取 DATA LIST，如图 3-61 所示。

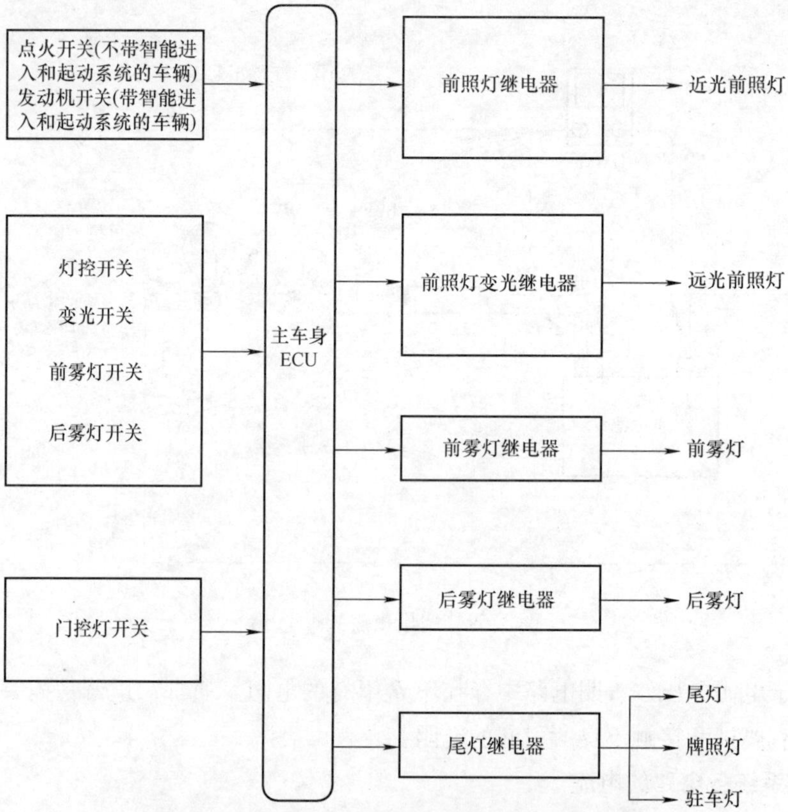

图 3-60 主车身 ECU 控制的车外灯系统输入 – 输出框图举例

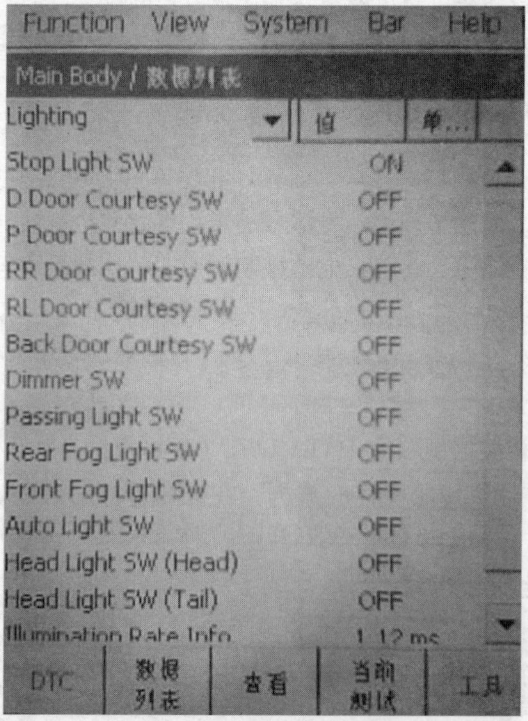

图 3-61 用丰田诊断仪读取车外灯系统的相关数据

其显示数据的含义见表 3-8。

表 3-8　丰田诊断仪读取车外灯系统数据的含义

智能测试仪显示	测量项目 / 范围	正常状态
ACC SW（ACC 开关）	点火开关 ACC 信号/ON 或 OFF	ON：点火开关在 ON（ACC）位置 OFF：点火开关在 OFF 位置
IG SW（点火开关）	点火开关 IG 信号/ON 或 OFF	ON：点火开关在 ON（IG）位置 OFF：点火开关在 OFF 位置
Stop Light SW（制动灯开关）	制动灯开关信号/ON 或 OFF	ON：踩下制动踏板 OFF：松开制动踏板
D Door Courtesy SW（D 车门控灯开关）	驾驶人侧车门控灯开关信号/ON 或 OFF	ON：驾驶人侧车门打开 OFF：驾驶人侧车门关闭
P Door Courtesy SW（P 车门控灯开关）	乘客侧车门控灯开关信号/ON 或 OFF	ON：前乘客侧车门打开 OFF：前乘客侧车门关闭
RR Door Courtesy SW（RR 车门控灯开关）	后门控灯开关 RH 信号/ON 或 OFF	ON：右后门打开 OFF：右后门关闭
RL Door Courtesy SW（RL 车门控灯开关）	后门控灯开关 LH 信号/ON 或 OFF	ON：左后门打开 OFF：左后门关闭
D－Door Lock Pos SW（D 车门锁止位置开关）	驾驶人侧车门锁止位置开关信号/ON 或 OFF	ON：驾驶人侧车门开锁 OFF：驾驶人侧车门锁止
P－Door Lock Pos SW（P 车门锁止位置开关）	乘客侧、右后或左后车门锁止位置开关信号/ON 或 OFF	ON：前乘客侧、右后或左后门开锁 OFF：前乘客侧、右后和左后车门锁止
Dimmer SW（变光器开关）	变光器开关 HIGH 信号/ON 或 OFF	ON：变光器开关在 HIGH 或 HIGH FLASH 位置 OFF：变光器开关在 LOW 位置
Passing Light SW（会车灯开关）	变光器开关 HIGH FLASH 信号/ON 或 OFF	ON：变光器开关在 HIGH FLASH 位置 OFF：变光器开关不在 HIGH FLASH 位置
Rear Fog Light SW（后雾灯开关）	后雾灯开关信号/ON 或 OFF	ON：后雾灯开关在 ON 位置 OFF：后雾灯开关在 OFF 位置
Front Fog Light SW（前雾灯开关）	前雾灯开关信号/ON 或 OFF	ON：前雾灯开关在 ON 位置 OFF：前雾灯开关在 OFF 位置
Auto Light SW（自动灯光开关）	灯光控制开关 AUTO 信号 /ON 或 OFF	ON：灯光控制开关在 AUTO 位置 OFF：灯光控制开关不在 AUTO 位置
Head Light SW（Head）（前照灯开关（Head））	灯光控制开关 HEAD 信号 / ON 或 OFF	ON：灯光控制开关在 HEAD 位置 OFF：灯光控制开关不在 HEAD 位置
Head Light SW（Tail）（前照灯开关（Tail））	灯光控制开关 TAIL 信号/ON 或 OFF	ON：灯光控制开关在 TAIL 或 HEAD 位置 OFF：灯光控制开关不在 TAIL 或 HEAD 位置
Illumination Rate Info（照度值信息）	照度值信息/0～99.99ms	0.8～22.0ms（根据环境亮度输出值）

在故障排除过程中，还可以进行主动测试，例如前照灯近光正常，变光开关置于 HIGH 位置时，左右两侧的前照灯远光都没有亮起，则执行前照灯远光继电器主动测试，如果主动测试时仍然不亮，则故障存在于继电器侧；如主动测试时能亮起，可确定故障存在于开关侧，再读取数据表中变光开关 HIGH 信号值予以确认。执行智能测试仪的主动测试可以在不拆卸任何零件的情况下运行继电器、真空电磁阀（VSV）、执行器和其他项目，所以先进行主动测试可以节省时间。主动测试过程中可显示数据表。主车身的主动测试项目如图 3-62 所示。

图 3-62　主车身的主动测试项目（丰田卡罗拉）

检测仪显示的这些项目的控制内容见表 3-9。

表 3-9　丰田检测仪显示主动测试项目的控制内容

检测仪显示	测试部位	控制范围
Front Fog Light Relay	前雾灯继电器	前雾灯继电器 ON/OFF
Rear Fog Light Relay	后雾灯继电器	后雾灯继电器 ON/OFF
Headlight Relay	前照灯继电器	近光灯继电器 ON/OFF
Headlight (Hi)	前照灯（Hi）	远光灯 ON/OFF

（续）

检测仪显示	测试部位	控制范围
Taillight relay	尾灯继电器	尾灯继电器 ON/OFF
Dimmer signal	变光器信号	变光器信号 ON/OFF
Illuminated Entry System	进入照明系统（车内灯开关在DOOR位置并且所有车门已关闭）	车内灯和点火开关钥匙筒灯等，ON/OFF

五、灯光开关的拆装、检测技巧

大多数灯光开关为装在方向盘下方转向柱左侧与转向灯开关等组合在一起的组合开关。在拆装时，有的需拆下方向盘，有的则不用拆下方向盘，可查阅维修手册确认，或者先拆下转向柱护罩后观察，也可清楚其拆装方法。

在欧洲一些车型上，车灯开关的安装位置在仪表板左侧下方，如奔驰、大众等车型。其拆装通常是很方便的。图3-63为大众宝来车车灯开关的拆卸方法。关闭点火开关及所有用电器，拔出点火钥匙；将车灯开关旋钮旋至“0”位置；按下车灯开关的旋钮（图中箭头1所示），并略微顺时针旋转（图中箭头2所示）；将旋钮保持在此位置，并握住旋钮将车灯开关从仪表板中拉出（箭头3），拉出车灯开关后再拔下其连接器即可。

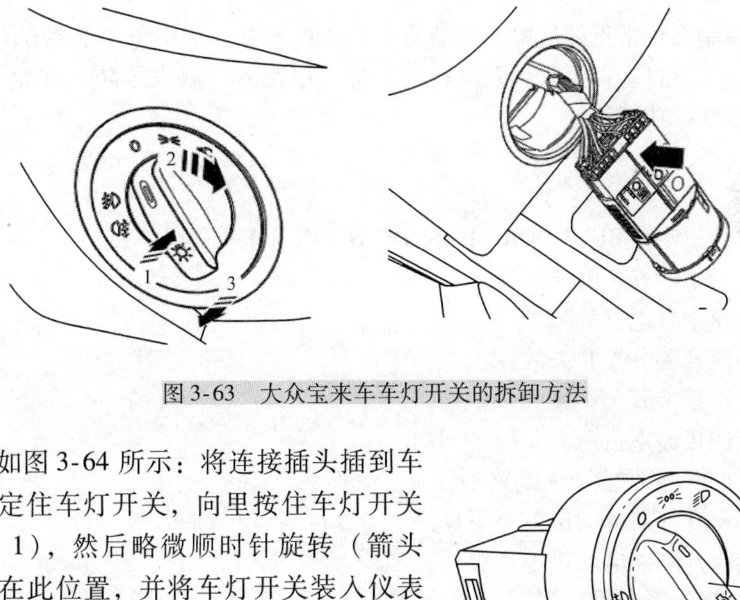

图3-63　大众宝来车车灯开关的拆卸方法

安装方法如图3-64所示：将连接插头插到车灯开关上。固定住车灯开关，向里按住车灯开关的旋钮（箭头1），然后略微顺时针旋转（箭头2）。旋钮保持在此位置，并将车灯开关装入仪表板（箭头3）。将旋钮旋至“0”位置，松开卡住开关。

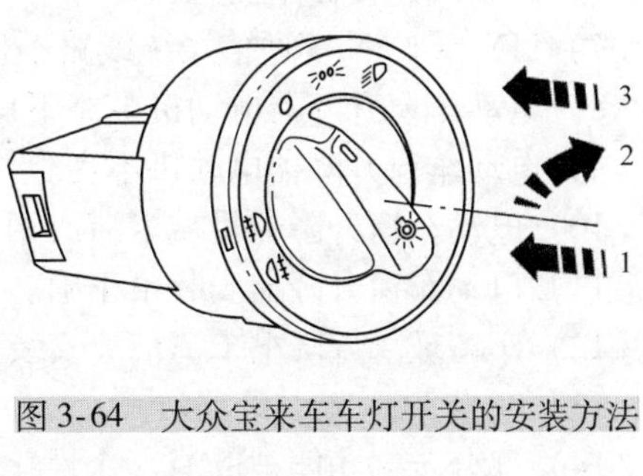

图3-64　大众宝来车车灯开关的安装方法

第四章

电动车窗控制系统故障的诊断与分析

第一节　电动车窗控制系统故障的诊断

一、故障现象

电动车窗控制系统常见的故障有：所有车窗不能升降、个别车窗不能升降、车窗不能自动上升或下降、车窗自动档上升到顶又自动下降一段距离（触发了防夹功能）、无钥匙联动功能、无发射器联动功能等。

二、故障原因

1）POWER、PWR、RR DOOR LH 和 RR DOOR RH 等熔丝不良。

2）电动车窗主控开关电路不良。

3）电动车窗主继电器故障。

4）电动车窗开关分控开关故障。

5）电动车窗锁上开关不良。

6）线束或连接器不良。

7）LIN 或 CAN 等通信系统线路不良。

8）电动车窗升降器电动机电路不良。

9）电动车窗升降器电动机不良。

10）电动车窗升降器机械卡滞或钢丝断裂。

11）电动车窗升降器安装不正确。

12）车窗玻璃升降槽未清洁、安装不正确等。

13）车身 ECU 及其线路故障。

14）部分定制功能被取消（个性化设置错误等）。

三、故障诊断与排除的一般步骤

1）如所有的车窗均不能控制，应检查系统主继电器、主保险、接地线。

2）如除驾驶人侧的车窗正常外，其他车窗均不能升降，则应检查主控开关中的锁止开关、分控开关公共电源电路部分。

3）如主控开关不能控制个别车窗的升和降，而分控开关能控制该窗的升或降（可控制升但不能控制下降、可控制降但不能控制上升），则应检查分控开关。

4）如主控开关和分控开关都只能控制某车窗的升或降（可控制升但不能控制下降、可控制降但不能控制上升），则应检查主控开关。

5）如主控开关不能控制某车窗的升或降（可控制升但不能控制下降、可控制降但不能控制上升），但分控开关正常，则应检查主控开关。

6）如分控开关不能控制某车窗的升或降（可控制升但不能控制下降、可控制降但不能控制上升），但主控开关正常，则应检查分控开关。

7）如单个车窗不能升降，则应检查电动车窗升降器电动机电路、线束或连接器等。

8）如个别车窗在升、降时有异响或明显的卡滞现象，则可能是电动车窗升降器安装不当或损坏等。如果配装是钢丝绳轮式升降器的话，则极有可能是钢丝有断股现象而导致卡死，如图4-1所示。如果在某个位置，绳轮式升降器出现电动机空转伴随异响与振动时，则可能为塑料制的蜗轮齿牙出现损坏。

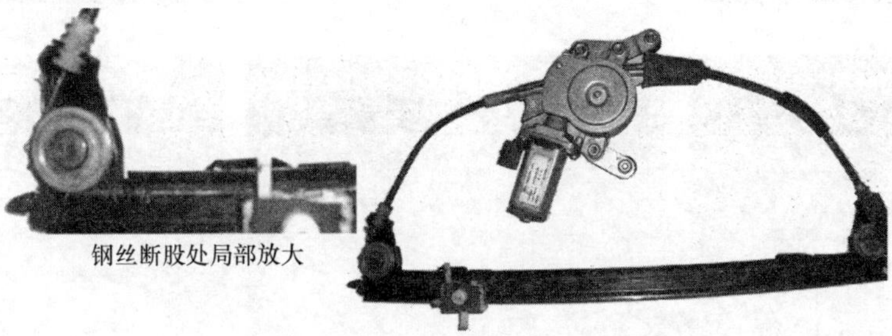

图4-1　绳轮式升降器钢丝断股

9）如果驾驶人侧车窗自动上升/下降功能不起作用，则应检查电动车窗主开关、进行电动车窗升降器电动机重置等。电动车窗升降器电动机重置的方法参见各车型的维修手册。

10）如果自动操作不能完全关闭驾驶人侧电动车窗（防夹功能被触发）的话，则应检查电动车窗升降器是否安装不正确或未进行电动车窗升降器电动机重置、车窗玻璃升降槽未清洁、安装不正确等导致的玻璃上升阻力过大。电动车窗升降器安装不或电动车窗升降器电动机重置的方法参见各车型的维修手册。

11）如电动车窗控制系统采用多路通信系统，则一般应先使用诊断仪进行数据流的读取。图4-2所示为丰田IT－Ⅱ诊断仪显示的丰田卡罗拉轿车的数据流。使用时，应一边操作控制开关，一边观察数据是否变化。

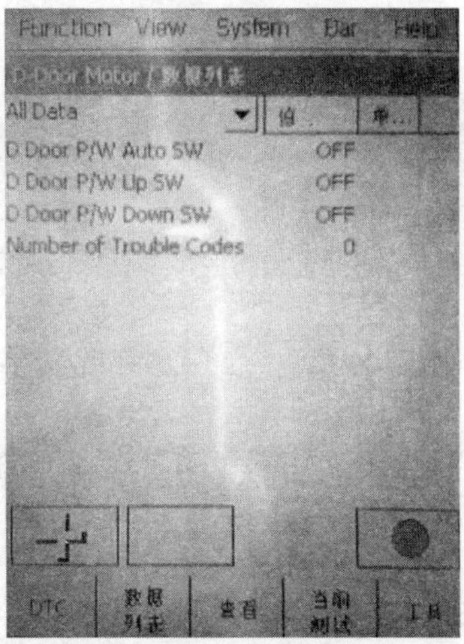

图4-2　丰田IT－Ⅱ诊断仪显示的丰田卡罗拉轿车数据流

12）如果使用遥控器（发射器）遥控上升/

下降功能不起作用时，应使用诊断仪的定制功能检查定制项目是否被取消等。如丰田车，可按图 4-3 所示，进入主车身电控系统，选择“工具”→“定制”→“Power Window”，观察“发射器使电动窗上升/下降”的当前设置是否为 ON，如为 OFF，则应将其改为 ON。

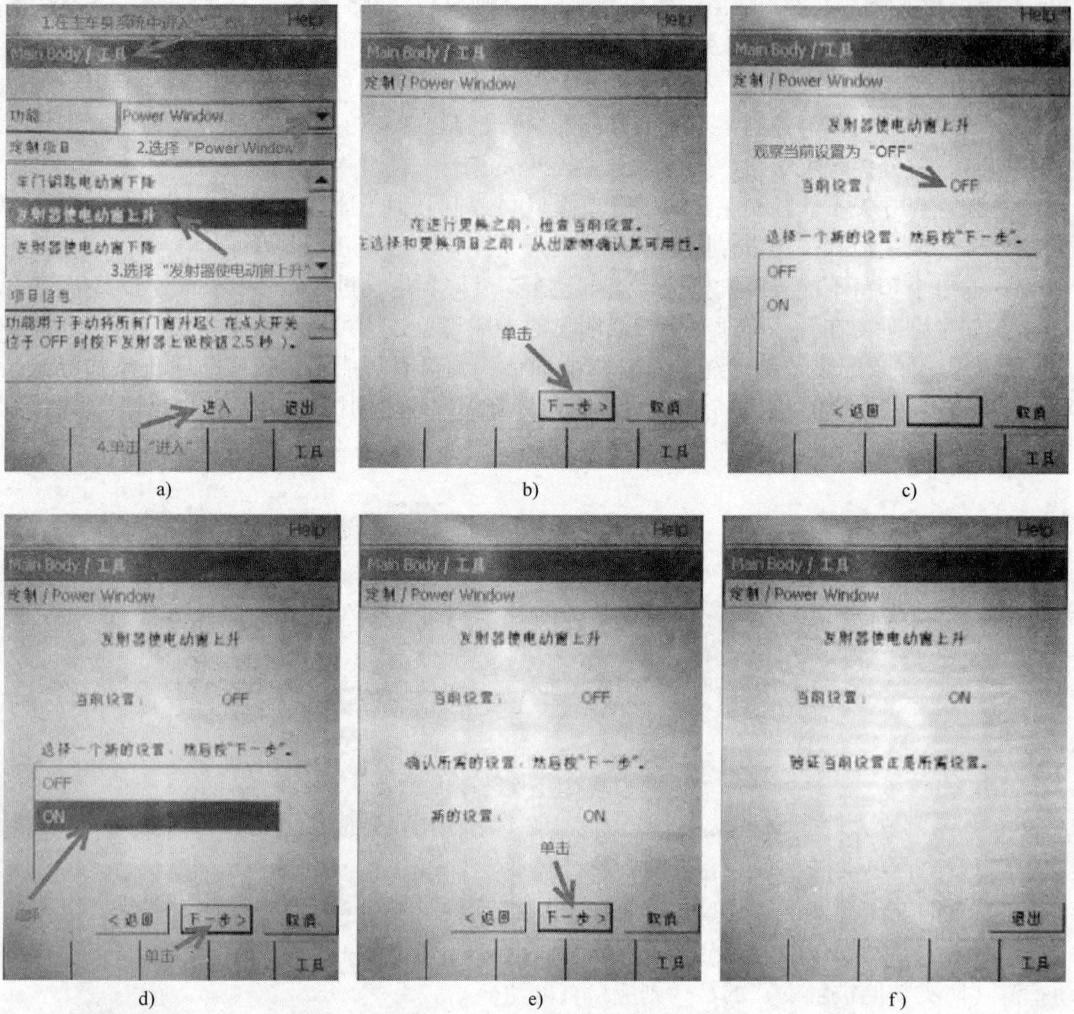

图 4-3 使用丰田诊断仪的定制功能定制“发射器使电动窗上升/下降”功能举例

同理也可定制“车门钥匙电动车窗上升/下降”功能。

第二节 电动车窗控制系统故障诊断、排除的相关要点

一、电动车窗玻璃升降器结构

电动车窗玻璃升降器的作用是把电动车窗电动机的旋转运动转换为车窗玻璃的上下运动，以便打开和关闭车窗。

目前常用的玻璃升降器有臂式传动和钢丝绳传动（或尼龙带传动）两种结构形式。

按臂式传动玻璃升降器的结构分为单臂式和双臂式两种，而双臂式又分为交叉臂式（X臂）和平行臂式两种。

采用臂式传动玻璃升降器的车型，其两前车门门窗玻璃升降器多采用交叉臂式（X臂）玻璃升降器，车窗由车窗玻璃升降器提升臂支持，它用X臂支持，车窗玻璃升降器均衡器臂与其相连。车窗用X臂高度的改变来打开和关闭。两后车门门窗玻璃升降器多采用单臂式玻璃升降器。

图4-4所示为电动交叉臂式玻璃升降器，其传动路线为电动机→蜗杆→蜗轮→小齿轮→扇形齿轮→升降臂→玻璃安装槽板→玻璃升降运动。图中所示的电动机通过蜗杆蜗轮机构、齿轮齿扇带动车窗玻璃升降，齿轮与扇形齿板啮合，盘形弹簧随着门窗玻璃下降被绕紧，举升时放松，其释放出的弹力起到举升的作用。因此，增设弹簧可以减少电动机所需的电流。

图4-4　电动交叉臂式玻璃升降器

图4-5所示为电动钢丝绳轮式玻璃升降器，传动路线为电动机→减速器→钢丝绳卷筒→钢丝绳→玻璃托架→玻璃升降运动。

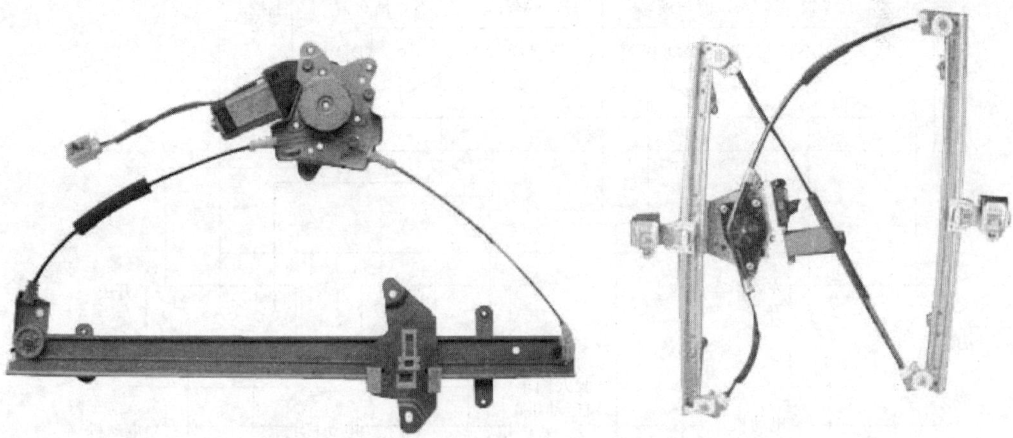

图4-5　电动钢丝绳轮式玻璃升降器

二、电动车窗控制系统电路分析

1. 最简单的电动车窗控制系统

电动车窗系统通常由下列部件组成：主控开关、分控开关、各个门窗的驱动电动机。电动机或通过钢丝绳，或通过齿轮齿扇带动门窗升降机构。

最简单的电动车窗控制系统电路如图 4-6 所示。主控开关对电动车窗系统进行控制。电源由主控开关分至各个分控开关，主控开关也许还有一个阻止分控开关升降的锁止开关。当断开锁止开关时，便切断分控开关电路，此时，只能用主控开关升降各个车窗了。也有的窗锁开关断开后，主控开关也只能控制左前门（驾驶人侧）车窗了。

电动车窗系统的电路根据所用电动机而有所不同。大多数永磁式电动机本身是不直接接地的，而要经过主控开关接地。

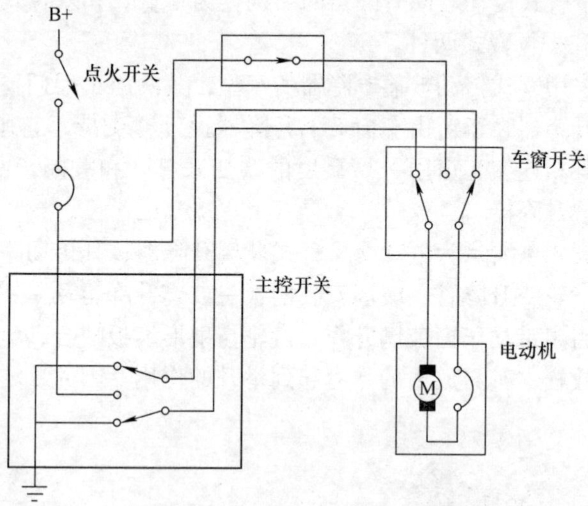

图 4-6 最简单的电动车窗控制系统电路

如图 4-7 所示，当左、后车窗主控开关拨到 UP 时，其电流流向为：蓄电池正极→点火开关电路断电器→右、后车窗主控开关动触点→右、后车窗分控开关动触点→电动机→后车窗分控开关另一动触点→左、后车窗主控开关另一动触点→接地。

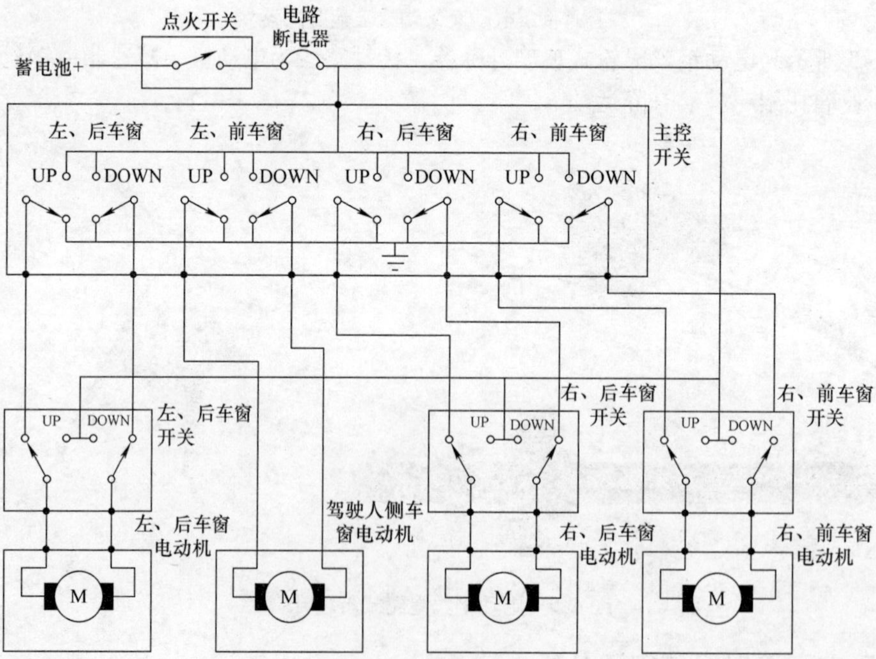

图 4-7 简单的电动车窗控制系统电路举例

2. 驾驶人侧主开关具有单触操作功能的简单控制电路

图 4-8 所示的电动车窗控制电路中，驾驶人侧车窗具有自动上升和下降功能，一般称单触操作功能。驾驶人侧主开关的剖面结构及工作说明如图 4-9 所示。目前，这种开关已很少使用。

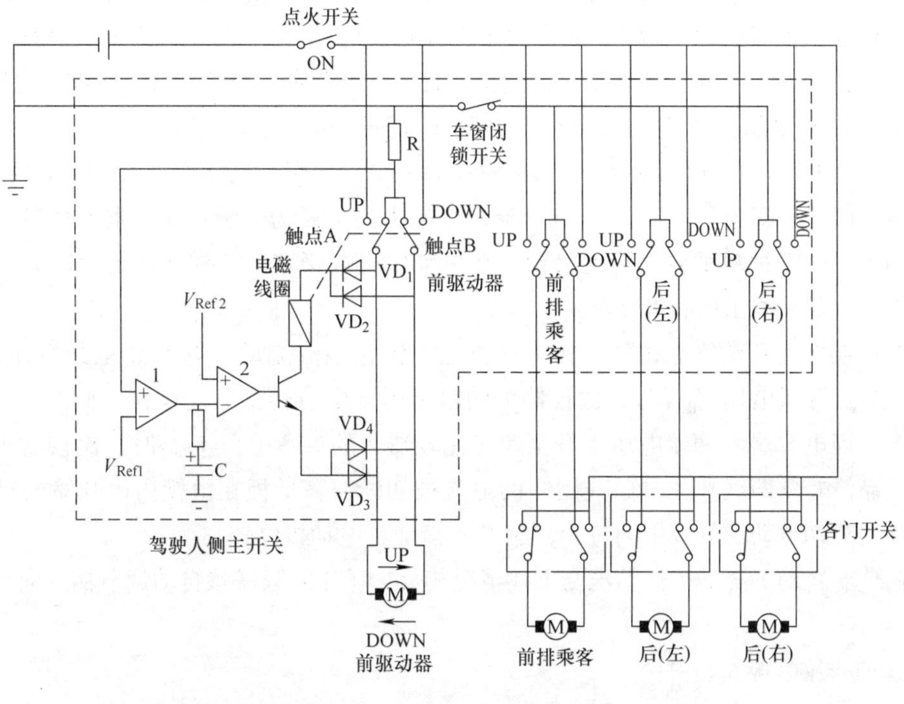

图 4-8　驾驶人侧主开关具有单触操作功能的简单控制电路

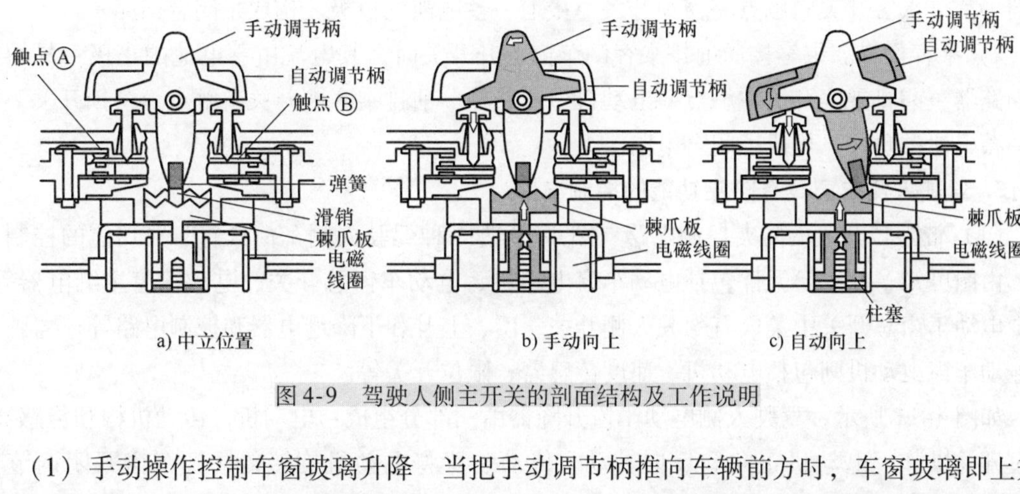

图 4-9　驾驶人侧主开关的剖面结构及工作说明

（1）手动操作控制车窗玻璃升降　当把手动调节柄推向车辆前方时，车窗玻璃即上升。此时，触点 A 与 “UP”（向上）触点相连，触点 B 处于原来状态，电动机按 “UP” 箭头方向通过电流，车窗玻璃上升且关闭；当把手离开调节柄时，利用其开关自身的回复力，此时开关回到中间位置。若把手动调节柄推向车辆后方，触点 A 保持原位不动；而触点 B 则与“DOWN”（向下）侧相接，电机所通过的电流按“DOWN”箭头所示的方向流动，电机反转，以实现车窗玻璃向下移动，直至下降到底。

（2）自动控制车窗玻璃升降 当把自动旋钮压向车辆前方时，触点 A 与“UP”侧相接，电动机按“UP”箭头方向通过电流，车窗玻璃上升且关闭；与此同时，电阻 R 上电压降低，此电压加于比较器 1 的一端，它与参考电压 V_{Ref1} 进行比较。V_{Ref1} 的电压值设定为相当于电动机锁止电流值约为 15A，通常为比较器 1 的低电位端（“ - ”端）；而比较器 2 的参考电压 V_{Ref2} 通常设定为小于比较器 1 的输出，且为高电位端（“ + ”端）。所以，比较器 2 的输出为高电位，使晶体管正偏而导通，电磁线圈通过较大的电流，其路径为：蓄电池的“ + ”→点火开关→“UP”触点 A→二极管 VD1→电磁线圈→晶体管→二极管 VD4、触点 B→电阻 R→接地（蓄电池“ - ”）。此电流产生较大的电磁力，吸引驱动器开关的柱塞，使棘爪板向上升，越过棘爪板凸缘的滑锁，在原来位置被锁定，这样即使把手离开自动调节柄，开关仍会保持原来的状态。

当车窗玻璃上升至终点位置，在电动机上有锁止电流流动，电阻 R 上的电压降增大，当此电压超过参考电压 V_{Ref1} 时，比较器 1 的输出由低电位转变为高电位，此时，电容器 C 开始充电，当电容器 C 两端电压上升至超过比较器 2 的参考电压 V_{Ref2} 时，比较器 2 则输出低电位，晶体管立即截止，电磁线圈中的电流被切断，棘爪板在滑锁内由弹簧的反力被压下，自动调节柄自动回复到中间位置，触点 A 接地，电动机停转。

车窗玻璃自动下降的工作情况与上述情况相反，操作时只需将自动调节柄压向车辆后方即可。

（3）前排乘客侧车窗升降

1）驾驶人操纵。当驾驶人按下主开关相应的前排乘客侧车窗上升开关时，其电流由蓄电池的正极→易熔线→断路器→主继电器→主开关→ 前排乘客侧开关左触点→电动机→断路器→前排乘客开关右触点→窗锁开关→接地→蓄电池的负极，构成了闭合回路。

2）乘客操纵。乘客接通前排乘客侧车窗上升开关时，其电流由蓄电池的正极→易熔线→断路器→前排乘客开关左触点→电动机→断路器→前排乘客侧开关右触点→窗锁开关→接地→蓄电池的负极，构成了闭合电路。

3. 驾驶人侧车窗具有防夹功能的控制电路

（1）带限位开关的防夹控制电路 图 4-10 为一种驾驶人侧车窗具有防夹功能的控制电路，由图可知，其主要元件包括电动车窗电动机、电动车窗总开关、电动车窗主继电器等，其中电动车窗总开关中集成有驾驶人侧开关、IC、上升和下降继电器和控制电路等；驾驶人侧电动车窗电动机则包括电动机、速度传感器、限位开关等。

如图 4-11 所示，驾驶人侧电动车窗升降器由三部分组成：电动机、传动机构和传感器。通过开关操作，电动机正向和反向转动。传动装置将电动机旋转传输到车窗开闭调节器（车窗玻璃升降器）。传感器由用于控制防夹功能的限位开关和速度传感器组成。

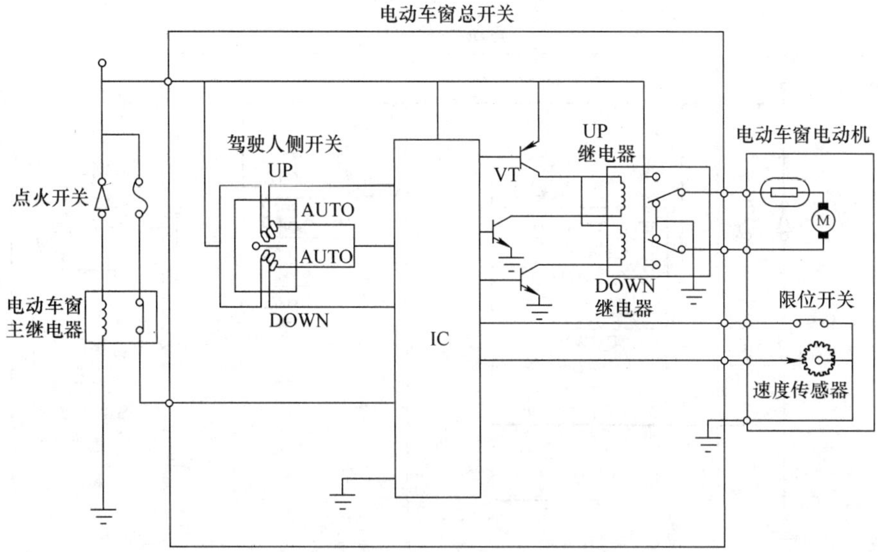

图 4-10　带限位开关的驾驶人侧车窗防夹控制电路

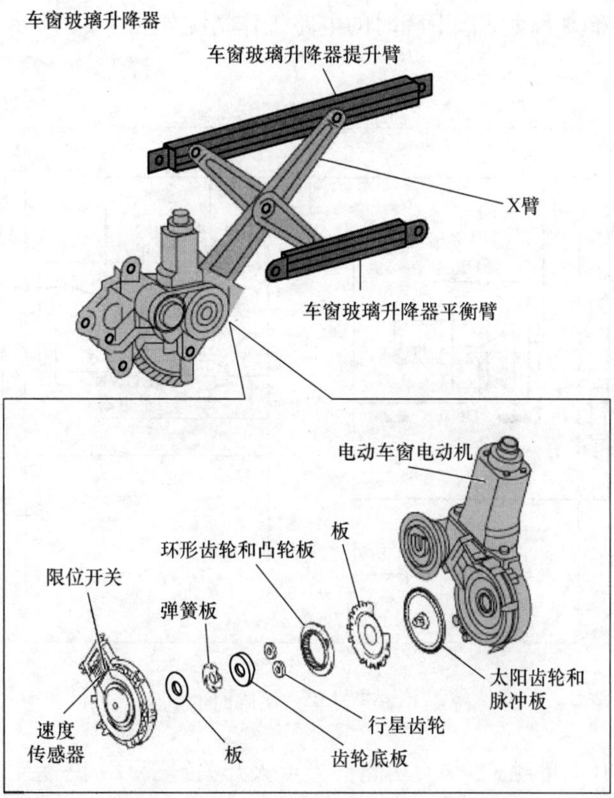

图 4-11　带限位开关具有防夹功能的驾驶人侧电动车窗升降器的结构

1）手动操作上升。手动操作上升时的电路工作情况如图 4-12 所示。

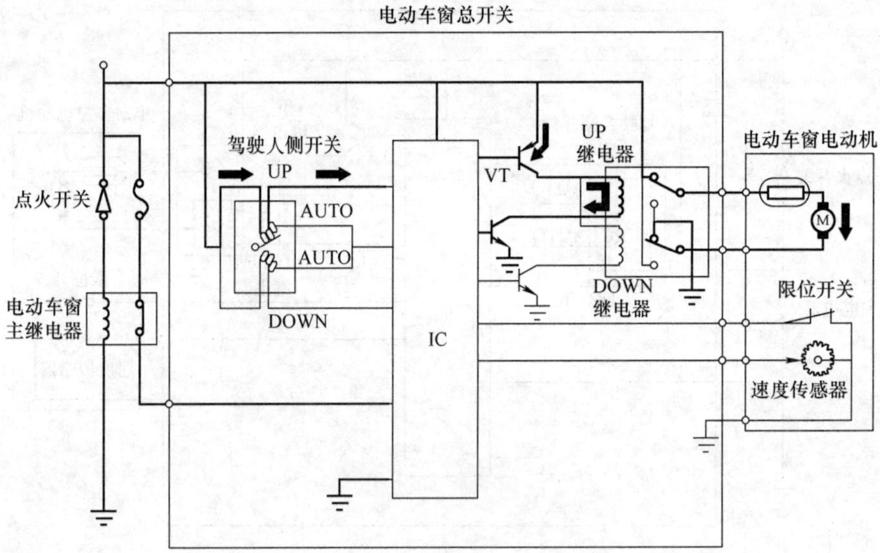

图 4-12 手动操作上升时的电路工作情况

2）手动操作下降。手动操作下降时的电路工作情况如图 4-13 所示。

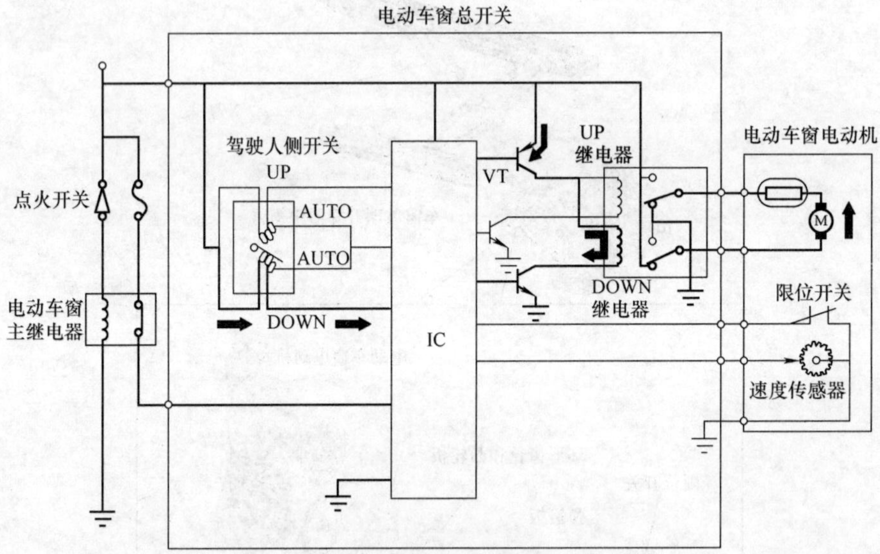

图 4-13 手动操作下降时的电路

3）单触自动上升。单触式开/关功能：当点火开关置于 ON 位置且驾驶人的电动车窗开关被拉到底时，一个自动 UP 信号被输入 IC。因为 IC 有定时器电路并且当自动 UP 信号被输入时，此定时器电路将保持 ON 的情况最多 10s，所以即使在开关被松开后，电动机也继续转动。如果驾驶人侧车窗完全关闭并且 IC 检测到来自电动车窗电动机的速度传感器和限位开关的电动机锁止信号，或者定时电路关闭，电动车窗电动机停止转动。自动关闭操作可以通过把驾驶人侧电动车窗开关往打开方向按一下来终止。

单触自动上升时的电路工作情况如图 4-14 所示。

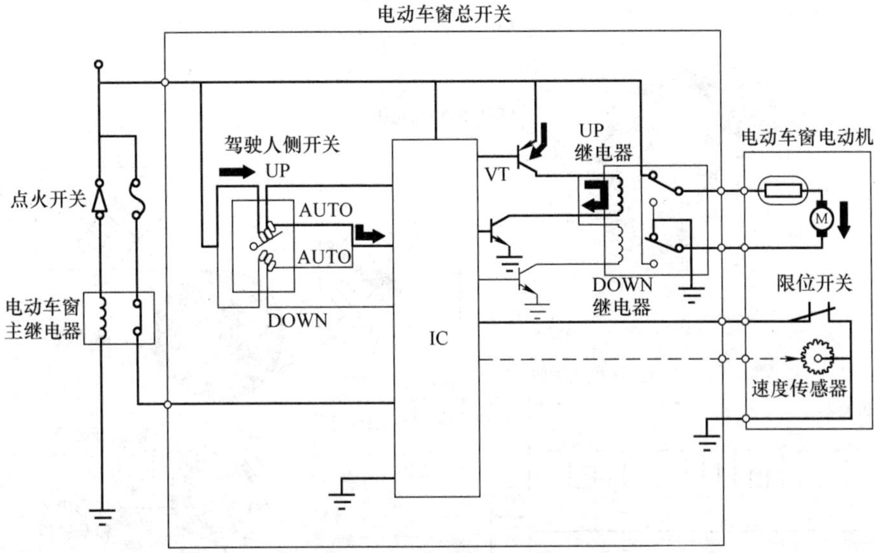

图 4-14　单触自动上升时的电路工作情况

4）单触自动下降。单触自动下降时的电路工作情况如图 4-15 所示。

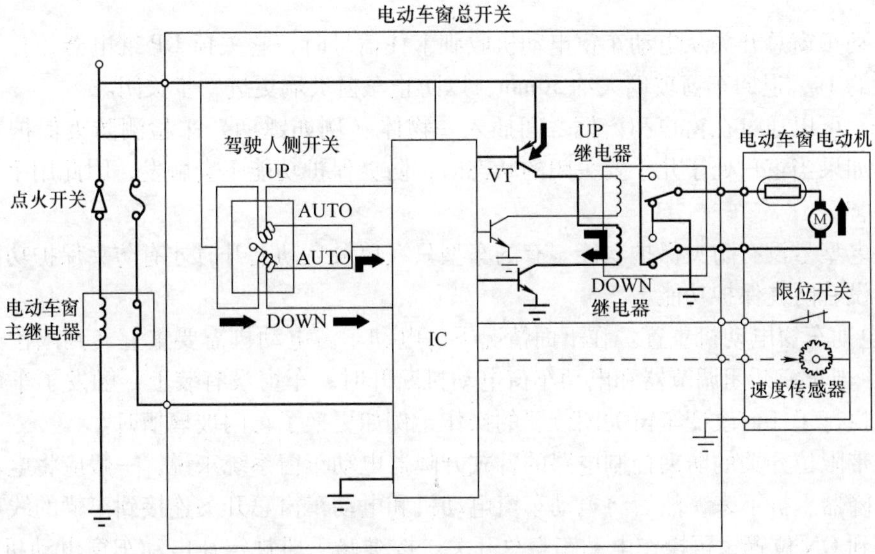

图 4-15　单触自动下降时的电路工作情况

5）防夹功能。带限位开关和速度传感器的车窗电动机结构如图 4-16 所示。防夹功能是通过电动车窗电动机中的限位开关和速度传感器这两个元件检测窗户是否被卡住。速度传感器根据电动机转速发出一个脉冲信号。从脉冲波长的变化（速度变化）可以检测出车窗是否卡住。限位开关根据齿圈的空段来判别是卡住情况下的脉冲信号波长改变，还是车窗已经完全关闭情况下的脉冲信号波长改变。

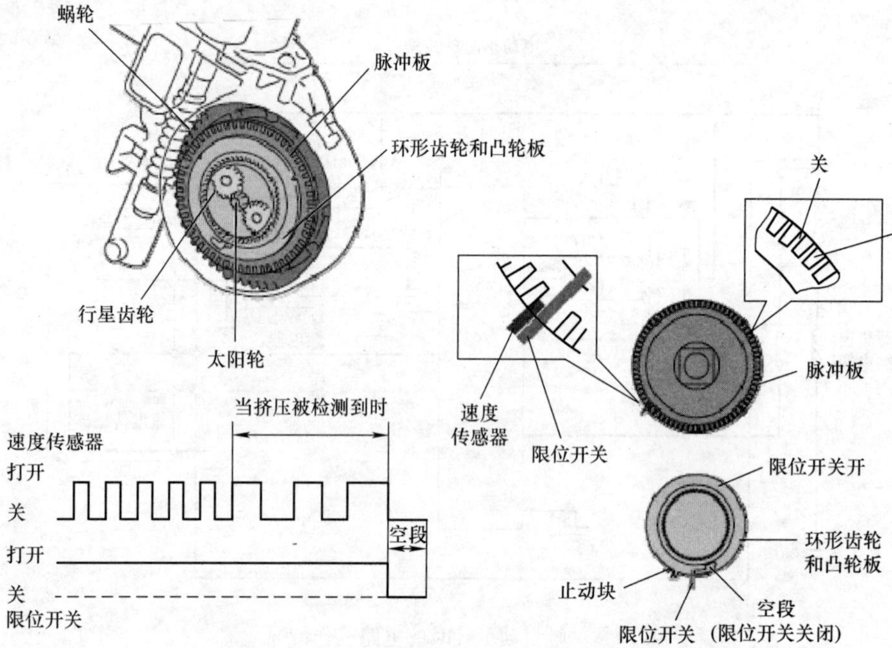

图 4-16 带限位开关和速度传感器的车窗电动机结构

当电动车窗总开关从电动车窗电动机收到卡住信号时，它关掉 UP 继电器，打开 DOWN 继电器大约 1s，退回车窗玻璃大约 50mm，以防止车窗玻璃更进一步关闭。

警告：可以通过在窗户和窗框之间插入一物体（例如锤柄）来检测防夹保护功能的运行。因为如果当窗户处于几乎要关闭的状态时，防夹保护功能不会触发，因此用手试验可能会引起伤害。

有些老型号没有防夹保护功能。有的车型只在单触自动上升时才有防夹保护功能，在手动上升时没有防夹保护功能。

6）电动车窗电动机重置。在下面情况下，电动车窗电动机需要重置（到限位开关的初始位置）：当车窗开闭调节器和电动车窗电动机断开时；车窗没有装上，触发了车窗开闭调节器时；执行了任何改变车窗关闭位置的操作，例如更换了车门玻璃槽时。

对于带限位开关的防夹控制电路的臂式升降器电动车窗系统来说，一般应将电动车窗电动机从升降器上拆下来，然后将电动车窗电动机和电动车窗总开关连接到车辆的线束，将点火开关旋到 ON 位置，再操作电动车窗总开关。按维修手册规定让电动车窗电动机在 UP 方向工作一段时间，如丰田花冠车规定让电动车窗电动机在 UP 方向空转 4s 以上（旋转 6 ~ 10 圈），如图 4-17 所示。最后再把车窗电动机装到升降器的规定位置上。

提示：重置过程应参考修理手册，因为步骤因车型不同而有异。

7）点火钥匙断开操作功能（图 4-18）。点火钥匙断开操作功能根据门锁控制系统控制电动车窗主继电器的操作。

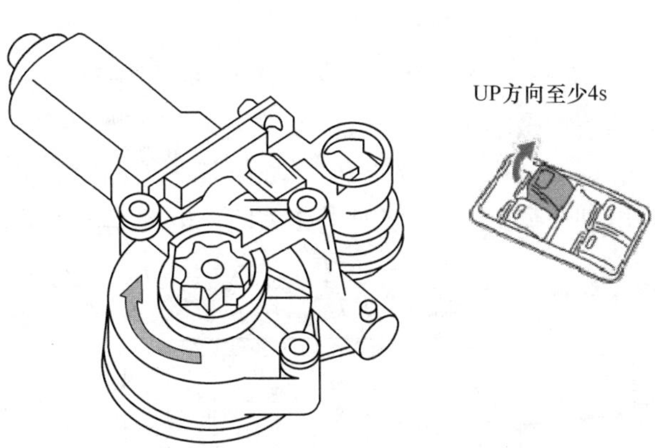

图 4-17　按维修手册规定重新设置电动车窗电动机

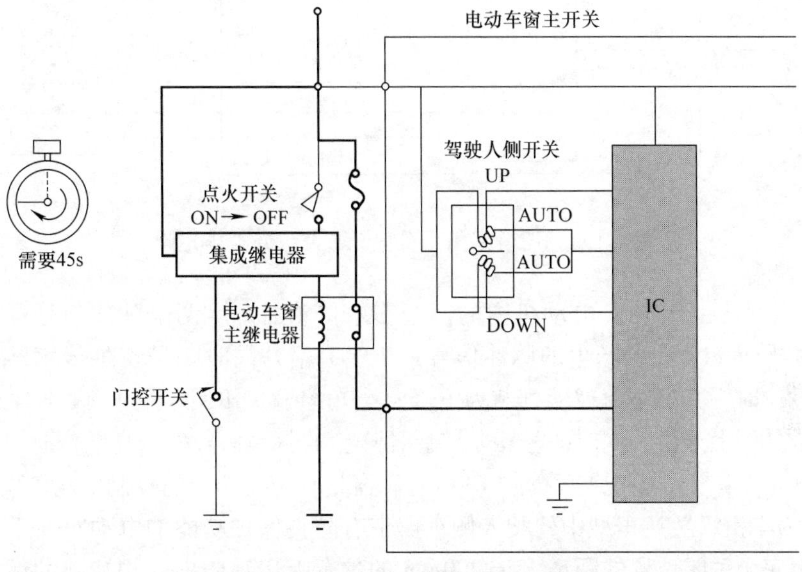

图 4-18　电动车窗的点火钥匙断开操作功能

当点火开关从 ON 位置旋到 ACC 或 LOCK 位置时，组合继电器检测到此变化，触发定时电路并保持电动车窗主继电器接通大约 45s。

当组合继电器根据来自门控开关的信号检测到车门打开时，继电器关掉电动车窗主继电器。

提示：有些车型在电动车窗总开关中有定时器电路，它控制点火钥匙断开操作电动车窗功能。

（2）不带限位开关的防夹控制电路　这种电动车窗系统由车窗电动机和两个霍尔 IC 传感器组成。当车窗玻璃向上移动时，霍尔 IC 传感器监测它的工作情况；如果遇到有异物卡在窗内，车窗玻璃控制单元根据接收到的信号判定此时车窗玻璃所处位置并不是车窗玻璃已上升到顶的位置时，那么，这种电动车窗系统的防夹功能启动，将自动停止车窗玻璃上升，同时电动车窗将向下移动大约50mm。

如图4-19所示，当点火开关置于ON位置，且电动车窗开关被拉到UP档或AUTO档时，一个车窗玻璃上升的信号被输入IC。因为IC有定时器电路且当车窗玻璃上升信号被输入时，此定时器电路将保持ON的情况最多10s，如果驾驶人侧车窗完全关闭，并且霍尔IC传感器输入转速信号到电动车窗IC时，定时电路关闭，电动车窗电动机停止转动。

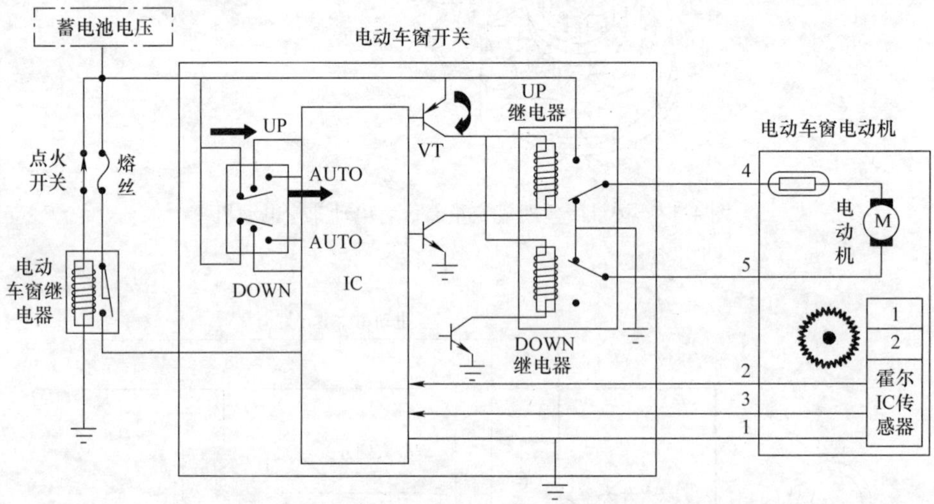

图4-19 不带限位开关的电动车窗防夹控制电路

当电动窗电动机工作时，电动机内的两个霍尔传感器产生两个脉冲信号：当车窗开关IC识别到当1号霍尔传感器产生的脉冲信号处于上升沿，同时2号霍尔传感器产生的脉冲信号处于低电位时，其将车窗玻璃判断为下降；当车窗开关IC识别到当1号霍尔传感器产生的脉冲信号处于上升沿，同时2号霍尔传感器产生的脉冲信号处于高电位时，其将车窗玻璃判断为上升。具体工作情况与后述“4. 所有车窗具有防夹功能的控制电路”类似。

图4-20为丰田汉兰达车型中驾驶人侧车窗带有防夹保护功能的电动车窗系统电路示意图。当车窗距完全关闭位置的距离大于200mm的位置上启动防夹保护功能的话，电动车窗在此位置上下降大约50mm或下降约1s时间；如当车窗距完全关闭位置的距离小于200mm的位置上启动了防夹保护功能的话，电动车窗在此位置上下降大约200mm或下降约5s时间。

4. 所有车窗具有防夹功能的控制电路

以2009款丰田锐志轿车的电动车窗系统为例，该车所有座位的车门玻璃均具有防夹机构和点火钥匙断开操作功能，并且所有车型标配有单触式自动电动车窗。另外，防夹机构不仅在自动上升操作时，即便是在手动上升操作时也起作用。和以往一样，各自在前门采用X臂式车窗调节器，后门采用单臂式车窗调节器。和以往一样，各座位上车窗玻璃的主控是利用嵌入式MPX车身1号ECU的车身多路通信系统（单方向多路通信）来进行的，这就较少了线束的使用。系统控制中通过脉冲传感器（霍尔IC）来检测必需的车窗玻璃位置/移动方向，以求系统的简化。另外，在实施检查、调整之后的情况下有必要进行初始化操作。

（1）电动车窗控制系统的组成部件　电动车窗控制系统各组成部件的分布如图4-21

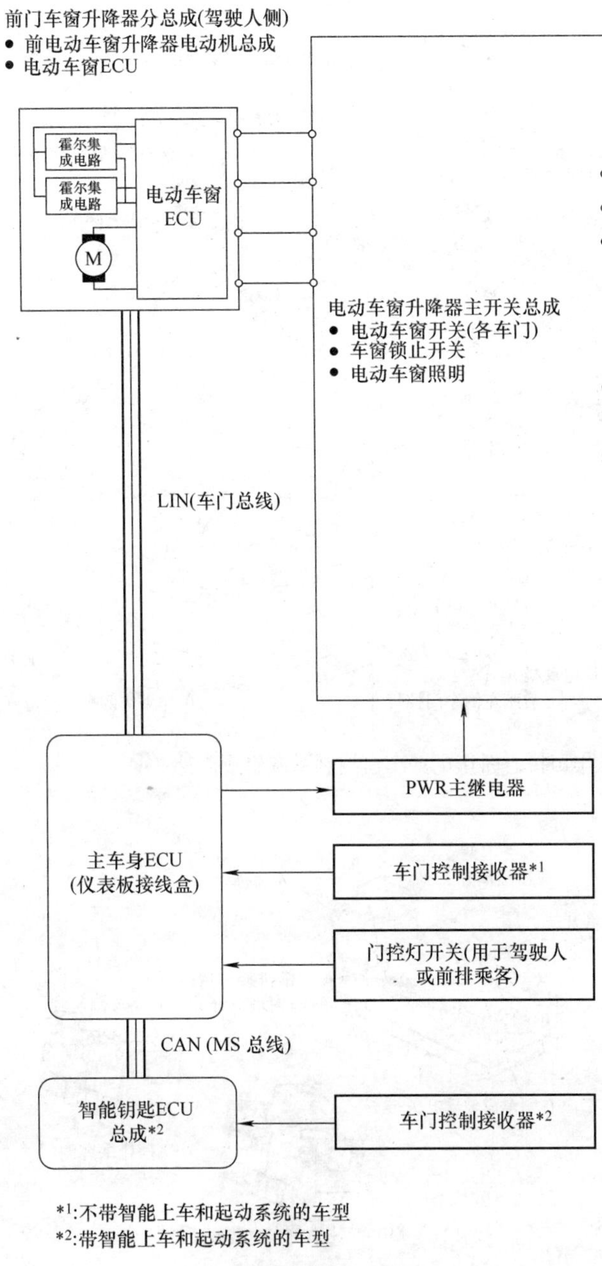

图 4-20　丰田汉兰达电动车窗系统电路示意图

所示。

各个座位上的车窗玻璃开关外形如图 4-22 所示，这些开关实际上还是 MPX 多路通信网络系统的节点，故被分别叫作 MPX 总开关、MPX 前排乘客侧车窗玻璃开关、MPX 后座右侧车窗玻璃开关、MPX 后座左侧车窗玻璃开关。

电动车窗控制系统主要组成部件的功能见表 4-1。

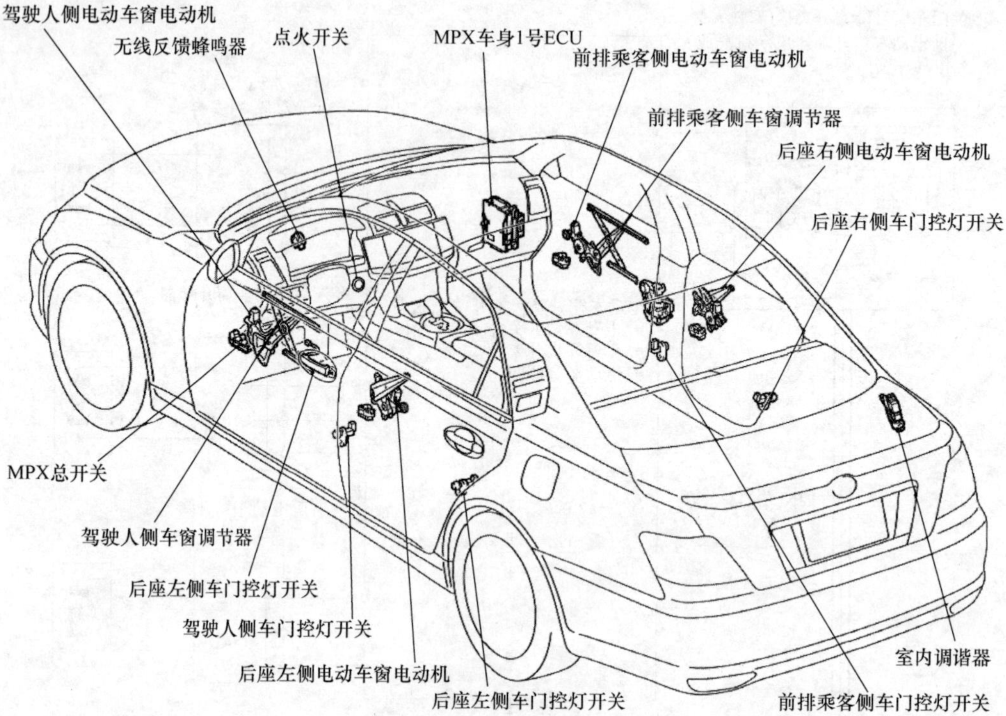

图 4-21 2009 款丰田锐志轿车电动车窗控制系统组成部件

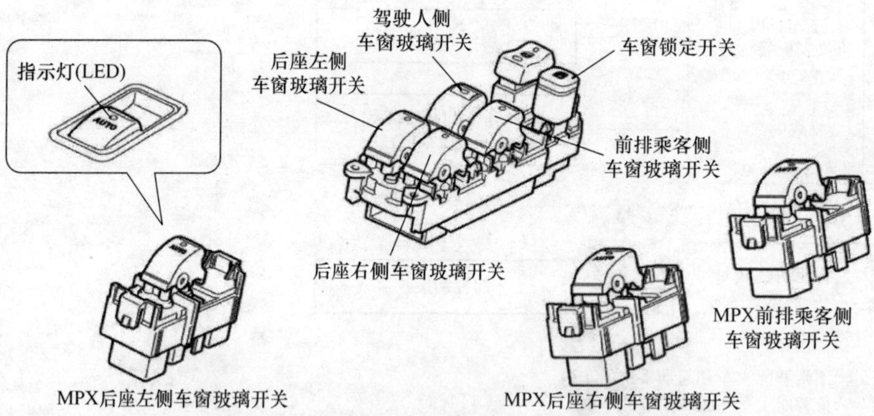

图 4-22 2009 款丰田锐志轿车电动车窗控制开关

表 4-1 电动车窗控制系统主要组成部件的功能

组成部件	主要功能
车窗调节器	通过各个座位上的电动车窗电动机的正转/反转，车门玻璃就能上升/下降
电动车窗电动机	通过正转/反转，就能驱动各个座位上的车窗调节器 脉冲信号输出到 MPX 总开关、MPX 各个座位的车门玻璃开关上

（续）

组成部件	主要功能
MPX 总开关	进行电动车窗系统的主控 通过内置继电器，驱动驾驶人侧电动车窗电动机 各个座位上的车门玻璃的电动车窗遥控信号通过双向车身多路通信发送到 MPX 车身 1 号 ECU 检测车窗锁定开关的状态信号，通过双向多路通信发送到 MPX 车身 1 号 ECU 从驾驶人侧 J/B ECU 接收无线电动车窗控制信号 判定驾驶人侧车窗玻璃夹物
MPX 车身 1 号 ECU［驾驶人侧 J/B ECU］	钥匙开锁提醒开关、驾驶人侧车门控灯开关等的状态信号通过双向车身多路通信发送到 MPX 总开关 接收从智能接收器发出的信号，通过双向车身多路通信把无线电动车窗信号发送到 MPX 总开关
MPX 前排乘客、后座右侧、后座左侧车门玻璃开关	通过内置继电器，驱动各个座位上的电动车窗电动机 判定各个座位上的车窗玻璃是否夹物
点火开关	检测点火开关的状态（IG ON/IG OFF），输出到 MPX 总开关等
门控灯开关	检测出各座位车门的开闭状态（车门开：ON，车门关：OFF），传输到驾驶人侧 J/B ECU。点火钥匙断开操作判定条件
驾驶人侧门锁总成	检测内置的门锁控制开关（用于钥匙联动）以及驾驶人侧门锁位置开关的状态（闭锁时：OFF，开锁时：ON），输出到 MPX 总开关
室内调谐器	接收、判断从智能钥匙发出的微弱电波（识别码），如果识别为本车码，便把各种操作信号发送到认证 ECU 中
钥匙	向室内调谐器发出微弱的电波（识别码）

（2）电动车窗的初始化操作　该系统将会通过电动机的旋转，由脉冲传感器读取车窗玻璃的位置，按照这一信息控制各种功能。

在检查和调试后，重新连接上蓄电池，或是中断电动车窗的连接的时候，因为系统所记忆的车窗玻璃的位置信息丢失，有必要通过初始化操作向系统“学习”车窗玻璃位置。

需要注意的是，在现在的车窗玻璃位置无法向系统“学习”的情况下，防夹机构等一部分的功能将不起作用。

初始化操作需要使车窗玻璃开度大于 1/4 以上进行，不到 1/4 开度时，先下降至大于 1/4 开度，如图 4-23 所示。

初始化操作需要对各个座位上的车窗玻璃进行操作。通过遥控操作无法进行初始化。

打开点火开关，各个座位的车窗玻璃开关保持在自动上升状态。在车窗玻璃关闭后，保持开关自动上升状态大约 1s，系统就把车窗玻璃全闭状态作为基准位置（起始点 0）进行记忆。

在初始化之后，一定要进行电动车窗系统功能的检查。关于初始化操作以及功能检查的详细内容可参考修理手册。

（3）电动车窗的主要功能

1）手动上升和下降功能。打开点火开关，在把车窗玻璃开关置于上升侧（拉）或者下降侧（按）的一段操作过程中，该车窗玻璃就进行上升或者下降操作。

MPX 总开关的各个座位上的车窗玻璃所用的开关也进行同样的操作，可以从驾驶人侧

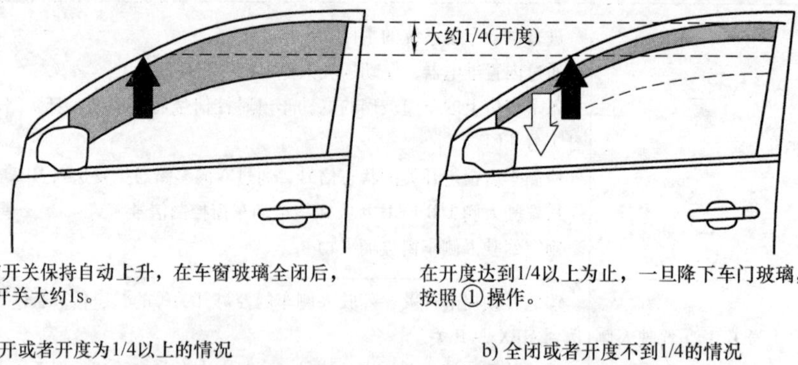

图 4-23 2009 款丰田锐志轿车电动车窗的初始化操作

座椅遥控各个座位车窗玻璃的手动操作。

另外，不管是哪个操作，只要手离开开关，车窗玻璃就停止在那个位置。

2）单触式自动上升和下降功能。打开点火开关，在把车窗玻璃开关置于上升侧（拉）或者下降侧（按）的两段操作过程中，该车窗玻璃就自动地以到全闭位置或者全开位置为止，进行自动上升或者自动下降操作。

MPX 总开关的各个座位上的车窗玻璃所用的开关也进行同样的操作，可以从驾驶人侧座椅遥控各个座位车窗玻璃的自动操作。

任何的自动操作，只要在操作方向的反方向对该开关进行一段操作，该自动操作就被中断。

3）电动车窗防夹功能。在手动上升或者是自动上升操作中，只要玻璃夹住了异物，车门玻璃就会自动地下降约 50mm（或者大约 1s）。车窗玻璃在下降操作的时候，在下降 50mm 之前车窗玻璃就处于全开位置的情况下，这时候就停止操作，这时，车窗玻璃的打开量还未达到约 200mm 的情况下，就进行打开量为 200mm（或者大约 5s）的下降操作。

取消防夹机构的操作：防夹机构的误动作可能导致车窗玻璃在上升过程中自动停止上升然后自动下降一定距离，从而导致车窗不能完全关闭，此时可通过上升按钮进行该车窗玻璃开关的自动上升操作，且持续操作 10s 以上，就能取消防夹机构的操作。

4）电动车窗点火钥匙断开操作功能。从 IG ON→IG OFF 开始大约 45s 或者驾驶人侧座位车门从开→闭之间，所有的座位的车窗玻璃都能进行电动车窗的操作。

另外，在自动操作中过了 45s 或者驾驶人侧座位车门由开→闭的情况下，操作持续到自动操作结束（此时的操作过程中同样具备防夹功能）。

5）车门钥匙联动车窗玻璃上升和下降功能。

所有车门都关闭时，将钥匙片插入驾驶室车门钥匙筒中，向闭锁一方或者开锁一方连续转动约 1.5s 以上，所有座位上的车窗玻璃就能进行上升或者下降操作。另外，在操作中把钥匙扳回复到中立位置，就能停止操作。此时的操作过程中同样具备防夹功能。

车门钥匙联动车窗玻璃上升和下降功能能通过诊断工具对应定制功能。

注：对于配备天窗的车型，天窗玻璃滑动打开/倾斜上升或滑动闭合/倾斜下降，同所有

车窗玻璃的上升或者下降操作相联动。

6）发射器联动车窗玻璃上升和下降功能。所有车门都关闭时，连续按钥匙的上锁键或者开锁键3s，所有座位的车窗玻璃都开始进行上升或者下降操作（上锁键：上升，开锁键：下降），无线反馈蜂鸣器鸣响（反馈）。另外，发射器联动操作在按着按钮的时候持续进行，一旦手从按钮上离开便停止。此时的操作过程中同样具备防夹功能。

发射器联动车窗玻璃上升和下降功能能通过诊断工具对应定制功能。

注：对于配备天窗的车型，天窗玻璃滑动打开/倾斜上升或滑动闭合/倾斜下降同所有车窗玻璃的上升或者下降操作相联动。

7）进入电动车窗功能。如图4-24所示，在智能车门上锁操作时，如果连续按下驾驶人侧车门或前排乘客座车门外把手上的上锁开关3s以上，便开始上升全部车门的电动车窗，在按下开关的那段时间，就能进行上升操作。

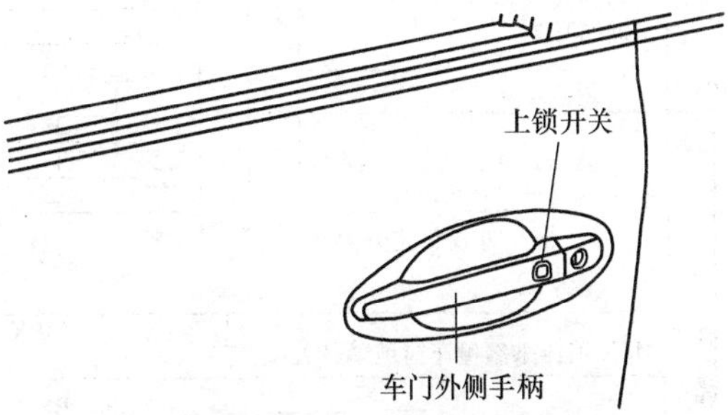

图4-24　进入电动车窗功能（车门外把手上锁开关联动功能）

注：对于配备天窗的车型，天窗玻璃滑动打开/倾斜上升或滑动闭合/倾斜下降，同所有车窗玻璃的上升或者下降操作相联动。

8）车窗锁定功能。通过把MPX总开关的车窗锁定开关设置为ON（按下的状态），就不能操作除驾驶人侧以外的各个座位电动车窗，并禁止车门钥匙/发射器联动、智能电动车窗功能。在车窗锁定操作时，除了驾驶人侧车窗玻璃开关之外，所有的电动车窗开关中内置的指示灯（LED）都会熄灭。

9）失效模式LED闪烁功能。在检测车窗玻璃的位置、速度、方向的霍尔IC发生异常的情况下，以及通过霍尔IC检测出来的位置信息和电动车窗开关所记忆的位置信息发生了超出正常范围内的误差的情况下，能通过自我诊断转移到失效模式，并使开关把手内置的指示灯（LED）闪烁来表示产生了故障。

（4）电动车窗控制系统操作过程　电动车窗控制系统的电路示意图如图4-25所示。

由图4-25可知，MPX总开关的各个座位车窗玻璃开关内部电路以矩阵键盘方式连接，MPX总开关的驾驶人侧车窗玻璃开关则通过独立的输入电路输入信号。MPX后座右侧、后座左侧车窗玻璃开关的内部电路是和MPX前排乘客侧车窗玻璃开关同样的。4个电动车窗电动机的内部电路相同，都包括两个霍尔IC与一个电动机。

1）手动上升和下降。通过各个座位的车窗玻璃开关操作：

打开点火开关，将MPX总开关的驾驶人侧车窗玻璃开关或者MPX各个座位的车窗玻璃开关置于上升（下降）一方实行一级操作，通过内置的CPU向手动上升（下降一方）输入ON，就使上升继电器（下降继电器）置于ON位置。

这时下降继电器（上升继电器）会形成接地电路，电流从BDR1端子→上升继电器（下降继电器）→DUP端子（DDN端子）→电动车窗电动机→DDN端子（DUP端子）→下降继电器（上升继电器）→地线，各个座位的电动车窗电动机便会转向各自的上升（下降）下方。

若CPU检测出开关OFF，就把这时的上升继电器置于OFF位置，停止电动车窗电动机。

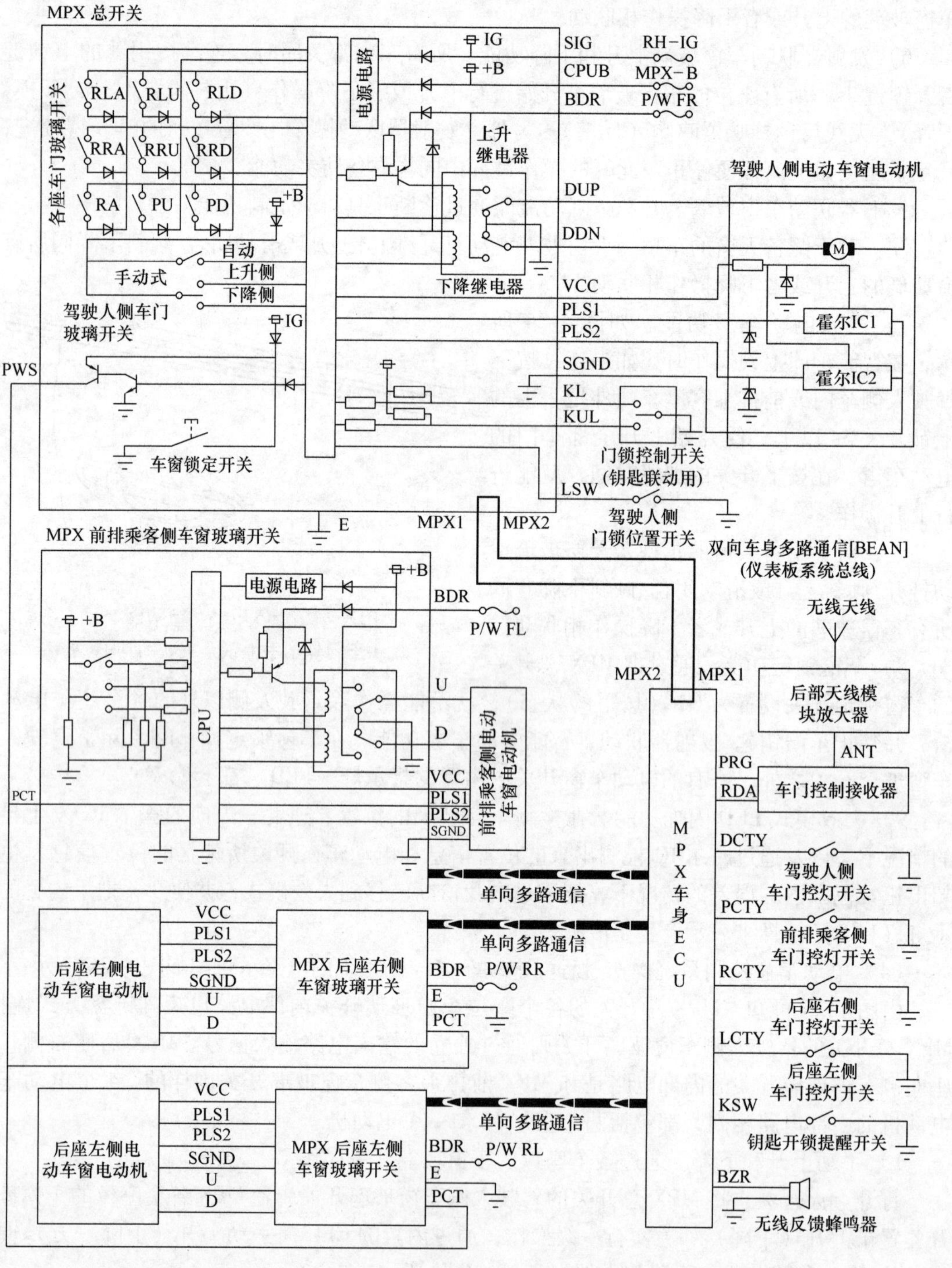

图 4-25　2009 款丰田锐志轿车电动车窗控制系统的电路示意图

通过 MPX 总开关进行遥控：

打开点火开关，把 MPX 总开关的各个车窗玻璃的开关在上升（下降）方进行一级操作，内置的 CPU 就会输入 UP 开关 ON。

通过双向车身多路通信，把这作为该开关的“遥控上升（下降）”信号发送到 MPX 车身1号ECU。

MPX车身1号ECU把接收的双向车身多路通信数据转换到单向多路通信数据，传送到MPX各个座位的车窗玻璃开关。

该MPX车窗玻璃开关接收“遥控自动上升（下降）”信号的过程中，通过各个座位的车窗玻璃开关的手动操作一样地使电动车窗电动机转向上升（下降）位置。

把MPX总开关的各个座位的车窗玻璃置于OFF，这时，CPU就会停止发送“遥控上升(下降)”信号，停止该车窗玻璃开关操作。

2）自动上升和下降功能。通过各个座位的车窗玻璃开关自动操作：

打开点火开关，将MPX总开关的驾驶人侧车窗玻璃开关或者MPX各个座位的车窗玻璃开关置于上升（下降）一方实行二级操作，内置的CPU在输入向手动上升（下降）一方ON的同时，也会输入自动开关ON。据此，和上升继电器置于ON进行手动上升（下降）操作一样，会使各个座位的电动车窗电动机运转。

这时内置的CPU对电动车窗内置的霍尔IC发出的脉冲信号进行计数，即便检查出开关OFF，也会通过电动车窗电动机的转数检查到车窗玻璃到达全闭（全开）位置为止，将上升继电器持续置于ON。

通过MPX总开关进行遥控自动操作：

打开点火开关，对于上升（下降）MPX总开关的各个座位的车窗玻璃开关进行上升（下降）方的二级操作，内置CPU输入UP开关ON以及自动开关ON，通过双向车身多路通信，作为该开关的“遥控自动上升（下降）”信号发送到MPX车身1号ECU。

MPX车身1号ECU把接收的双向车身多路通信数据转换到单向多路通信数据，传送到MPX各个座位的车窗玻璃开关。

该MPX车窗玻璃开关接收“遥控自动上升（下降）”信号，通过MPX各个座位的车窗玻璃开关自动操作一样地转到电动车窗电动机全闭（全开）位置。

存在以下条件之一的情况下，电动车窗控制系统便停止自动操作：自动操作控制中的开关能检测出车窗玻璃的全闭（全开）；自动操作控制中的开关，输入方向操作开关ON；从自动操作开始大约经过10s；自动操作控制中的开关，通过单向多路通信接收反向的“遥控”信号或者“车窗锁定”信号。

3）电动车窗防夹机构的操作。各个座位的电动车窗开关控制各自的车窗玻璃，均有防夹功能。

在以下前提条件全部成立的情况下，电动车窗电动机锁定（卡住）、转速发生变化、脉冲紊乱、电压降低的任何一种现象发生后，电动车窗开关就会认为是夹物，进行反向旋转操作。

手动和自动、点火钥匙断开操作（手动/自动）、车窗钥匙联动、发射器联动、智能电动车窗的任何一个在上升操作中；

电动车窗开关以车窗玻璃全闭状态为基点（起始点0）进行“学习”的状态；

车窗玻璃位置在全闭为止的正前方或者从全开位置开始上升操作之后以外。

为了防止误操作，车窗玻璃位置处于规定区间内的情况下不被判断为夹物。

防夹功能的动作条件以及玻璃下降量如下：

防夹功能起作用时，玻璃下降大约50mm或下降持续1s，如果此时车窗玻璃的总打开量（空隙）也没能达到大约200mm，电动机将继续反转直到车窗玻璃的总打开量大约200mm

或者继续反转5s。不过，下降操作在到达50mm之前车窗玻璃就已经处于全开位置时，电动机停止动作，车窗玻璃处于全开位置。

在反转操作中，将会禁止手动上升、自动上升的开关信号以及钥匙联动、发射器联动、智能电动车窗的上升驱动指示信号的输入。反转操作结束后，接收开关输入。或者，接收到了在反转操作中的手动下降、自动下降的开关信号以及钥匙联动、发射器联动的下降驱动指示信号，下降操作会在反转操作结束之后才进行。

防夹反转操作：如果电动车窗开关判断夹入异物了，就会在把上升继电器置于OFF的同时，把下降继电器置于ON。据此，电流就会流向下降一方，使电动车窗电动机反转。

4）电动车窗点火钥匙断开操作。如果MPX总开关内的CPU检测到信号IG ON→IG OFF，在开始计数大约45s的钥匙关闭后操作的同时，通过单线多路通信，经过MPX车身ECU，把“允许点火钥匙断开操作”信号连续发送到MPX的各个座位的车窗玻璃开关。据此，就允许在所有座位的电动车窗操作。

大约经过45s，或者MPX总开关通过双向车身多路通信，接收了驾驶人侧车门控灯开关的ON→OFF信号，就停止发送“点火钥匙断开操作许可”信号。不过，在自动操作中，或者在防夹控制过程中停止“点火钥匙断开操作许可”信号的情况下，各个操作也会继续到结束为止，即便在自动操作中也进行防夹控制。

5）车门钥匙联动车窗玻璃上升和下降功能。把钥匙半插开关置于OFF位置，门锁控制开关连续锁定（开锁）1.5s以上MPX总开关在经过1.5s后就能检测到驾驶人侧车门锁定状态开关置于OFF（ON）位置，并开始车门钥匙联动控制。

通过开始车门钥匙联动控制，MPX总开关把上升继电器（下降继电器）置于ON位置，让驾驶人侧电动车窗电动机转向上升（下降）一方。与此同时，通过双向车身多路通信把各个座位上的车门钥匙上升（下降）操作指示信号发送到MPX车身1号ECU中。

MPX车身1号ECU如果接收了前排乘员座椅/后座椅右侧/后座椅左侧车门的无线电动车窗上升（下降）操作指示信号，就能把这些信号作为单向多路通信的数据，发送到该MPX各座位车门玻璃开关，和遥控手动操作一样，使各个座位的电动车窗电动机旋转到上升（下降）一侧。

存在以下条件之一的情况下，便停止操作。

① MPX总开关能够监测出门锁控制开关（用于钥匙联动）的锁定一方（开锁一方）ON→OFF信号。

② MPX总开关能检测出驾驶人侧车窗玻璃的全闭（全开）。

③ 在操作状态下，MPX总开关可以通过双向车身多路通信接收钥匙开锁警告开关ON信号。

④ 在操作状态下，MPX总开关可以通过双向车身多路通信接收无线信号（锁定/开锁）。

⑤ 在操作状态下，MPX总开关可以通过双向车身多路通信接收智能进入和起动系统的信号（锁定）。

⑥ 在操作状态下，MPX总开关可以检测出点火开关被打开。

⑦ 在操作状态下操作MPX总开关。

⑧ 在操作开始后，便超过定时器停止时间。

6）发射器联动车窗玻璃上升和下降功能。MPX总开关通过双向车身多路通信接收从驾驶人侧 J/B ECU 发出的无线电动车窗上升（下降）工作指示信号，把内置的上升继电器（下降继电器）设置为 ON，使驾驶人侧电动车窗电动机向上升（下降）方向运转。与此同时，通过双向车身多路通信把各个座位的无线电动车窗上升（下降）操作指示信号发送到 MPX 车身 1 号 ECU 中。

MPX 车身 1 号 ECU 如果接收了前排乘客座椅/后座椅右侧/后座椅左侧车门的无线电动车窗上升（下降）操作指示信号，就能把这些信号作为单向多路通信的数据，发送到该 MPX 各座位车门玻璃开关，和遥控手动操作一样，使各个座位的电动车窗电动机旋转到上升（下降）一侧。

存在以下条件之一的情况下，便停止操作。

① MPX 总开关通过双向车身多路通信，接收无线信号。

② MPX 总开关向驾驶人座椅电动车窗电动机输出无线电动车窗上升（下降）信号，以及在向前排乘客座椅/后座椅右侧/后座椅左侧车门 ECU 发送信息之后，超过定时器停止时间（大约 10s）。

③ 在操作状态下，MPX 总开关可以通过双向车身多路通信接收钥匙开锁警告开关/半插入开关 ON。

④ 在操作状态下，MPX 总开关可以通过双向车身多路通信任意一个座位上的车门控灯光开关信号（仅在下降操作时）。

⑤ 在操作状态下，MPX 总开关可以检测出点火开关被打开。

⑥ 在操作时任意一个车门处于开锁情况下（上升操作时），或者所有座位的车门都处于锁定情况（下降操作时）。

⑦ 在操作状态下，MPX 总开关可以通过双向车身多路通信接收车门钥匙联动操作指示信号。

⑧ MPX 总开关以及 MPX 各个座位车窗玻璃开关能够检测驾驶人侧以及该座椅车窗玻璃的全闭（全开）。

⑨ 在操作状态下操作 MPX 总开关。

7）车窗锁定操作。在 IG ON 或者点火钥匙断开操作时，把车窗锁定开关置于 ON 位置，就能阻断从 MPX 总开关的 PWS 端子供给 MPX 各个座位车门玻璃开关的 PCT 端子的电流。MPX 总开关内部的 CPU 在检测出车窗锁定开关 ON 的情况下，就能通过双向车身多路通信以及单向多路通信经过 MPX 车身 1 号 ECU，把“车窗锁定”信号发送到 MPX 各个座位上的车窗玻璃开关。

MPX 各个座位的车窗玻璃开关，再检测出 PCT 电流阻断或者接收“车窗锁定”信号的间隔，会停止本席车窗玻璃的电动车窗控制。

8）有关检测车窗玻璃位置信息的失效保护。在检测车窗玻璃的位置、速度、方向的霍尔 IC 中检测到异常的情况下，电动车窗开关就会把这作为车窗玻璃全闭位置。“学习”的位置与实际车窗玻璃位置发生了规定量以上的误差的情况下，便会通过自我诊断进入失效模式。

通过自我诊断进入失效模式时，和车窗玻璃的位置信息无法“学习”的情况一样进行控制，在操作开关后大约 45 s 或者 IG OFF 之间的时间内，驾驶人侧车窗玻璃开关的正常照明就会熄灭。

有关检测车窗玻璃位置信息的失效保护如下：

① 脉冲传感器（霍尔 IC）故障：在关闭/ 打开操作中，通过检测车窗玻璃的位置、速度、方向的两个霍尔 IC，检测出只有一个的脉冲连续超出规定量的情况下。

② 脉冲方向异常：在关闭/ 打开操作中，如果检测出与电动车窗电动机的驱动方向相反的脉冲持续超过规定量的情况下。

③ 两个脉冲停止异常：在关闭/ 打开操作中所规定的时间以上，或者在全闭（或者接近全闭）的状态下进行打开操作，在 1s 之内没有检测到两个霍尔 IC 发出的脉冲的情况下。

④ 车窗玻璃位置信息异常：在关闭操作中，MPX 总开关以及 MPX 各个座位车窗玻璃开关所记忆的全闭位置（起始点 0）和实际的车窗玻璃位置之间产生超过了规定量的误差的情况下。

⑤ ECU 失效：从监视器 IC 向 ECU 发出重置信号的情况下。

⑥ 通信失效（只在前排乘客侧/后座椅右侧/后座椅左侧）

⑦ 大约 10s 内无法正常接收从 MPX 总开关发出的双向车身多路通信信号的情况下。

9）有关电动车窗电动机驱动控制的失效保护。在自动操作时，为了防止电动机超过规定时间连续运转，需对电动机以及电路进行失效保护。另外，车窗玻璃的位置信息存在错误，由于在全闭位置上启动防夹机构，导致车门玻璃无法全闭的情况下，进入无法“学习”位置信息的状态，就会使车门玻璃全闭。

连续操作限制机构从电动车窗开关发出的电动机驱动时间（继电器 ON 时间）过长的情况下，大约过了 10s 就会自动地把继电器置于 OFF 位置。

强制学习操作（取消防夹机构的操作）：因防夹机构发生异常，导致车窗玻璃关不紧（在全闭位置不停止）的故障时，可持续进行 10s 以上的自动上升操作，能强制转移到位置信息不能“学习”状态的控制上。此后，通过全闭车窗玻璃，就能修正位置信息。

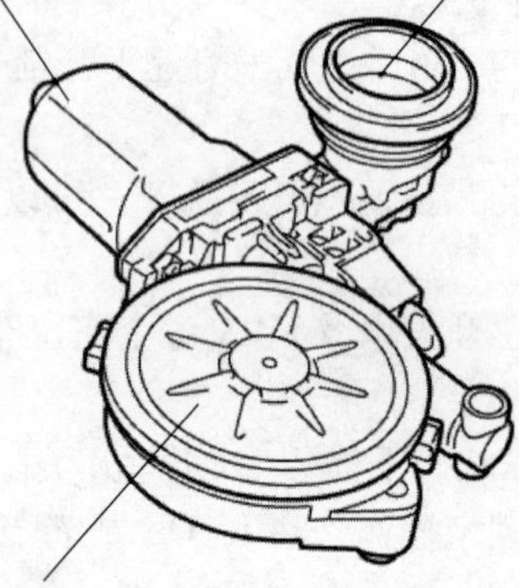

图 4-26 2009 款丰田锐志轿车电动车窗电动机总成

（5）电动车窗电动机总成的结构原理 电动车窗电动机总成是由电动车窗电动机主体、连接器、齿轮部分构成的，如图 4-26 所示，将用于防夹机构的脉冲传感器和连接器一体化，检测电动车窗电动机的转动。

两个霍尔 IC 通过安装在电动车窗电动机的蜗轮齿轮中的永久磁铁，把和电动机的旋转相同步的脉冲信号输出到自己所在位置的电动车窗开关内，如图 4-27 所示。

电动车窗开关通过霍尔 IC1 输出的电动机旋转轴每转 1 次就计数为 1 个周期的脉冲，来检测车窗玻璃窗的移动量。与此同时，根据霍尔 IC2 输出的电动机检测出不同的脉冲的 HI/LO 周期，来检测车窗玻璃电动机的旋转方向，并把那些信息记忆下来用来识别当前车窗玻璃的位置。电动车窗开关会以从这两个霍尔 IC 得到的位置信息作为基础来控制各种功能，如图 4-28 所示。

同时电动车窗开关通过由霍尔 IC1 输出的脉冲间隔检查出电动机的转动速度，从而可以

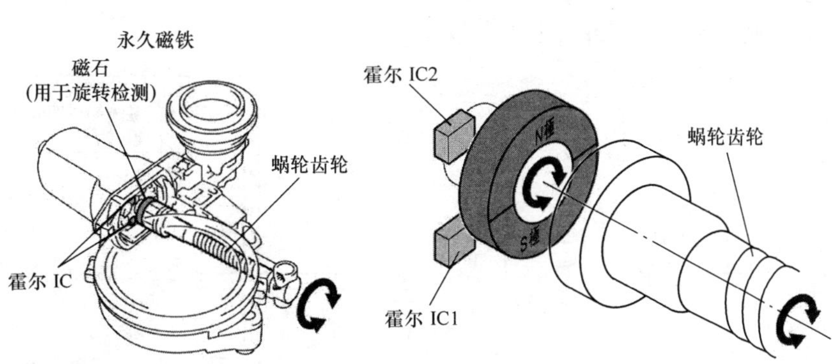

图 4-27　用于防夹机构的脉冲传感器在电动车窗电动机总成中的布置

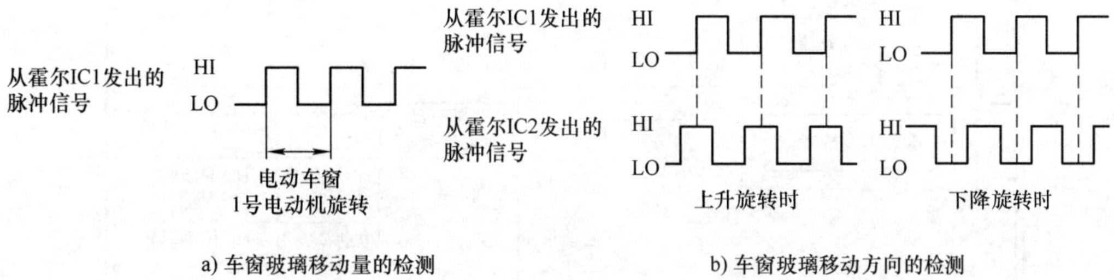

图 4-28　使用脉冲传感器进行车窗玻璃的位置和移动方向识别

检测出车窗玻璃移动速度的变化。据此，便可识别车窗玻璃所承受的负载，控制防夹机构及超载停止功能，如图 4-29 所示。

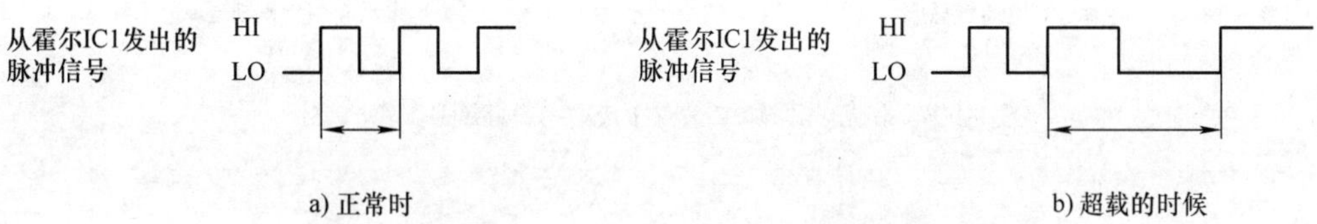

图 4-29　使用脉冲传感器进行车窗玻璃移动速度检测

因为车门玻璃的位置信息是通过 + B 电源支持的，如果阻断了供往电动车窗开关的 + B 电源，就需要进行初始化操作。

5. 带变速控制的车窗具有防夹功能的控制电路

图 4-30 为雷克萨斯 LS460 轿车电动车窗控制系统示意图。LS460 轿车电动车窗控制系统主要部件在车上的分布如图 4-31、图 4-32 所示。该系统除具有前述的功能外，还可对电动车窗玻璃上升、下降进行变速控制。

（1）打开电动车窗（图 4-33）　为使电动车窗打开功能运行时的噪声降至最低，电动车窗 ECU 在距车窗完全关闭位置约 80mm（3.2in）的范围内提高车窗的打开速度。

为使电动车窗完全打开时的噪声降至最低，电动车窗 ECU 在距车窗完全打开位置约

140mm（5.5in）的范围内降低车窗的打开速度。

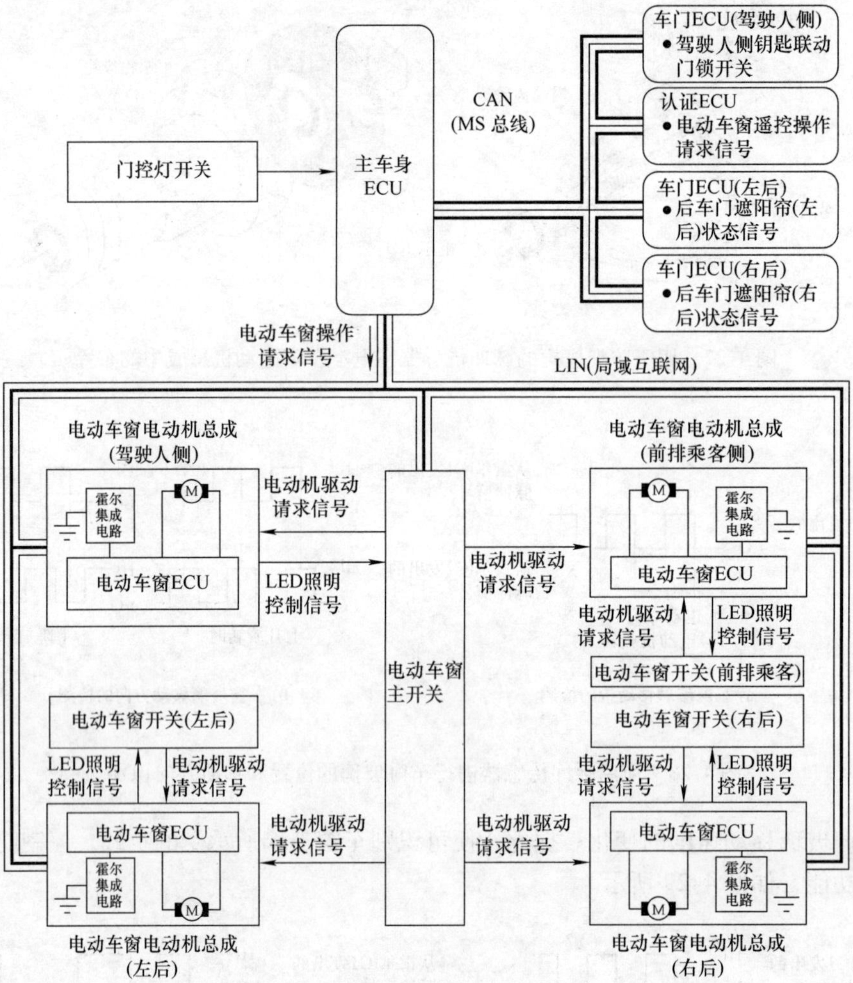

图 4-30　雷克萨斯 LS460 轿车电动车窗控制系统示意图

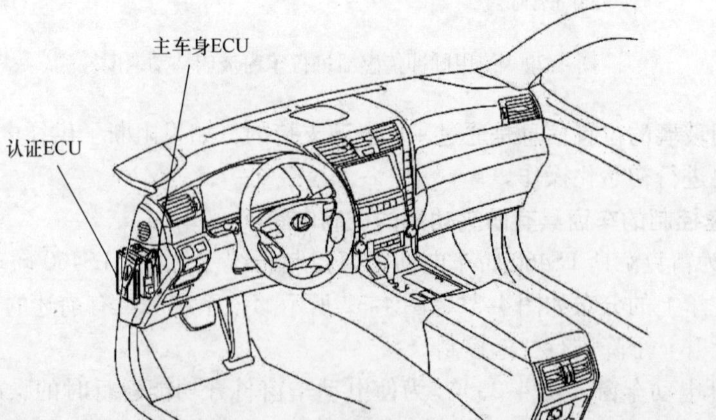

图 4-31　雷克萨斯 LS460 轿车电动车窗控制系统主要部件在车上的分布 1

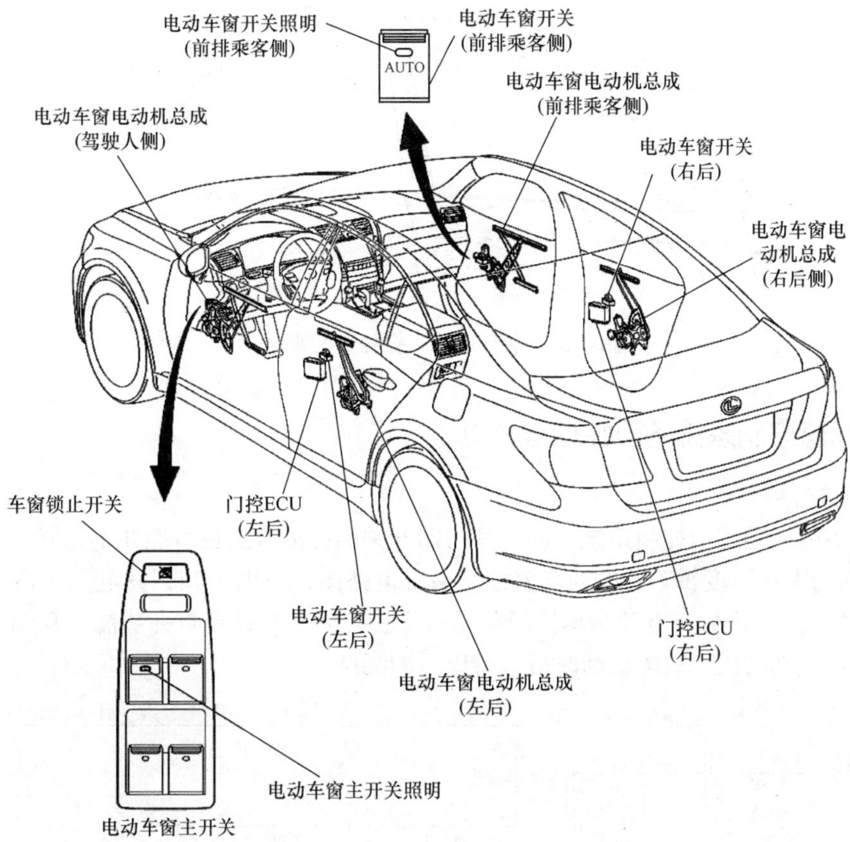

图 4-32　雷克萨斯 LS460 轿车电动车窗控制系统主要部件在车上的分布 2

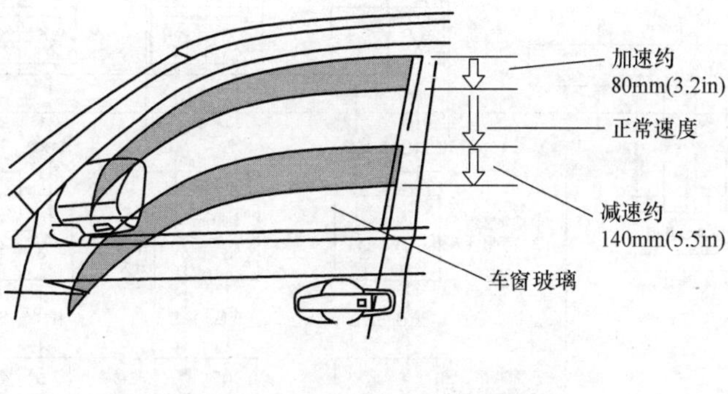

图 4-33　打开电动车窗的速度变化

（2）关闭电动车窗（图 4-34）　为使电动车窗关闭功能运行时的噪声降至最低，电动车窗 ECU 在距车窗完全打开位置约 25mm（1.0in）的范围内提高车窗的关闭速度。

为使电动车窗完全关闭时的噪声降至最低，电动车窗 ECU 在距车窗完全关闭位置约 100mm（4.0in）的范围内降低车窗的关闭速度。

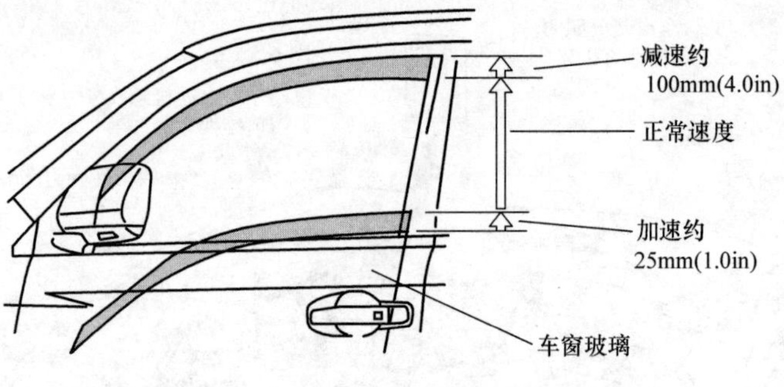

图 4-34 关闭电动车窗的速度变化

三、电动车窗控制系统各部件检查测试

1. 开关信号检测

不同车型的电动车窗控制系统不同，其控制开关的检测方法也可能并不相同。

图 4-35 为本田飞度轿车的电动车窗控制系统电路图，由图可知，其电动车窗主控开关（电动车窗总开关）内置有电动车窗控制单元，驾驶人侧车窗具有防夹功能，其他车门车窗玻璃只有按钮点动功能。故障诊断时可进行以下的测试。

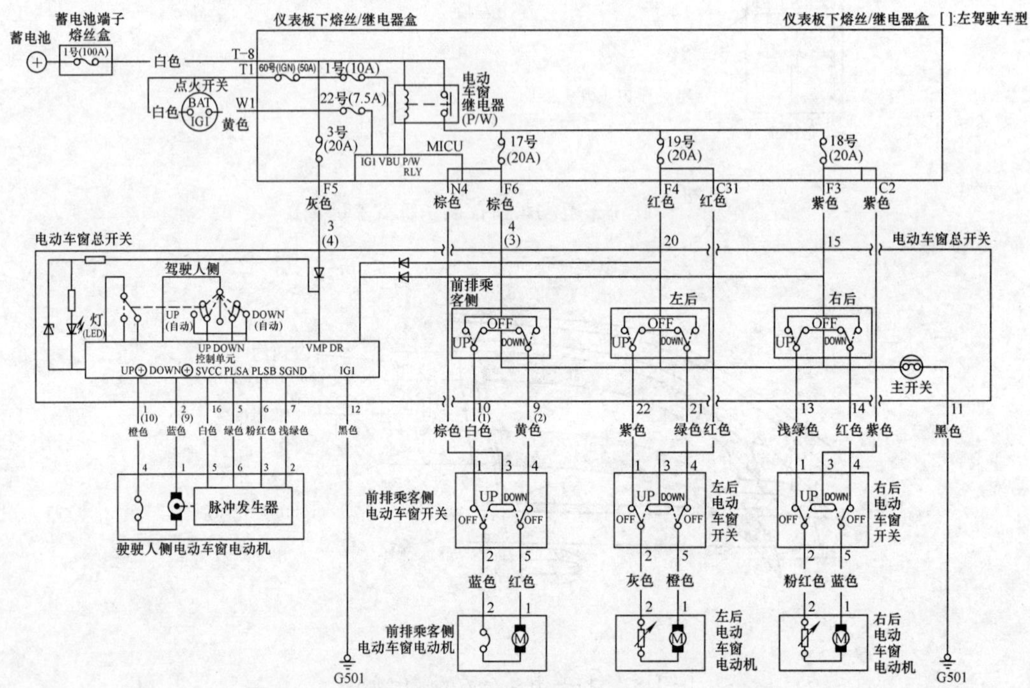

图 4-35 本田飞度轿车的电动车窗控制系统电路图

（1）电动车窗总开关输入测试　如图 4-36 所示，先拆下把手盖，将 22 针插接器（A）从电动车窗总开关上断开。检查插接器和插座端子确保它们都连接良好。如果端子弯曲、松动或受到腐蚀，按需要对其进行修理并重新检查系统。如果端子看起来正常，则在插接器仍

旧是断开的情况下，进行表 4-2 所示的插接器输入测试。

需要注意的是，测试前，确保仪表板下熔丝/继电器盒 1 号（10A）、22 号（7.5A）和 60 号（50A）熔丝正常。

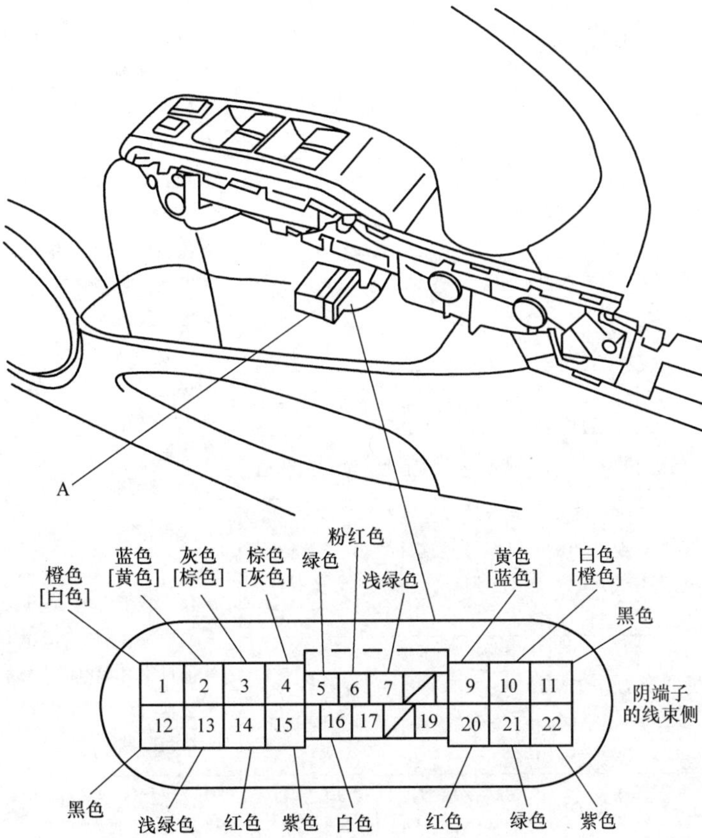

图 4-36　检测电动车窗总开关

表 4-2　断开插接器并进行插接器一侧的输入测试

插孔	导线颜色	测试条件	测试：期望结果	未能达到期望结果的可能原因
3 [4]	灰色	所有情况下	测量到接地的电压：应为蓄电池电压	■ 仪表板下熔丝/继电器盒中 3 号（20A）熔丝熔断 ■ 仪表板下熔丝/继电器盒故障 ■ 线束断路
4 [3]	棕色	点火开关置于 ON（Ⅱ）位置	测量到接地的电压：应为蓄电池电压	■ 仪表板下熔丝/继电器盒中 17 号（20A）熔丝熔断 ■ 仪表板下熔丝 /继电器盒故障 ■ 电动车窗继电器（P/W）故障 ■ MICU 故障 ■ 线束断路

（续）

<table>
<tr><th>插孔</th><th>导线颜色</th><th>测试条件</th><th>测试：期望结果</th><th>未能达到期望结果的可能原因</th></tr>
<tr><td>15</td><td>紫色</td><td>点火开关置于 ON（Ⅱ）位置</td><td>测量到接地的电压：应为蓄电池电压</td><td>■仪表板下熔丝/继电器盒中 18 号（20A）熔丝熔断
■仪表板下熔丝/继电器盒故障
■电动车窗继电器（P/W）故障
■MICU 故障
■线束断路</td></tr>
<tr><td>20</td><td>红色</td><td>点火开关置于 ON（Ⅱ）位置</td><td>测量到接地的电压：应为蓄电池电压</td><td>■仪表板下熔丝/继电器盒中 19 号（20A）熔丝熔断
■仪表板下熔丝/继电器盒故障
■电动车窗继电器（P/W）故障
■MICU 故障
■线束断路</td></tr>
<tr><td>11</td><td>黑色</td><td>所有情况下</td><td>检查与接地是否导通：应导通</td><td>■接地（G501）不良
■线束断路</td></tr>
<tr><td>12</td><td>黑色</td><td>所有情况下</td><td>检查与接地是否导通：应导通</td><td>■接地（G501）不良
■线束断路</td></tr>
<tr><td>9［2］</td><td>黄色</td><td>点火开关置于 ON（Ⅱ）位置</td><td>用跨接线连接 4 号［3 号］和 9 号［2 号］端子、10 号［1 号］和 11 号端子：前排乘客侧车窗应降下</td><td rowspan="2">■仪表板下熔丝/继电器盒中 17 号（20A）熔丝熔断
■仪表板下熔丝/继电器盒故障
■前排乘客侧电动车窗电动机故障
■前排乘客侧电动车窗开关故障
■接地（G501）不良
■线束断路</td></tr>
<tr><td>10［1］</td><td>白色</td><td>点火开关置于 ON（Ⅱ）位置</td><td>用跨接线连接 4 号［3 号］和 10 号［1 号］端子、9 号［2 号］和 11 号端子：前排乘客侧车窗应升起</td></tr>
<tr><td>13</td><td>浅绿色</td><td>点火开关置于 ON（Ⅱ）位置</td><td>用跨接线暂时连接 15 号和 13 号端子、14 号和 11 号端子：右后车窗应升起</td><td rowspan="2">■仪表板下熔丝/继电器盒中 18 号（20A）熔丝熔断
■仪表板下熔丝/继电器盒故障
■右后电动车窗电动机故障
■右后电动车窗开关故障
■接地（G501）不良
■线束断路</td></tr>
<tr><td>14</td><td>红色</td><td>点火开关置于 ON（Ⅱ）位置</td><td>用跨接线暂时连接 15 号和 14 号端子、13 号和 11 号端子：右后车窗应降下</td></tr>
<tr><td>21</td><td>绿色</td><td>点火开关置于 ON（Ⅱ）位置</td><td>用跨接线暂时连接 20 号和 21 号端子、22 号和 11 号端子：右后车窗应降下</td><td rowspan="2">■仪表板下熔丝/继电器盒中 19 号（20A）熔丝熔断
■仪表板下熔丝/ 继电器盒故障
■左后电动车窗电动机故障
■左后电动车窗开关故障
■接地（G501）不良
■线束断路</td></tr>
<tr><td>22</td><td>紫色</td><td>点火开关置于 ON（Ⅱ）位置</td><td>用跨接线暂时连接 20 号和 22 号端子、21 号和 11 号端子：右后车窗应升起</td></tr>
<tr><td>1［10］</td><td>橙色</td><td>用跨接线连接 3 号［4 号］和 1 号［10 号］端子、2 号［9 号］和 12 号端子</td><td>检查驾驶人侧电动车窗电动机工作情况：驾驶人侧车窗应升起</td><td rowspan="2">■仪表板下熔丝/继电器盒中 3 号（20A）熔丝熔断
■仪表板下熔丝/ 继电器盒故障
■驾驶人侧电动车窗电动机故障
■接地（G501）不良
■线束断路</td></tr>
<tr><td>2［9］</td><td>蓝色</td><td>用跨接线连接 3 号［4 号］和 2 号［9 号］端子、1 号［10 号］和 12 号端子</td><td>检查驾驶人侧电动车窗电动机工作情况：驾驶人侧车窗应降下</td></tr>
</table>

注：［ ］中表示左驾驶车型的情况。

将22针插接器重新连接至电动车窗总开关。将点火开关置于ON（Ⅱ）位置并对这些插接器进行输入测试，见表4-3。

表4-3　连接插接器后进行输入测试

插孔	导线颜色	测试条件	测试：期望结果	未能达到期望结果的可能原因
7	浅绿色	点火开关转至ON（Ⅱ）位置	检查与接地是否导通：应导通	■接地（G501）不良 ■电动车窗总开关故障 ■线束断路
16	白色	点火开关转至ON（Ⅱ）位置	测量到接地的电压：应为蓄电池电压	电动车窗总开关故障 线束对接地短路
5	绿色	点火开关置于ON（Ⅱ）位置，且驾驶人侧车窗开关上/下移动	测量5号端子与7号端子之间的电压：读数交替为0V－约5V－0V－约5V（车窗移动时，数字电压表读数约为2.5V）	■电动车窗总开关故障 ■驾驶人侧电动车窗电动机故障 ■线束断路 ■线束对接地短路
6	粉红色	点火开关置于ON（Ⅱ）位置，且驾驶人侧电动车窗开关上/下移动	测量6号端子与7号端子之间的电压：读数交替为0V－约5V－0V－约5V（车窗移动时，数字电压表读数约为2.5V）	

注：[ ]中表示左驾驶车型的情况。

如果测试指示出有问题，找到并排除故障，然后重新检查系统。

如果所有输入测试都是正常的，则控制单元一定有故障；更换电动车窗总开关。

（2）驾驶人侧开关　驾驶人侧开关与控制单元组合在一起，这样无需隔离开关就能进行测试。进行主开关输入测试程序（参见表4-2）。如果测试正常，则驾驶人侧开关肯定故障，应更换开关。

（3）总开关中的前排乘客侧、左后、右后车窗主控开关测试　分别按图4-37所示，对总开关中的前乘客侧、左后、右后控制开关进行测试。

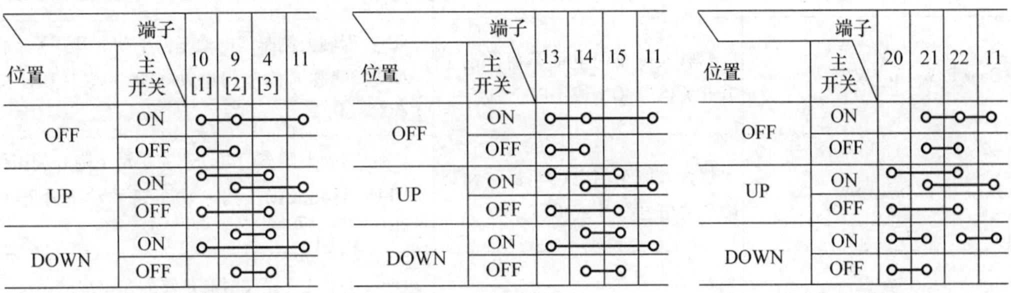

a) 前排乘客侧开关　b) 右后开关　c) 左后开关

图4-37　检测总开关中的前排乘客侧、左后、右后车窗主控开关

注：[ ]中表示左驾驶车型的情况

（4）各乘客侧的电动车窗分控开关测试　如图4-38所示，分别拆下前排乘客侧、后排车窗把手盖；将5针插接器从前排乘客侧车窗开关上断开；根据表中每个开关的位置，检查端子之间是否导通。如果导通性与规定不符，则更换开关。

对于一些带有车门或车窗玻璃控制模块的车型来说，还可以通过诊断仪读取数据的方法来检测车窗玻璃控制开关的好坏，参见图4-2。

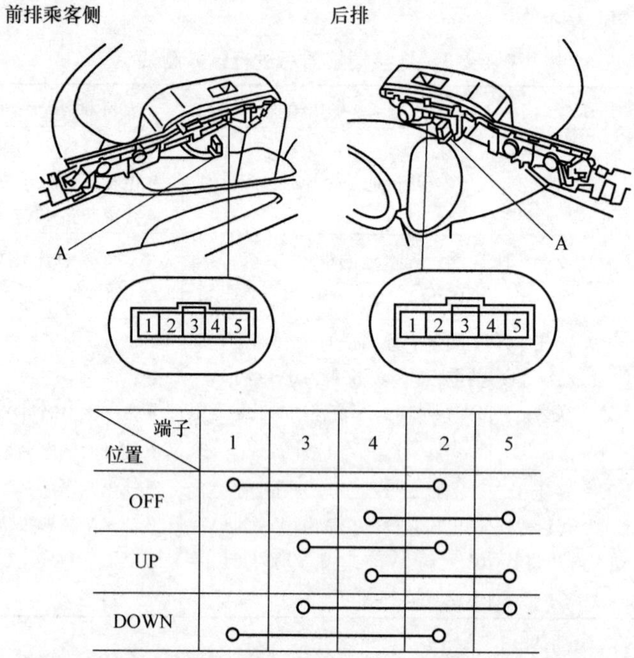

图4-38 前排乘客侧及后排座电动车窗分控开关测试

“驾驶人侧车门电动机”（丰田车型）显示的数据列表主要数据含义见表4-4。

表4-4 “驾驶人侧车门电动机”（丰田车型）显示的数据列表主要数据含义

检测仪显示	测量项目/范围	正常状态
D Door P/W Auto SW	驾驶人侧车门电动车窗自动开关信号/ON 或 OFF	ON：驾驶人侧车门电动车窗自动开关工作 OFF：驾驶人侧车门电动车窗自动开关不工作
D Door P/W Up SW	驾驶人侧车门电动车窗手动上升开关信号/ON 或 OFF	ON：驾驶人侧车门电动车窗手动上升开关工作 OFF：驾驶人侧车门电动车窗手动上升开关不工作
D Door P/W Down SW	驾驶人侧车门电动车窗手动下降开关信号/ON 或 OFF	ON：驾驶人侧车门电动车窗手动下降开关工作 OFF：驾驶人侧车门电动车窗手动下降开关不工作
Glass Position（Close - 1/4）	防夹操作范围从全关至1/4开车窗玻璃位置/OK 或 CAUTION	OK：手动UP操作时有足够的车窗玻璃边缘 CAUTION：在这种情况下，此位置上卡有异物。即使各位置未受到阻力时，也可能显示CAUTION字样
Glass Position（1/4 - 2/4）	防夹操作范围从1/4至1/2开车窗玻璃位置/OK 或 CAUTION	OK：手动UP操作时有足够的车窗玻璃边缘 CAUTION：在这种情况下，此位置上卡有异物。即使各位置未受到阻力时，也可能显示CAUTION字样

（续）

检测仪显示	测量项目/范围	正常状态
Glass Position（2/4 – 3/4）	防夹操作范围从 1/2 至 3/4 开车窗玻璃位置/OK 或 CAUTION	OK：手动 UP 操作时有足够的车窗玻璃边缘 CAUTION：在这种情况下，此位置上卡有异物。即使各位置未受到阻力时，也可能显示 CAUTION 字样
Glass Position（3/4 – Open）	防夹操作范围从 3/4 至全开车窗玻璃位置/OK 或 CAUTION	OK：手动 UP 操作时有足够的车窗玻璃边缘 CAUTION：在这种情况下，此位置上卡有异物。即使各位置未受到阻力时，也可能显示 CAUTION 字样

在主车身系统中能显示电动车窗升降器电动机（驾驶人侧车门）和主车身 ECU（仪表板接线盒）之间的连接状态，见表 4-5。

表 4-5　在主车身系统中显示的数据

检测仪显示	测量项目/范围	正常状态
Communication D Door Motor	电动车窗升降器电动机（驾驶人侧车门）和主车身 ECU（仪表板接线盒）之间的连接状态/OK 或 Stop	OK：通信正常 STOP：通信停止
D Door Courtesy SW	驾驶人侧门控灯开关信号/ON 或 OFF	ON：驾驶人侧车门打开 OFF：驾驶人侧车门关闭

值得注意的是，有些车型采用的车窗玻璃控制开关是一种电阻编码开关，在不同档位具有不同的电阻值，如宝马、大众的一些车型。图 4-39 为大众宝来的车窗玻璃主控开关示意图。

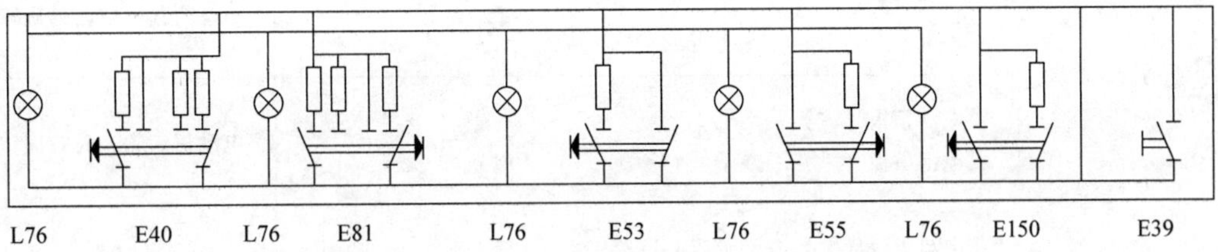

图 4-39　大众宝来的车窗玻璃主控开关示意图

E40—前左车窗升降器　E81—驾驶人侧车门中的右前车窗升降器开关

E53—驾驶人侧车门中的左后车窗升降器开关　E55—驾驶人侧车门中的右后车窗升降器开关

E39—后车窗升降器联锁开关　E150—驾驶人侧车门中的车内锁开关　L76—开关照明

2. 电动车窗玻璃升降器电动机的动作测试方法

车型不同，电动车窗系统控制方式不相同。有的电动车窗玻璃升降器电动机可以直接通过元件端子测量电阻，也即可以直接通电进行动作测试，有的则与车门控制模块集成为一个整体，则需按原厂维修手册进行动作测试。

在拆开门内饰板之前，通常可用诊断仪进行主动测试，而无需拆下任何零件就可进行驾驶人侧车门电动车窗电动机的测试。执行主动测试时，可显示数据表信息。

如丰田车系通常可将智能检测仪连接到 DLC3 上，将点火开关置于 ON（IG）位置，打开智能检测仪，进入以下菜单：

选择“Body”→“D－Door Motor”→“Active Test”；显示 Power Window，选择 UP 或 DOWN 来控制车窗的动作。

如果已拆下电动车窗玻璃升降器电动机总成，以卡罗拉车为例，电动车窗玻璃升降器电动机的动作测试可按下述步骤检查。

（1）检查电动车窗升降器电动机（驾驶人侧） 左前门的电动车窗玻璃升降器电动机的电路连接如图 4-40 所示。根据表 4-6，向电动机连接器施加蓄电池电压。

检查时应注意不要向端子 1、2、4、7 和 10 之外的任何端子施加蓄电池电压。

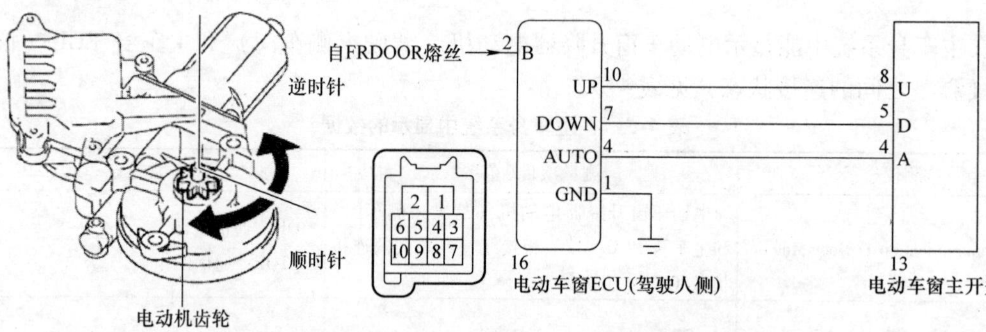

图 4-40 左前门的电动车窗玻璃升降器电动机的电路连接

表 4-6 检查测试驾驶人侧电动车窗升降器电动机时的操作

开关状态	测量条件	规定状态
手动操作	蓄电池正极（+）→端子 2（B） 蓄电池负极（-）→端子 1（GND），7（DWN1）	电动机齿轮顺时针旋转
	蓄电池正极（+）→端子 2（B） 蓄电池负极（-）→端子 1（GND），10（UP1）	电动机齿轮逆时针旋转
自动操作	蓄电池正极（+）→端子 2（B） 蓄电池负极（-）→端子 1（GND），4（AUTO），7（DWN1）	电动机齿轮顺时针旋转
	蓄电池正极（+）→端子 2（B） 蓄电池负极（-）→端子 1（GND），4（AUTO），10（UP1）	电动机齿轮逆时针旋转

如果结果不符合规定，更换电动机总成。

（2）检查电动车窗升降器电动机（前排乘客侧） 前排乘客侧电动车窗玻璃升降器电动机的电路连接如图 4-41 所示。根据表 4-7，向电动机连接器施加蓄电池电压。

检查时应注意，不要对除端子 1 和 2 外的任何端子施加蓄电池电压。

如果结果不符合规定，更换电动机总成。

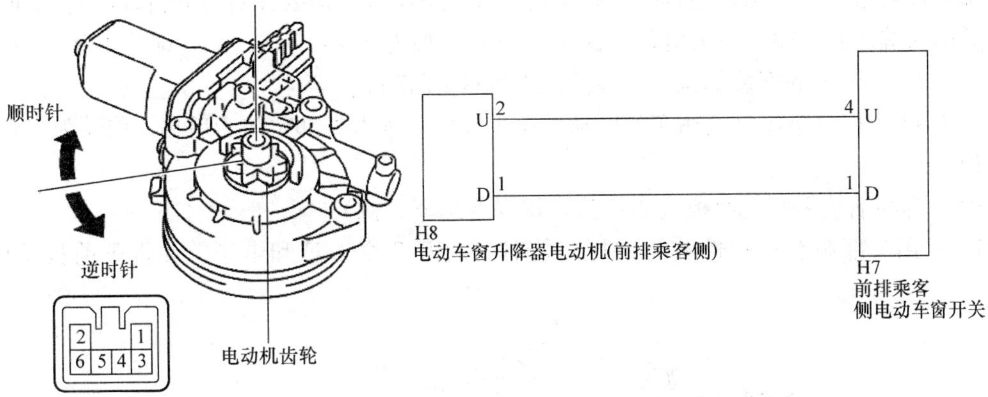

图 4-41　前排乘客侧电动车窗玻璃升降器电动机的电路连接

表 4-7　检查测试前排乘客侧电动车窗升降器电动机时的操作

测量条件	规定状态
蓄电池正极（+）→端子 2 蓄电池负极（-）→端子 1	电动机齿轮顺时针旋转
蓄电池正极（+）→端子 1 蓄电池负极（-）→端子 2	电动机齿轮逆时针旋转

如果更换了电动车窗电动机或电动车窗升降器，则需要进行初始化（蓄电池负极端子断开并重新连接后，没有必要进行初始化）。初始化期间不应操作其他电气系统。如果电动车窗电动机的电源电压出现下降，则初始化将中断，仅在更换电动车窗升降器电动机时需要初始化。但是，更换电动机可能导致电动机齿轮啮合到其他位置。这可能导致当前车窗玻璃位置和 ECU 中存储的位置存在差异。在这种情况下，防夹功能将无法正常工作，使系统返回到初始化前的状态并对系统重新进行初始化。更换车窗玻璃或车窗玻璃升降槽可能导致当前车窗玻璃位置与 ECU 中存储的位置之间产生差异。在这种情况下，防夹功能将无法正常工作，使系统返回到初始化前的状态并对系统重新进行初始化。在电动车窗操作过程中，断开车窗升降器电动机连接器，该项操作将使电动机恢复至初始化之前的状态。初始化完成后，自动上升功能才起作用。点火开关置于 ON（IG）位置时，电动车窗主开关指示灯开始闪烁，并且持续闪烁至初始化完成。成功完成初始化后指示灯一直亮。

初始化电动车窗控制系统（电动车窗升降器电动机（驾驶人侧））的步骤如下：

连接蓄电池负极端子；将点火开关置于 ON（IG）位置，电动车窗主开关指示灯闪烁；通过操作电动车窗主开关完全关闭车窗玻璃；车窗玻璃停止后，将电动车窗主开关保持在 AUTO UP 位置至少 1s；检查并确认电动车窗主开关指示灯一直亮。如果指示灯不是一直亮，则意味着初始化未成功完成，这种情况下，降下车窗玻璃至少 50mm（1.96in），并在车窗全关后，将电动车窗主开关保持在 AUTO UP 位置 1s。

四、电动车窗的拆装技巧

1. 电动车窗主开关的拆装技巧

对于拆卸车门上的电动车窗主开关来说，很多车型是不用拆下门内饰板的，而可以仅用缠有保护性胶带的一字螺钉旋具把电动车窗主开关拆不来。但要注意首先撬动的是电动车窗主开关的前端还是后端。通常电动车窗主开关的一端为卡夹/卡爪，另一端为卡钩，撬动的部位应是卡夹/卡爪的安装部位，不能撬动卡钩/钩子部位。

图 4-42 为广汽丰田汉兰达车的电动车窗主开关，其卡夹部位位于后端，前端为卡钩/钩子部位。

（1）拆卸前扶手座上面板（以广汽丰田汉兰达车为例）

1）使用头部缠有保护性胶带的螺钉旋具，脱开 7 个卡爪和卡子，并拆下前扶手座上面板。

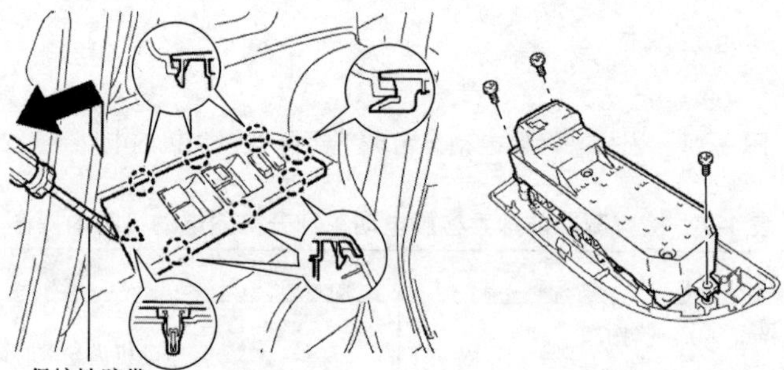

图 4-42　拆卸广汽丰田汉兰达车的电动车窗主开关

2）断开连接器。

（2）拆卸电动车窗升降器主开关总成（驾驶人侧）

拆下 3 个螺钉和电动车窗升降器主开关总成。

图 4-43 所示的卡罗拉轿车的电动车窗主开关有两个卡夹，前端为卡钩/钩子部位，所以应从后端的卡夹部位开始撬动。

而丰田威驰轿车的电动车窗主开关的卡夹却位于前端，后端为卡钩/钩子部位，如图 4-44 所示。如果不能确定卡夹位于前端还是后端，可拆下如图 4-45 所示的车门内扶手盒，观察或用手触摸以确定后端是是不是卡夹。

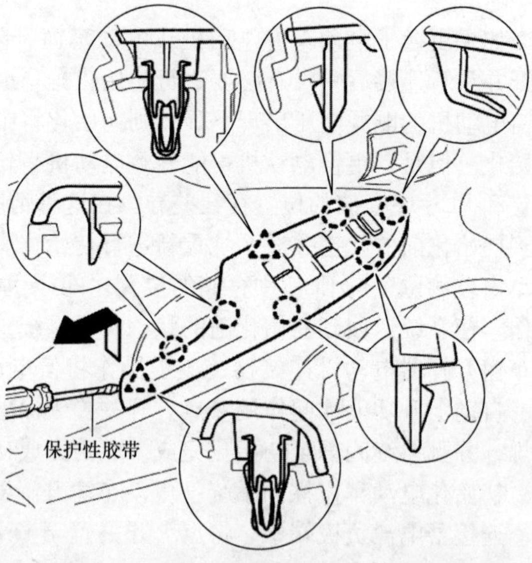

图 4-43　拆卸卡罗拉轿车的电动车窗主开关

在大众宝来轿车上，下列部件集成在驾驶人侧的车窗升降器开关模块中：左前车窗升降器开关 E40、驾驶人操纵左后车窗升降器的开关 E53、驾驶人操纵右后车窗升降器的开关 E55、驾驶人操纵右前车窗升降器的开关 E81、驾驶人侧车内联锁开关 E380、儿童安全装置按钮 E318、按钮照明 L76。上述部件不能单独更换。

大众宝来轿车驾驶人侧车窗升降器开关模块的拆卸：关闭点火开关及所有用电器，并拔出点火钥匙。如图 4-46 所示，用平头螺钉旋具插入挡板和拉手的下部接合缝内，沿车门装

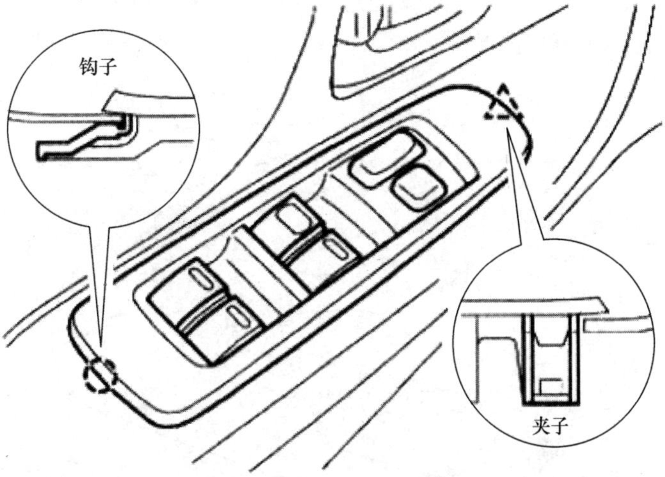

图 4-44　拆卸丰田威驰轿车的电动车窗主开关

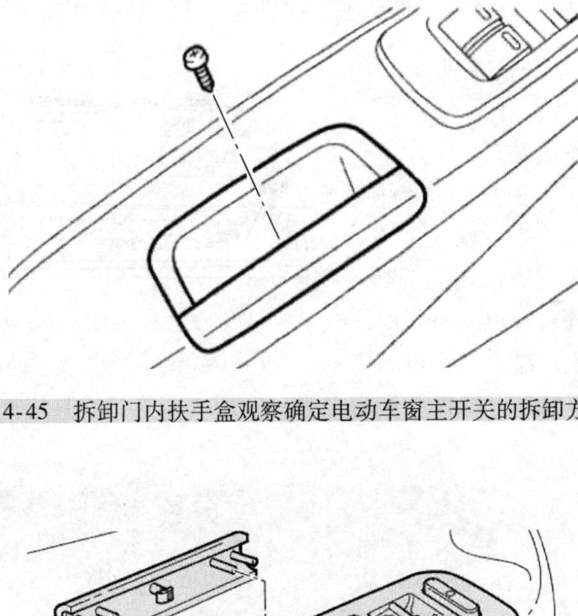

图 4-45　拆卸门内扶手盒观察确定电动车窗主开关的拆卸方法

饰板方向压出挡板。

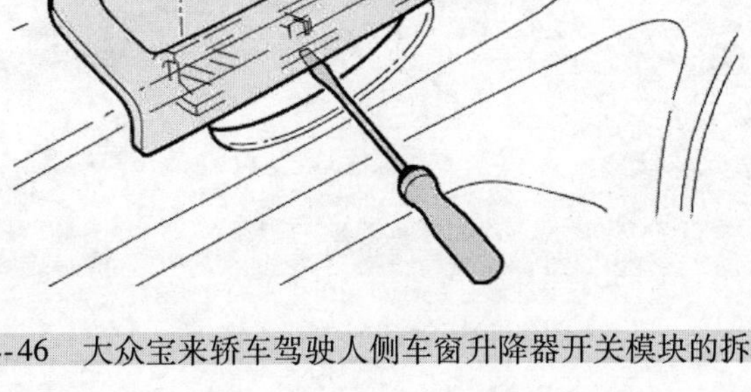

图 4-46　大众宝来轿车驾驶人侧车窗升降器开关模块的拆卸 1

如图 4-47 所示，向上从车门装饰板上松开拉手，注意手不要伸入拉手坑内，以免损坏支撑架。松开连接插头，并将其取下。

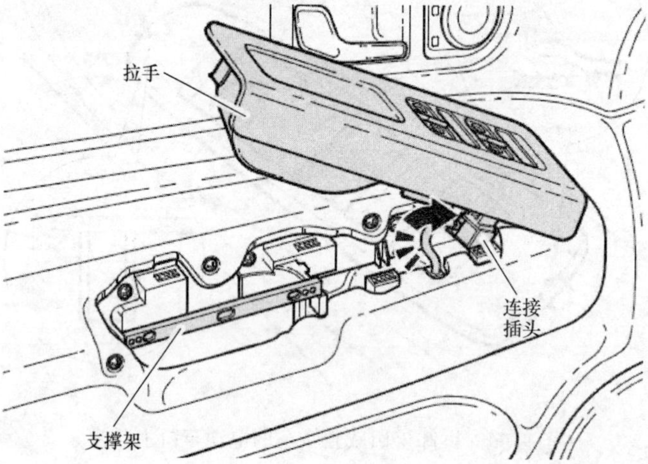

图 4-47 大众宝来轿车驾驶人侧车窗升降器开关模块的拆卸 2

如图 4-48 所示，松开箭头所示紧固螺栓，并取下开关。

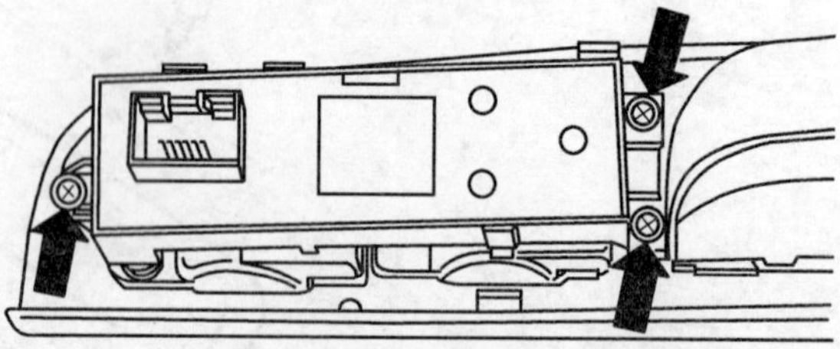

图 4-48 大众宝来轿车驾驶人侧车窗升降器开关模块的拆卸 3

2. 车门内饰板的拆装技巧

现以大众帕萨特、丰田汉兰达为例，分别说明车门内饰板拆装的一般方法。

（1）大众帕萨特车门内饰板的拆卸

1）一般先降下前窗，以利于拆卸。

2）如图 4-49 所示，在车门饰板的工作区域贴上保护胶，可以使用塑料板作为支撑，使用一字螺钉旋具拆卸把手饰板，如图4-50中箭头所示。

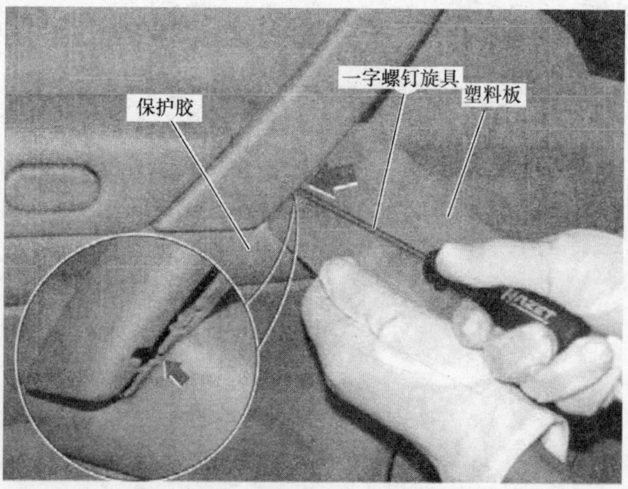

图 4-49 拆卸门内把手饰板

3）拆下车门饰板把手内的两只固定螺栓，如图 4-50 中箭头所示。

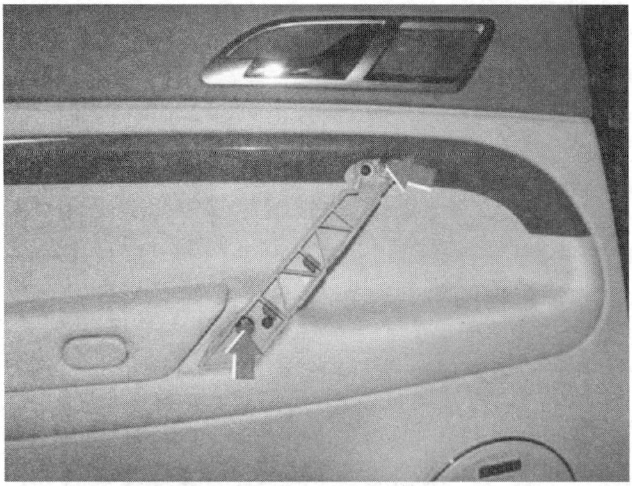

图 4-50　拆卸门内把手固定螺栓

4）拆卸车门饰板下部一只固定螺钉，螺钉位置如图 4-51 中箭头所示。

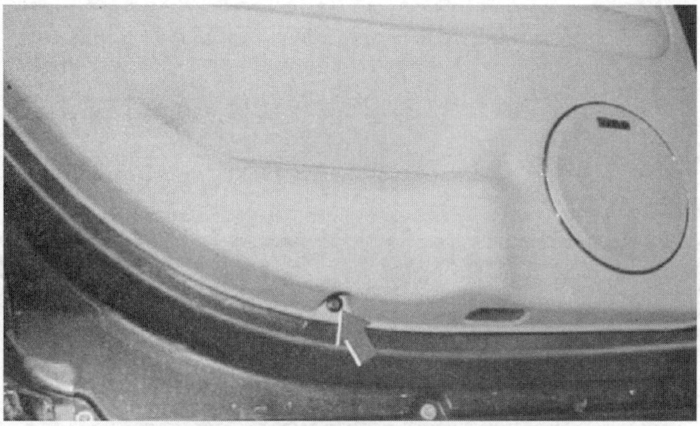

图 4-51　拆卸车门饰板下部一只固定螺钉

5）如图 4-52 所示，使用专用工具拆卸钳 3392 松开车门饰板。

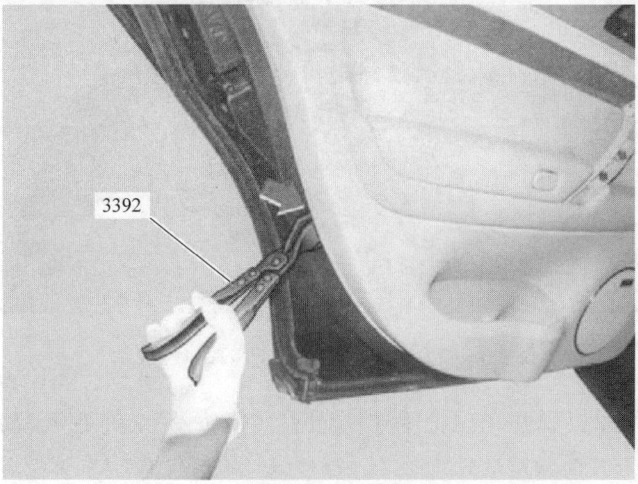

图 4-52　使用专用工具拆卸钳 3392 松开车门饰板

6）如图 4-53 所示，将车门饰板按箭头方向从窗框密封条上揭起。

图 4-53 将车门饰板按箭头方向从窗框密封条上揭起

7）如图 4-54 所示，沿图中箭头 A 方向向后拉动拉索，使拉索上的卡钩与车门内操控机构松开，拆下拉钩。

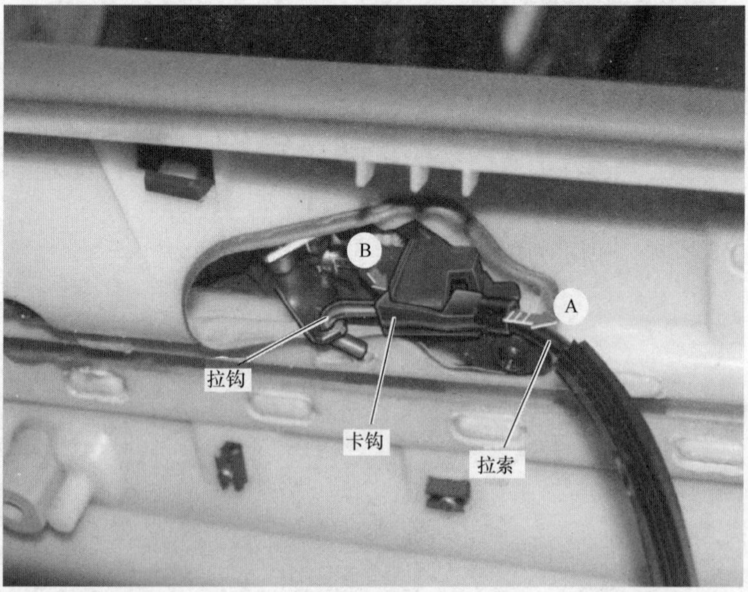

图 4-54 分离车门锁内拉手操控机构拉索

8）如图 4-55 所示，脱开车门把手照明插头（箭头 A），车窗升降器开关插头（箭头 B），高音扬声器插头（箭头 C）。

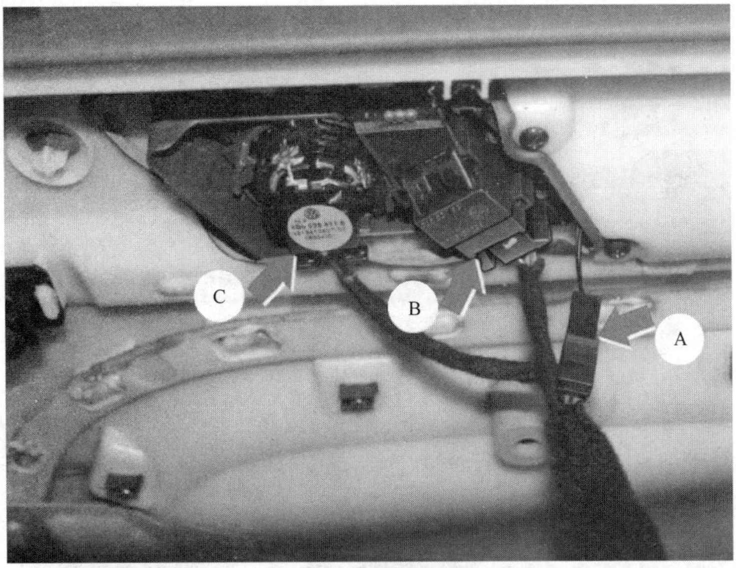

图 4-55　脱开各连接器插头

9）拆下储物箱排水管（仅左侧），如图 4-56 中箭头 A 所示，脱开登车照明灯插头（箭头 B）。

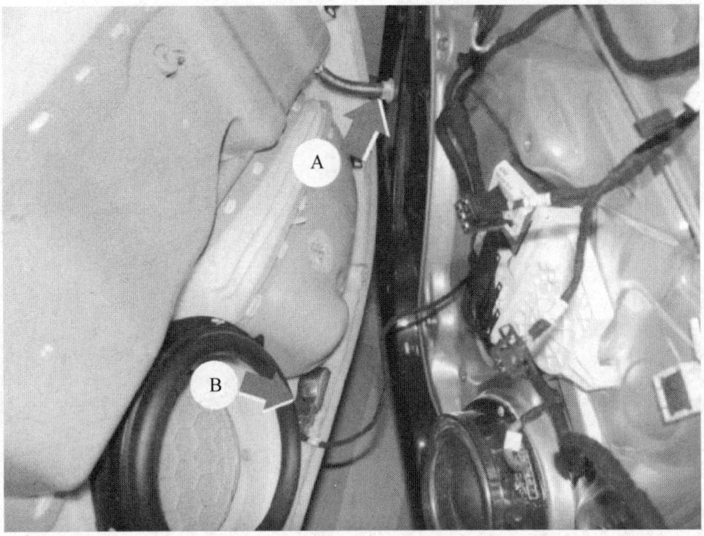

图 4-56　拆下储物箱排水管和脱开登车照明灯插头

拆卸车门饰板后的车门如图 4-57 所示。

（2）丰田汉兰达左前车门内饰板的拆卸　丰田汉兰达左前车门内饰板各部件如图 4-58 所示。

1）断开蓄电池负极端子。

注意：断开负极端子后等待 90s，以防止气囊展开。

图 4-57 拆卸车门饰板后的车门

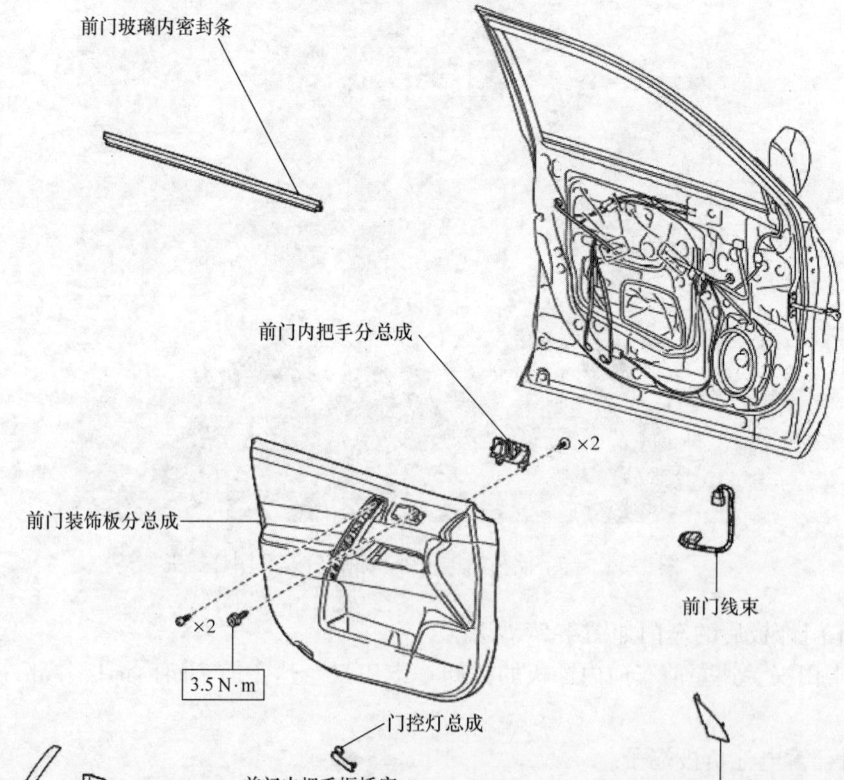

图 4-58 丰田汉兰达左前车门内饰板各部件

断开并重新连接电缆后，某些系统需要初始化，如校正转向角中心点、复位背门关闭位等，具体操作可参阅维修手册。

2）拆卸前门下门框支架装饰条。如图4-59所示，脱开卡爪和卡子，并拆下前门下门框支架装饰条（车外后视镜内三角饰板）。

3）拆卸前门内把手框插塞。如图4-60所示，使用头部缠有保护性胶带的螺钉旋具，脱开3个卡爪并拆下前门内把手框插塞。

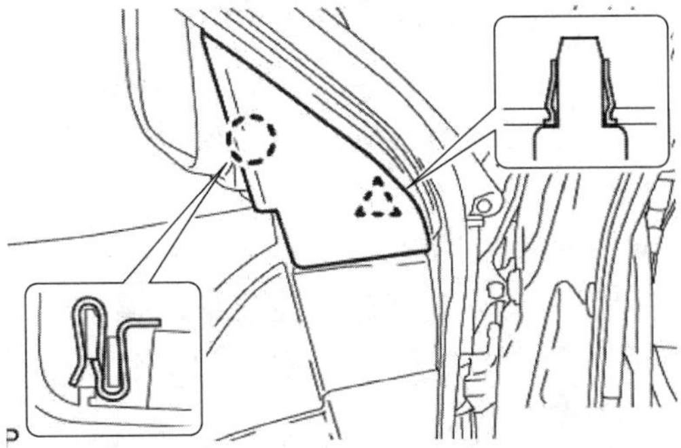

图4-59　拆下车外后视镜内三角饰板

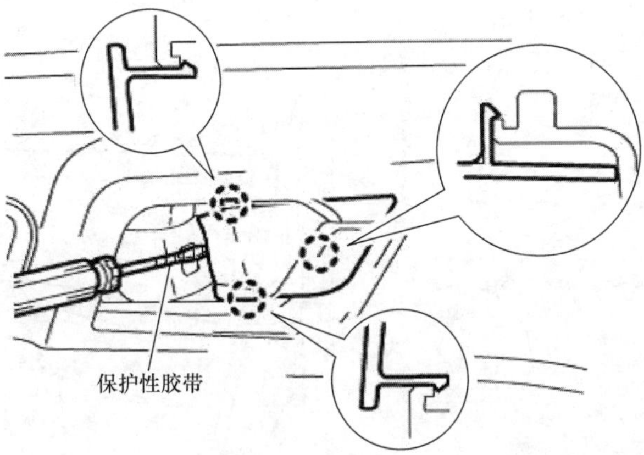

图4-60　拆下前门内把手框插塞

4）拆卸前扶手座上面板。如图4-61所示，使用头部缠有保护性胶带的螺钉旋具，脱开7个卡爪和卡子，并拆下前扶手座上面板。然后断开连接器。

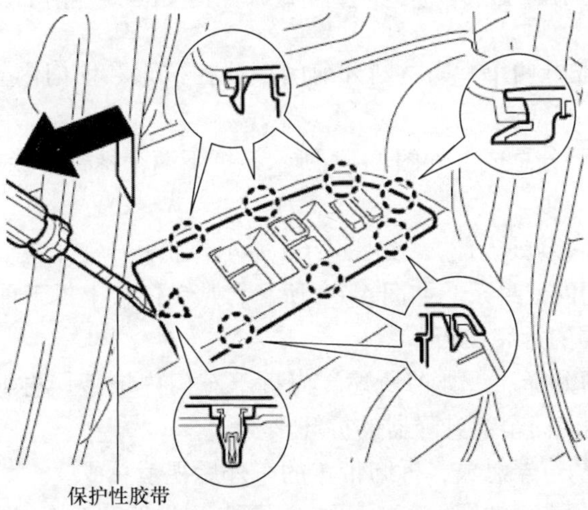

图4-61　拆下前扶手座上面板

5）拆卸辅助拉手盖。如图 4-62 所示，使用头部缠有保护性胶带的螺钉旋具，脱开 4 个卡爪并拆下辅助拉手盖。

6）拆卸门控灯总成。如图 4-63 所示，使用头部缠有保护性胶带的螺钉旋具，脱开卡爪并拆下门控灯总成。断开门控灯连接器。

7）拆卸前门装饰板分总成。如图 4-64 所示，拆下 3 个螺钉。

如图 4-65 所示，用卡子拆卸工具，脱开 9 个卡子与 5 个卡爪并从前门玻璃内密封条上分离前门装饰板分总成。

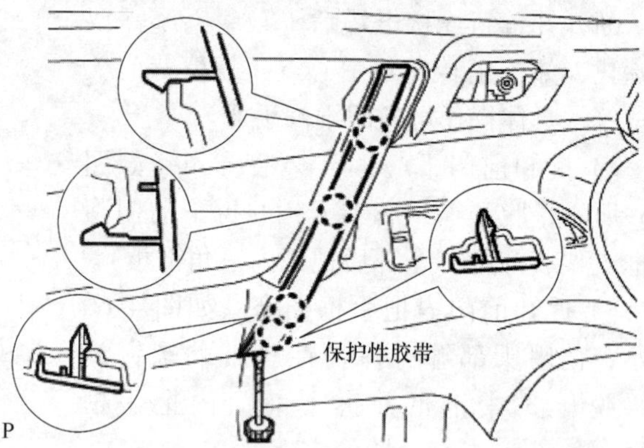

图 4-62　拆卸辅助拉手盖

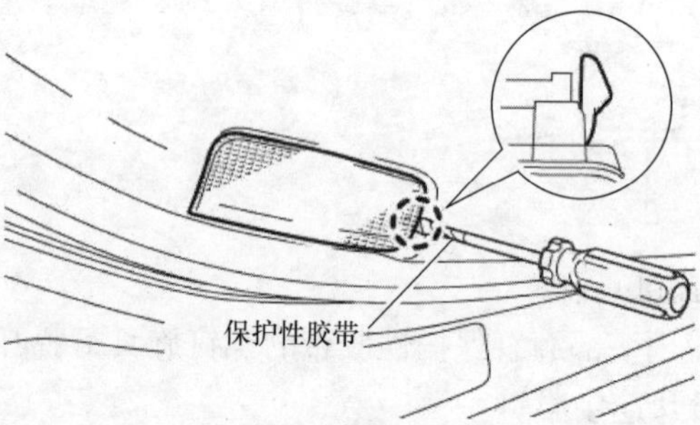

图 4-63　拆下门控灯总成

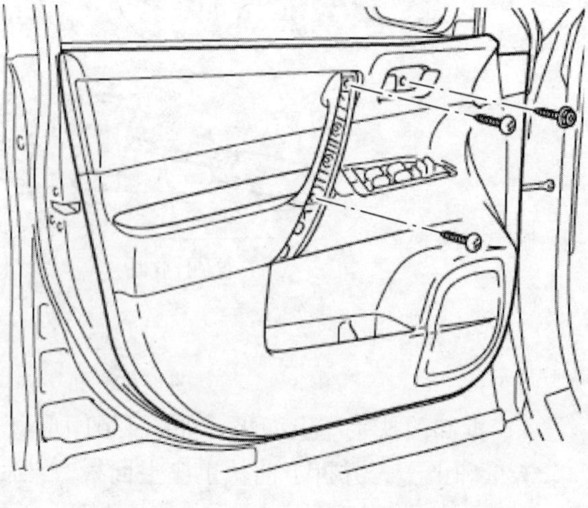

图 4-64　拆下前门装饰板 3 个固定螺钉

如图 4-66 所示，脱开两个卡夹，断开前门锁遥控拉索和前门内侧锁止拉索。然后断开连接器。

8）拆卸前门内把手分总成。如图 4-67 所示，拆下两个螺钉，脱开两个卡爪，并拆下前门内把手分总成。

9）拆卸前门线束（驾驶人侧）。如图 4-68 所示，脱开 3 个卡夹，并拆下前门线束。

10）拆卸前门玻璃内密封条。如图 4-69 所示，从前门板上拆下前门玻璃内密封条。

3. 电动车窗升降器的拆装技巧

（1）拆卸电动车窗升降器　如前所述，先拆下车门内饰板。再继续拆卸电动车窗升降器。以下是丰田汉兰达前门车窗升降器的拆卸步骤。

1）拆卸左前车门扬声器总成，拆卸带盖的车外后视镜总成。

2）拆卸前门检修孔盖。如图 4-70 所示，断开各连接器和两个卡夹，并拆下前门检修孔盖。清除车门侧残留的丁基胶带。

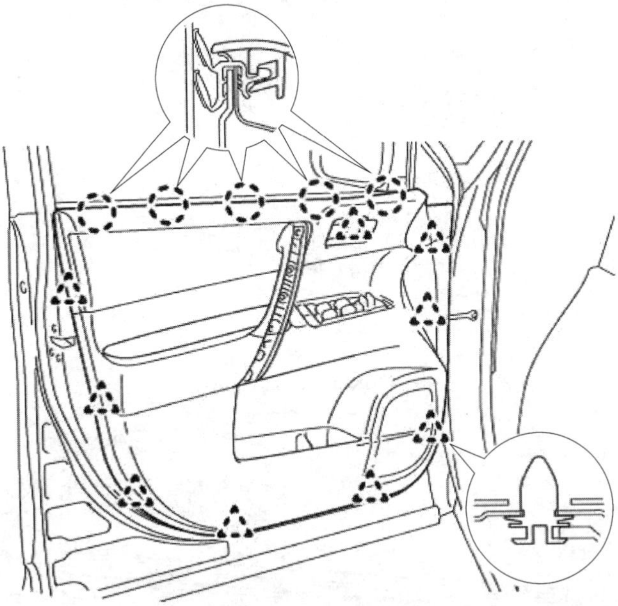

图 4-65 拆下前门装饰板卡子与卡爪

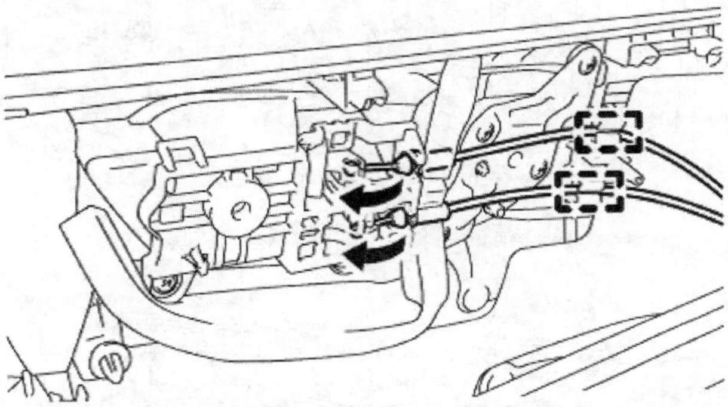

图 4-66 断开前门锁遥控拉索和前门内侧锁止拉索

图 4-67 拆下前门内把手分总成

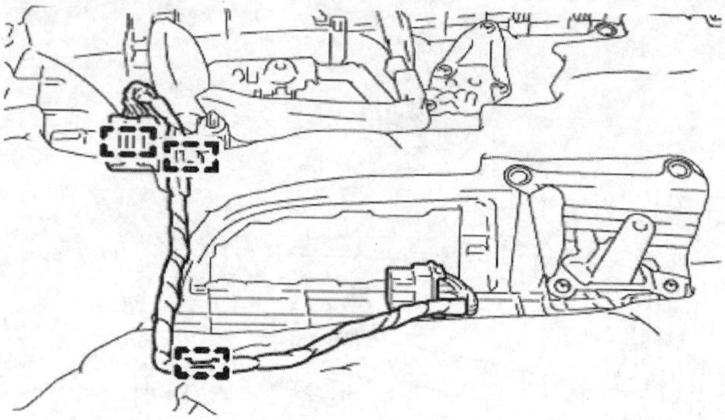

图 4-68 拆下前门线束

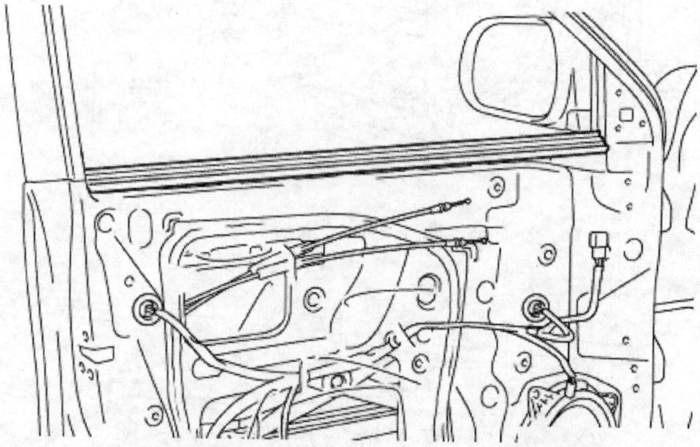

图 4-69 从前门板上拆下前门玻璃内密封条

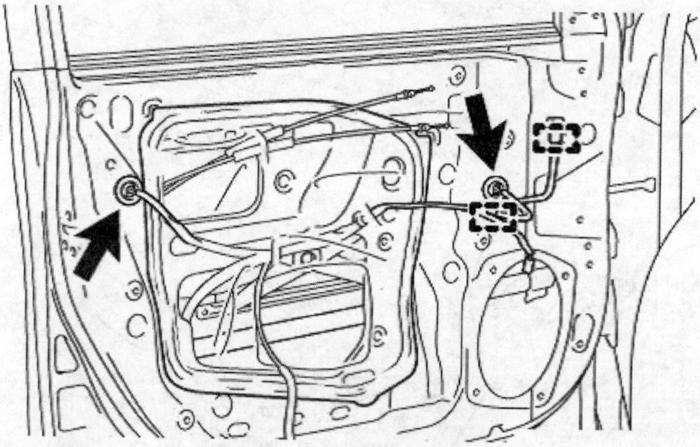

图 4-70 拆下前门检修孔盖

3）拆卸前门玻璃分总成。

① 拆下如图 4-71 所示的检修孔塞。此孔是为方便拆装车窗玻璃螺栓而开的，当车窗玻璃螺栓对准此孔时方能顺利拆装。

② 连接蓄电池负极端子。

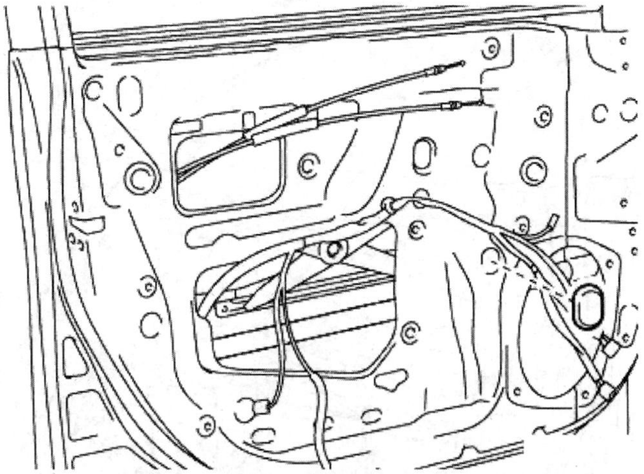

图 4-71　拆下检修孔塞

③ 连接电动车窗升降器电动机连接器。

④ 连接电动车窗升降器主开关总成，并移动前门玻璃分总成以便能看到车窗玻璃螺栓，如图 4-72 所示。

⑤ 断开蓄电池负极端子和电动车窗升降器主开关总成。

⑥ 断开电动车窗升降器电动机连接器。

⑦ 拆下两个螺栓。如图 4-72 所示，拆下门窗玻璃与升降器上的两个螺栓。拆卸时应注意，拆下螺栓后，不要让车窗玻璃掉落。

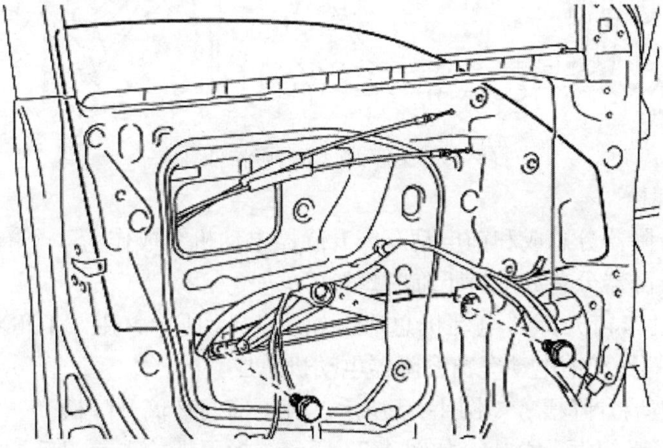

图 4-72　拆下车窗玻璃与升降器上的两个螺栓

如图 4-73 所示，拆下前门玻璃分总成。拆卸时应注意，不要损坏车窗玻璃。

4）拆卸前门窗升降器分总成。

① 如图 4-74 所示，松开临时螺栓。拆卸时应注意，不要拆下临时螺栓。如果拆下临时螺栓，前门窗升降器可能掉落，造成损坏。

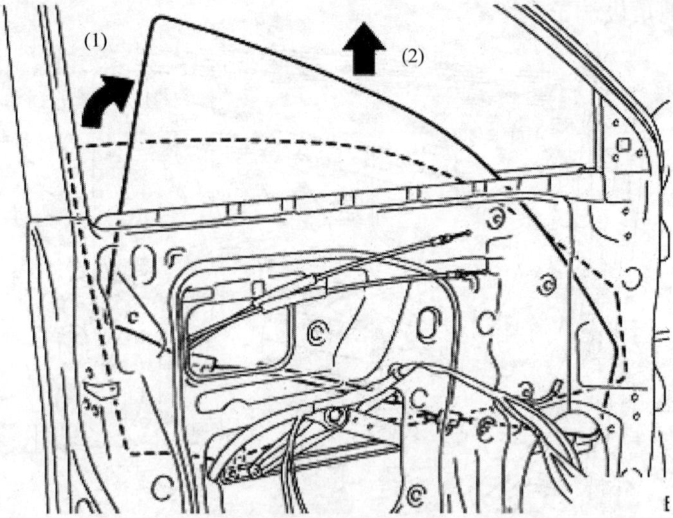

图 4-73 拆下前门玻璃分总成

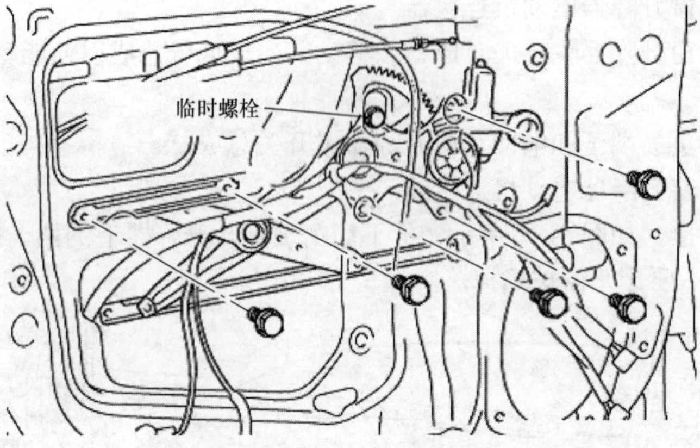

图 4-74 拆卸前门窗升降器分总成

② 拆下 5 个螺栓。

③ 将前门窗升降器分总成和前电动车窗升降器电动机总成作为一个单元拆下。

④ 从前门窗升降器分总成上拆下临时螺栓。

5）拆卸前电动车窗升降器电动机总成。如图 4-75 所示，用“TORX”梅花螺钉旋具（T25），拆下 3 个螺钉和前电动车窗升降器电动机总成。

6）拆卸前门玻璃升降槽。如图 4-76 所示，拆下前门玻璃升降槽。

7）拆卸前门后下门框分总成。如图 4-77 所示，拆下螺栓和前门后下门框分总成。

（2）安装电动车窗玻璃升降器　按与拆卸相反的顺序安装电动车窗玻璃升降器。安装电动车窗升降器电动机时，有些车型有特殊要求，应按原厂维修手册规定的步骤进行。这里不再赘述。

4. 初始化电动车窗控制系统

不同车型，初始化电动车窗控制系统的操作方法并不相同。现以几种车型为例说明初始化电动车窗控制系统的操作方法。

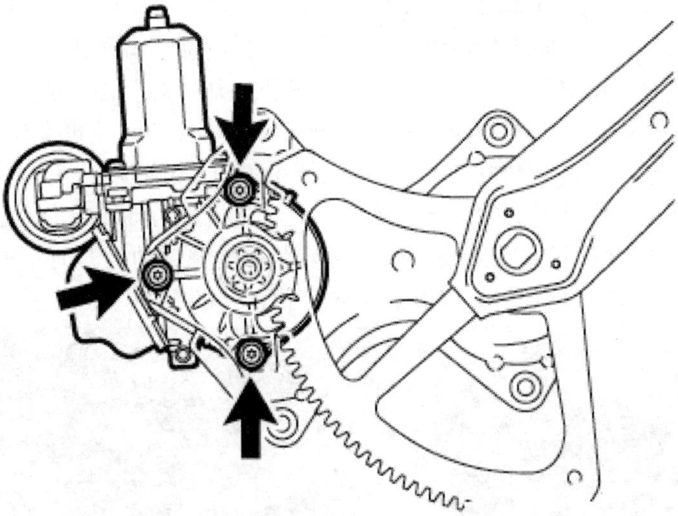

图 4-75　拆卸前电动车窗升降器电动机总成

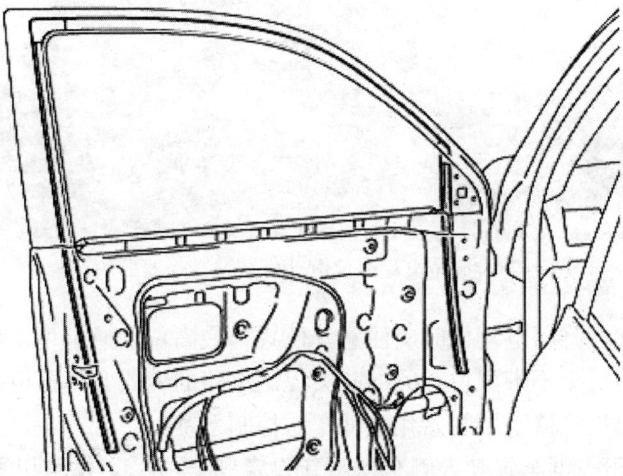

图 4-76　拆下前门玻璃升降槽

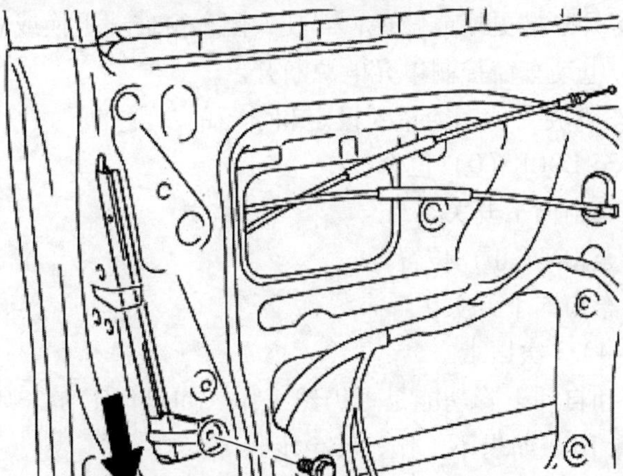

图 4-77　拆下前门后下门框分总成

（1）丰田花冠车初始化电动车窗控制系统的操作方法　以丰田花冠车为例，由于其驾驶人侧车窗为带限位开关的防夹控制电路的臂式升降器电动车窗系统，更换或拆下电动车窗电动机后重新安装时，不要急于把电动车窗电动机装到升降器上，而是先将电动车窗电动机和电动车窗总开关连接到车辆的线束，将点火开关旋到 ON 位置，再操作电动车窗总开关，按维修手册规定让电动车窗电动机在 UP 方向空转 4s 以上（旋转 6～10 圈），电动机停止转动后再把车窗电动机装到升降器的规定位置上，此时从齿扇的轴线方向看过去，齿扇上端露出整 5 个齿，如图 4-78 所示。否则会出现车窗玻璃在单触自动上升时，上升到了最高位置时又自动下降一段距离，也就是防夹功能在不恰当的位置误起了作用。

图 4-78　确定电动车窗电动机装到升降器上的位置

在安装这种臂式升降器电动机时应注意其位置，最高位置通常可从齿扇上的工作痕迹看出来。这个安装位置对于不带限位开关的防夹控制电路的臂式升降器电动车窗系统则显得没有这么重要了，但应按维修手册初始化电动车窗控制系统。

（2）2009 款本田飞度车驾驶人侧车窗重新设定和学习　当发生以下情况时，需要重新设定和学习驾驶人侧车窗：电动车窗总开关更换；电动车窗升降器更换或修理；电动车窗电动机更换或修理；车窗升降槽更换或修理；驾驶人侧车窗玻璃更换或修理；电动车窗钥匙取下操作定时器打开时，电动车窗控制单元电源断开。

2009 款本田飞度车驾驶人侧车窗重新设定和学习的步骤如下：

1）将点火开关转至 LOCK（0）位置。

2）按住驾驶人侧车窗向下开关。

3）将点火开关转至 ON（Ⅱ）位置。

4）松开驾驶人侧车窗向下开关。

5）重复步骤 1）~4）3 次以上。

6）检查自动上升和自动下降功能是否仍然工作。如果仍工作，则自动上升和自动下降功能未清除，回到步骤 1）。如果不工作，转至步骤 7）。

7）将点火开关转至 ON（Ⅱ）位置。

8）使用驾驶人侧车窗向下开关，使驾驶人侧车窗向下移到底。

9）向上按住驾驶人侧车窗向上开关，直到车窗达到完全关闭位置，然后继续按住开关 1s。

10）通过使用驾驶人侧车窗自动上升和自动下降功能，确保已重新设定和学习电动车窗控制单元。

（3）2012 款福特福克斯重设电动车窗的记忆　每次断开电源后，必须对每一车窗重设记忆。

需要注意的是，配备天窗的车辆上，进行以下步骤前必须完全关闭天窗和车门：

1）抬起开关直至车窗完全关闭。

2）松开开关。

3）再次抬起开关数秒。

4）推动开关直至车窗完全打开。

5）松开开关。

6）抬起开关直至车窗完全关闭。

7）打开车窗，尝试自动关闭车窗。

8）如果车窗不能自动关闭，应重复上述步骤进行设定。

取消防夹功能：如要暂时取消防夹功能（如冬天车窗处经常存在较大阻力），可按下列步骤进行：连续两次关闭车窗，直至车窗遇到阻力并自动退回；第三次关闭车窗至阻力处，防夹功能失效，车窗将无法自动关闭。车窗将会克服阻力，至完全关闭状态。如尝试三次后仍无法关闭，应请经过专业培训的技师来检查。

也正是因为连续两次关闭车窗时均遇到障碍物，防夹功能将被取消，所以应确保车窗正常关闭过程中无障碍物。

第五章 后视镜控制系统故障的诊断与分析

第一节 车外后视镜控制系统故障的诊断

一、故障现象

电动车外后视镜控制系统常见的故障有：左右两侧的车外后视镜均不能调整；左或右侧的车外后视镜不能调整；某一侧车外后视镜不能进行上、下方向的调整；某一侧车外后视镜不能进行左、右方向的调整；车外后视镜的折叠（收拢）功能不正常；车外后视镜的记忆功能及倒档联动功能不正常等。对外后视镜带有除霜功能的外后视镜系统，还可能出现外后视镜除霜不工作的故障。

二、故障原因

1）熔丝有故障。

2）后视镜旋钮开关有故障。

3）后视镜调节电动机有故障。

4）后视镜折叠电动机有故障。

5）电动车外后视镜控制系统线路或连接器有故障。

6）车载网络系统故障（采用车载网络系统的车外后视镜控制系统）。

三、故障诊断与排除的一般步骤

1）验证故障现象。主要要分清楚是某一侧车外后视镜工作不良还是左右两侧均工作不良；是不能进行上、下方向或左、右方向的调整还是收拢（折叠）功能不正常；记忆功能及倒档联动功能或除霜功能是否正常。

2）如果左右车外后视镜均不能调整，则先检查熔丝，熔丝的代号通常是“Mirror”“Power Mirror”“MIR”“Heated Mirrors”或与其他系统共用的如与室内灯系统共用的“DOME”、与音响系统共用的“RADIO”“ACC”等，一般可从熔丝盒盖上的说明查到，具体最好查看电路图，没电路图时，常用的做法是将所有的熔丝都用试灯测试一遍，接着在开关处检测线路，主电源线及主接地线应正常。

3）如果仅某一侧的车外后视镜上、下、左、右均不能工作，则应检查左右选择开关或线束连接器等。

4）如果仅某一侧的车外后视镜上、下或左、右均不能调整，则检查车外后视镜上、下调整电动机或左右调整电动机、开关、线路等；

5）如果车外后视镜的收拢（折叠）功能不正常，则检查折叠控制电动机及控制开关。

6）车外后视镜的记忆功能及倒档联动功能不正常时，则一般应先检查开关及输入信号、个性化设置功能是否被取消等。

7）对于采用车载网络控制系统控制的后视镜控制系统，一般应用诊断仪进行故障码的读取，接着在操作各控制开关的同时读取后视镜控制系统各开关等输入信号，按故障码与数据流的提示进行故障检修。还可充分利用诊断仪的动作测试功能对后视镜进行控制，如此时后视镜动作正常，则说明后视镜本身正常，故障应在输入侧的部件或线路上。

第二节　后视镜控制系统故障诊断、排除的相关要点

一、电动后视镜控制系统电路分析

汽车上的后视镜位置直接关系到驾驶人能否观察到车后的情况，与行车的安全性有着密切联系。而后视镜的调整一般来说比较麻烦。采用电动后视镜，可通过开关进行调整，操作起来十分方便。不同车型的电动车外后视镜控制系统电路并不完全相同，但主要有以下几种常见的电路，只有深刻理解它们的控制原理，才能在故障诊断时做到事半功倍。

1. 只具备水平及垂直调整功能的电动车外后视镜控制系统电路

电动后视镜的背后装有两套电动机和驱动器，可操纵反射镜上下及左右转动。通常上下方向的转动用一套电动机控制，左右方向的转动由另一套电动机控制。通过改变电动机的电流方向，即可完成后视镜的上下及左右调整。其典型电路如图5-1所示。

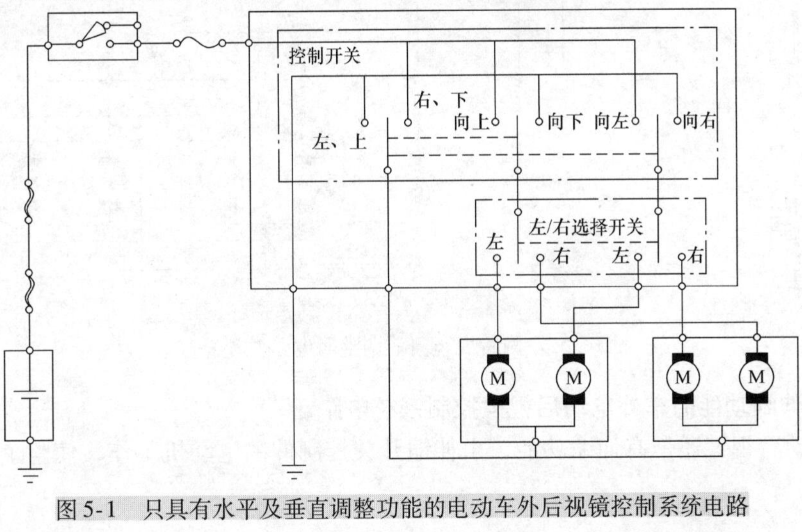

图5-1　只具有水平及垂直调整功能的电动车外后视镜控制系统电路

当左侧后视镜需要向上调整时，其左/右选择开关置于“左”位，控制开关的状态如图5-2所示。左侧后视镜向上调整时，其电路电流路径如图5-3中点线所示。

由图可知，每个后视镜总成内有两台电动机，分别为水平调整电动机和垂直调整电动机，每个后视镜有三条线，其中一条为两台电动机共用，另外两条分别是“MH”和“MV”，代表水平（Horizontal）调整电动机和垂直（Vertical）调整电动机。

后视镜开关上有7条线，其中的电源线和接地线是人们在检查电路时首先应检查的，另5条线中接左、右后视镜中的水平调整电动机和垂直调整电动机。

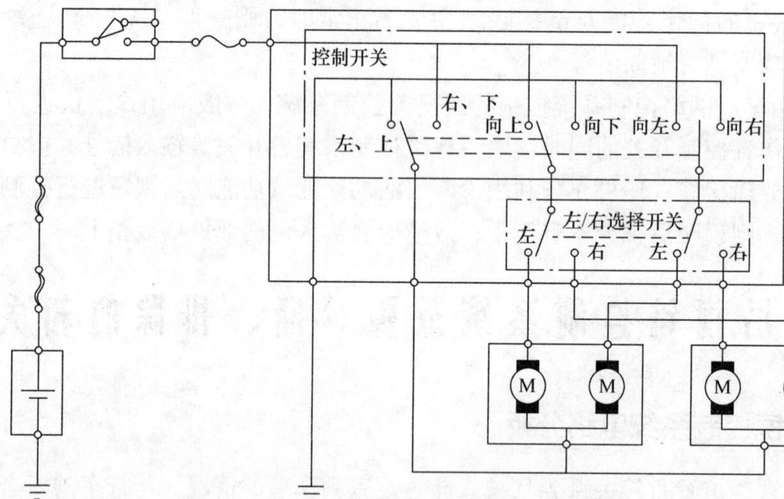

图5-2 左侧后视镜向上调整时的开关状态及电路原理图

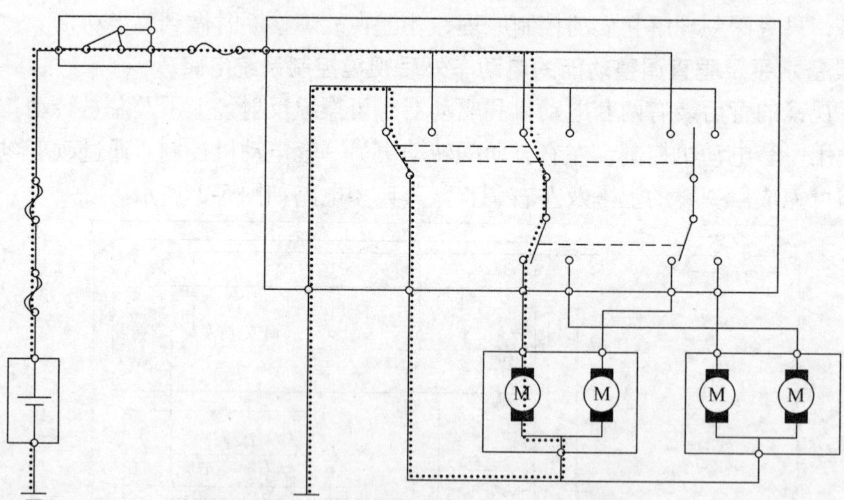

图5-3 左侧后视镜向上调整时电路电流路径

2. 具有伸缩功能的车外电动后视镜控制系统电路

有的电动后视镜还带有伸缩功能，由伸缩开关控制伸缩电动机工作，使整个后视镜回转伸出或缩回。

图 5-4 为丰田皇冠轿车可伸缩式电动后视镜控制系统电路。

在进行调整时，首先通过左/右调整开关选择好要调整的后视镜。如调整左镜时，开关打向左侧，此时开关分别与触点 7、8 接通，再通过控制开关即可进行该镜的上下或左右调整。如果进行向上调整时，可将控制开关推向上侧，此时控制开关分别与向上触点、左上触点连接。电路由蓄电池正极→熔断器→点火开关→控制开关向上触点→ 左/右调整开关→触点 7→左侧镜上下调整电动机→触点 1→电动镜开关触点 2→控制开关左上触点→电动镜开关触点 3→蓄电池负极，形成回路，左镜上下调整电动机运转，完成调整过程。其他调整过程与向上调整过程类似，通过接通不同的开关即可完成。

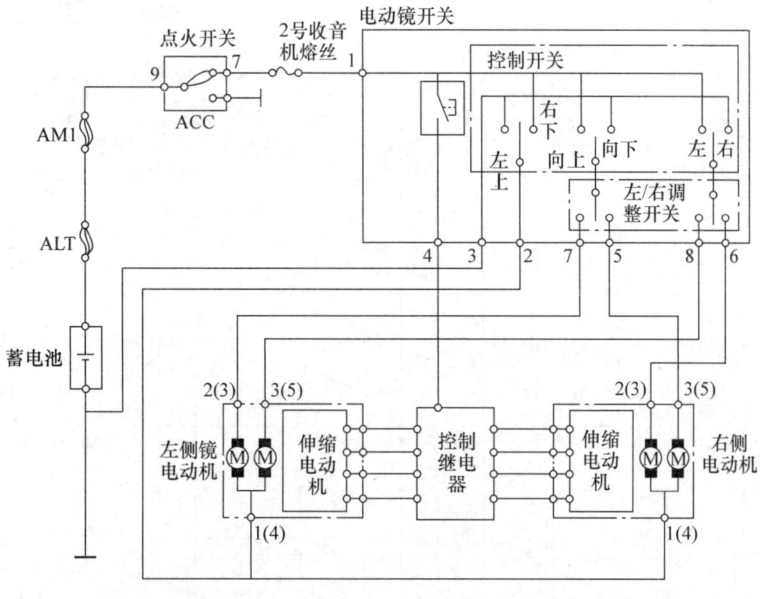

图 5-4　丰田皇冠轿车可伸缩式电动后视镜控制系统电路

电动后视镜的伸缩是通过电动镜开关上的伸缩开关进行控制的。该开关控制继电器动作，使左右两镜伸缩电动机工作，来完成伸缩功能。

有的车型的电动后视镜折叠控制电路另由一继电器供电，如图 5-5 所示的双龙 SUV 车型的不带记忆功能的后视镜控制系统。

3. 采用车载网络控制系统的电动后视镜系统

目前，不少轿车采用了车载网络系统控制的电动后视镜系统，如宝马、雷克萨斯的一些车型。

宝马在 E65 驾驶人侧和前排乘客侧车门上安装了两个电动可调外后视镜，由前部车门模块进行控制。所有后视镜功能都可通过驾驶人侧车门上开关组上的操作按钮进行操作。

后视镜直接与所属的车门模块连接。其控制功能主要包括后视镜的水平调整功能、后视镜的垂直调整功能、后视镜加热功能、后视镜折叠功能、倒车路沿观望功能、后视镜记忆设置功能、电致变光（自动防眩）功能和低电压断电监测功能。

宝马 E65 车型的外后视镜控制框图如图 5-6 所示。

（1）后视镜的水平和垂直调节　每个外后视镜都能水平和垂直调节外后视镜，每次只能在一个方向上（水平/垂直）进行调节，无法进行交叉调节。

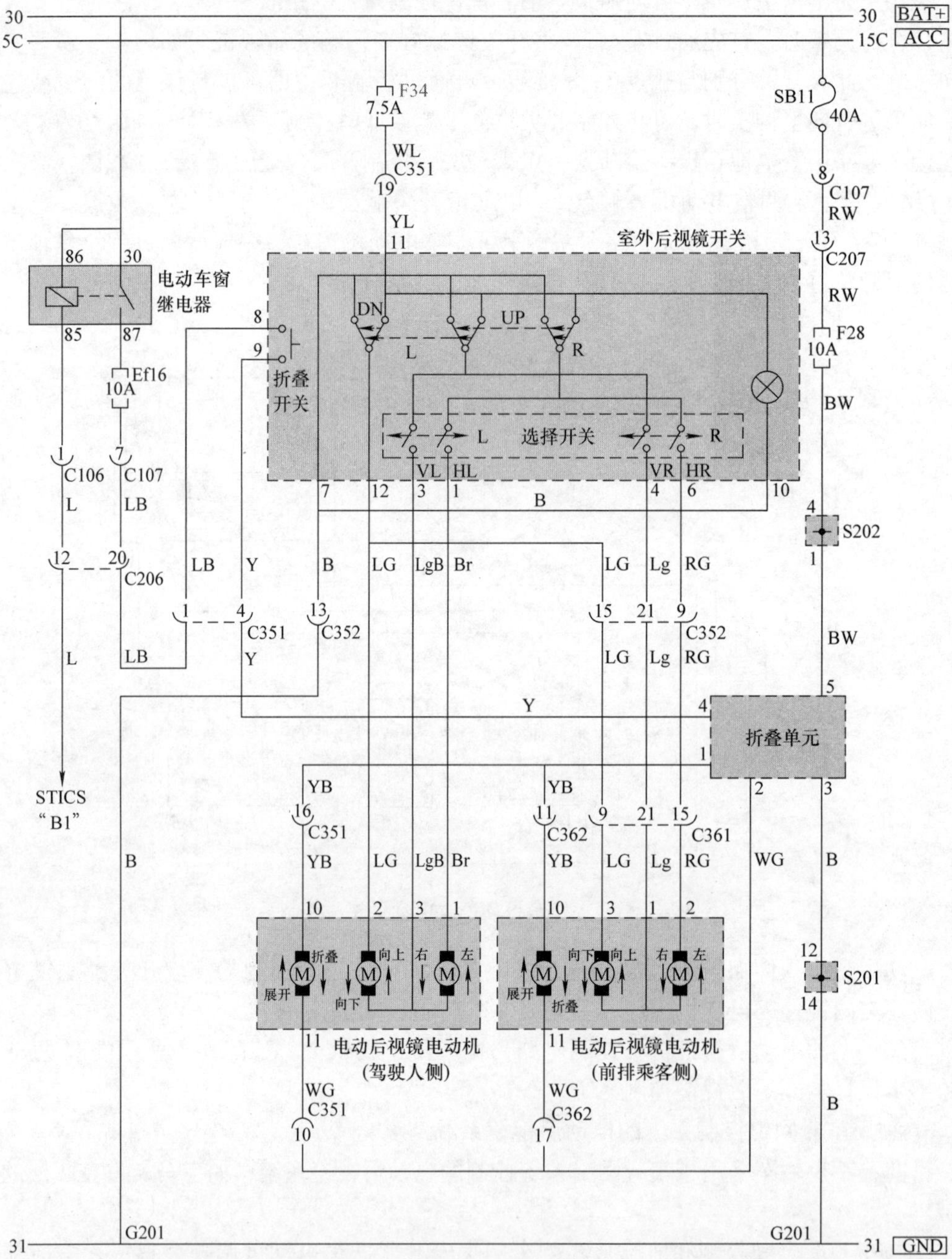

图 5-5 双龙 SUV 车型的不带记忆功能的后视镜控制系统

每个外后视镜内都装了两个调整电动机，即每个调节方向有一个调整电动机，为识别位置，各安装了一个电位计。电动机的运行位置通过电位计传送给驾驶人侧车门控制模块，或前排乘客侧车门控制模块。

（2）后视镜加热　后视镜加热装置的任务是使后视镜的镜面区不被雾气所覆盖。车辆中没有设置后视镜加热开关，后视镜加热功能是自动激活的。加热功率是自动控制的，后视镜加热装置按脉冲宽度调制通电，受功率晶体管控制。

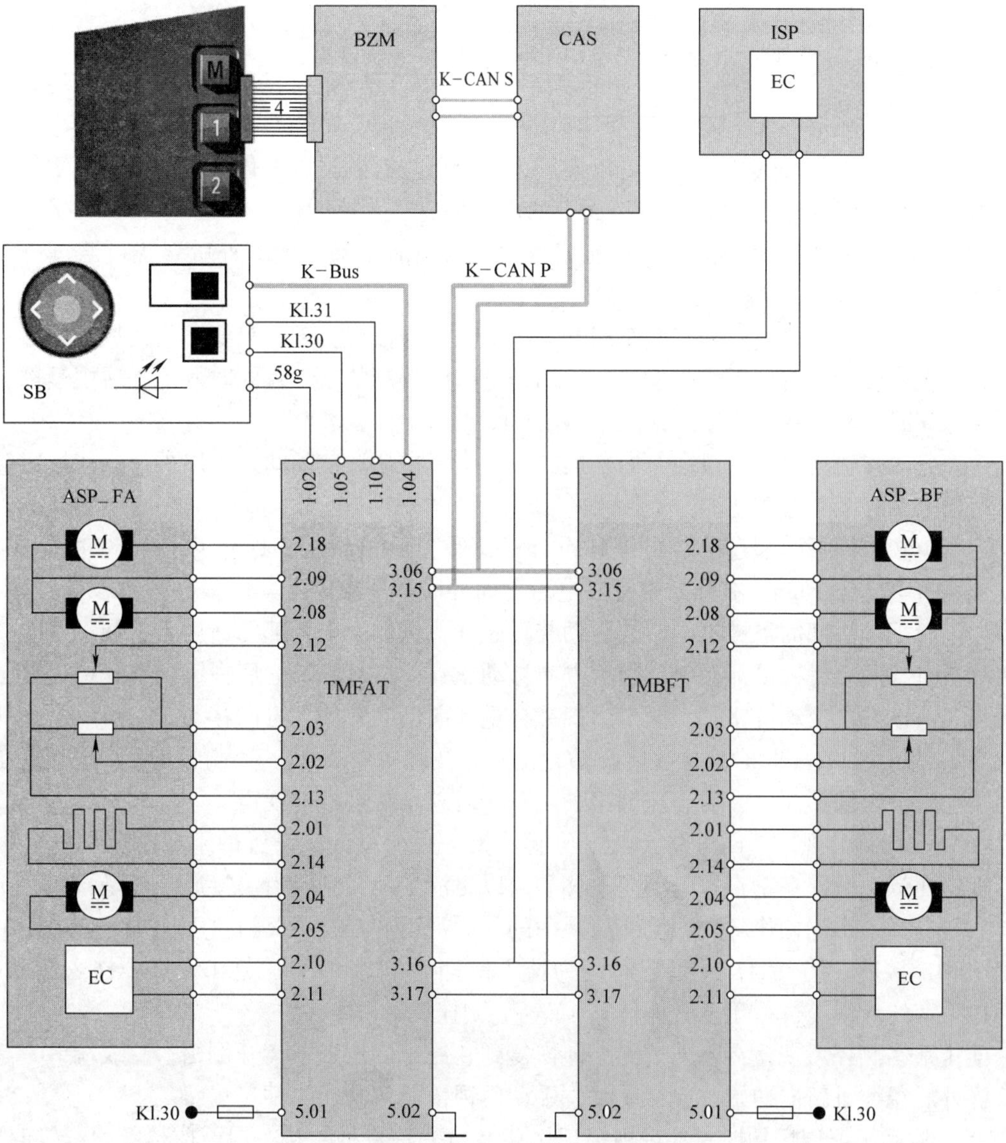

图 5-6 宝马 E65 车型的外后视镜控制框图

BZM—中央操控中心 ASP_ FA—驾驶人侧外后视镜 CAS—便捷进入及起动系统 ASP_ BF—前排乘客侧外后视镜 SB—开关组 TMBFT—前乘客侧车门模块 TMFAT—驾驶人侧车门模块 ISP—车内后视镜 58 g—查寻照明 4—14 芯扁平导线 K - CAN S—K - CAN 系统总线 K - Bus—车身子总线 K - CAN P—K - CAN 外围总线 Kl. 30、Kl. 31—总线端 EC—电致变光

加热功率与车外温度和刮水器频率有关，驾驶人车门控制模块和前排乘客车门控制模块根据车外温度信号和刮水器工作信号，分别对驾驶人车门后视镜和前排乘客门后视镜进行控制。车外温度和刮水器频率通过 KCAN 系统总线传送至驾驶人车门控制模块和前排乘客车门控制模块，加热电流的脉冲宽度与这两个信号是对应的。加热电流的脉冲宽度与车外温度信号和刮水器工作信号的对应关系见表 5-1。

表 5-1 加热电流的脉冲宽度与车外温度信号和刮水器工作信号的对应关系

车外温度/℃	< -10	-10 ~ 5	5 ~ 15	15 ~ 25	25 ~ 35	> 35
加热电流的脉冲宽度	100%	100%	75%	25%	0%	0%
刮水器工作后加热电流的脉冲宽度	100%	100%	75%	50%	25%	0%

刮水器运行时，加热功率提高可以使后视镜上可能有的雨滴汽化。在刮水器关闭后，后视镜加热还会持续 5min，这样可使镜面上的水滴快速蒸发掉。

(3) 后视镜折叠 后视镜折叠功能使得驾驶人和前排乘客侧的外后视镜可通过电动驱动部件折叠。

后视镜折叠功能通过驾驶人侧车门开关组上的一个按钮实现，只要车门模块不处于休眠模式，后视镜就能翻折，折叠电动机的控制是随时间控制的，并且同时两个外后视镜都会折叠，在卡住时，升高的电流由一个测量电阻识别。

重新操作按钮时，外后视镜会向外展开。在进行主动调节期间，可以再次操作按钮转换一次运动方向（后视镜保护）。

为避免频繁翻折引起过热，可编程设计一个重复断电机构：1min 内进行 6 次操作后，后视镜翻折会闭锁 3min。在开始重复断电后可向外展开一次。

如果后视镜头部的机械机构已与驱动装置脱开，例如由于外部的作用力，在下一次按动按钮翻折时，两个后视镜都会向已翻折方向移动，这时机械脱开的后视镜一直受控，直至其重新卡入。下一次按动按钮时，两个后视镜会重新向已向外展开方向移动。

当车速超过 20km/h 时翻折功能闭锁，但外后视镜向外展开一直都能执行。这时正在进行的功能不会因联锁而受影响。在倒车驶入车库时总是能翻折后视镜。

(4) 倒车路沿观望 倒车路沿观望功能是装备后视镜记忆设置的组成部分。前排乘客侧后视镜在倒车时，在垂直方向上向下移动，以更清楚地看到路沿。接通条件是：

只有选择了用于操作驾驶人侧外后视镜的外后视镜选择开关路沿自动识别才能启用；总线端 Kl. 15 接通；挂入倒档；延迟时间为挂入倒档后 1s（为了避免在无意中挂入倒档时，对前排乘客的后视镜进行无意义操作）；车辆上无挂车。

前排乘客侧外后视镜在下列情况立即恢复到它原来的位置：离开倒档；总线端 Kl. 15 关闭；当外后视镜重新向初始位置移动时，手动后视镜调节功能闭锁。

(5) 外后视镜记忆功能 外后视镜记忆功能是一种特种装备，属于座椅记忆/转向柱记忆。驾驶人侧和前排乘客侧外后视镜当前的设置通过下列方法被保存：驾驶人座椅操作面板上的记忆功能按钮；带钥匙记忆功能的点火钥匙（遥控器）。

每次联锁时，当前的后视镜位置都会被保存在刚才激活的点火钥匙的存储器单元上。这样，每次解除联锁时总是可以调节上一次的后视镜位置（与使用的点火钥匙有关）。

按动记忆功能按钮，中止某个由钥匙记忆功能激活的调节过程。

在驾驶人侧车门开关组的按钮条上进行手动调节，将中断所有用记忆功能进行的调节。后视镜记忆功能与总线端状态无关。

(6) 自动防眩外后视镜 当识别到后面车辆发出的光源时，自动防眩外后视镜会自动使镜面玻璃变暗。

自动防眩外后视镜直接由自动防眩目内后视镜控制。

自动防眩目内后视镜具有两个传感器，它们分别测量前后的入射光。当后面的光源强于前面时，系统会自动发出一个电压信号（根据前后的发光强度差）。电压信号越大，镜面玻璃就越变暗。

（7）安全功能

后视镜内折卡住识别：每个车门模块都具有卡住识别功能，以防止电动机的过载。当电动机卡住时，电动机中的电流会上升。车门模块将正常运行时的起动电流与电动机卡住时的电流进行比较。如果出现误差，那么就识别出电动机被卡住。这样，电动机就不再动作。

重复断电机构：作为电动机的过热保护，后视镜内折在整个运行过程结束 45s 后被锁止。如果重复断电机构被激活，外后视镜还可以再次被外折。

低压断电：外后视镜的供电电压由车门模块监控。外后视镜的所有功能在电压低于 8.5V 时被禁止。从 9V 起，这些功能又可以重新使用。

不同车型的车载网络电动后视镜控制系统的网络拓扑结构图并不相同，所以在诊断车载网络电动后视镜控制系统时，最好能清楚地画出网络拓扑结构图。图 5-7 为 2004 款皇冠轿车的车载网络电动后视镜控制系统图。

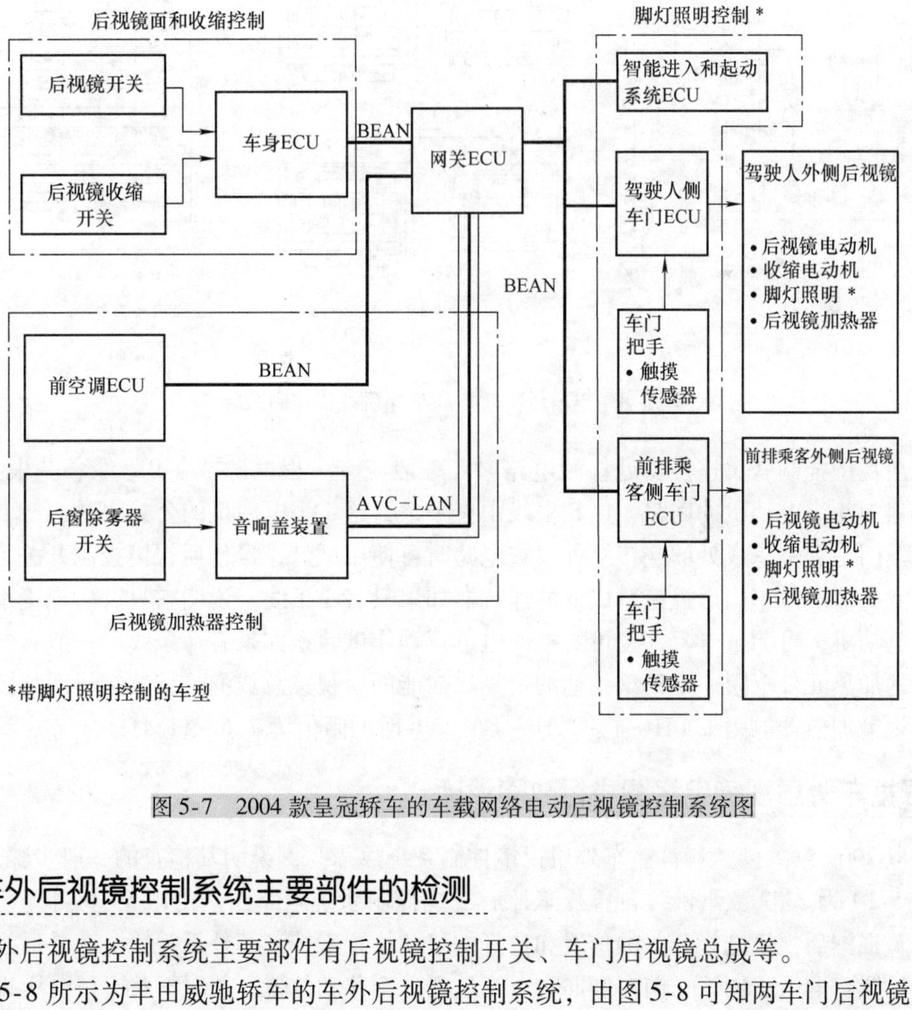

图 5-7 2004 款皇冠轿车的车载网络电动后视镜控制系统图

二、车外后视镜控制系统主要部件的检测

车外后视镜控制系统主要部件有后视镜控制开关、车门后视镜总成等。

图 5-8 所示为丰田威驰轿车的车外后视镜控制系统，由图 5-8 可知两车门后视镜的电源

经“ACC”熔断器，后视镜控制开关同时控制后视镜水平及垂直调整电动机的电源及接地。可根据图中右下角表中的逻辑关系检测后视镜控制开关的导通性。在此电路中还有几个中间连接，如“ID2”“II1”，由于它们的接近性比较好，检查电路故障时可充分利用中间连接器检测，以迅速判断故障位置。

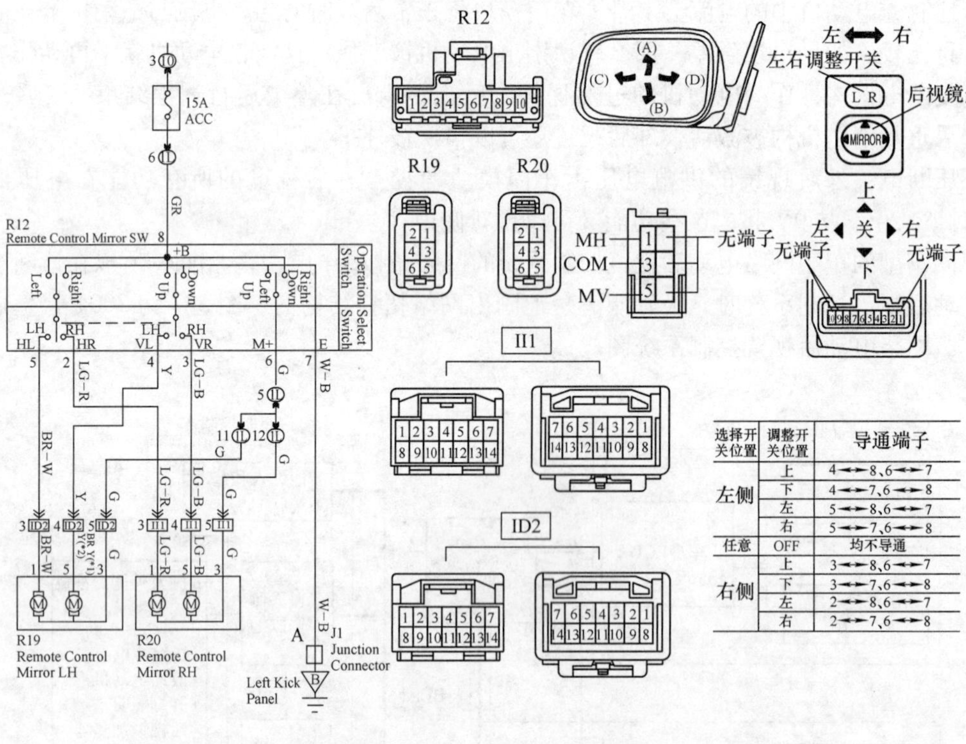

选择开关位置	调整开关位置	导通端子
左侧	上	4←→8、6←→7
	下	4←→7、6←→8
	左	5←→8、6←→7
	右	5←→7、6←→8
任意	OFF	均不导通
右侧	上	3←→8、6←→7
	下	3←→7、6←→8
	左	2←→8、6←→7
	右	2←→7、6←→8

图 5-8 丰田威驰轿车的车外后视镜控制系统

在后视镜控制开关连接器处检测电路时，一般应有一根电源“+B”线、一根接地线，其他 5 根为 4 个电动机的回路，这 5 根线中有一条为这 4 个电动机的公共线。

在车门后视镜总成处的连接器处检查电路时可使用试灯，操作后视镜控制开关，同时观察试灯点亮情况。车门后视镜总成处的连接器如果只有 3 条线，说明它只有后视镜水平及垂直调整电动机，可测量电阻，也可直接通电进行动作试验；如果有 5 条线，一般有两条线为后视镜的加热元件电阻。丰田汉兰达的带加热功能的后视镜总成的连接器端子图如图 5-9 所示。后视镜加热器电阻 1（H+）-2(H-)在 25℃时的阻值为 7.6~11.4Ω。

三、根据车外后视镜电路图进行故障诊断

现以 2009 款雪佛兰科鲁兹车外后视镜控制系统故障为例说明其检查的一般步骤。

图 5-10 为 2009 款雪佛兰科鲁兹车外后视镜控制系统电路图。由图 5-10 可知，车外后视镜开关根据后视镜选择开关的位置和选择的移动位置来控制车外后视镜。车外后视镜开关有 4 个位置：向上、向下、向左和向右。当选择一个移动位置开关时，将 B+电压提供给电

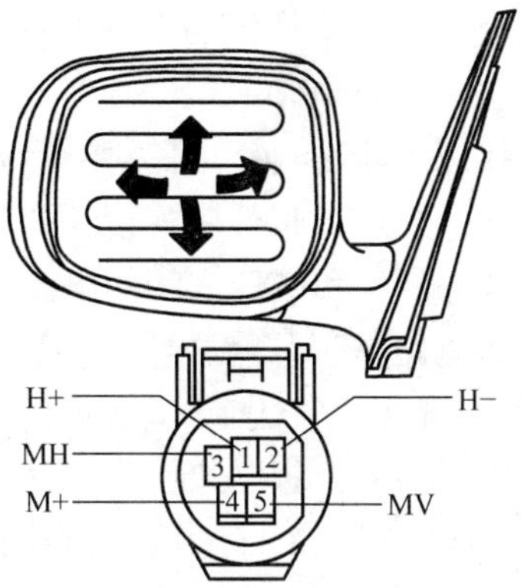

图 5-9　丰田汉兰达的带加热功能的后视镜总成的连接器端子图

动后视镜熔丝、开关，通过后视镜控制电路将电压输出至指令的后视镜。另一侧后视镜控制电路作为双向后视镜电动机的接地电路。通过开关提供接地。点火开关置于 ON 位置，后视镜选择开关置于驾驶人位置，使用后视镜方向开关指令后视镜向上、向下、向左和向右。A9A 驾驶人侧车外后视镜应按指令的方向移动。后视镜选择开关置于前排乘客位置，使用后视镜方向开关指令后视镜向上、向下、向左和向右。A9B 前排乘客侧车外后视镜应按指令的方向移动。

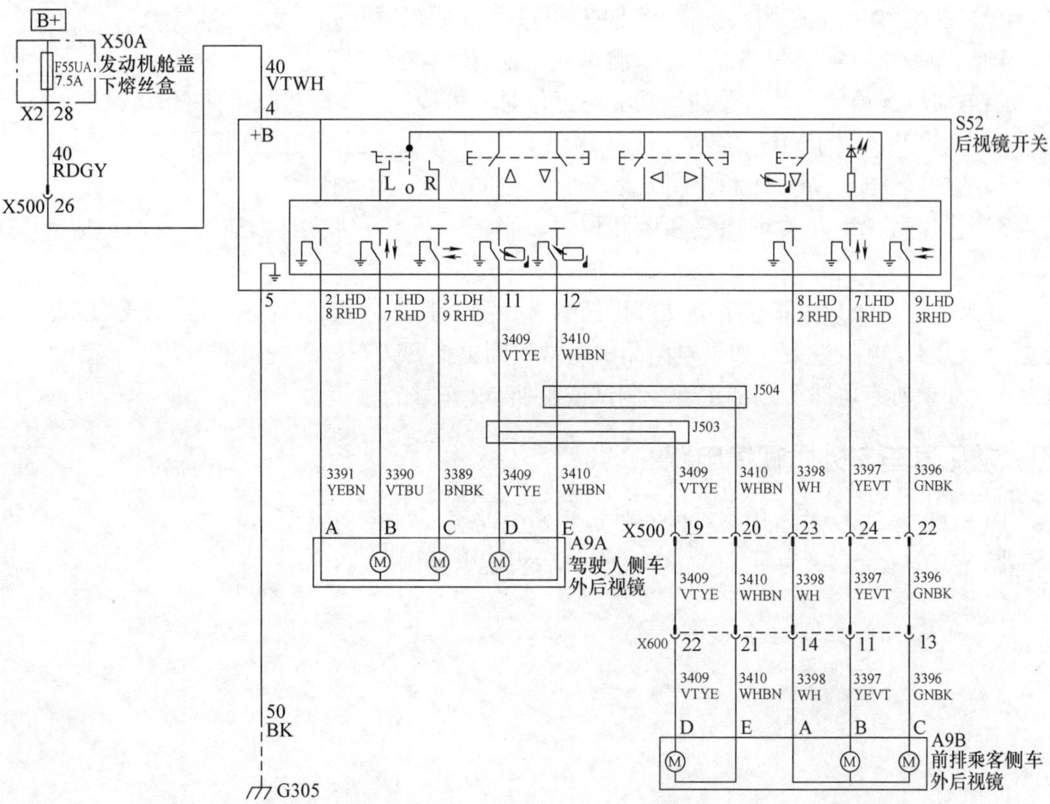

图 5-10　2009 款雪佛兰科鲁兹车外后视镜电路

车外后视镜开关控制电动折叠或车外后视镜的电动伸展功能。双向电动机控制通过折叠后视镜电动机缩回控制电路和折叠后视镜电动机展开控制电路来控制折叠后视镜电动机。

当电动后视镜不工作时，可按以下步骤进行电路/系统测试：

1）点火开关置于 OFF 位置，断开 S52 车外后视镜开关的 X1 线束连接器。

2）等待 1min，测试接地电路端子 5 和接地之间的电阻是否小于 10Ω。

如果大于规定范围，测试接地电路是否开路/电阻过大。

3）将点火开关置于 ON 位置，检查并确认 +B 电路端子 4 和接地之间的测试灯点亮。

如果测试灯未点亮，测试 +B 电路是否对接地短路或开路/电阻过大。

4）点火开关置于 OFF 位置，连接 S52 车外后视镜开关的线束连接器。

5）断开相应的 A9 车外后视镜的线束连接器。

6）在控制电路端子 A 和控制电路端子 B 之间连接一个测试灯。

7）操作垂直调节开关向上和向下。当指令向上和向下时，测试灯应点亮。

如果在这两个指令下测试灯仍然熄灭，测试控制电路是否对电压短路、对接地短路或开路/电阻过大。如果电路测试正常，则更换 S52 车外后视镜开关。

8）在控制电路端子 A 和控制电路端子 C 之间连接一个测试灯。

9）操作水平调节开关向左和向右。当指令向左和向右状态时，测试灯应点亮。

如果在这两个指令下测试灯仍然熄灭，测试控制电路是否对电压短路、对接地短路或开路/电阻过大。如果电路测试正常，则更换 S52 车外后视镜开关。

10）如果所有电路测试都正常，测试或更换 A9 车外后视镜。

当电动后视镜的电动折叠伸展功能不工作时，可按以下步骤进行电路/系统测试：

1）点火开关置于 OFF 位置，断开相应的 A9 车外后视镜的线束连接器。

2）在控制电路端子 D 和控制电路端子 E 之间连接一个测试灯。

3）操作后视镜开关至折叠和展开位置。当指令折叠和展开状态时，测试灯应点亮持续 1s。

如果在这两个指令状态下测试灯仍然熄灭，测试其每个控制电路是否对电压短路、对接地短路或开路/电阻过大。如果电路测试正常，则更换 S52 车外后视镜开关。

4）如果所有电路测试都正常，测试或更换 A9 车外后视镜。

四、常见汽车车外后视镜电路

图 5-11 为 2009 款本田飞度的车外后视镜电路图。

图 5-12、图 5-13 为伊兰特轿车的车外后视镜电路图。

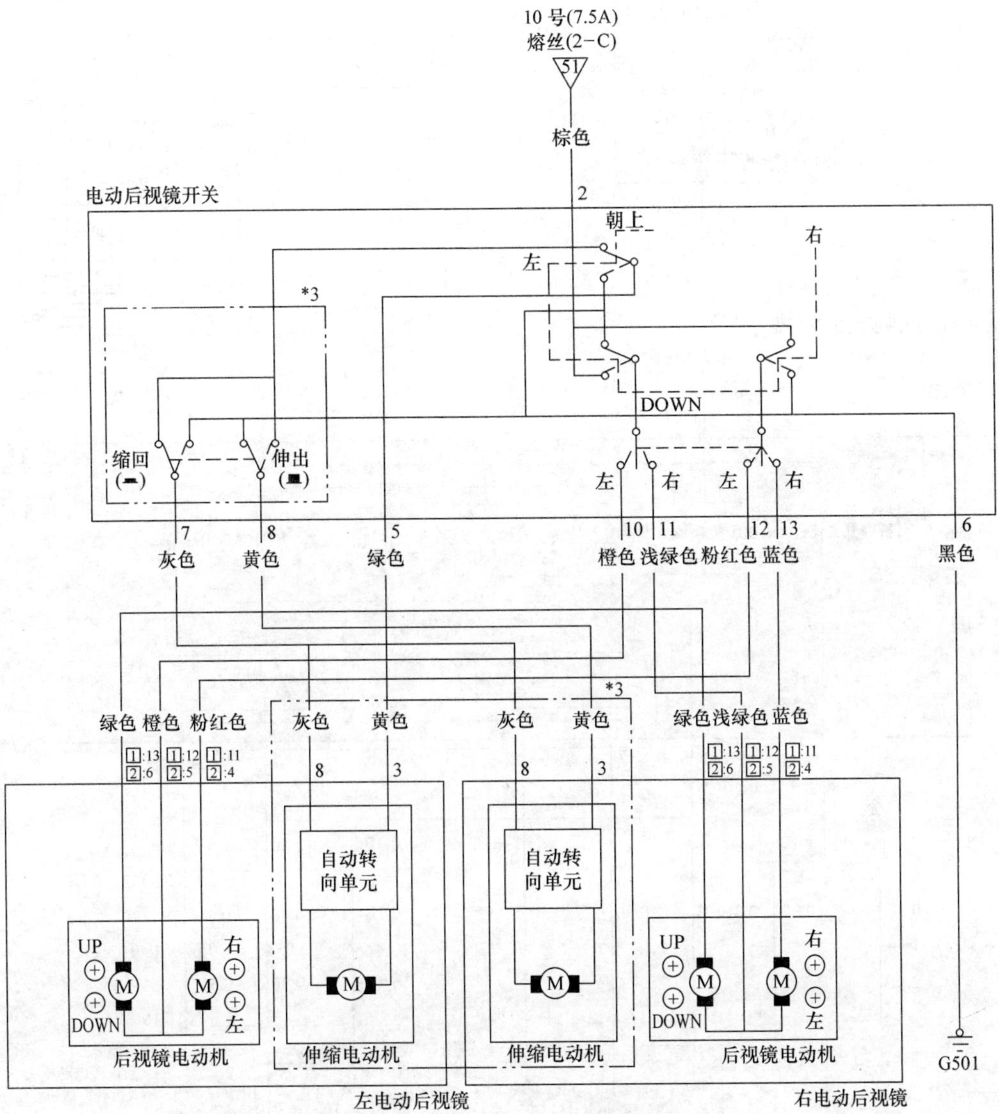

图 5-11 2009 款本田飞度车外后视镜电路

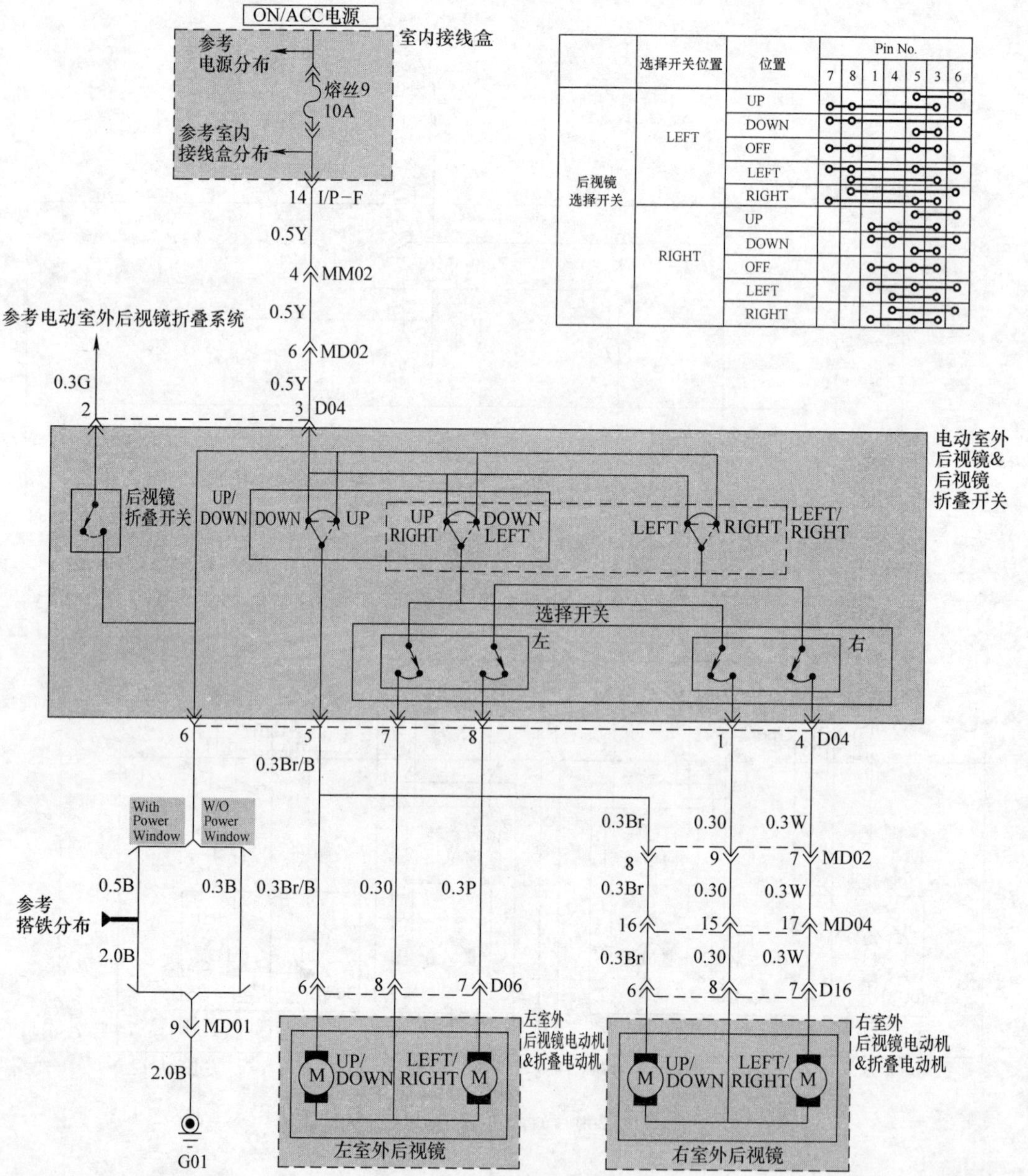

图 5-12 伊兰特轿车的车外后视镜电路图

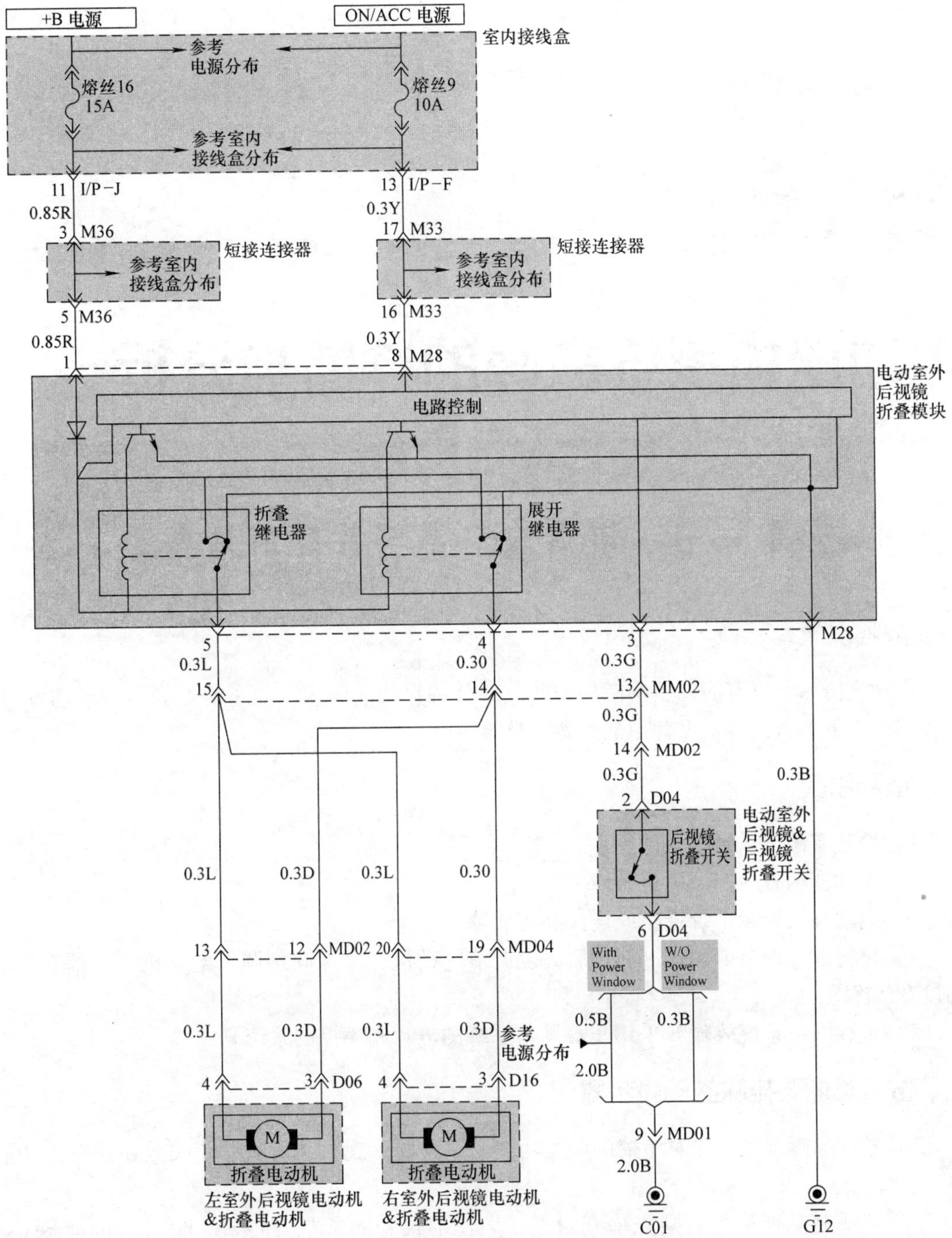

图 5-13　伊兰特轿车的车外后视镜折叠电路

第六章

电动座椅系统故障的诊断与分析

第一节 电动座椅系统故障的诊断

一、故障现象

电动座椅系统所有的调整功能均失效或部分调整功能失效，如座椅不能前后滑动调整、座椅不能上下垂直调整、靠背不能倾斜调整等。

二、故障原因

1）熔丝有故障。

2）电动座椅各控制开关有故障。

3）电动座椅控制系统线路或连接器有故障。

4）座椅滑动调节电动机、前、后高度调节电动机、靠背倾角调节电动机、腰部支撑电动机有故障等。

5）车载网络系统故障（采用车载网络系统的电动座椅控制系统）。

三、故障诊断与排除的一般步骤

1）验证故障现象。先对座椅的调整功能一一检验，观察是所有功能失效还是部分功能失效。

2）如所有功能失效，则先检查熔丝，熔丝的代号通常是“P/SEAT”“Power Seats”“Power Seat System”或与其他系统共用的如“P/W”“DOOR”等，一般可从熔丝盒盖上的说明里查到，具体最好查看电路图，没电路图时，常用的做法是将所有的熔丝都用试灯测试一遍，接着在开关处检测线路，主电源线及主接地线应正常。

3）如果同一调整功能中仅能向一个方向调整而不能向另一个方向调整的话，例如在座椅前后滑动调整功能中只能向前调节而不能向后调节，则一般为调整开关或开关线路的故障。

4）如果同一调整功能中两个方向均不能调整的话，如座椅不能前后滑动调节或靠背不能倾斜调整等，则检查调整电动机或开关、线路等。

5）座椅的记忆功能不正常时，则一般应先检查开关及输入信号、个性化设置功能是否被取消等。

6）对于采用电子控制系统控制的座椅控制系统，一般应用诊断仪进行故障码的读取，接着在操作各控制开关的同时读取座椅控制系统各开关等输入信号，按故障码与数据流的提示进行故障检修。还可充分利用诊断仪的动作测试功能对座椅进行控制，如此时座椅动作正常，则说明座椅各电动机本身正常，故障应在输入侧的部件或线路上。

7）如操作座椅调节开关时，能听到电动机的运转声音但座椅无相应动作，则检查座椅调节机构的机械部分。这些机械传动机构通常采用蜗杆蜗轮机构、螺纹传动、绳轮传动、摆线齿轮传动、连杆机构等，应检查是否损坏。

第二节　电动座椅系统故障诊断、排除的相关要点

一、熟悉电动座椅的结构组成

驾驶人侧电动调节座椅的结构往往是车上最复杂的座椅。现以丰田 2009 款锐志车为例介绍电动座椅的结构组成。

如图 6-1 所示，驾驶人侧座椅及前排乘客侧座椅采用了由电动辅助装置实现的滑动调整机构、倾斜调整机构、前部垂直调整机构、升降调整机构、座垫长度调整机构（只用于 U 等级）、支撑调整机构（仅限驾驶人侧座椅），使得位置调整更为方便。

1	滑动调整
2	前部垂直调整
3	升降调整
4	倾斜调整
5	座垫长度调整
6	支撑调整

图 6-1　丰田 2009 款锐志车驾驶人侧电动座椅的调节功能

1. 电动滑动调整机构

电动滑动调整机构结构如图 6-2 所示。用电动座椅开关进行滑动调整操作，则滑动调整电动机开始旋转。该旋转运动通过座椅滑动外壳中的蜗轮传送到座椅滑动螺钉。

座椅滑动螺钉和塑料螺母啮合，因为塑料螺母通过带帽螺栓托架固定在座椅下导轨上，所以传送来的旋转运动使得座椅滑动螺钉相对于座椅下导轨在前后方向上移动。因此安装着座椅滑动螺钉的座椅上导轨开始滑动。

滑动调整机构可进行前后约 240mm 的调整。

2. 电动前部垂直调整机构

电动前部垂直调整机构结构如图 6-3 所示。用电动座椅开关进行前部垂直调整操作，则前部垂直调整电动机开始旋转。该旋转运动通过前部垂直调整腔内的蜗轮传递，使垂直调整

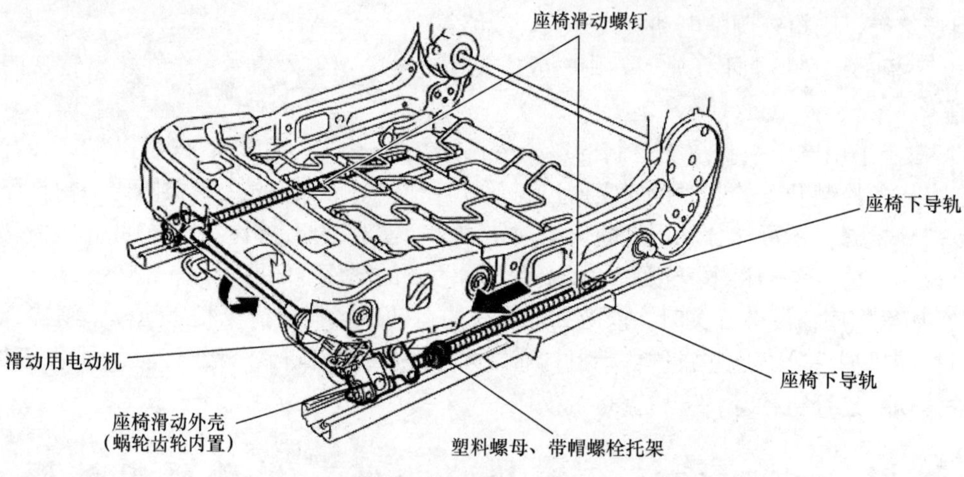

图 6-2 驾驶人侧电动座椅的电动滑动调整机构结构

螺钉前后移动。

垂直调整螺钉的前端安装有连杆，垂直调整螺钉的前后运动使得连杆转动，从而使座椅软垫的前端部上下移动。另外，连杆通过前部垂直调整杆将运动传递到另一侧的连杆。

前部垂直调整机构可进行上下 5°的调整。

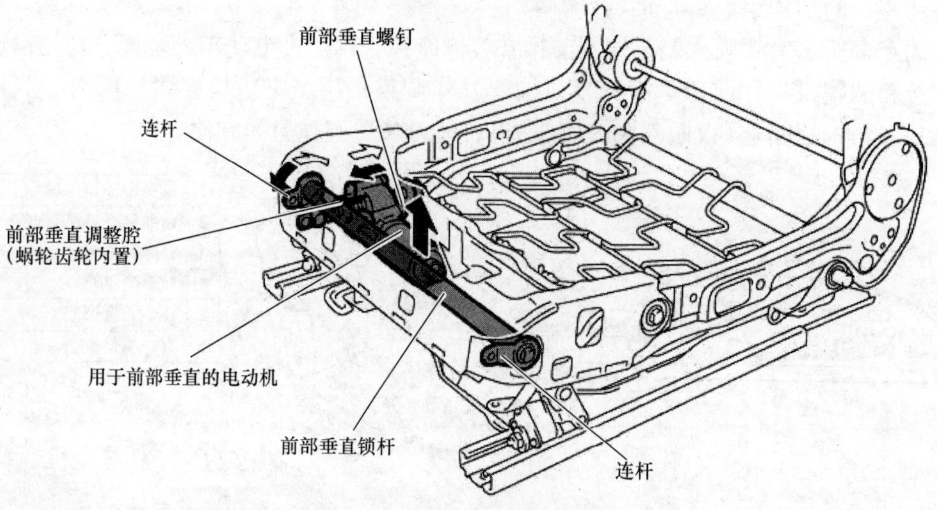

图 6-3 电动座椅的前部垂直调整机构结构

3. 电动升降调整机构

电动升降调整机构结构如图 6-4 所示。用电动座椅开关进行升降操作，则升降调整电动机开始旋转。该旋转运动通过升降腔内的蜗轮传递，使升降螺钉前后移动。

升降螺钉的前端安装有连杆，连杆将升降螺钉的前后运动传递给曲轴。

曲轴将升降螺钉的运动通过升降杆传递给外侧，同时绕着支点 R 转动，将下臂后端上举。另外，前升降连杆与此连动，以支点 S 为中心转动，将下臂前端上举，使整个座椅上升。

升降调整机构可进行上下约 58mm 的调整。

4. 电动倾斜调整机构

电动倾斜调整机构结构如图 6-5 所示。倾斜机构由座椅靠背框架侧上安装的外齿轮、下

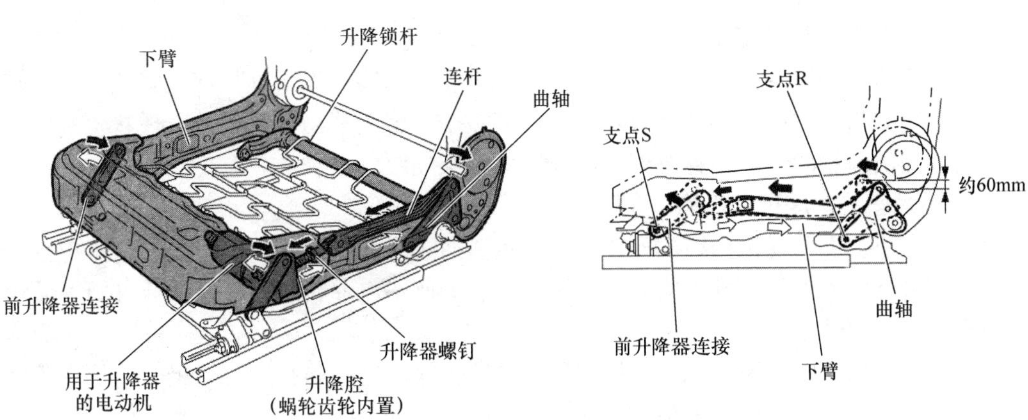

图 6-4　电动座椅的升降调整机构结构

臂上安装的内齿轮、制约外齿轮和内齿轮啮合的倾斜铰链销、使倾斜铰链销转动的倾斜调整电动机及倾斜变速器、将座椅靠背的运动传递至内侧的倾斜杆构成。

倾斜调整角度为从垂直位置往前 8°、往后 70°。

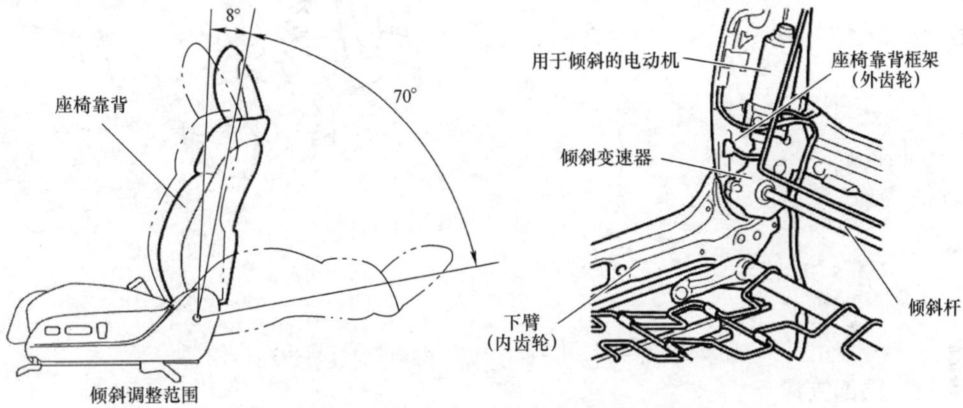

图 6-5　电动座椅的倾斜调整机构结构

用电动座椅开关进行倾斜操作，则倾斜调整电动机开始旋转。该旋转运动通过倾斜变速器传递到倾斜铰链销。电动座椅倾斜调整机构倾斜铰链销处的传动如图 6-6 所示。

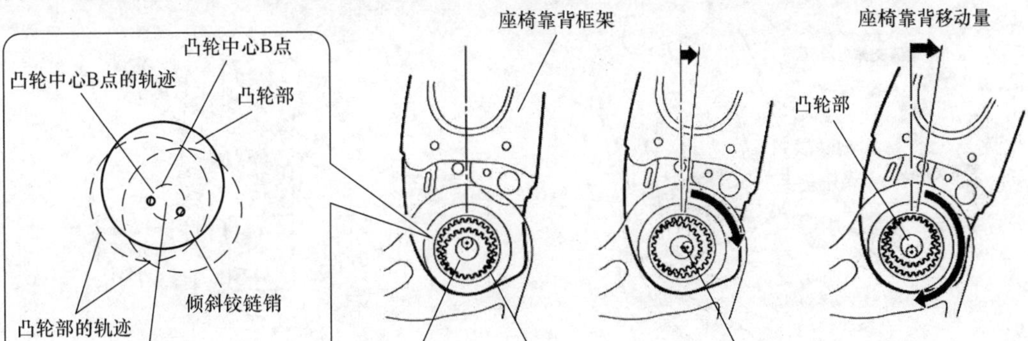

图 6-6　电动座椅倾斜调整机构倾斜铰链销处的传动

倾斜铰链销上，设有以相对于铰链销旋转轴 A 点略有偏移的 B 点为中心的凸轮部，当铰链销转动，则凸轮部沿着环状轨迹转动（图6-6）。

在座椅软垫部的倾斜铰链销凸轮部上设置外齿轮，与座椅靠背框架部上安装的内齿轮相啮合。内齿轮的齿数比凸轮部的外齿轮的齿数多一个，因此每当外齿轮沿着环状轨迹旋转一周，外齿轮和内齿轮的啮合位置改变，座椅靠背框架便缓缓移动。

5. 电动式座垫长度可变机构

电动式座垫长度可变机构结构如图6-7所示。通过操作座椅的外侧座椅软垫防护板上安装的座椅软垫开关，可使前排座椅软垫框架上安装的座垫电动机旋转，在前后方向上无级调整座垫长度可变组件。

软垫开关向前或向后操作时，小齿轮通过从动齿轮驱动座垫长度可变组件，从而驱动与座垫长度可变组件连接的座椅软垫管。

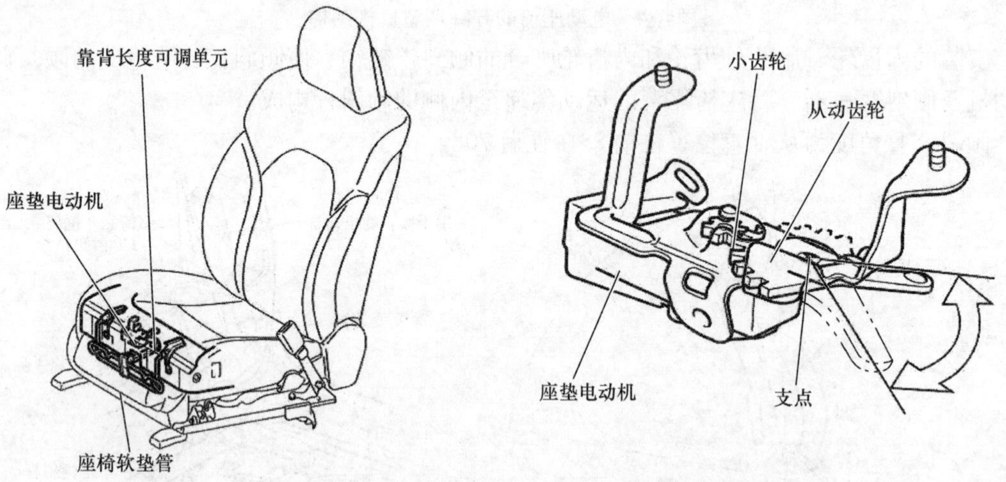

图6-7 驾驶人侧电动座椅座垫长度可变机构结构

6. 电动腰部支撑

电动腰部支撑调节机构结构如图6-8所示。通过操作座位外侧座垫上安装的腰部支撑开关，能前后无级调整座椅靠背中内置的支撑线。

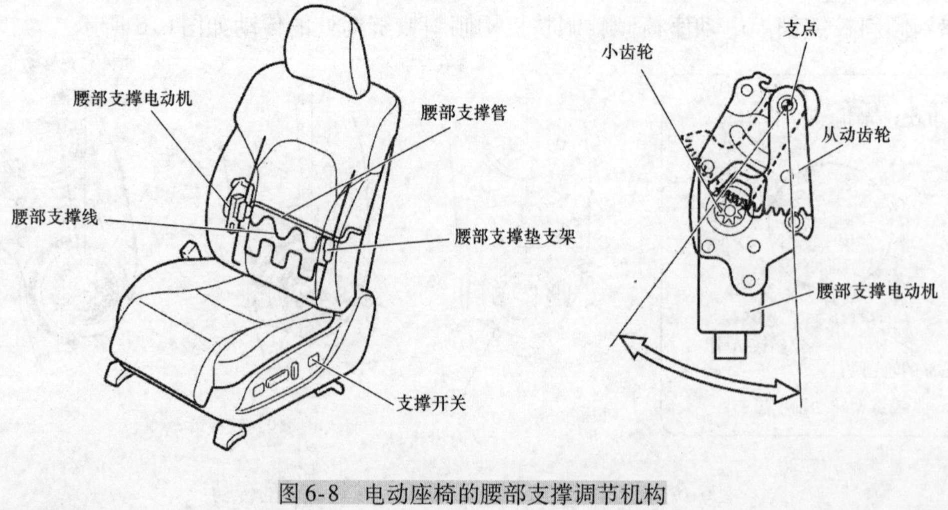

图6-8 电动座椅的腰部支撑调节机构

腰部支撑管的两边安装在座椅靠背框架上，在调整腰部支撑的量的时候加入腰部支撑垫支架，推出腰部支撑线的构造。另外，腰部支撑垫通过同时推出腰部支撑线和座椅靠背弹簧，能够获得没有突出的均一的支持力。

通过对腰部支撑开关的操作，腰部支撑电动机旋转，小齿轮驱使动齿轮旋转腰部支撑管，使腰部支撑垫支架前后运动。

各种汽车电动座椅的控制功能类似，结构还是有所差异，图 6-9 为广汽丰田汉兰达的驾驶人侧座椅与前排乘客侧座椅的结构。

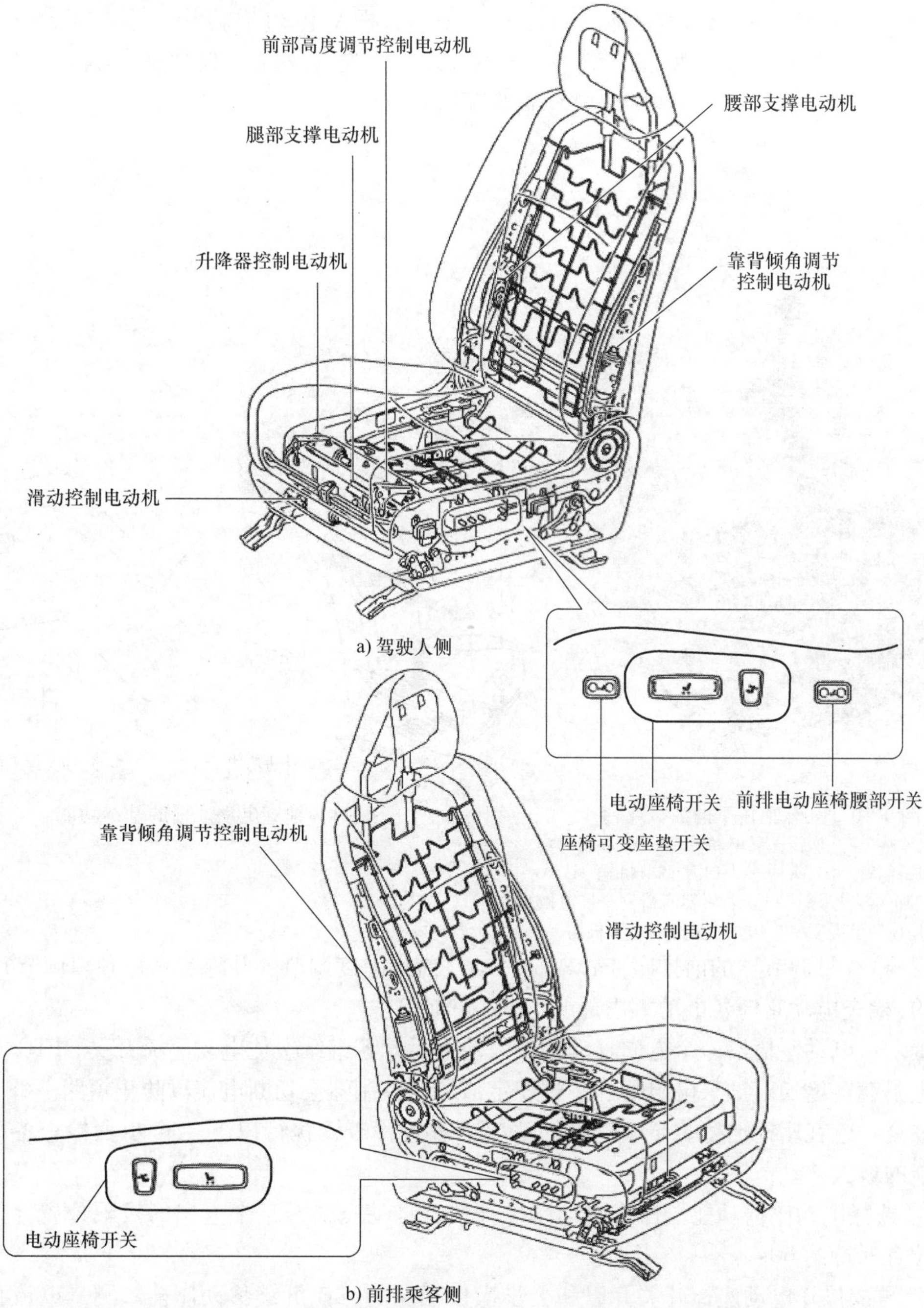

图 6-9　广汽丰田汉兰达驾驶人侧座椅与前排乘客侧座椅的结构

图 6-10 为某奔驰轿车的前排座椅。其标准装备包括座垫长度调节、电动头枕高度调节，以及集成在驾驶人侧和前排乘客侧座椅靠背中的四向腰部支撑（可确保为脊椎提供最佳支撑）。奔驰 S 级轿车前排座椅的一项新特性是，头枕也能沿水平方向进行调节。因此，可通过调节头部与被调节头枕之间的距离来显著降低发生事故时对颈部造成严重损伤的风险。

二、电动座椅工作情况检查

1）检查电动座椅的基本功能。如图 6-11 所示，操作电动座椅开关，检查并确认每个座椅功能正常：滑动、前部高度调节（仅驾驶人侧）、腰部支撑（仅驾驶人侧）、腿部支撑（仅驾驶人侧）、升降（仅驾驶人侧）、靠背倾角调节。

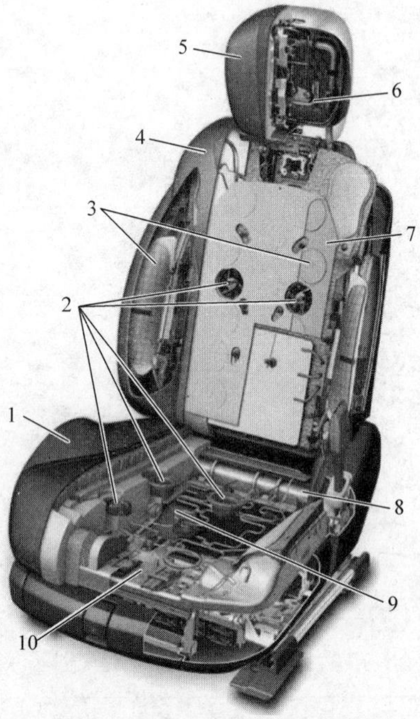

图 6-10 某奔驰轿车的前排座椅

1—座垫 2—座椅通风电动机 3—气囊袋 4—靠背 5—头枕 6—水平调节机构 7—座椅加热器垫 8—EVO 收紧器座椅安全带锁扣 9—座椅调节电动机 10—座垫高度调节机构

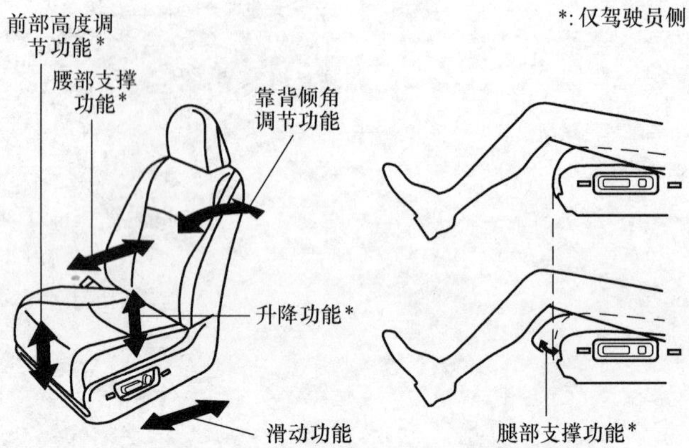

图 6-11 检查电动座椅的基本功能

2）检查带调节器的前排座椅骨架（滑动、前部高度调节、升降和靠背倾角调节）。

3）检查电动座椅各电动机内部的 PTC 工作情况。

提示：电动座椅沿一个方向移动到最大位置后，若继续按住电动座椅开关，PTC 热敏电阻的电阻就会增加。如果电阻增加超过规定值，则控制器会切断电流以防止短路。

注意：应在座椅已安装于车辆中的情况下进行检查；执行以下 4 个步骤检查各电动座椅功能的最大移动范围。

① 选择电动座椅功能。操作电动座椅开关，移动座椅至某个方向的极限位置，使座椅在此位置保持约 60s。

② 再次操作电动座椅开关并以和上步操作相同的方向继续移动座椅。测量电流自动切断（电动机声音停止）所经历前的时间。标准时间为 4 ~ 90s。

③ 电流切断后，松开电动座椅开关并等待约60s。

④ 操作同一个电动座椅开关并以相反方向移动座椅。检查并确认电动机工作。

电动座椅各电动机内部的 PTC 工作情况的检查操作方法基本相同，可分别通过操作各开关按上述步骤操作。

三、熟悉电动座椅系统的控制电路

图6-12、图6-13 分别为广汽丰田汉兰达的驾驶人侧座椅与前排乘客侧座椅的控制电路。

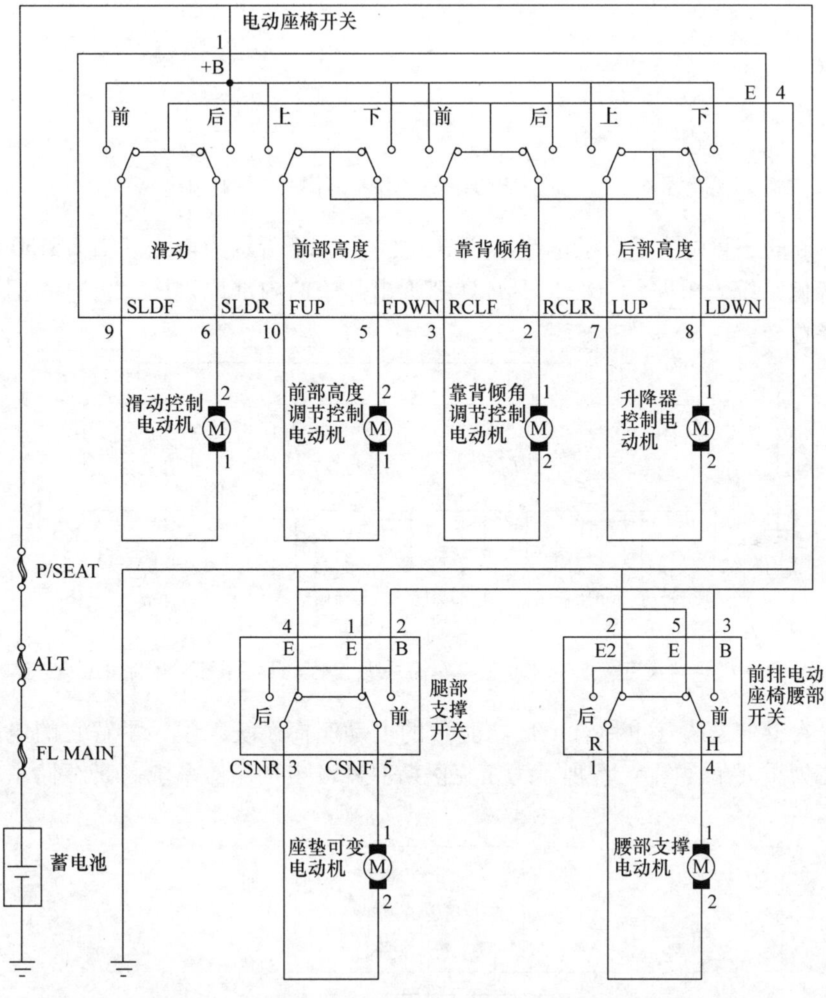

图6-12　广汽丰田汉兰达的驾驶人侧座椅的控制电路

控制电路比较简单，电路中主要元件为开关与电动机，无继电器和电脑。检修故障时，若座椅所有功能均失效，应首先检查熔丝，再检查开关的电源与接地电路；若故障只发生在某一功能的某一方向，如操作座椅前后滑动开关时，只能向前调节，则应为开关不良；若故障发生在某一功能的全部，如既不能向前滑动也不能向后滑动，则应依次检查电动机、开关和线路。

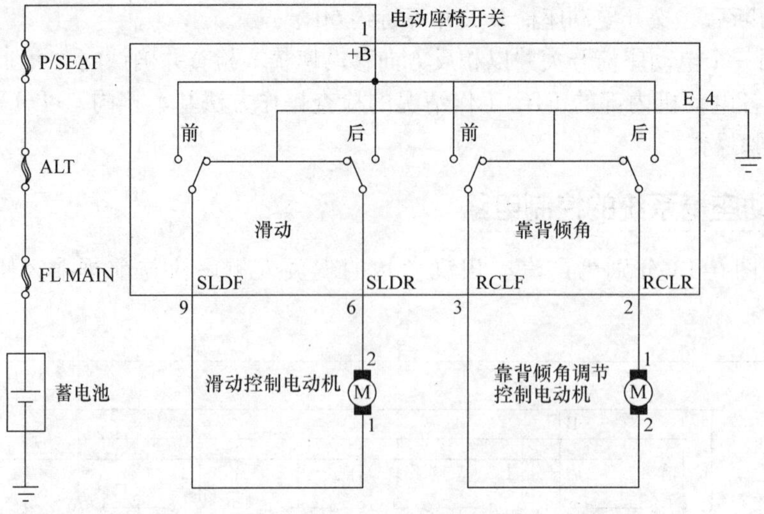

图 6-13 广汽丰田汉兰达前排乘客侧座椅的控制电路

故障诊断时，可画出系统的电路示意图，如图 6-14 所示为雷克萨斯 GS450 电动座椅系统（不带存储系统）电路示意图，不必详细画出开关的内部原理图，仍对人们诊断故障有很大的指导意义。

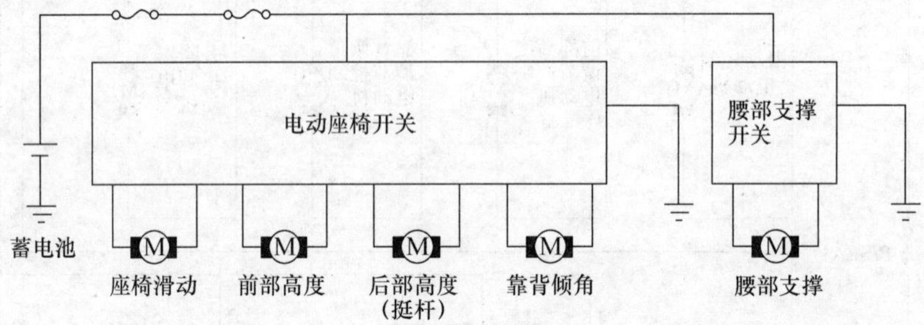

图 6-14 雷克萨斯 GS450 电动座椅系统（不带存储系统）电路示意图

对于带有存储系统（也称有记忆功能）的电动座椅系统来说，了解它的电路结构示意图就显得更为重要了，图 6-15 所示为雷克萨斯 GS450 电动座椅系统（带存储系统）电路示意图。

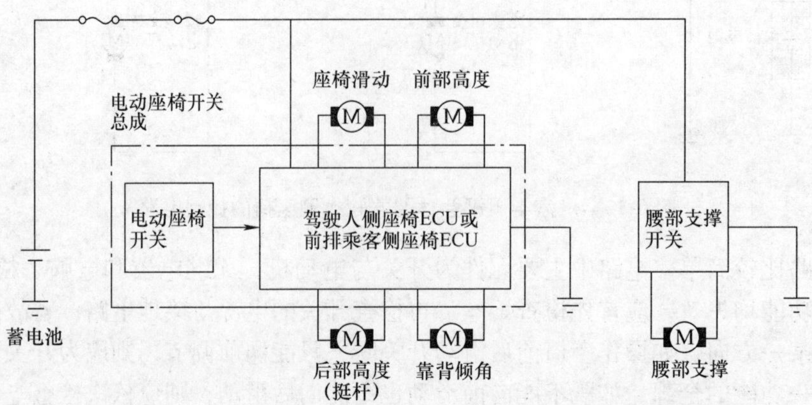

图 6-15 雷克萨斯 GS450 电动座椅系统（带存储系统）电路示意图

图 6-16 所示为东风日产轩逸的驾驶位置自动调整装置（电动座椅控制系统）的零部件和线束插头位置，熟悉并严格按手册、电路图查找各种车型各系统的零部件和线束插头位置是非常重要的。

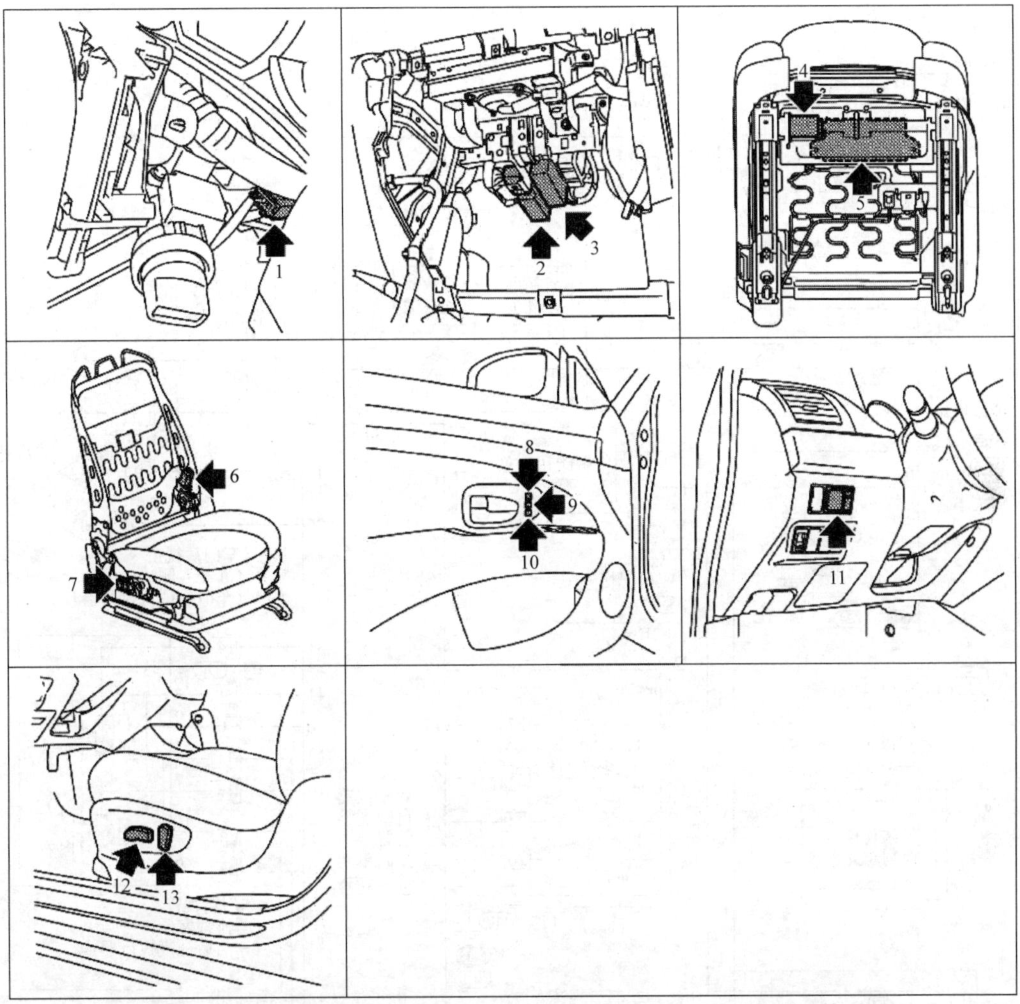

图 6-16　东风日产轩逸的驾驶位置自动调整装置零部件和线束插头位置

1—钥匙开关和点火旋钮开关插头 M25　2—BCM M65、M66、M67　3—驾驶位置自动调整装置控制单元 M134、M135（拆下杂物箱总成观察）　4—滑动电动机 B505　5—驾驶人侧座椅控制单元 B503、B504　6—倾斜电动机 B506　7—升降电动机 B508　8—座椅记忆开关 D12 的设置开关　9—D12 记忆按钮 1　10—D12 记忆按钮 2　11—车门后视镜遥控开关 M7　12—电动座椅开关 B502 的滑动和升降开关　13—B502 的倾斜开关

东风日产轩逸的驾驶位置自动调整装置的电路图如图 6-17、图 6-18 所示。

通常车载网络电动座椅系统、电动后视镜控制系统通常均带有记忆功能。现以宝来 2003 年型轿车驾驶座椅及后视镜记忆功能为例，详细介绍一下带记忆功能的电动前座椅和后视镜的设置及使用方法。宝来轿车驾驶人侧座椅调节开关和记忆钮扣如图 6-19 所示。

功能介绍：通过该系统，座椅和后视镜的调节参数被存储在存储器中，每个记忆按钮（1、2）都可以记忆用于某一个人的不同设置。在更换驾驶人时按下相应的按钮，座椅和后视镜将自动移动到预先设置的位置，后视镜的记忆是指挂倒档时右侧后视镜的位置，以及在其他情况下的左右两侧后视镜的位置，可以与座椅的调节一起被记忆存储，并可通过操纵记忆按钮 1、2 再现，存储在存储器中不同记忆按钮的调整参数也可以通过操纵遥控钥匙来实现。记忆系统在任何时候都可以用红色设置按钮关闭（按钮低凹时为系统工作状态，按钮凸起时为系统关闭状态），系统被关闭后座椅和后视镜可通过座椅调整开关和后视镜调整开关进行手动调整。

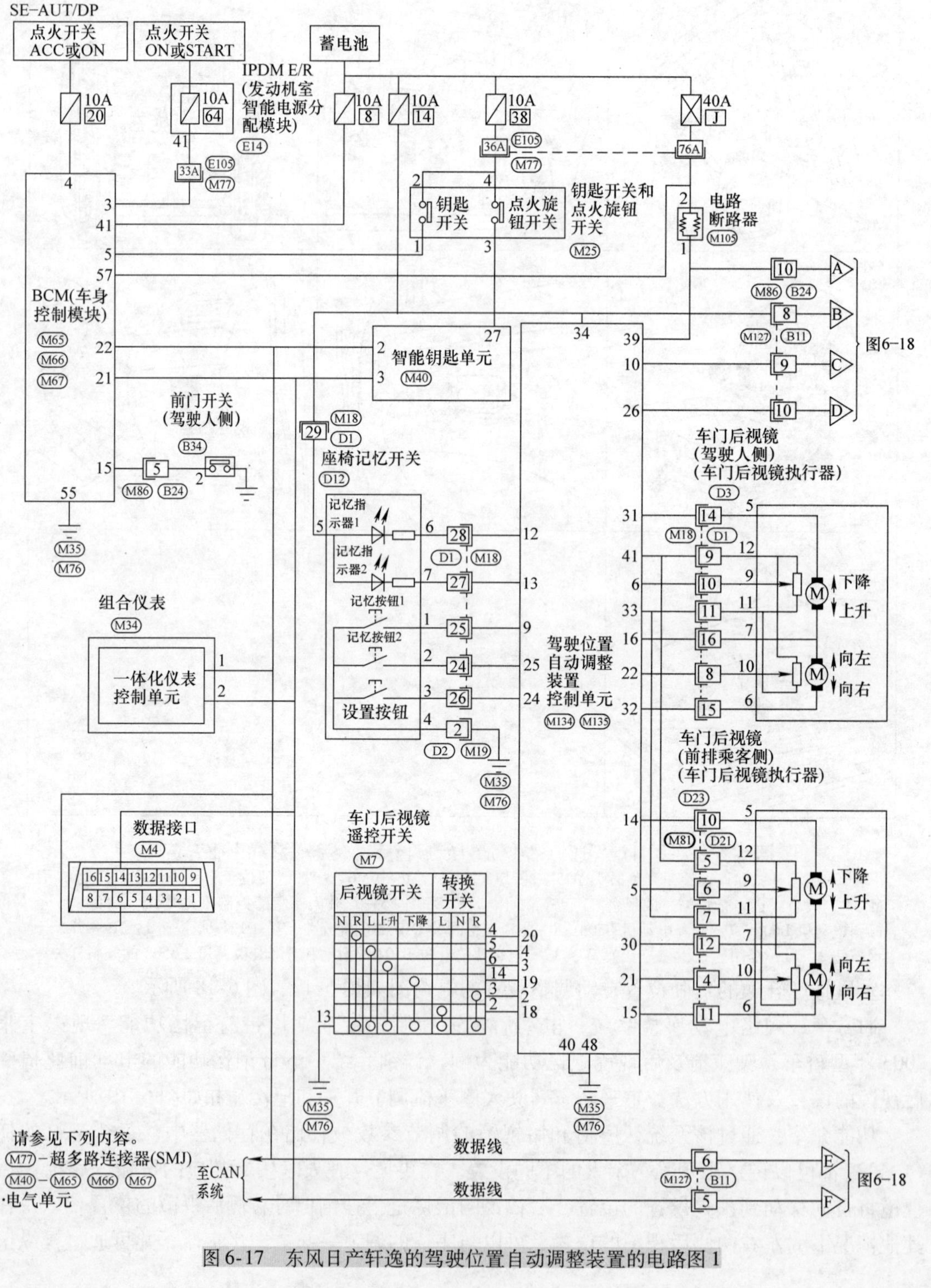

图6-17 东风日产轩逸的驾驶位置自动调整装置的电路图1

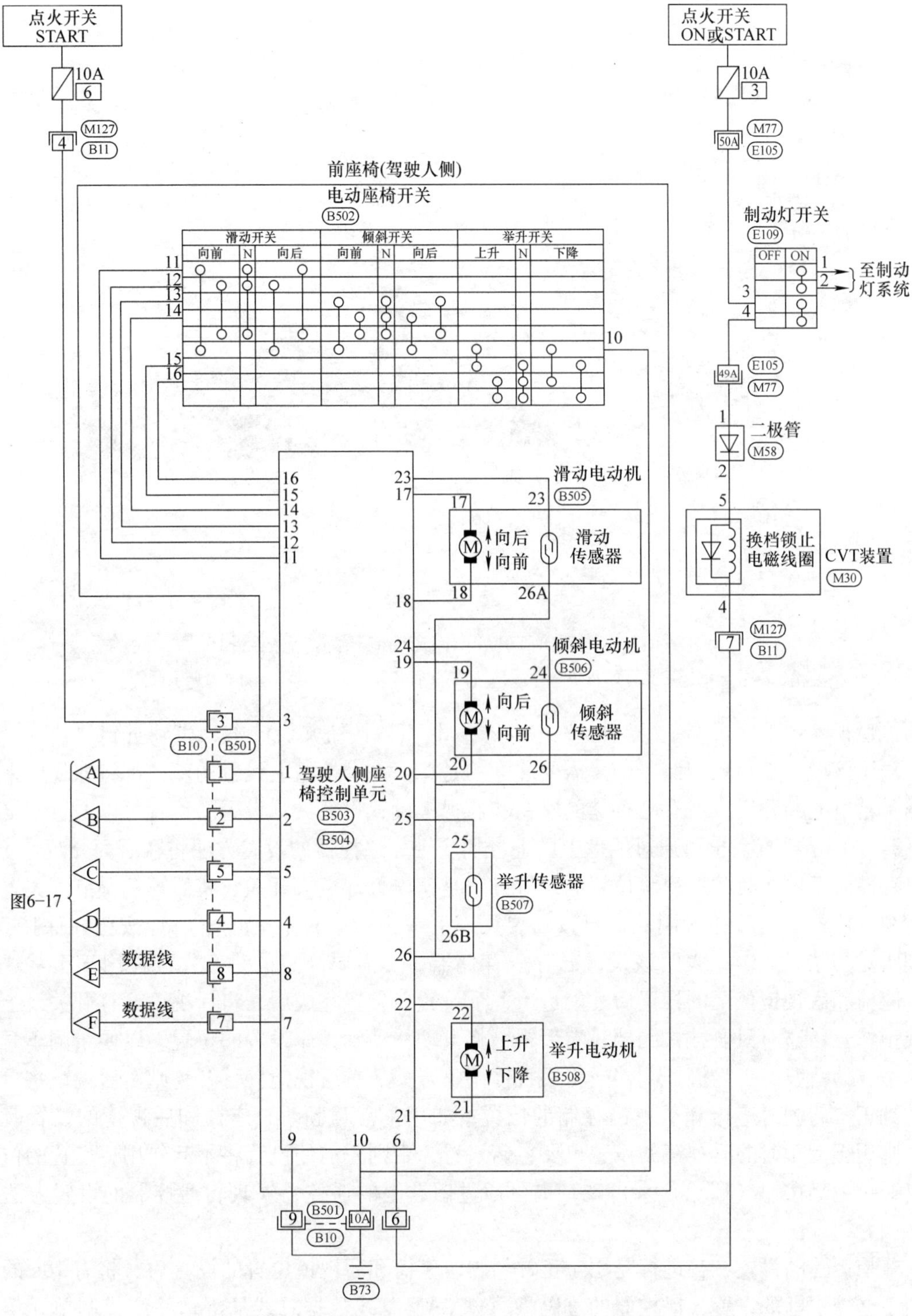

图 6-18　东风日产轩逸的驾驶位置自动调整装置的电路图 2

设置方法：存储用于正常驾驶时，座椅和后视镜位置的设置方法是：首先打开点火开关，将红色设置按钮 4 置于工作状态（即低凹位置）；然后按个人的需要调整驾驶座椅位置

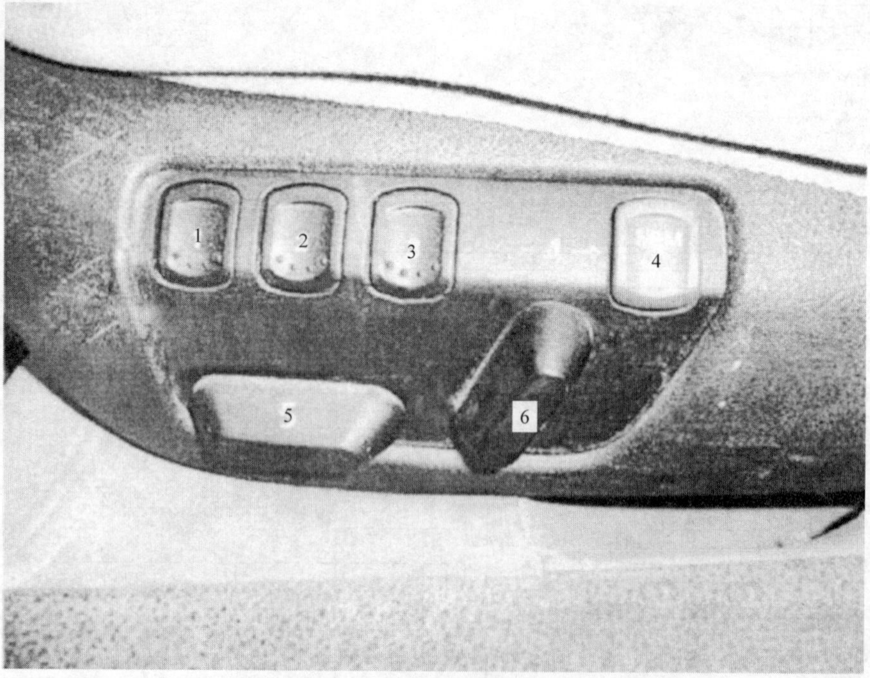

图 6-19 宝来轿车驾驶人侧座椅调节开关和记忆钮扣

1、2、3—记忆功能存储按钮 4—记忆功能开启和关闭按钮 5、6—座椅调节开关

及两侧后视镜；最后选择一个记忆按钮 1 或 2，按下该按钮并保持 3s，直到听到“嘀”一声后，表明该设置已存入存储器中。需要注意的是：每一个按钮上设置的新值都将取代原来的数据；蓄电池断开后，所有已存储的座椅和后视镜设置将丢失；设置的位置可以通过记忆按钮（1、2）来再现，也可通过钥匙上的遥控器实现，遥控器的设置方法将在后面介绍。

存储用于倒车时的后视镜位置的设置方法是：先打开点火开关，将后视镜调节开关置于右后视镜位置。然后挂入倒档，再按需要调整后视镜位置；最后按下所选按钮并保持 3s，直到听见“嘀”一声，表明该设置已存入存储器中。需要注意的是：先进行用于正常驾驶时，座椅和后视镜位置的设置后才能进行此项设置；设置完成后，将后视镜调整开关设于右后视镜位置，这时只要挂入倒档，右后视镜将自动移动到预先设置的位置，以便于倒车时观察右下方的情况；一旦摘掉倒档或将后视镜调整开关从右后视镜处移开，则右后视镜将自动移动到正常驾驶时座椅和后视镜存储的位置；如用正常驾驶时，座椅和后视镜的设置改变了，则用于倒车时的后视镜的设置也要重新设置，否则先前的设置将不起作用；设置的位置可以通过记忆按钮（1、2）来再现，也可通过钥匙上的遥控器实现，遥控器的设置方法将在后面介绍。

遥控钥匙的设置：在进行完用于正常驾驶时座椅和后视镜位置的设置后，将有 10s 的时间用于遥控钥匙的设置，遥控器的号码将通过 CAN 总线数据总线从舒适系统控制单元传到座椅调节控制单元 J136 中。具体设置方法是：先将遥控钥匙从点火锁中拔出，然后按下遥控器上的打开按钮至少 1s，直到听见“嘀”一声后，表明遥控器与所选记忆按钮的对应关系已设置完成。

需要注意的是：遥控钥匙和记忆按钮的对应关系在该记忆按钮存储了新的座椅和后视镜

设置后仍保留：蓄电池断开后，所有的遥控钥匙和记忆按钮的对应关系被清除；如遥控钥匙与另一个记忆按钮进行了新的设置，则原对应关系将被清除。

使用方法：从安全驾驶的角度考虑，座椅和后视镜设置的激活只能在点火开关关闭的情况下进行。激活用于正常驾驶时座椅和后视镜设置的方法有以下 3 种：

1）在驾驶人侧车门打开时，快速按下所需的记忆按钮，座椅和后视镜将自动移动到存储的位置。

2）在驾驶人侧车门打开或关闭时，压住所需的记忆按钮直到座椅和后视镜移动到存储的位置。

3）快速按下遥控器上的打开按钮，然后打开驾驶人侧车门，座椅和后视镜将自动移动到与其有对应关系的记忆按钮所存储的位置。

激活倒车时后视镜设置的方法是：先将后视镜调节开关转到右后视镜位置；然后挂入倒档，右后视镜将自动移动到存储的位置。一旦脱出倒档，或将后视镜调节开关从右后视镜位置移开，右后视镜将自动回到正常驾驶时座椅和后视镜的存储位置。

第七章

门锁控制系统故障的诊断与分析

第一节　门锁控制系统故障的诊断

一、故障现象

中控门锁失效，全部门锁不能集中控制；全部门锁不能由驾驶人侧车门钥匙控制；全部门锁不能由无线遥控器控制（遥控器失效）；个别车门门锁失效（不能由中控开关、驾驶人侧车门钥匙或遥控器控制）；车门的其他锁定或解锁（个性化设置）功能失效，如不能根据车速自动锁止、变速杆联动自动车门锁止功能失效等。

二、故障原因

1）熔丝有故障。

2）门锁中央控制开关不良。

3）门锁控制系统线路或连接器有故障。

4）门锁控制电动机失效。

5）门锁操纵机构不良。

6）门锁位置开关、钥匙操作开关、门控灯开关、钥匙未拔出警告开关等不良。

7）门锁控制集成继电器、门锁控制 ECU、车身 ECU 故障。

8）无线门锁控制系统故障：

① 无线门锁系统的车门接收器不良；

② 遥控器电池无电或损坏；

③ 遥控器无线密码已删除或未注册。

9）某些功能设定（个性化设置）不正确，如变速杆联动自动车门锁止功能未设定等。

10）车载网络通信系统故障。

三、故障诊断与排除的一般步骤

1）验证故障现象，识别门锁控制系统的类型。

门锁控制系统类型较多，验证故障现象的同时，应识别门锁控制系统的类型。根据门锁控制系统进行控制功能的检查。

2）目视检查：仪表、各警告灯指示是否正常、线束插头是否松动脱落、车门是否关好等。

3）对车身 ECU 控制的或带车载网络通信系统的门锁控制系统来说，一般应先读取故障码、观察数据流，进行动作测试，按故障码、数据流提示分析，缩小故障范围，查找故障原因。

4）根据故障现象对可疑部分进行检查。

如用车门控制开关和车门钥匙筒都不能同时锁定/解锁所有车门，应首先检查门锁控制系统电源电路，主要查熔丝，如“ECU - B”“DOME”等，再检查控制模块，如主车身 ECU 等。

如用驾驶人侧车门控制开关不能自动锁定/解锁全部车门而用车门钥匙筒可以同时锁定/解锁所有车门，则故障应在驾驶人侧车门控制开关电路、控制模块。

如用车门钥匙筒不能同时锁定和解锁全部车门而用驾驶人侧车门控制开关能自动锁定/解锁全部车门，则应检查驾驶人侧车门钥匙上锁和开锁开关电路或多路网络主开关等。

如仅个别车门门锁不工作，则应检查该侧车门门锁电动机电路。

如锁门时，当门锁锁定后又立即解锁，一般应检查门控灯开关、门锁位置检测开关、钥匙操作开关等。

如仅无线门锁控制系统故障，则检查遥控器电池是否有电、遥控器无线密码是否已删除或未注册、无线门锁系统的车门接收器是否工作不良等。

如某些个性化设置功能不正确，如变速杆连动自动车门锁止功能失效，则应按维修手册或用户手册规定的设置步骤进行设定、检查 CAN 通信系统等。不同车型的这些个性化设置功能并不相同，主要有取消无线遥控器功能、遥控器的一键开锁功能、遥控器操作时的危险警告灯回应功能、变速杆连动自动车门锁止功能、车速达到一定值的自动上锁功能等。当怀疑这些定制功能被改变时，应按维修手册或用户手册规定的设置步骤进行设定，有可能需要用诊断仪中定制功能进行定制。因此进行故障排除时，确保相关项目没有因定制功能而被禁用。试图定制车辆设置前，确认是否能按客户的要求进行改变。在定制前一定要记录当前设置。

表 7-1 为某丰田轿车门锁控制系统的主要定制项目。

表 7-1　某丰田轿车门锁控制系统的主要定制项目

显示（项目）	默认	内容	设定
Auto Unlock/Shift（点火开关在 ON（IG），档位在 P，速度为 0km/h（0mile/h）时解锁）	OFF	在点火开关位于 ON（IG）的情况下将变速杆从任何其他档位移至 P 位置时，该功能可解锁车门	ON/OFF
All Unlk/Open - Close（驾驶人侧车门打开——关闭时全部解锁）	OFF	在点火开关从 ON（IG）转到 OFF 后 10s 内打开驾驶人侧车门，该功能可解锁所有其他车门	ON/OFF
Auto Lock/Shift（自动锁止/变速杆不在 P 位置）	OFF	在变速杆从 P 位置移到其他任何档位时，该功能可锁定所有车门	ON/OFF
Auto Lock（自动锁止）	OFF	当车速为 20km/h（13mile/h）时该功能锁定所有车门	ON/OFF

第二节 门锁控制系统故障诊断、排除的相关要点

一、熟悉门锁控制系统

门锁控制系统并不是简单地通过机械操作锁定/解锁车门，而是按照门锁控制开关和钥匙的操作控制门锁电动机。

此系统一般有钥匙遗忘保护功能、两步开锁功能和安全功能。系统具备的功能随车型、等级和区域有所不同。

1. 门锁控制系统的功能

（1）手动锁定/解锁功能（图7-1a） 当门锁控制开关被置于锁定/解锁侧时，所有的车门均被锁定/解锁。

（2）车门钥匙锁定/解锁功能（图7-1b） 当车门用钥匙被插入驾驶人/前排乘客侧的车门锁芯中转动/锁定/解锁时，所有的车门均被锁定/解锁。

提示：当车门用钥匙锁定/解锁时，只有通过机械操作锁定或解锁；最近，很多车型在前排乘客车门上无车门钥匙锁芯。

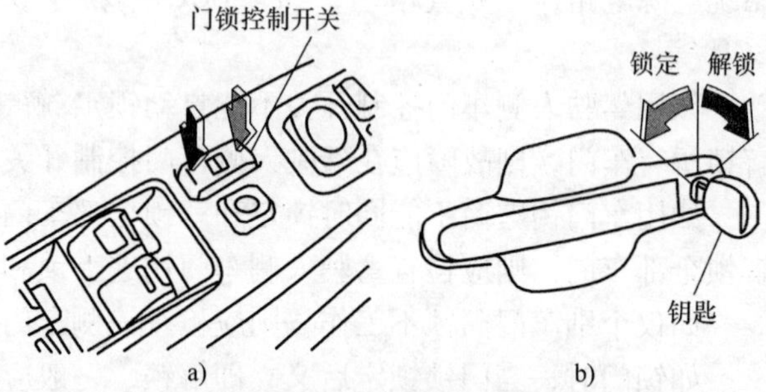

图7-1 门锁控制开关与车门钥匙的车门锁定/解锁功能

（3）两步解锁功能 此功能为用钥匙解锁的功能。当用钥匙打开一个门锁时，解锁的第一步操作只能机械的打开本车门，其他的车门要用第二步操作才能开启。

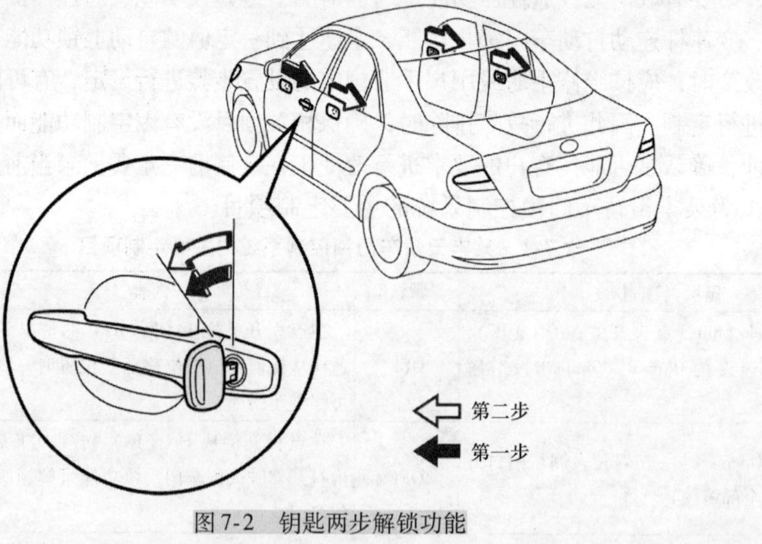

图7-2 钥匙两步解锁功能

（4）钥匙遗忘保护功能 当驾驶人侧车门打开，钥匙被遗留在点火开关锁芯中时，将门锁按钮置于锁定位置（门锁位置开关关闭），由于钥匙遗忘安全电路，所有的车门开启。上述情况下，当操作门锁控制开关锁门时，由于钥匙遗忘安全电路，所有的车门先锁定，然

后马上开启。

（5）安全功能　为了防止有人用棒或类似物从车门玻璃和车窗框之间的空隙操作门锁控制开关来开启车门，可用门钥匙或发射器（无线门锁遥控器）设置门锁安全功能并且使门锁控制开关的开锁操作无效。

（6）无钥匙电动车窗的功能　在某些门锁控制系统中，当无钥匙电动车窗功能触发时，集成继电器中的无钥匙继电器控制电动车窗系统的电源。

2. 门锁控制系统的组成

门锁控制系统的主要组成部件就是门锁总成。该系统主要通过改变门锁总成中的车门门锁控制电动机的电流方向来切换旋转方向，从而使车门被锁定/解锁；内装的门锁位置开关检测车门的锁定/解锁状态（当车门是锁定状态，开关为OFF，车门是解锁状态，开关为ON）；检测内置钥匙操作开关的状态并将其传输到集成继电器（只在驾驶人侧和前排乘客侧车门的门锁总成中存在）。

门锁总成由门锁控制电动机、钥匙操作开关等组成，如图7-3所示。其内部的门锁控制电动机和门锁位置开关如图7-4所示。

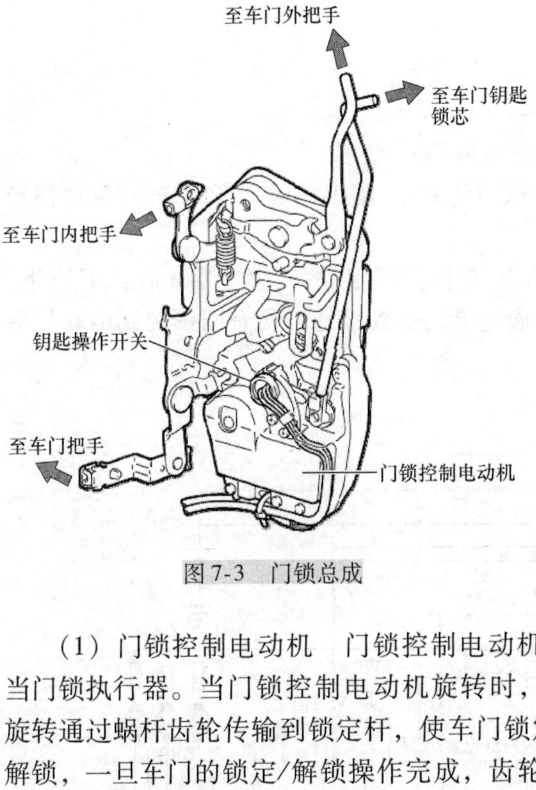

图7-3　门锁总成

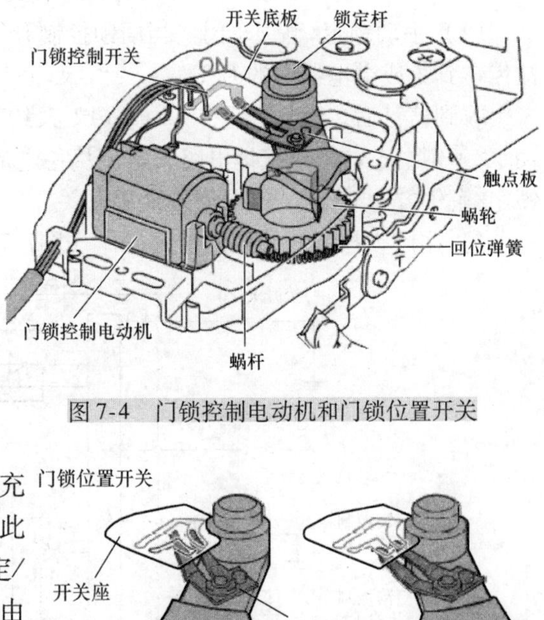

图7-4　门锁控制电动机和门锁位置开关

（1）门锁控制电动机　门锁控制电动机充当门锁执行器。当门锁控制电动机旋转时，此旋转通过蜗杆齿轮传输到锁定杆，使车门锁定/解锁，一旦车门的锁定/解锁操作完成，齿轮由复位弹簧回到中性位置。

（2）门锁位置开关　此开关检测车门是否锁定/解锁。此位置开关包括一触点板和开关座。锁定杆在锁定侧时，开关关闭；锁定杆在解锁侧时，开关打开，如图7-5所示。

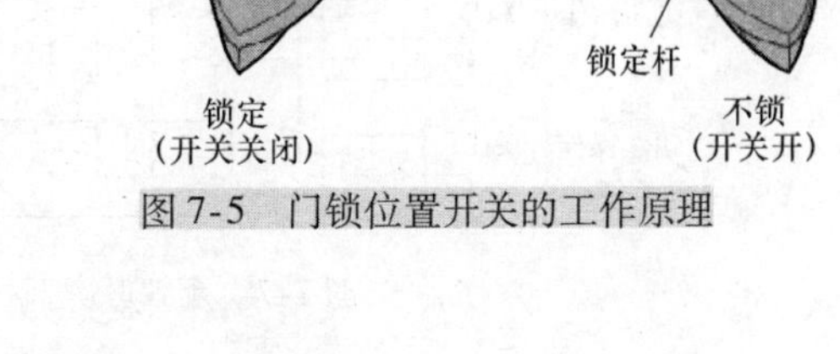

图7-5　门锁位置开关的工作原理

（3）钥匙操作开关　钥匙操作开关内置于

门锁总成内。当车门的门锁从外面操作时，它把锁定/解锁信号传输给集成继电器。

3. 门锁控制系统的工作原理

现以集成继电器控制的门锁控制系统（图7-6）为例说明其工作过程。

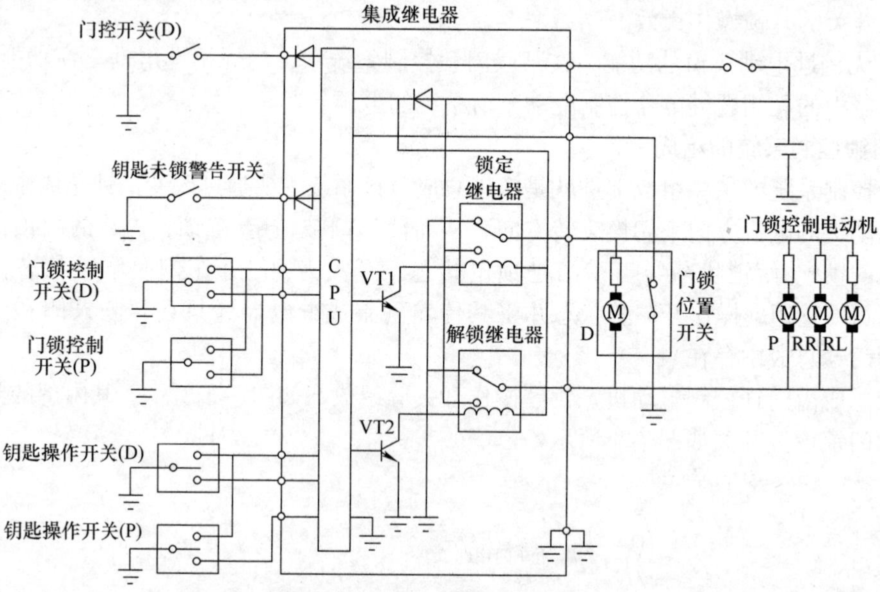

图7-6　门锁控制电路举例

（1）手动锁定/解锁车门　当门锁控制开关被置于锁定/解锁侧时，车门锁定/解锁信号被传输到集成继电器中的CPU。

收到信号后，CPU打开VT1或VT2大约0.2s并打开锁定/解锁继电器。在此状态下，锁定/解锁继电器形成接地电路，电流从蓄电池通过电动机到接地，所有门锁控制电动机沿锁定/解锁方向旋转，开/关门锁位置开关。

1）用门锁控制开关锁门时的操作（图7-7）。

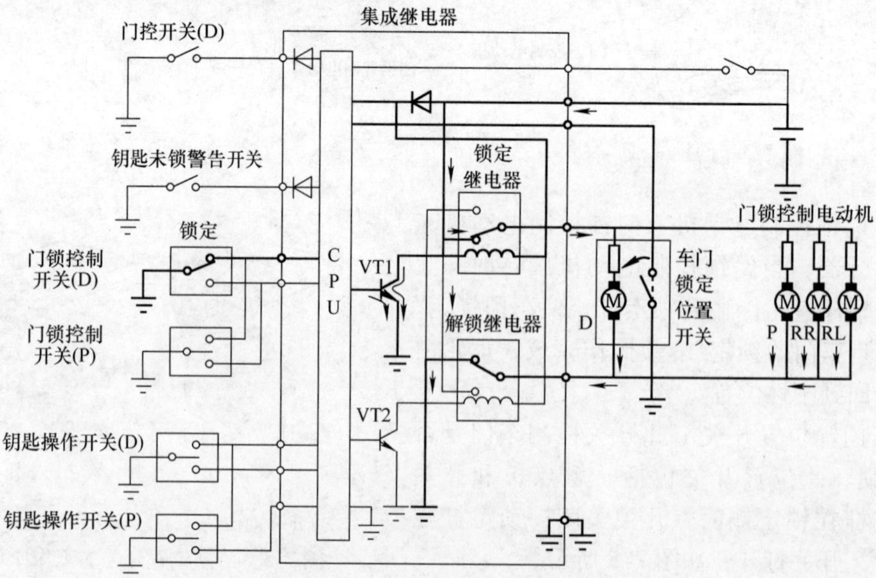

图7-7　用驾驶人侧门锁控制开关锁门时的操作

2）用门锁控制开关开锁的操作（图 7-8）。

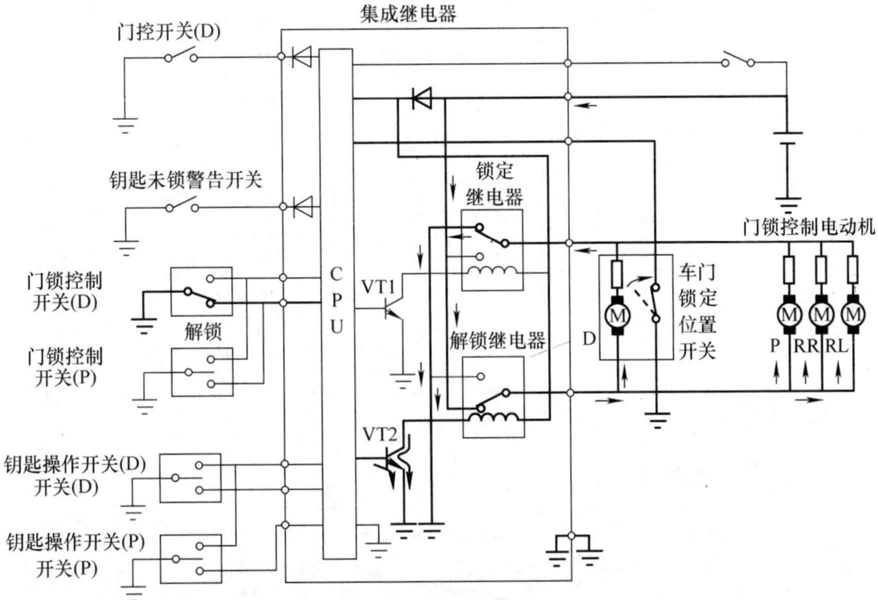

图 7-8　用驾驶人侧门锁控制开关开锁时的操作

在某车辆中，所有的车门均安装了门锁位置开关。

（2）使用车门钥匙锁定/解锁　当钥匙插入车门钥匙孔并沿锁定/解锁方向转动时，钥匙操作开关被转向锁定/解锁侧，所有的门锁控制电动机沿锁定/解锁方向转动（与手动锁定/解锁操作相同）。

1）锁门时的操作（图 7-9）。

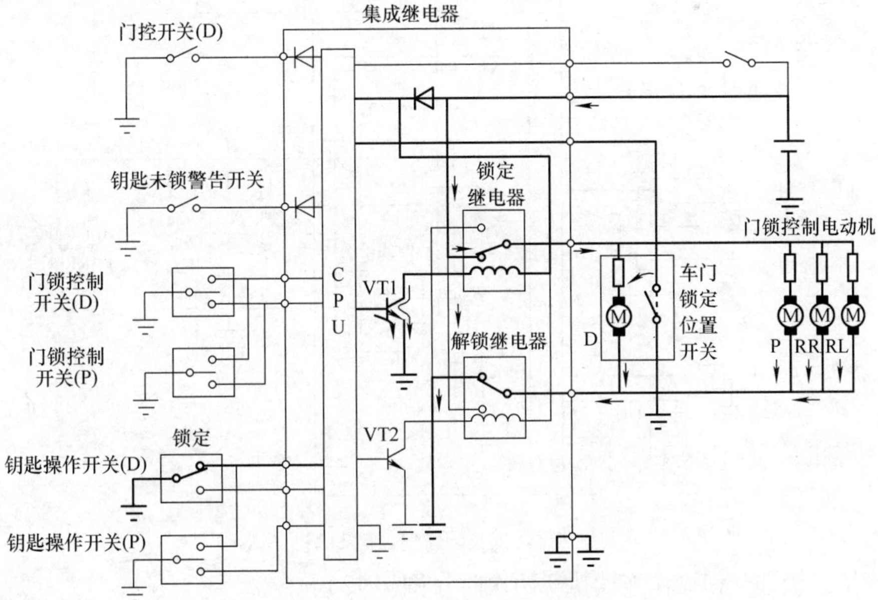

图 7-9　用车门钥匙锁门时的操作

2）车门解锁时的操作（图 7-10）。

（3）两步解锁功能（驾驶人侧车门）　有的车型具有两步解锁功能。当钥匙向解锁方

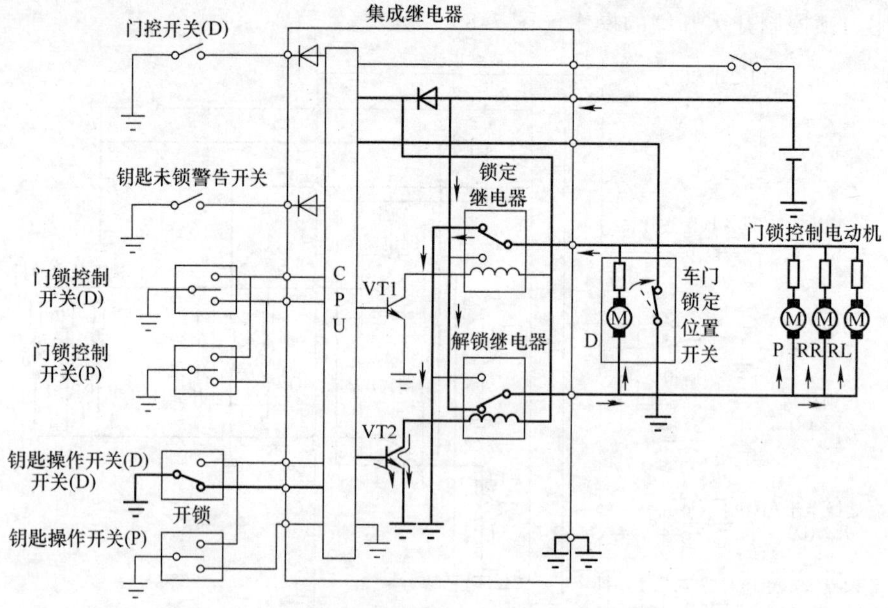

图 7-10 用车门钥匙开门时的操作

向旋动一次，只有本车门以机械方式被解锁。在此状态下，集成继电器的 UL3 端子被钥匙操作开关接地一次，但是 VT2 没有接通。如果钥匙在 3s 内向解锁方向旋转两次，UL3 端子被接地两次，集成继电器中的 CPU 导通 Tr2。因此，解锁继电器打开，所有车门被开锁。

1）当车门钥匙开锁操作只执行一次时（图 7-11）。

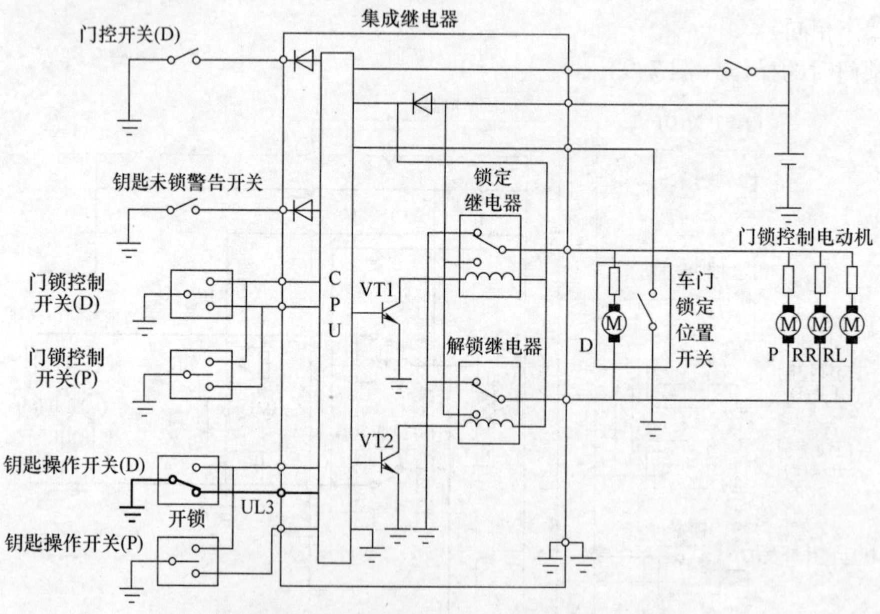

图 7-11 当车门钥匙开锁操作只执行一次时

2）当车门钥匙开锁操作连续执行两次时（图 7-12）。

（4）钥匙遗忘安全功能 当驾驶人侧车门被打开，钥匙在点火开关锁芯时，如果门锁按钮被置于锁止位置（门锁转换位置开关处于 OFF），集成继电器中的 CPU 将 VT2 导通大约 0.2s。

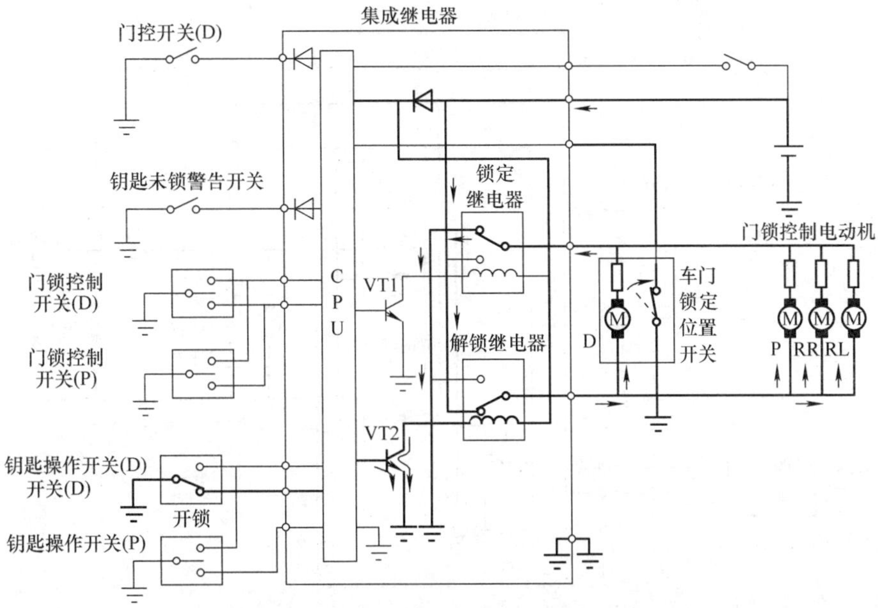

图 7-12 当车门钥匙开锁操作连续执行两次时

因此，开锁继电器导通，所有车门被开锁。如果在此状态下操作门锁控制开关锁住车门，所有的门会先被锁定，然后再次打开（与前述相同）。

1）当门锁把手在解锁侧时（图 7-13）。

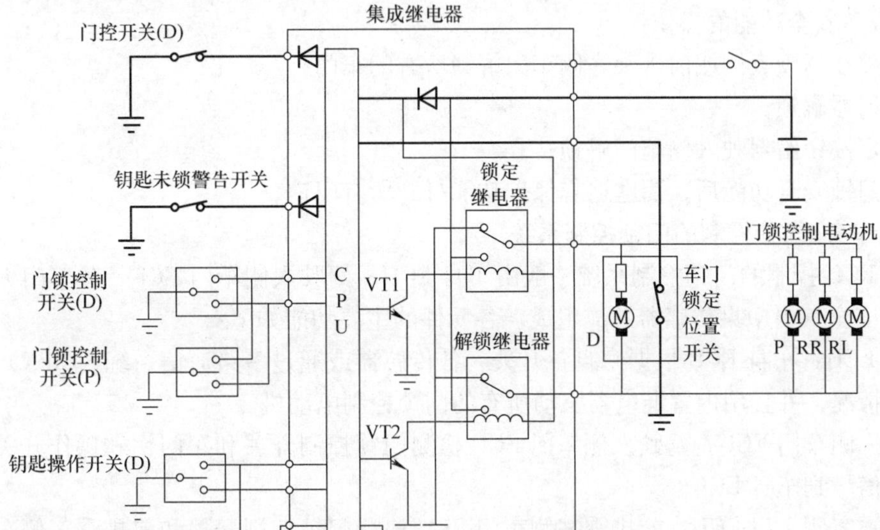

图 7-13 钥匙遗忘安全功能（当门锁把手在解锁侧时）

2）当门锁把手被置于锁定侧时（图 7-14）。

（5）安全功能 当车门被下面 1）中所述的任何操作锁定时，集成继电器中的安全功能将使门锁控制开关（手动操作）的解锁操作无效。2）中的任何操作均将取消安全功能。

1）设置门锁安全功能的操作：

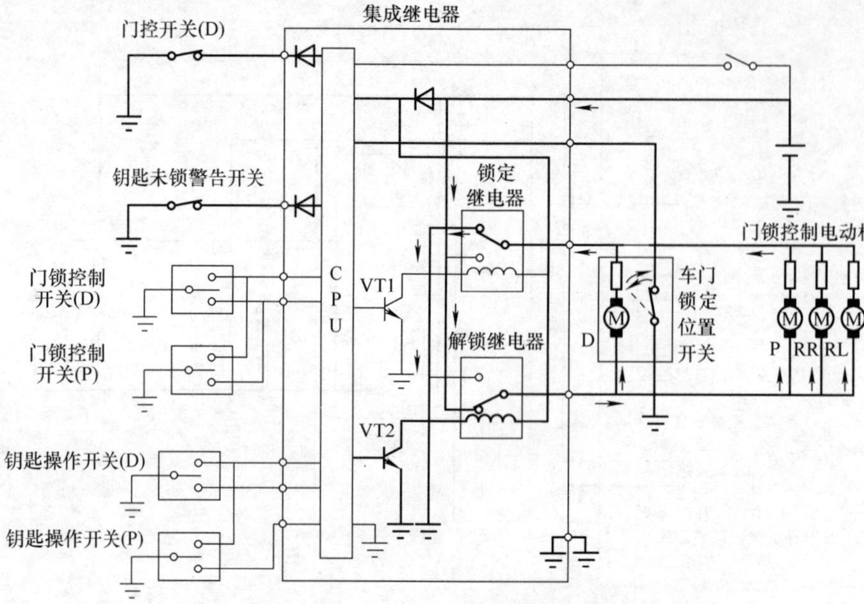

图 7-14 钥匙遗忘安全功能（当门锁把手被置于锁定侧时）

用钥匙在驾驶人侧或前排乘客侧车门锁定所有的车门；

用发射器锁门（包括 30s 自动锁定）；

通过无钥匙锁定方法（用车门内锁定按钮锁定车门）锁定驾驶人侧车门。

2）取消安全功能的操作：

用钥匙在驾驶人侧或前排乘客侧车门解锁所有的车门；

用发射器解锁；

用锁定按钮给驾驶人侧车门解锁；

设置门锁安全功能后，钥匙遗忘保护功能打开所有门锁。

4. 由车身 ECU 控制的门锁控制系统

车身 ECU 控制的门锁控制系统一般由车身 ECU、驾驶人侧车门 ECU、各车门 ECU、仪表 ECU、安全气囊中央传感器总成组成。各元件的主要功能如下：

车身 ECU：车身 ECU 根据来自各开关，各传感器或通过多路通信系统（MPX）的数据检测车辆情况，并且用内置继电器驱动所有的门锁控制电动机。

驾驶人侧车门 ECU：驾驶人侧车门 ECU 检测门锁控制开关和车门钥匙操作开关的状态并且传输信号到车身 ECU。

前排乘客侧车门 ECU：前排乘客侧车门 ECU 检测门锁控制开关和前排乘客侧车门钥匙操作开关的状态并且传输信号到车身 ECU。

仪表 ECU：仪表 ECU 计算来自制动防滑器 ECU 的车速脉冲信号，计算车速并传送到车身 ECU。

安全气囊中央传感器总成：当中央安全气囊传感器总成被触发，它展开安全气囊并传输信息到车身 ECU 对车门解锁。

车身 ECU 控制的门锁控制系统通常有撞车门锁释放功能、点火开关车门自动解锁功能、变速—联动自动车门解锁功能、变速自动车门锁定功能、车速自动车门锁定功能等。某些功能可以用手持式测试仪（诊断仪）设定。

撞车门锁释放功能：当安全气囊展开时，此功能自动地使所有车门解锁，在紧急关头便于逃生和营救作业。

点火开关车门自动解锁功能：当驾驶人侧车门关闭时，将点火开关从 ON 旋到锁定位置并在 10s 之内打开驾驶人侧车门将自动对所有车门解锁。

变速 - 联动自动车门解锁功能（可定制）：当点火开关处于 ON 位置时，变速杆从任何其他位置改变到 P，将自动对所有车门开锁。

换档自动车门锁定功能（可设定）：当点火开关从 LOCK 或 ACC 位置旋到 ON 位置、所有的车门关闭着、变速杆不在 P 位置、有车门未锁，这些情况均符合时，本功能使所有车门自动锁定。

车速自动车门锁定功能（可设定）：当以下情况均符合时，本功能使所有车门自动锁定：车速高于 20km/h；所有的车门关闭；变速杆不在 P 或 N 位置；有车门未锁止。

图 7-15 为某年款丰田卡罗拉轿车的门锁控制系统组成示意图，其元件分布如图 7-16 所示。其门锁控制系统虽然是由主车身电脑控制，但由图 7-15 可以看出，它并不具备变速 - 联动自动车门解锁功能、换档自动车门锁定功能、车速自动车门锁定功能等。

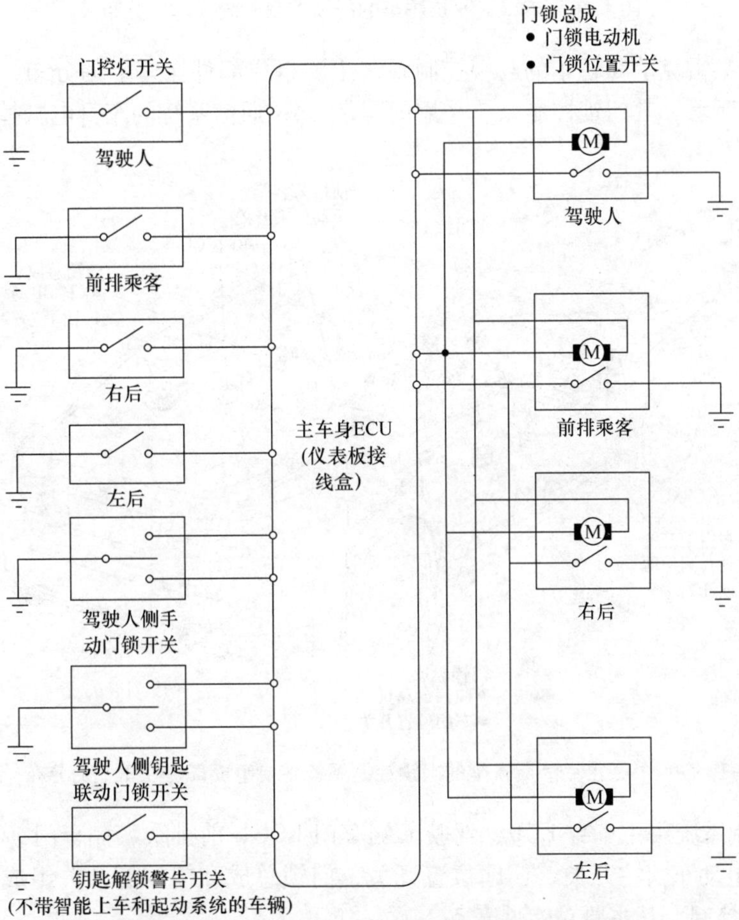

图 7-15 丰田卡罗拉轿车的门锁控制系统组成示意图

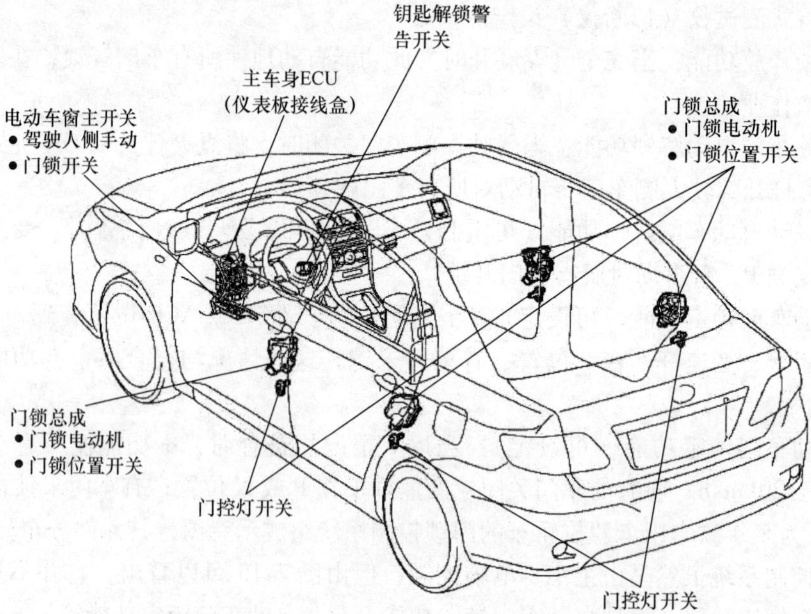

图 7-16 丰田卡罗拉轿车的门锁控制系统零部件分布

图 7-17 为某雷克萨斯轿车的门锁控制系统主要组成部件在车上的分布，其系统组成示意图如图 7-18 所示。其门锁控制系统采用的是带 CAN 通信系统的车身电脑控制的门锁控制系统。

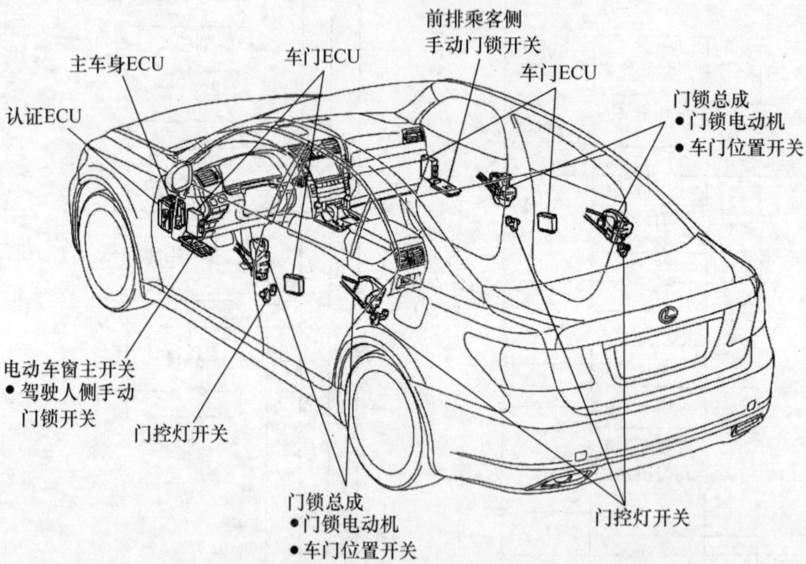

图 7-17 某雷克萨斯轿车的门锁控制系统主要组成部件在车上的分布

其门锁控制系统由主车身 ECU、驾驶人侧车门 ECU、前排乘客侧车门 ECU、左后和右后车门 ECU、电动车窗主开关、钥匙位置开关、门锁总成和门控灯开关组成。该系统主要由主车身 ECU 控制。其主要功能见表 7-2。

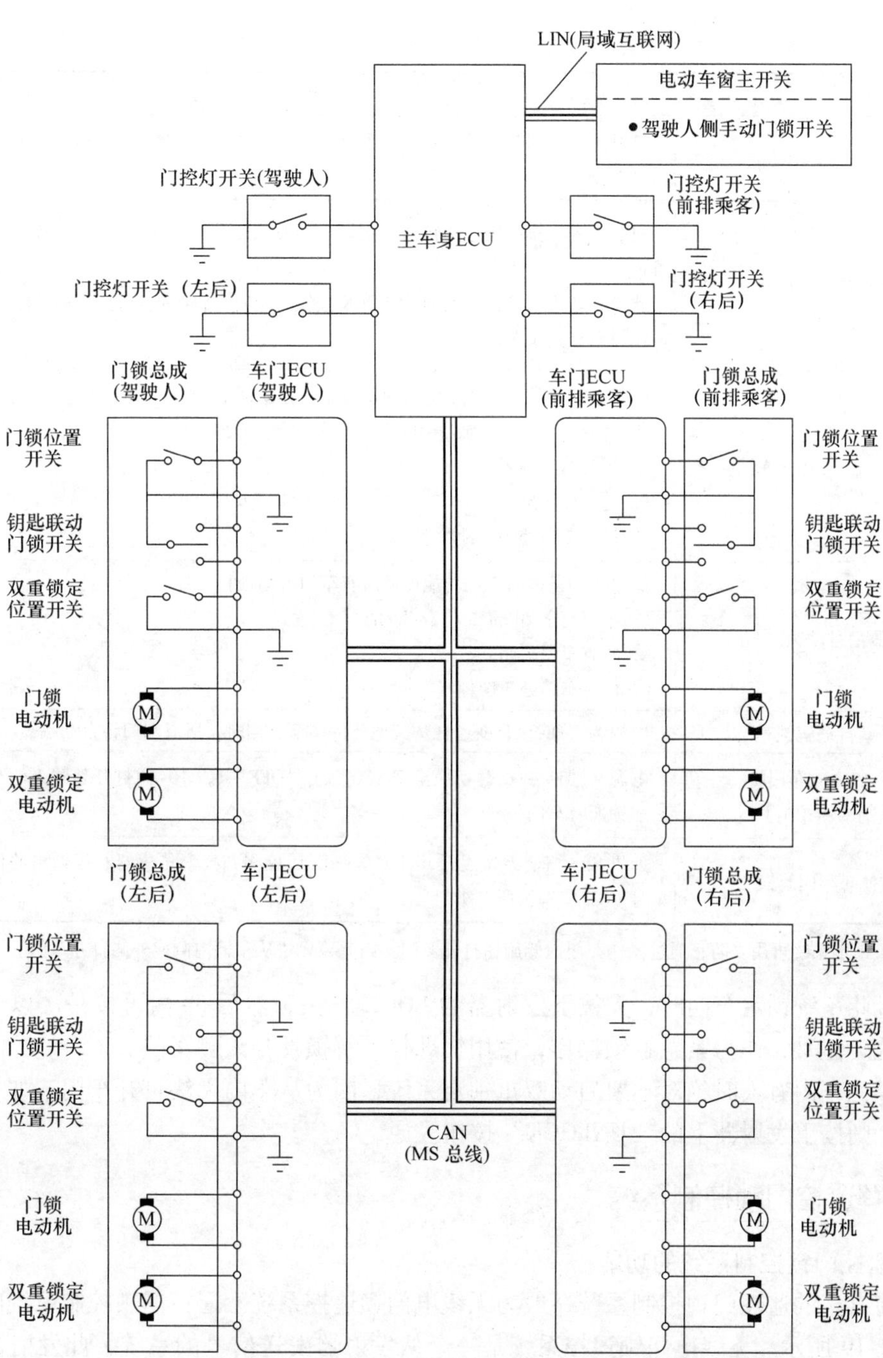

图 7-18　某雷克萨斯轿车的门锁控制系统组成示意图

表 7-2　带 CAN 通信系统的车身电脑控制的门锁控制系统的主要功能

功能	概　要
手动解锁禁用功能	用发射器（无线遥控）或钥匙锁定车门时，通过门锁控制开关（车内门锁开关）将禁用解锁操作
钥匙联动锁定和解锁功能	此功能与锁芯联动，使用机械钥匙进行锁定或解锁操作时可锁定或解锁所有车门

（续）

功能	概　要
防止钥匙被锁功能	驾驶人侧车门打开且钥匙位于车内检测区域时，如果进行车门锁定操作，则所有车门将解锁
两步解锁功能①	将钥匙插入车门锁芯并转动一次时，驾驶人侧车门解锁。第二次转动时其余车门解锁 此外，按下电子钥匙上的 UNLOCK 按钮一次时，将解锁驾驶人侧车门。再次按下此按钮可解锁其余车门
变速联动自动锁定车门①	满足下列条件时，此功能可使所有车门自动锁定 ① 电源从“ACC”或“OFF”切换至“IG－ON” ② 所有车门关闭 ③ 变速杆移出 P 档 ④ 任一车门处于解锁状态
车速感测型自动锁定车门①	满足下列条件时，此功能可使所有车门自动锁止 ① 车速高于 20km/h（13mile/h） ② 所有车门关闭 ③ 任一车门处于解锁状态
变速联动自动解锁车门①	电源为“ON”且变速杆从其他档位移至 P 档时，所有车门将自动解锁
打开驾驶人侧车门联动自动解锁车门①	电源从“IG－ON”切换至“ACC”或“OFF”后，10s 内打开驾驶人侧车门时将自动解锁所有车门
碰撞时车门解锁	如果 SRS 气囊系统展开，且主车身 ECU 检测到气囊传感器总成输出的信号，则主车身 ECU 将解锁所有车门

① 双重锁定系统可用来防止通过操作车门内侧旋钮打开车门。因此，无法从车辆内侧或外侧打开车门。

通过此系统锁定车门时，先按下发射器的 LOCK 开关，然后 5s 内再按一次以激活双重锁定系统。但是，作为紧急解锁操作，使用钥匙仅可解锁驾驶人侧车门。

注意：车内有人时绝对不要启动双重锁定系统，因为从车内无法打开车门。如果意外锁定车门，则按下发射器上的“UNLOCK”按钮。

二、理解遥控门锁控制系统

1. 遥控门锁控制系统的功能

目前汽车的遥控门锁控制系统一般为无线电门锁遥控系统。遥控门锁控制系统的一般组成如图 7-19 所示。无线电门锁遥控系统是一个从发射器发送信号的系统，此发射器可以是钥匙内装型的，也可以是钥匙座型的，它即使离开车辆有一段距离，也能用来锁定/解锁车门。车子的车门控制接收器接收此发射器发出的信号，并将操作信号送到集成继电器。

集成继电器收到操作信号时控制门锁电动机。除这一功能外，集成继电器有自动锁定功能、重复功能、应答及其他功能。

无线电门锁遥控系统的功能根据车型、等级和地区有所不同。如图 7-20 所示，无线电门锁遥控系统有以下功能。

（1）所有车门的锁定/解锁功能　按发射机的 LOCK 开关 UNLOCK 开关，对所有车门锁

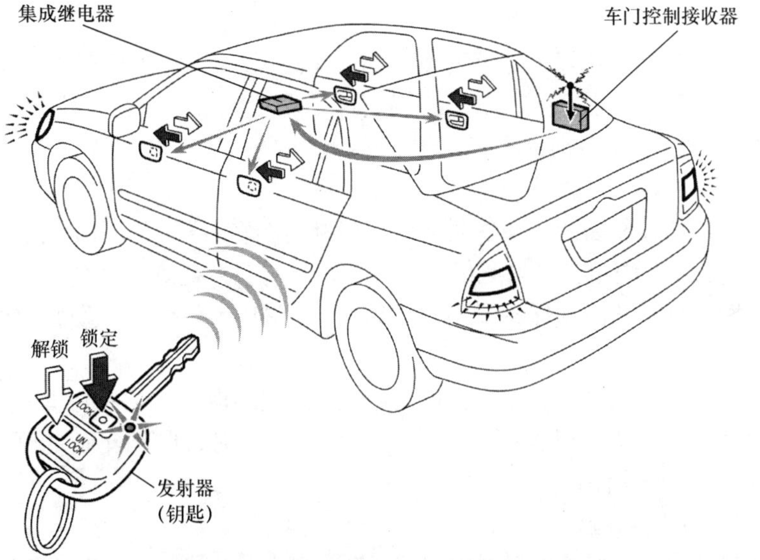

图 7-19　遥控门锁控制系统的一般组成

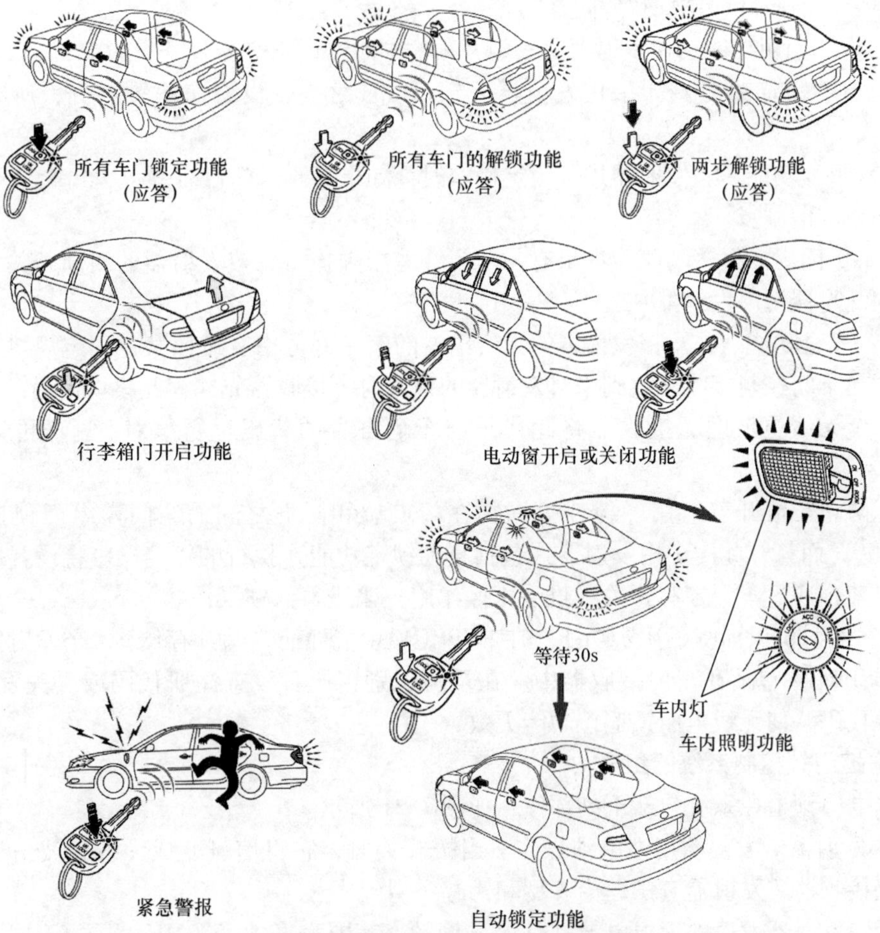

图 7-20　无线电门锁遥控系统的功能

止或开锁。

(2) 两步解锁功能　按发射器上的UNLOCK按钮一次，解锁驾驶人侧车门。在驾驶人侧车门解锁后，在3s之内按UNLOCK开关两次，打开所有车门。

(3) 应答功能　当锁定时，危险警告灯闪光一次，解锁时闪光两次，通知操作已经完成。

(4) 发射器操作校验功能　按发射器的车门锁定/解锁或行李厢门打开器的开关时，操作指示灯点亮，通知系统正在发射此信号，如果电池用完，此灯不亮。

(5) 行李厢门打开功能　保持发射器的行李厢门打开开关按住超过大约1s，打开行李厢门。

(6) 电动车窗开/关的功能　钥匙插入点火开关锁芯时，如果按下车门锁定/解锁开关长于2.5s，所有的车门窗可以关闭或打开。当开关按住时，电动车窗的开/关操作继续进行，当开关不按时，操作停止。

一些车型没有关闭功能。

(7) 紧急警报功能　按住发射器的门锁或紧急开关长于2~3s，将触发防盗系统（扬声器发出声音、前照灯、尾灯和危险灯闪光）。

(8) 内部照明功能　在发射器对车门开锁的同时，内部灯光打开大约15s。

(9) 自动锁定功能　如果用发射器开锁后30s之内，没有车门被打开，所有车门被锁止。

(10) 重复功能　当发射器进行锁定操作时，如果某一车门没有锁上，组合继电器将1s后输出一锁定信号。

(11) 车门虚掩报警功能　如果有一车门开着或虚掩着，按发射器的门锁开关将致使无线电门锁蜂鸣器发声大约10s。

(12) 安全功能　在来自发射器的无线电波的某一部分中有按照某一固定规律变化的滚动代码。当车门控制接收器收到来自发射器的信号时，接收器先储存此滚动代码，当接收器收到下一个无线电波时，接收器将此代码与车辆自身的代码进行核对，这样可以提高安全性。

为了防止车窗开着时用一棒或等同物在门玻璃和门框之间的空间操纵门锁控制开关（手动操纵）而打开此门，用发射器（包括自动锁定功能）执行的锁定操作将设置门锁的安全功能，禁止通过车门控制开关（供手工操作用）来进行开锁操作。

(13) 发射机识别密码注册功能　在EEPROM中能注册（写和存储）4个发射器识别密码，此EEPROM包括在车门接收器中。在重写识别密码、核查注册代码或丢失发射器时，可以擦掉代码并使无线电门锁遥控功能无效。

2. 遥控门锁控制系统的组成

无线电门锁遥控系统包括下列部件，如图7-21所示。

(1) 发射器　发射器用锂电池操作。当按开关时，它将信号变成无线电波信号发送到车门控制接收器。发射器有钥匙内装型和钥匙座型。

提示： 发射器发射的无线电波（信号）的频率范围为300~500MHz，国家不同，频率不同（老型号发射机的频率为30~70MHz）。

(2) 车门控制接收器　车门控制接收器接收来自发射器的信号，并将操作信号传输到

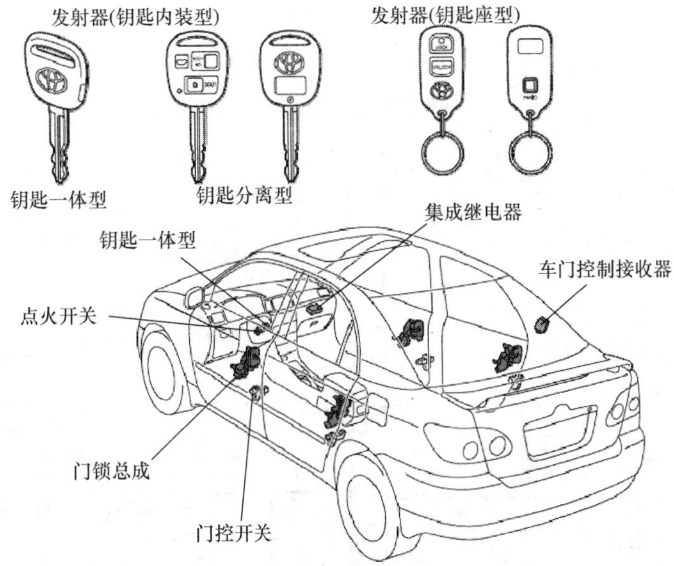

图 7-21 无线电门锁遥控系统主要部件

集成继电器。

(3) 集成继电器 集成继电器根据各开关来的输入信号检测运行情况，并按照来自车门控制接收器的操作信号向门锁装置输出锁定/解锁信号。

(4) 钥匙解锁警告开关 钥匙解锁警告开关检测是否有钥匙插入点火开关锁芯中。

(5) 点火开关

(6) 门控开关

(7) 门锁装置（内装门锁控制电动机）

3. 遥控门锁控制系统的工作原理

现以图 7-21 所示的丰田某车型为例说明遥控门锁控制系统的工作原理。

(1) 所有车门的锁定/解锁操作

1) 传送和判断操作。当钥匙没有被插入点火开关锁芯中，并且所有门都关闭着，当按下发射机的锁定/解锁开关时，车辆自己的识别密码和功能码便被发送出去。当车门控制接收器收到这些代码时，控制接收器中的 CPU 开始核对和判断。如果接收器识别出收到的本车识别代码是车门锁定/解锁，便将车门锁定/解锁信号输出到集成继电器。

识别代码：60 位数字码组成滚动码，它通过切换操作和 ID 代码进行改变。

功能码：4 位数字码，指出操作。

2) 在集成继电器侧的操作。当集成继电器收到车门锁定/解锁信号时，它导通 VT1/VT2，导致锁定/解锁继电器导通。结果，所有的门锁控制电动机开到锁定/解锁侧。无线遥控锁定所有车门的工作过程如图 7-22 所示。无线遥控解锁的工作过程如图 7-23 所示。

(2) 两步解锁操作 要执行两步解锁操作，组合继电器中还有包括专用于驾驶人侧车门的开锁继电器（D）和控制开锁继电器（D）的 VT3，如图 7-24 所示。

1) 当发射器的解锁开关只按下一次时，集成继电器导通 VT3 和驾驶人侧车门解锁继电器（D），只向解锁方向旋转驾驶人侧门锁控制电动机，如图 7-25 所示。

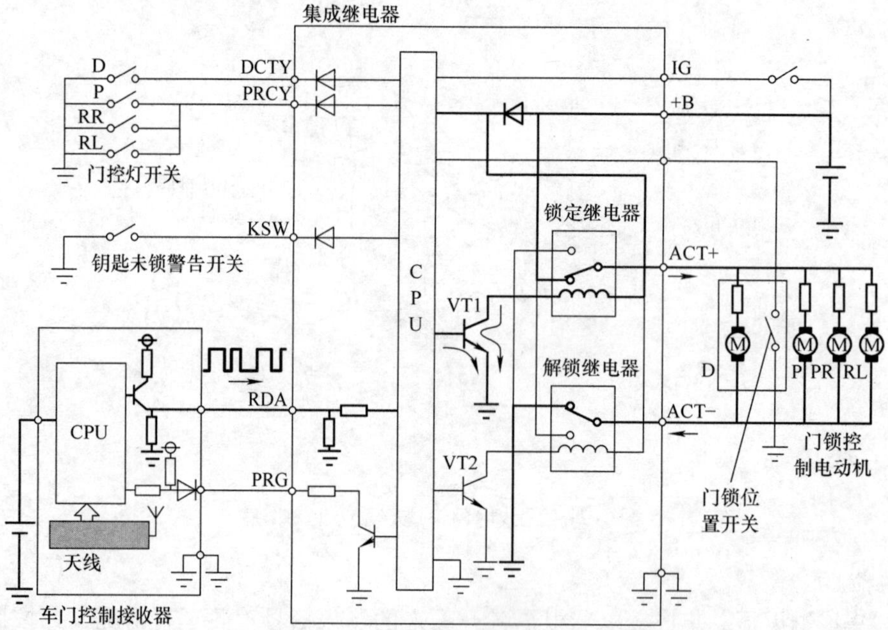

图 7-22 无线遥控锁定所有车门的工作过程

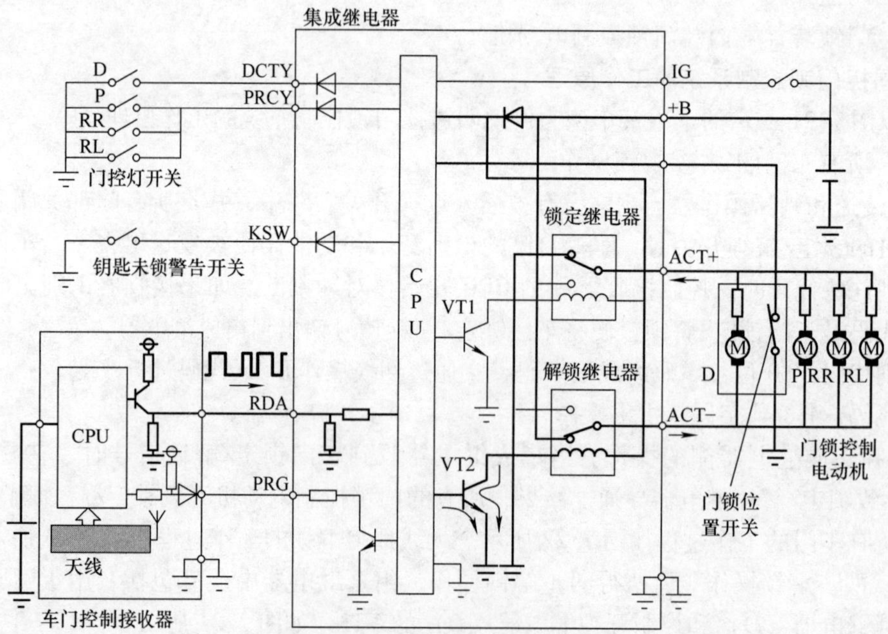

图 7-23 无线遥控解锁的工作过程

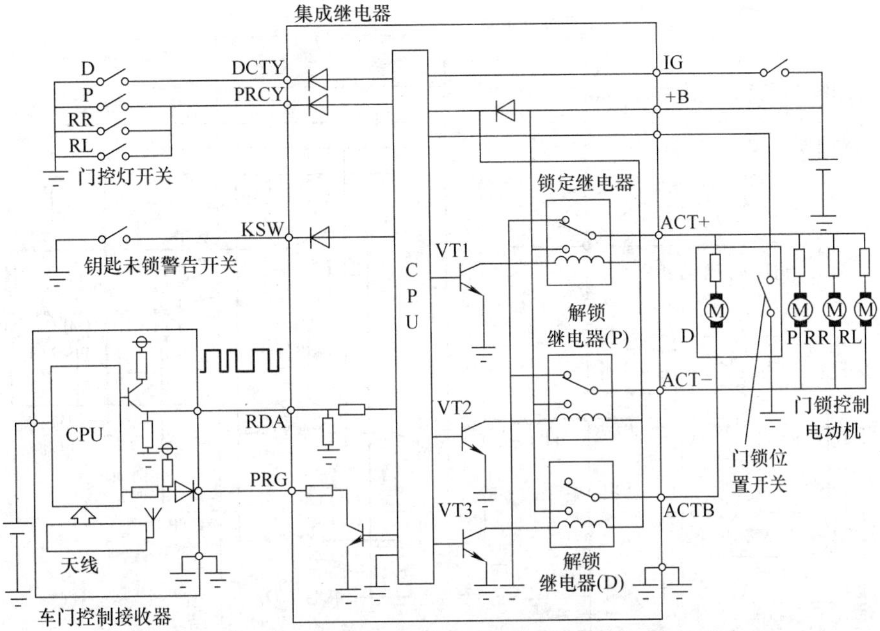

图 7-24　具有两步解锁操作功能的无线门锁遥控系统电路示意图

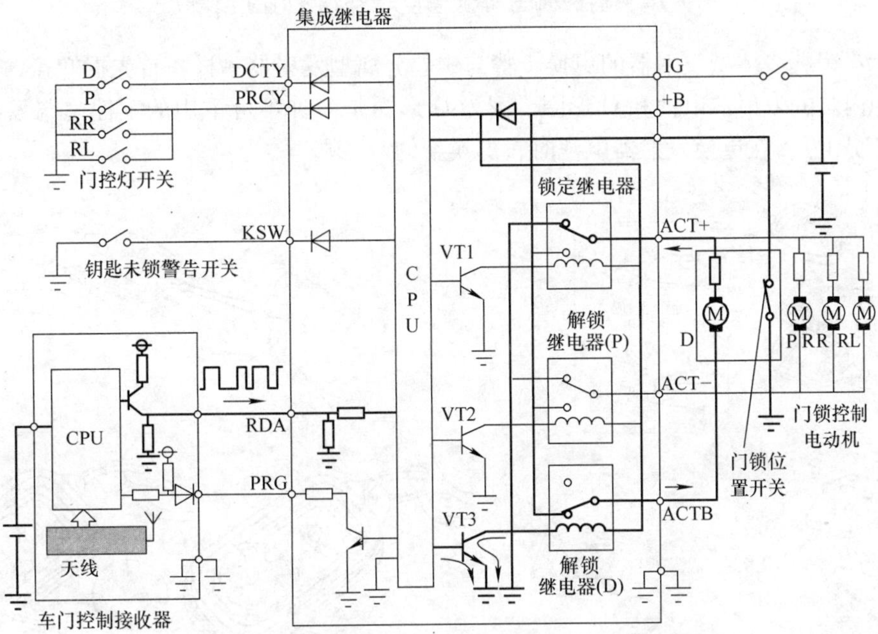

图 7-25　遥控发射器开锁键只按下一次时的工作情况

2）如果在 3s 之内连续按下发射器的解锁开关两次，集成继电器导通 VT3 和 VT2，导通驾驶人侧和前排乘客侧车门的解锁继电器（D）和（P），并将所有的门锁电动机开到解锁侧，如图 7-26 所示。

4. 发射器（遥控器）电池的更换

如图 7-27、图 7-28 所示，使用小十字螺钉旋具，拆卸发射器的电池。使正极侧朝上，将发射器电池安装在发射机中。检查 O 形圈没有扭曲或错位，并用精确的十字螺钉旋具安装盖子。

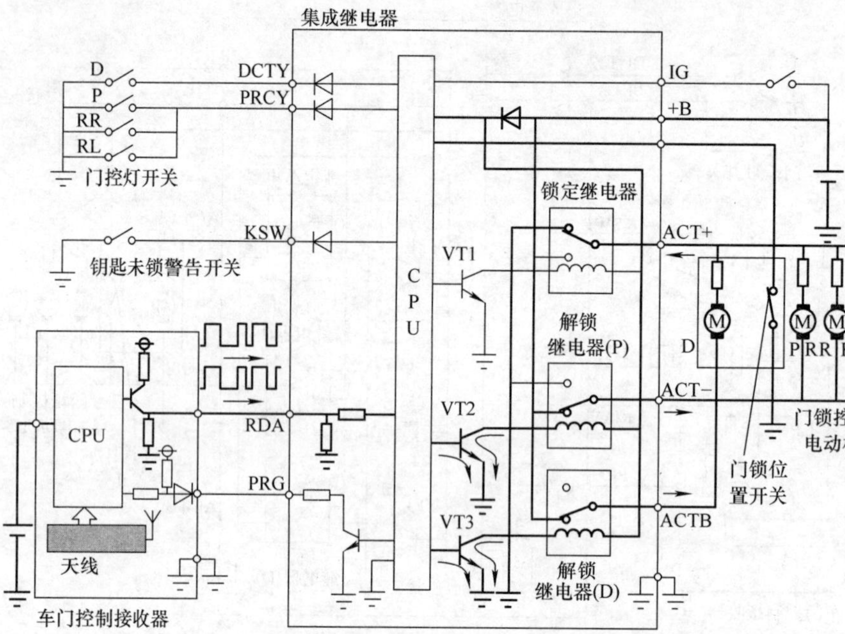

图 7-26 遥控发射器解锁键连续按下两次时的工作情况

提示：钥匙一体型发射器的更换步骤与钥匙分离型发射器一样。首先拆卸盖，然后从发射器拆卸内装的发射器电池和 O 形圈。因为 O 形圈是一种不可重用的零件（与发射器电池一起成套提供），在更换发射器电池时，更换新的 O 形圈。

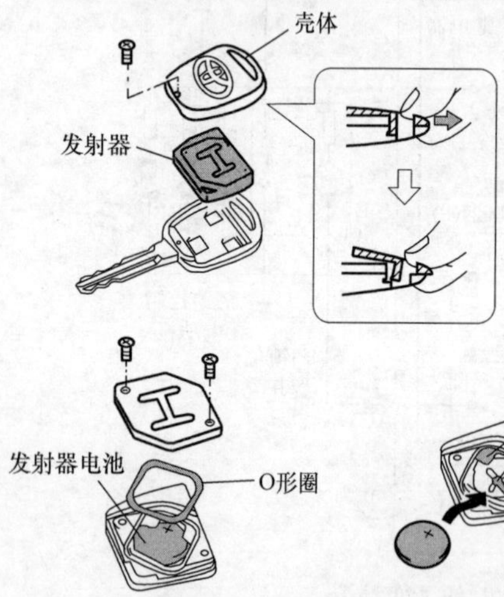

图 7-27 更换遥控发射器电池（钥匙分离型）

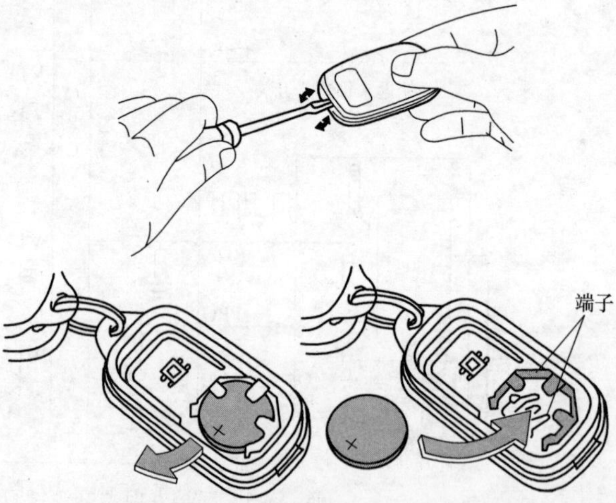

图 7-28 更换遥控发射器电池（钥匙座型）

三、利用诊断仪的数据流与主动测试功能查找故障

利用智能测试仪的数据表，可以在不拆卸任何零件的情况下，读取开关、传感器、执行器和其他项目的数值。在故障排除过程中，应先读取数据表可以节省时间。

表 7-3 为丰田卡罗拉轿车在测试仪上的车身电子控制系统中显示的部分数据流。

表 7-3 车身电子控制系统中显示的部分数据流

智能测试仪显示	测量项目/范围	正常条件
D Door Courtesy SW（D 门控灯开关）	驾驶人侧车门控灯开关信号/ON 或 OFF	ON：驾驶人侧车门已打开 OFF：驾驶人侧车门已关闭
P Door Courtesy SW（P 门控灯开关）	前排乘客侧车门控灯开关信号/ON 或 OFF	ON：乘客侧车门已打开 OFF：乘客侧车门已关闭
RR Door Courtesy SW（RR 门控灯开关）	右后车门控灯开关信号 /ON 或 OFF	ON：右后车门已打开 OFF：右后车门已关闭
RL Door Courtesy SW（RL 车门控灯开关）	左后车门控灯开关信号 /ON 或 OFF	ON：左后车门已打开 OFF：左后车门已关闭
D - Door Lock Pos SW（D 门锁定位置开关）	驾驶人侧门锁位置开关信号/ON 或 OFF	ON：驾驶人侧门解锁 OFF：驾驶人侧门锁定
P - Door Lock Pos SW（P 门锁定位置开关）	前排乘客侧门锁位置开关信号/ON 或 OFF	ON：前排乘客侧车门解锁 OFF：前排乘客侧车门锁定
RR - Door Lock Pos SW①（RR 车门锁定位置开关）	右后门锁定位置开关信号/ON 或 OFF	ON：右后车门解锁 OFF：右后车门锁定
RL - Door Lock Pos SW①（RL 车门锁定位置开关）	左后门锁定位置开关信号/ON 或 OFF	ON：左后车门解锁 OFF：左后车门锁定
Luggage Courtesy SW（行李箱控灯开关）	行李箱门控灯开关信号 /ON 或 OFF	ON：行李箱门已打开 OFF：行李箱门已关闭
Door Lock SW - Lock（门锁开关锁定）	车门控制开关锁定信号 /ON 或 OFF	ON：车门控制开关被按到锁定位置 OFF：车门控制开关没有按到锁定位置
Door Lock SW - Unlock（门锁开关解锁）	车门控制开关解锁信号 /ON 或 OFF	ON：车门控制开关被按到解锁位置 OFF：车门控制开关没有按到解锁位置
Door Key SW - Lock（车门钥匙开关锁定）	驾驶人侧车门锁定/解锁开关锁定信号（钥匙联动锁定开关）/ON 或 OFF	ON：驾驶人侧门钥匙筒被转动到锁定位置 OFF：驾驶人侧门钥匙筒被转动到解锁位置
Door Key SW - Unlock（车门钥匙开关解锁）	驾驶人侧车门锁定/解锁开关锁定信号（钥匙联动锁定开关）/ON 或 OFF	ON：驾驶人侧门钥匙筒被转动到解锁位置 OFF：驾驶人侧门钥匙筒被转动到锁定位置
D Door Key SW - UL（驾驶人侧车门钥匙开关解锁）	驾驶人侧车门锁定/解锁开关解锁信号（2 次钥匙连动解锁开关）/ON 或 OFF	ON：驾驶人侧门钥匙筒被转动到解锁位置 OFF：驾驶人侧门钥匙筒被转动到锁定位置
Trunk Lock/Unlock SW（行李箱锁定/解锁开关）	行李箱门钥匙筒开关/ON 或 OFF	ON：点火钥匙已插入并转到锁定位置。 OFF：点火钥匙已插入并转到解锁位置

① 带智能进入和起动系统，带防盗系统时不带智能进入和起动系统。

图 7-29 为使用丰田专用诊断仪读取丰田汉兰达车辆的主车身系统中与门锁相关的数据。

使用诊断仪一般除可通过数据列表来读取开关、传感器、执行器和其他项目的数值外，通常还可以在不拆卸任何零件的情况下，操作继电器、执行器及其他项目，即进行主动测试。

在故障排除过程中，先进行主动测试可以节省时间。通常，主动测试过程中可显示数据表。

图7-30为丰田汉兰达的门锁控制系统动作测试的相关操作。

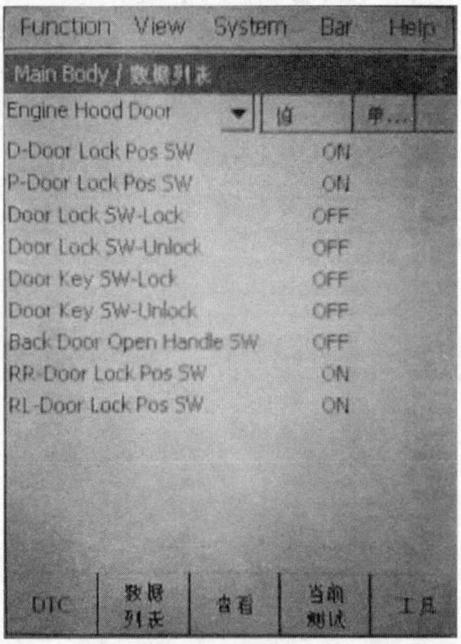

图7-29 丰田汉兰达车辆主车身系统中与门锁相关的数据流

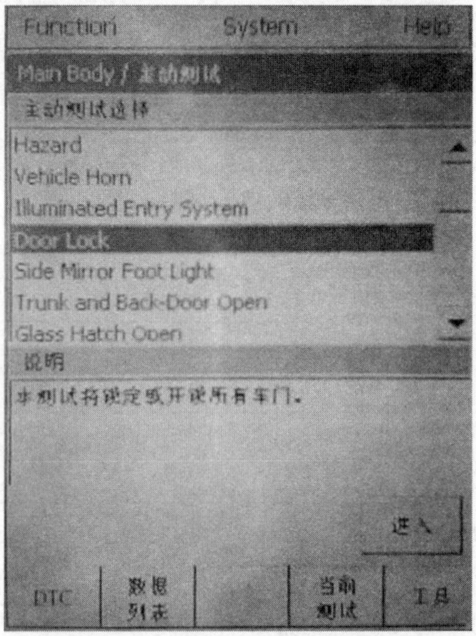

图7-30 丰田汉兰达门锁控制系统的动作测试

如进入“Main Body”系统，选择“主动测试”功能，选择“Door Lock”，进入测试。观察各车门门锁电动机是否动作及诊断仪数据流中各门锁位置开关的变化，如图7-31所示。

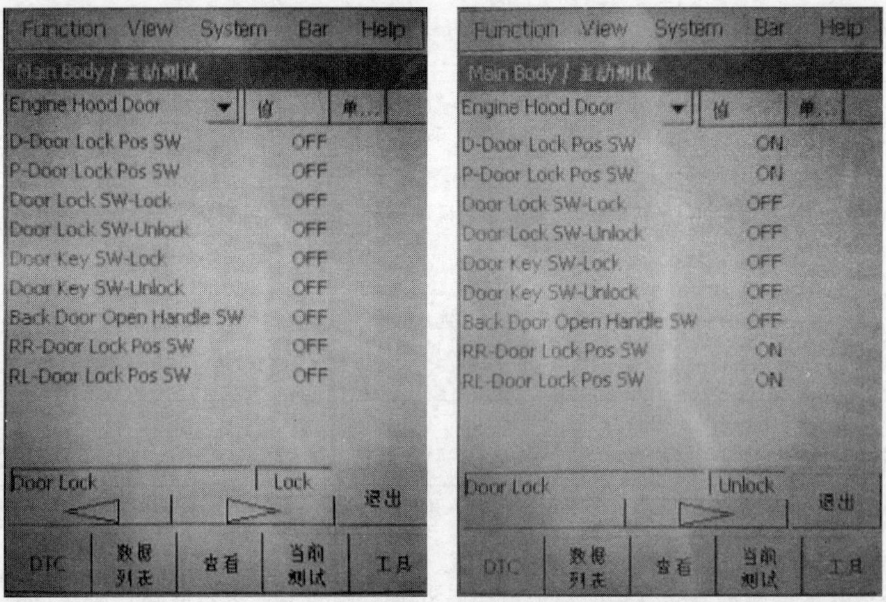

a) b)

图7-31 各车门门锁电动机及各门锁位置开关的变化

图7-31a中数据显示4个车门门锁位置开关是断开的，即车门未锁定。

当进入“Lock”后，各车门门锁上锁，各位置开关变为“ON”，如图7-31b中所示。

注意：为防止钥匙反锁车内，必须在驾驶人侧车门窗开启时执行检查。

四、门锁控制系统功能设定（个性化设置）

现在，很多车型的门锁控制系统及无线门锁控制系统的某些功能可以根据用户的使用习惯或喜好来设置，通常称为“个性化设置”或“定制”，如车门钥匙的一步或两步解锁功能、遥控器的一步或两步解锁功能、遥控器操作时的危险警告灯回应功能、变速杆联动自动车门锁定功能、车速达到一定值的自动上锁功能等。当怀疑这些定制功能被改变时，应按维修手册或用户手册规定的设置步骤进行设定，有可能需要用诊断仪中定制功能进行定制。

表7-4为丰田某车型与门锁控制系统相关的定制功能，可以使用智能测试仪Ⅱ来定制这些系统设置。

表7-4 丰田某车型与门锁控制系统相关的定制功能

系统	智能测试仪Ⅱ显示内容	内容	默认设置	可用设置
无线门锁	Trunk Lid Operation（行李厢盖操作）	更改用发射器开启行李箱的操作方法	0.8s PR	1 TIME（1次）/2 TIMES（2次）/0.8s PR/OFF
	Wireless Control（无线控制）	打开/关闭无线门锁的功能	ON	ON/OFF
	Hazard Answer Back（危急反馈）	打开/关闭无线门锁危急反馈的功能	ON	ON/OFF
	Open Door Warn（门未紧闭警告）	用无线门锁锁止车门时，如果车门未紧闭，此功能使蜂鸣器鸣响10s	ON	ON/OFF
	Unlock 2 Operation（两次解锁操作）	运用此功能，按发射器的解锁按钮一次解锁驾驶人侧车门，按两次解锁所有车门。设置为OFF（关闭）时，按一次解锁所有车门	OFF	ON/OFF
	Auto lock time（自动锁定时间）	此功能更改用无线门锁解锁之后至重新锁定的时间	30s	30s/60s/120s
门锁	Unlock Key Twice（钥匙两步解锁功能）	运用此功能，操作车门钥匙一次，仅解锁驾驶人侧车门，操作车门钥匙两次解锁所有车门。设置为OFF（关闭）时，操作车门钥匙一次，解锁所有车门	OFF	ON/OFF
	Auto Lock（自动锁定）	车速达到一定速度时，该功能锁定所有车门	OFF	ON/OFF
	Auto Lock/Shift（自动锁定/换档）	在发动机运行且所有车门关闭的情况下，变速杆从任何其他位置移至P位置时，该功能锁止所有车门	ON	ON/OFF
	Auto Unlock/Shift（自动解锁/换档）	点火开关置于ON位置且变速杆从任何其他位置移至P位置时，该功能解锁所有车门	ON	ON/OFF
	All Unlock/Open - Close（全部解锁/打开 - 关闭）	将点火开关置于ON位置后，在10s内打开驾驶人侧车门时，该功能解锁所有车门	OFF	ON/OFF

（续）

系统	智能测试仪Ⅱ显示内容	内容	默认设置	可用设置
	Door Key P/W Up（用车门钥匙升起电动窗）	运用此功能，当电源/点火钥匙位于 OFF 时，将驾驶人侧车门钥匙保持在锁定侧 1.5s，以手动升起所有车门窗	ON	ON/OFF
	Door Key P/W Down（用车门钥匙降下电动窗）	运用此功能，当电源/点火钥匙位于 OFF 时，将驾驶人侧车门钥匙保持在解锁侧 1.5s，以手动降下所有车门窗	ON	ON/OFF
电动车窗	P/W Up W/Transmit（用发射器升起电动窗）	运用此功能，当电源/点火钥匙位于 OFF 时，按住发射器锁定按钮 2.5s，以手动升起所有车门窗	ON	ON/OFF
	P/W Down W/ Transmit（用发射器降下电动窗）	运用此功能，当点火钥匙位于 OFF 时，按住发射器开锁按钮 2.5s，以手动降下所有车门窗	ON	ON/OFF
	Up/Smart（升起/智能）	运用此功能，当点火钥匙位于 OFF 时，按住智能锁定按钮 2.5s，以手动升起所有车门窗	ON	ON/OFF

图 7-32 所示为使用丰田智能测试仪Ⅱ将无线控制功能关闭的操作过程。

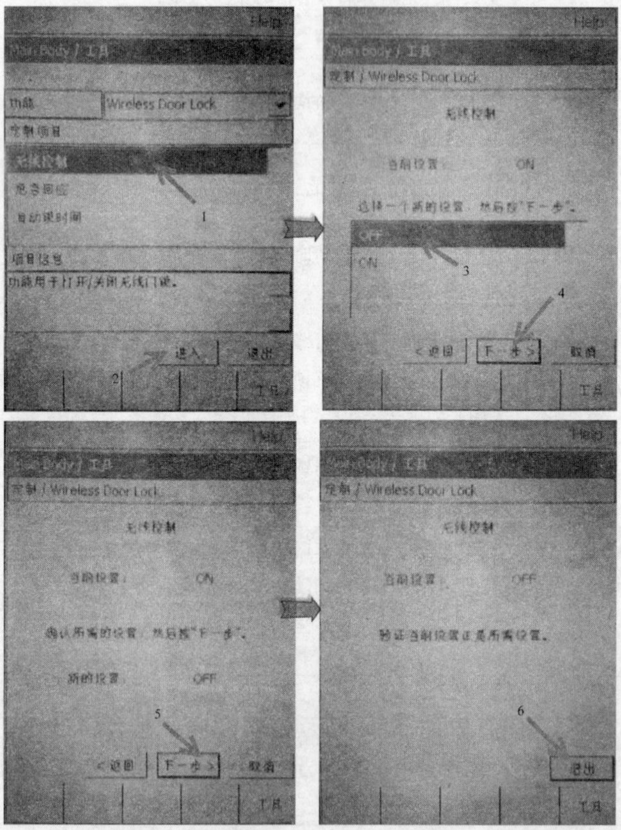

图 7-32 用丰田智能测试仪Ⅱ的定制功能关闭无线控制功能的操作

定制功能改变后，需进行实际操作以验证当前设置是否正是所需的设置。要想恢复无线控制功能，再次用诊断仪的定制功能将无线控制的当前设置改为“ON”即可。

使用丰田智能测试仪Ⅱ的“Main Body”→“工具”对系统进行相关功能定制时，只要选中某定制项目，其屏幕下方的“项目信息”栏中就会显示相应的功能说明，以丰田汉兰达车为例，如图7-33所示，依次对“自动锁”“自动锁/换档”“自动开锁/换档”“全部开锁/打开关闭”功能的描述。“自动锁”功能用于在车辆达到一定车速后为车门上锁；“自动锁/换档”功能用于将变速杆从“P”位移出至其他档位时为车门上锁；“自动解锁/换档”则用于在点火开关位于“ON”时将换档杆从非“P”位移至“P”位时为车门开锁；“全部开锁/打开关闭”功能用于在点火开关转到“OFF”后的10s内打开驾驶人侧车门时，为驾驶人侧门外的其他车门开锁。

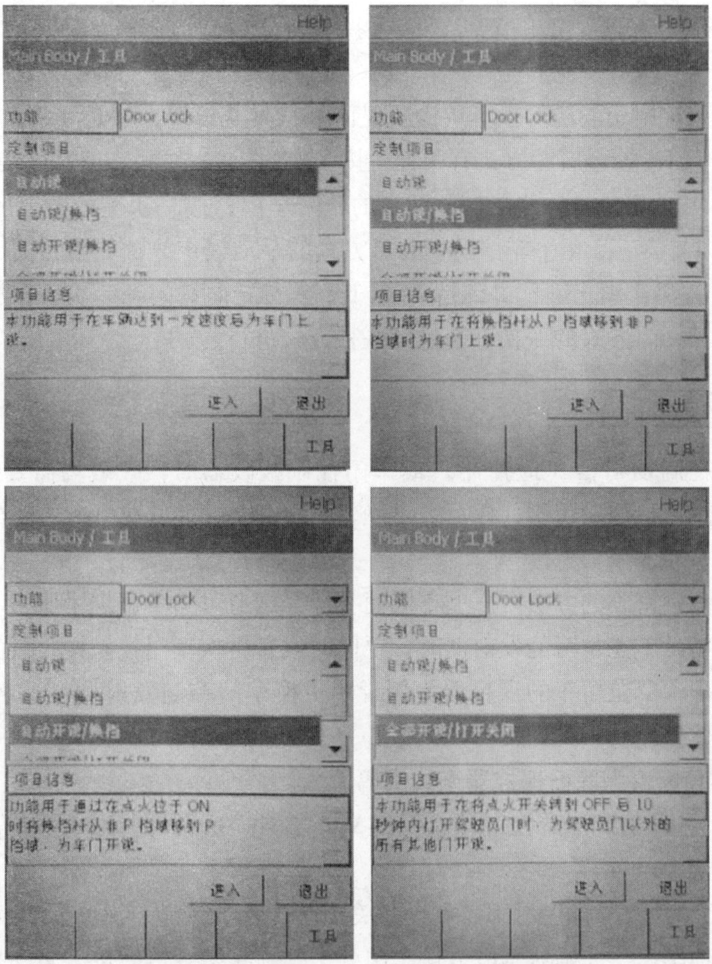

图7-33 丰田汉兰达车门锁系统定制项目的含义

各种车型的定制方式并不相同，有的是以控制单元编码的方式进行的，如大众车系的舒适性控制系统，具体可参照维修手册。根据车辆装备的不同，其控制单元的编码不同，在更换新的控制单元或需更改其定制功能时，应对其进行编码，如进入舒适性控制系统后，选择“07 控制单元编码”功能，即可对控制单元编码。一般说来，国产大众车型中如车辆只装备中央门锁与两个电动车窗，其控制单元的编码应为“00256”或“00257”。“00256”表示此车用钥匙或遥控器在车外开门时，第一次只能解锁驾驶人侧车门，第二次操作解锁所有车门，即两步解锁；“00257”则表示此车用钥匙或遥控器在车外开门时，第一次就可以解锁所有车门，即一步解锁。如车辆装备了中央门锁与两个电动车窗并带有记忆功能，其控制单元的编码应为“00258”或“00259”，“00258”表示两步解锁，“00259”则表示一步解锁。如车辆装备中央门锁与4个电动车窗不带记忆功能，其控制单元的编码应为“04096”或“04097”，“04096”表示两步解锁，“00257”则表示一步解锁。如车辆装备了中央门锁与4个电动车窗并带有记忆功能，其控制单元的编码应为“04098”或“04099”，“04098”表示两步解锁，“04099”则表示一步解锁。根据驾驶人的需要，在两个正确编码之间选择变更，以适应驾驶人“一步解锁”或“两步解锁”的要求。

有些车型某些定制功能还可以不用诊断仪而进行人工设定，如长安福特C307车型。目前C307车型的车门遥控开启的方式有两种：按一次遥控器上的“开锁键”只能打开左前车门，3s内再按一次“开锁键”才能打开其余的三个车门；按一次遥控器上的“开锁键”即可一次同时打开4个车门。4个车门遥控开启方式的手动设定方法如下：关闭点火钥匙，同时按下“开锁键”和“锁止键”并保持4s以上，等待转向灯闪烁一次后，放开两个键即完成此次设置。两种开门方式的变换都通过此一种方式进行。

五、遥控器注册

当更换车门控制发射器（遥控器）或车门控制接收器时，一般均需要应注册识别码。丰田很多车型的遥控器注册识别代码可通过操作点火开关锁芯并打开和关闭驾驶人侧车门来进行。

提示：改写识别密码的方法因车型不同而有异。细节可参考修理手册。

当更换识别密码不能重写的发射器时，要同时成套更换车门控制接收机的ROM。

现以更换丰田卡罗拉轿车的遥控器为例说明更换车门控制发射器（遥控器）或车门控制接收器后的具体操作。

1. 使用专用诊断仪删除旧遥控器无线密码

连接IT Ⅱ，进入主车身系统（即选择“Main Body”），如图7-34所示，选择“工具”下的“无线码删除”功能。

如图7-35所示，按屏幕提示用与点火开关锁芯配套的钥匙打开点火开关，打开驾驶人侧车门，关闭其他车门，并确认驾驶人侧车门处于开锁状态。然后按“下一步”。

如图7-36所示，屏幕显示当前已注册的遥控器数目，按提示按“下一步”。

如图7-37所示，屏幕提示按“下一步”后，同时按遥控器上的解锁与锁定键并保持1s，然后在3s内按下遥控器上的任一键1s，这些操作应在30s内完成。

按“下一步”后，屏幕显示30s的倒计时，如图7-38所示。此时应同时按遥控器上的解锁与锁定键并保持1s，然后在3s内按下遥控器上的任一键1s。

完成以上操作后，屏幕显示“无线密码擦除已完成”，如图7-39所示。

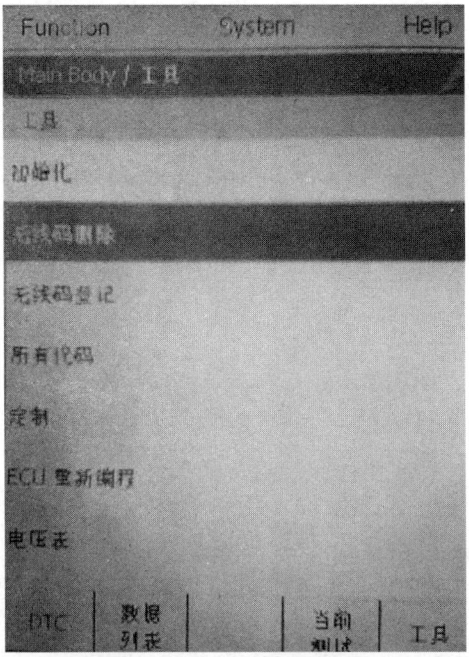

图 7-34　选择“工具”下的“无线码删除”功能

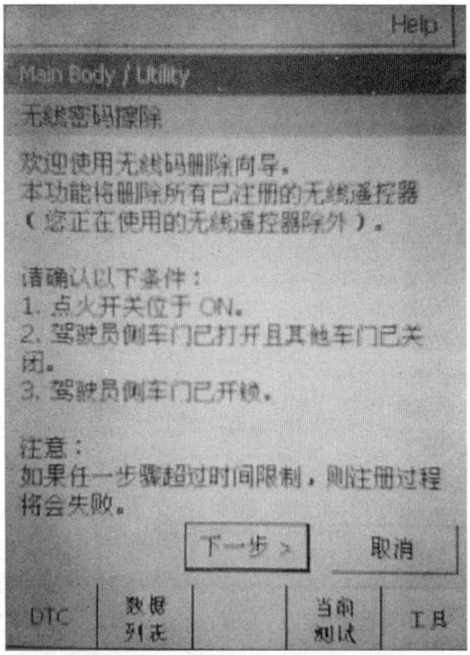

图 7-35　“无线码删除”向导功能

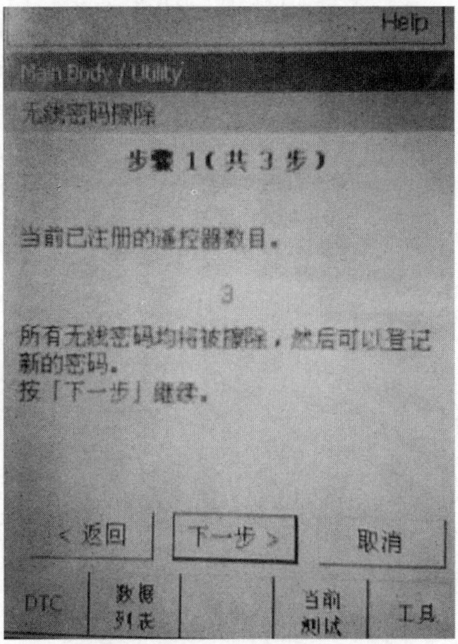

图 7-36　“无线密码擦除”步骤 1

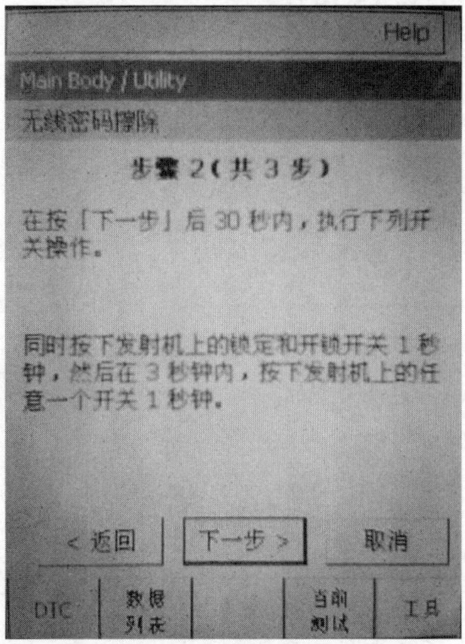

图 7-37　“无线密码擦除”步骤 2

此时再操纵原来的遥控器，确认密码已失效。

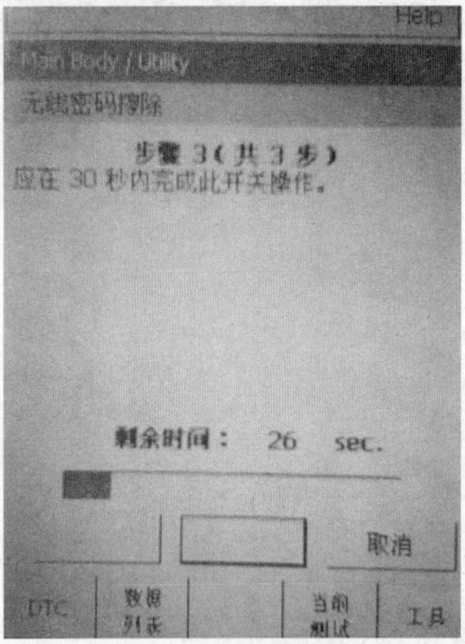

图 7-38 “无线密码擦除” 步骤 3

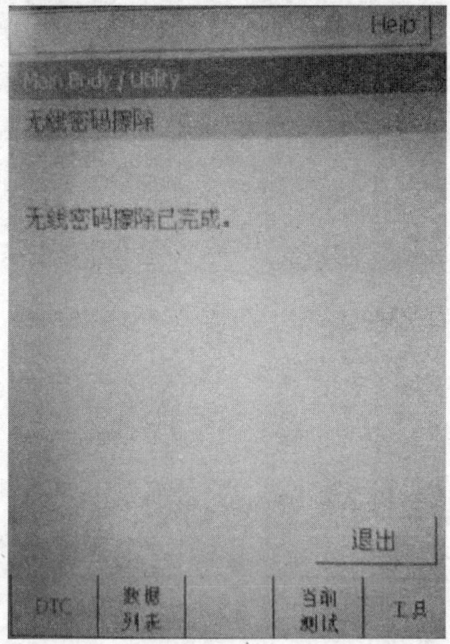

图 7-39 “无线密码擦除完成” 界面

2. 登记新遥控器无线密码（遥控器注册）

连接 IT Ⅱ，选择 “Main Body” → “工具” → “无线码登记” 功能。屏幕显示如图 7-40所示。确认点火开关已打开，驾驶人侧车门打开，并处于解锁状态。其他车门均关闭。

按 “下一步”，屏幕显示步骤 1，如图 7-41 所示。

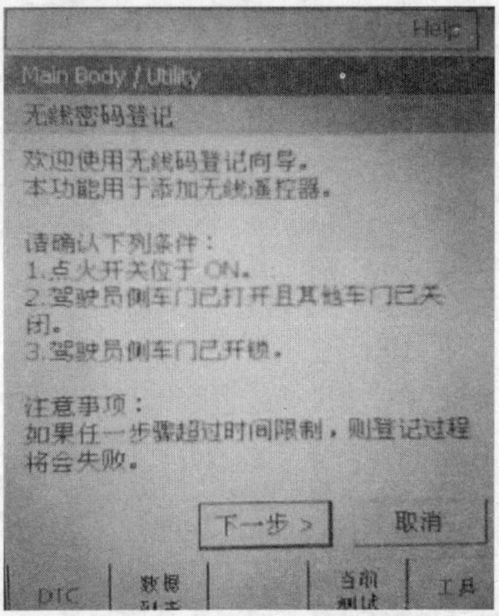

图 7-40 “无线码登记” 向导

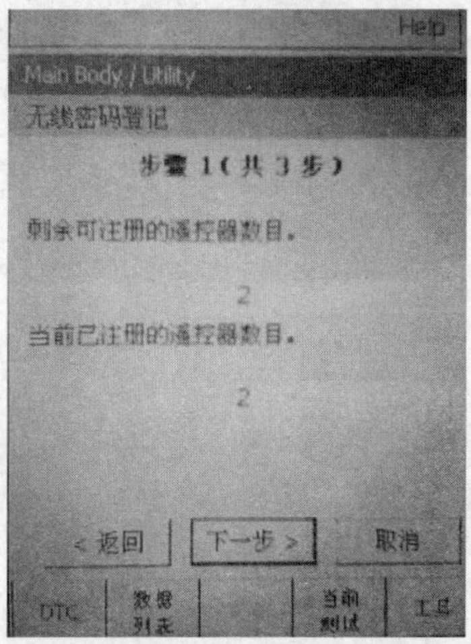

图 7-41 “无线密码登记” 步骤 1

按 “下一步”，屏幕显示步骤 2，如图 7-42 所示。屏幕提示在按 “下一步” 后 30s 内，同时按遥控器上的解锁与锁定键并保持 1s，然后在 3s 内按下遥控器上的任一键 1s。

按 “下一步”，屏幕显示 30s 的倒计时，如图 7-43 所示。此时应同时按遥控器上的解锁与锁定键并保持 1s，然后在 3s 内按下遥控器上的任一键 1s。

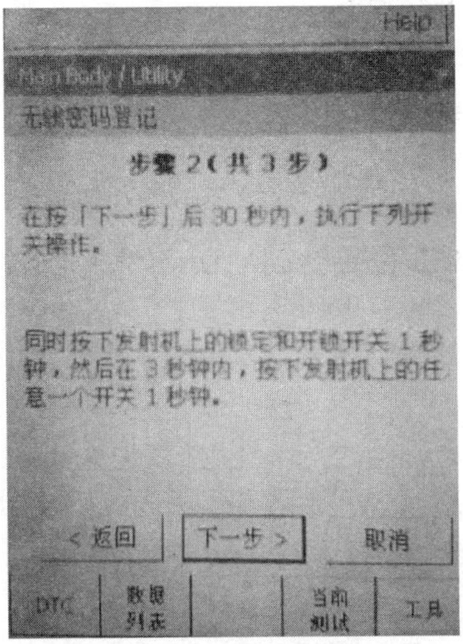

图 7-42　“无线密码登记”步骤 2

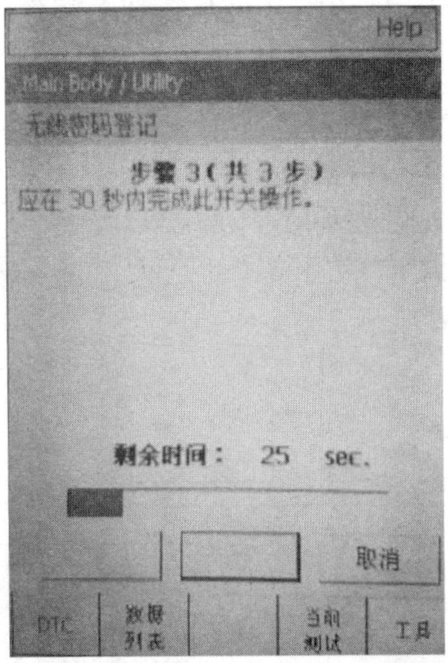

图 7-43　“无线密码登记”步骤 3

完成以上操作后，屏幕显示“无线密码登记已完成”，这时按“下一步”继续注册下一个遥控器，如图 7-44 所示。

按屏幕提示注册下一个遥控器方法与前述相同，如果已注册的遥控器数目达到最大许可数目，屏幕将出现“无线密码登记已完成。登记存储器现已存满所登记的密码。”的提示，如图 7-45 所示。

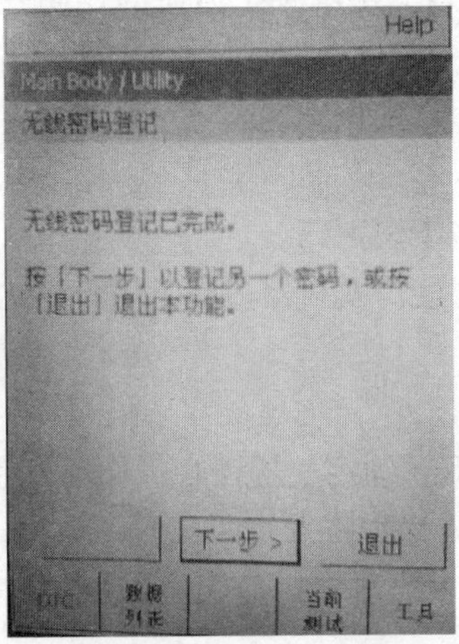

图 7-44　“无线密码登记完成”界面

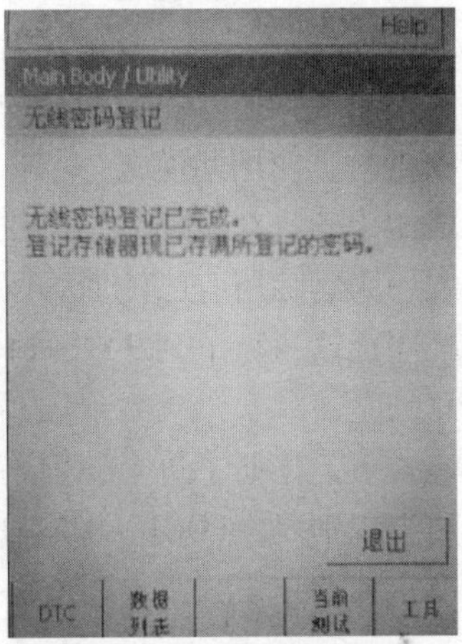

图 7-45　已注册的遥控器数目达到最大许可数目

执行无线门锁控制操作检查，确认遥控器功能正常。如果无线门锁控制不工作，再次执行注册步骤。

3. 不使用专用诊断仪删除旧遥控器无线密码

1）打开驾驶人侧车门，拔出钥匙。

2）在 5s 内插入并拔出钥匙 2 次（以拔出结束）。

3）40s 内关闭并打开驾驶人侧车门 2 次（以打开结束）。

4）插入钥匙并拔出。

5）40s 内关闭并打开驾驶人侧车门 2 次（以打开结束）。

6）插入钥匙。

7）关闭所有门。

8）以 1s 的间隔转动点火，将点火开关“LOCK”位置转到“ON”来选择设定模式，如图 7-46 所示。

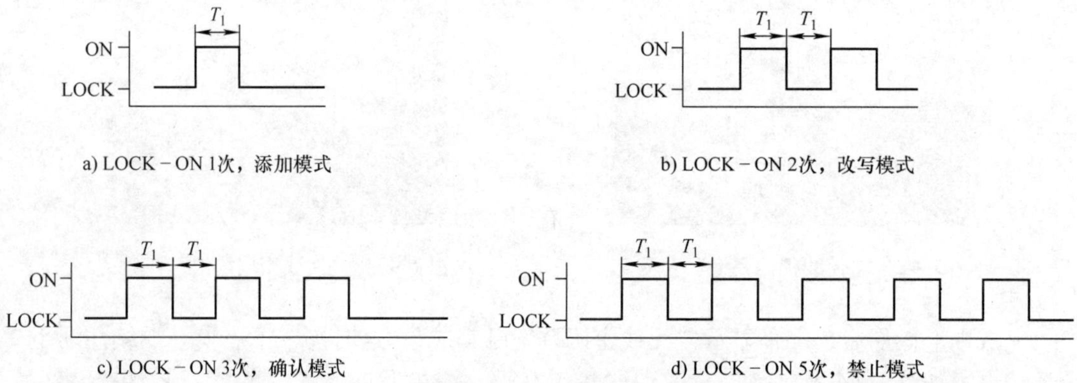

图 7-46　以点火开关由“LOCK”位置转到“ON”的次数来选择遥控设定模式（T_1：约 1s）

说明：当注册新的识别码时，添加模式用来保留已注册的代码。添加发射器时用此模式。如果已注册代码的数量超过了 6 个，以前注册的代码会从第一个注册的代码开始，按顺序相应地删除。

改写模式用于删除所有以前注册的代码，并且只注册新的识别码。当更换新的发射器或车门控制接收器时，使用此模式。

确认模式用于确认在添加识别码注册前已经注册了多少识别码。

禁止模式用来删除所有已注册编码并取消无线门锁功能。发射器遗失时用此模式。

必须按顺序连续执行下列 9）～14）所有注册步骤。

需要注意的是：

在确认模式下，注册了每个识别码，LOCK－UNLOCK（锁定－解锁）操作将发生一次。如果注册了两个识别码，LOCK－UNLOCK（锁定－解锁）操作将发生两次。

在确认模式和禁止模式下，LOCK－UNLOCK（锁定－解锁）操作响应发生一次，注册步骤将结束。

9）取出钥匙。

10）注册新的识别码（添加模式或改写模式）：45s 内同时按下发射器开关上的 LOCK－（锁定）和 UNLOCK（解锁）开关 1.0～1.5s。

然后按下两个开关中的一个超过 1.0s。

在释放发射器开关后 5s 内，如果发射器识别码注册正确完成，将自动执行一次 LOCK－UNLOCK（锁定－解锁）操作。

在 LOCK－UNLOCK（锁定－解锁）操作执行两次时，识别码注册失败。从头开始再次执行注册步骤。

11）如果多个发射器需要注册，则在先前注册后 45s 内，重复步骤 10）。

12）如果设定成功，中控锁上和开启一次。

13）不成功中控开启锁上两次。

14）打开驾驶人侧车门，完成设定。

注意：

一次可以注册 6 个识别码。即使只满足下列条件中的一个，注册模式将结束：识别码注册后经过了 40s；任一车门打开；钥匙插入点火钥匙筒；已注册了 6 个识别码。

六、应急打开车门的方法

当因某种原因（如车门钥匙放在车内而车门又被误锁时）需要应急开启车门时，不同的车辆可以采用不同的方法。下列介绍一些方法，供读者参考。

首先拆下左轮胎、翼子板隔音板，就能看到左前门到车身控制元件的每根线（如果是气动门锁控制，就能看到门锁控制气管插头，可把气管插头拔开用嘴吹）。最后根据车辆门锁控制原理进行开锁。比如 2001 年佳美 2. 4L－G－R 接地（2001 年以后佳美 2. 4L 门锁控制线：绿带红线接地即可开锁。2006 年丰田卡罗拉的“P”色门锁控制线接地即可开锁。

帕萨特 B5 用解码器开启车门的方法如下：

1）拆下左前轮及轮上方的轮罩、底板。

2）拆下左前转向灯。

3）在转向灯的位置找到发动机盖锁扣拉锁用力往下拉动，把发动机盖打开。

4）将在发动机室左前找到 ABS 控制单元的电气插头拔下，找到第 7 个及第 4 个端子（有 25 个端子，上面有编号），用导线把第 7 个端子与大众解码器的诊断插头的 K 端子连接，4 端子与电瓶正极连接。解码器的常火线、接地线分别与电瓶的正、负极连接。

5）操作解码器进入 15（安全气囊）→03（元件诊断）使中控锁处于打开状态，便可把门打开。把线路恢复后还要用解码器清除 ABS 故障码。

第八章

刮水器和清洗器系统故障的诊断与分析

第一节　刮水器和清洗器系统故障的诊断

一、故障现象

刮水器和清洗器系统的常见故障主要有：前或后刮水器系统不工作；刮水器在“LO”（低速档）或“HI”（高速档）时不工作；刮水器在“INT”（间歇档）时不工作；清洗器不能喷水；当刮水器开关断开后，刮水器片停止位置不对；清洗器工作后刮水器不自动工作（刮水器单独工作正常）；刮水器在“MIST”（除雾功能）时工作不正常；刮水器在“AUTO”（自动档）时工作不正常等。

二、故障原因

1）电源相关继电器不良。

2）WIP 或 WASH 等相关熔丝不良。

3）风窗玻璃刮水器开关总成不良。

4）风窗玻璃刮水器电动机总成不良。

5）风窗玻璃清洗器电动机总成不良。

6）刮水器继电器、清洗器继电器等相关继电器不良。

7）刮水器间歇控制器不良。

8）线束或连接器不良。

9）前刮水器臂安装位置不良。

10）雨滴传感器损坏或安装不良、灵敏度设置不当。

11）刮水器相关控制模块（如 BCM 等）不良。

12）有关“刮水器/清洗器”的个性化设置不当可能导致清洗器工作后刮水器不自动工作（刮水器单独工作正常）。

三、故障诊断与排除的一般步骤

一般可根据故障现象缩小故障范围。

1）如刮水器系统不工作，即刮水器开关置于“LO”（低速档）、“HI”（高速档）、“INT”（间歇档）、“MIST”（刮雾功能）等位置时均不动作，则首先应检查刮水器熔丝、刮水器电源继电器、刮水器电动机总成，再检查刮水器开关、线路等。

2）如刮水器仅是在某一档位不工作，则主要应检查刮水器开关、刮水器电动机总成及这一档位的线路。

3）如前刮水器仅在“INT”位置时工作不正常，则应检查刮水器开关、刮水器间歇控制器等。

4）如刮水器开关在“OFF”（断开）位置时，刮水器片不能自动回位导致停止位置不对，则应检查刮水器电动机总成及复位时的电源供应回路。

5）如清洗器不工作，则应检查 WASH 等相关熔丝、开关、清洗器电动机、清洗液是否缺少、清洗器软管和喷嘴等。

6）如果刮水器在“AUTO”（自动档）位置上不工作，则应检查刮水器开关、雨滴传感器（损坏或安装不良、灵敏度设置不当等）。

7）对于采用电控单元控制的刮水器系统，可采用诊断仪读取数据流及进行动作测试等方法来缩小故障范围。

8）有些车型，当清洗器工作后，刮水器不自动工作（刮水器单独工作正常），应先检查其个性化设置功能中的“刮水器与车窗清洗器开关互锁”是否被取消，如被取消，则与风窗玻璃清洗器操作协同的刮水器操作可被取消。

9）有些刮水器和清洗器系统采用车载网络控制的车型当检测到发动机盖未关闭时，刮水器也不工作。

第二节　刮水器和清洗器系统故障诊断、排除的相关要点

一、对刮水器和清洗器系统进行功能检查

刮水器和清洗器系统也称刮水器和洗涤器系统，刮水器通过刮去前后风窗玻璃上的雨水或灰尘，确保驾驶人的视野。风窗玻璃清洗器喷射喷洗液除去灰尘或油，这是仅用刮水器无法除去的。

刮水器系统由刮水器开关、刮水器电动机、刮水器连杆、刮水器臂和刮刷片组成。风窗玻璃清洗器系统由清洗液储存罐、清洗器电动机、软管、清洗器喷嘴和清洗液构成。有慢速刮、间歇刮、快速刮及刮除薄雾（点动）、清洗器联动刮水等不同的刮水功能及自动回位功能。有的车型还具有车速及雨量进行速度控制的自动刮水功能。自动回位功能（自动停止功能）是指在操作期间，不管刮水器位置在哪里，关掉开关后会使刮水器自动回到其停止位置。刮除薄雾功能也称点动功能，即打开此开关一次，刮水器动作一次。清洗器联动刮水功能是指清洗器通电工作，向前风窗喷射洗涤液，同时刮水器动作相应次数以清洁玻璃的功能。

图 8-1、图 8-2 为某 SUV 车的前、后刮水器和清洗器控制开关的操作示意图。

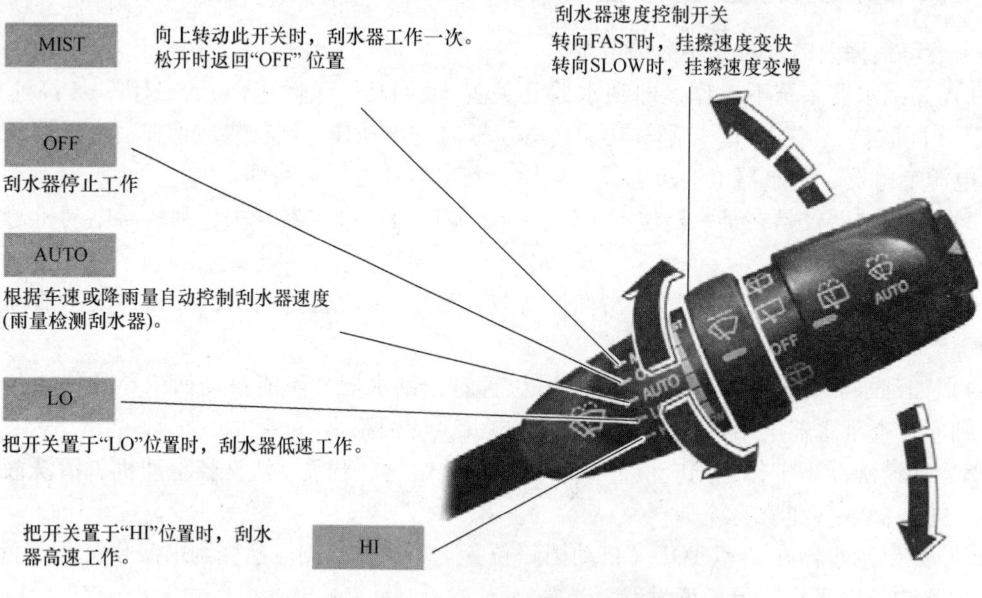

图 8-1 前刮水器和清洗器控制开关的操作示意图

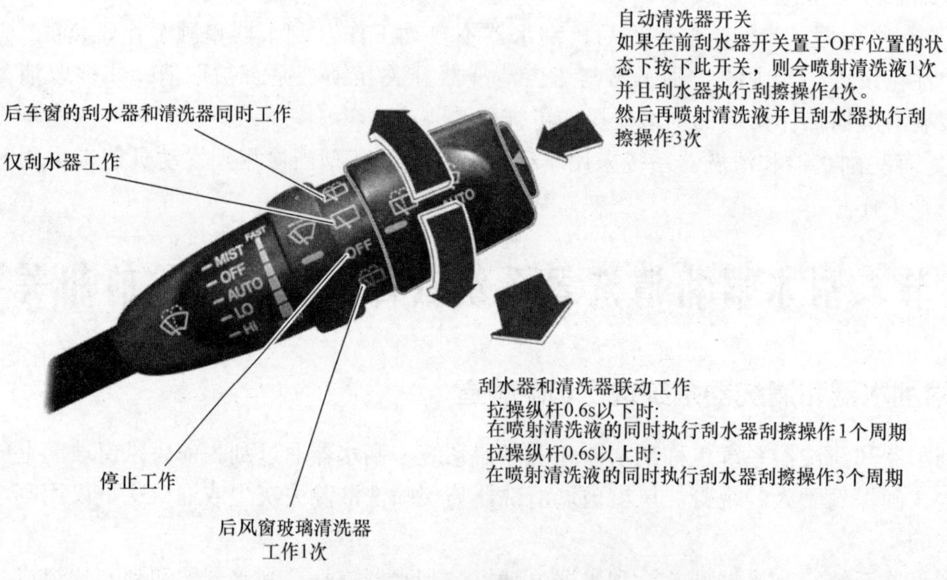

图 8-2 后刮水器和清洗器控制开关的操作示意图

先对刮水器和清洗器进行操作，检查其功能，观察其故障现象。根据故障现象对故障范围做一个粗略的划分。如仅是某一档位刮水器不工作，则故障可能在开关上；如所有档位刮水器均不动作，则故障可能在熔丝、电源电路等公共电路部分或刮水器电动机本身上；如仅为间歇档不工作，则故障可能为开关或间歇控制器不良；如刮水器不能正常回位，则故障可能在刮水器电动机内部的回位机构或回位电路上，有的还可能是间歇控制器不良。

检查时应由易到难，如先检查熔丝，接着在刮水器电动机插头处检查电压，以判断电路是否正常，单独对刮水器电动机进行导通性检查。当怀疑刮水器和清洗器控制开关时，应拆下开关进行导通性检查。

二、检查刮水器和清洗器系统的主要零部件

1. 刮水器电动机

刮水器电动机的结构通常如图 8-3 所示。

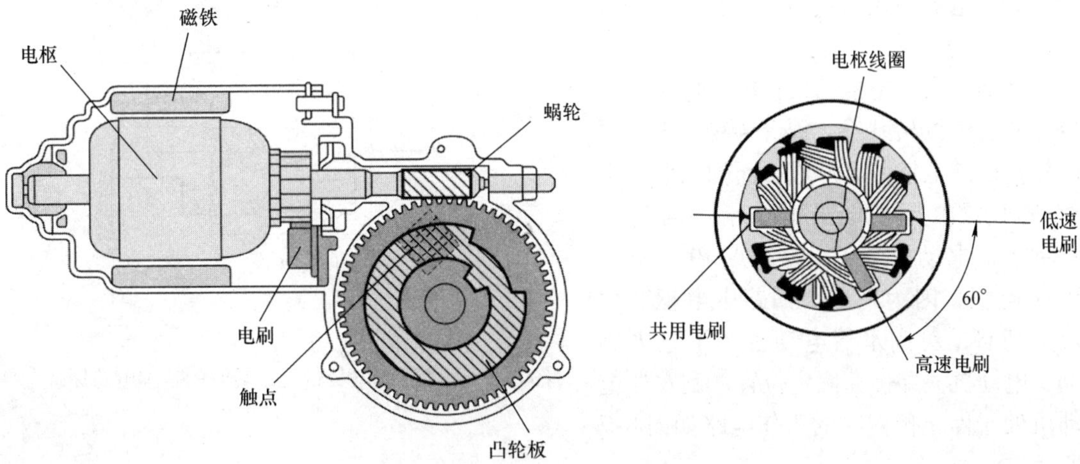

图 8-3　刮水器电动机的结构

刮水器电动机使用铁氧体永磁电动机。刮水器电动机包括电动机本身及传动装置。传动装置对电动机输出减速。铁氧体型刮水器电动机一般采用三种电刷：低速电刷、高速电刷和共用电刷（供接地）。在减速部分有一凸轮开关，因此刮水器将每次停在同样的位置。

（1）切换电动机转速　当电动机旋转时，在电枢线圈中产生一反电动势，它起限制电动机旋转的作用。低速运行时，电流从低速电刷流入电枢线圈，产生较高的电动势，使电动机以低速旋转；高速运行时，电流从高速电刷流入电枢线圈，产生较低的反电动势，使电动机以高速旋转。

（2）凸轮开关　刮水系统有把刮水片停在固定位置的功能。由于这一功能，当刮水器开关关掉时，刮水片会自动停在风窗玻璃的底部位置。凸轮开关执行此功能。

此开关包括 1 只缺口凸轮盘和 3 个触点 P1、P2 和 P3，如图 8-4 所示。

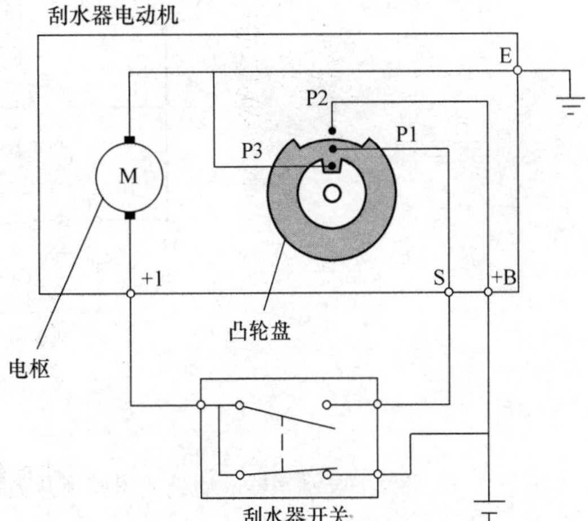

图 8-4　刮水器电动机的基本电路原理

当刮水器开关在“LO/HI”位置时，

电池电压施加到线路，电流通过刮水器开关进入刮水器电动机，引起刮水器电动机运行。图8-5所示为刮水器电动机低速运转时的基本电路原理。

然而刮水器开关一关掉，如果触点P2不在缺口处，电池电压作用于线路，并且电流通过触点P2到P1进入刮水器电动机，引起电动机继续运转，如图8-6所示。然后，触点P2通过凸轮盘旋转到了缺口处，电流不流入线路，刮水器电动机将停转。

然而，由于电枢的惯性电动机不立即停止并且继续转一会。结果触点P3穿过凸轮盘的导电点并且形成下面的回路：电枢→刮水器电动机端子+1→刮水器开关→刮水器电动机端子S→触点P1→触点P3→电枢。因为在这个回路中电枢产生反电动势，对刮水器电动机产生电力制动，电动机立即停在固定位置。刮水器电动机处于停止位置时的工作电路如图8-7所示。

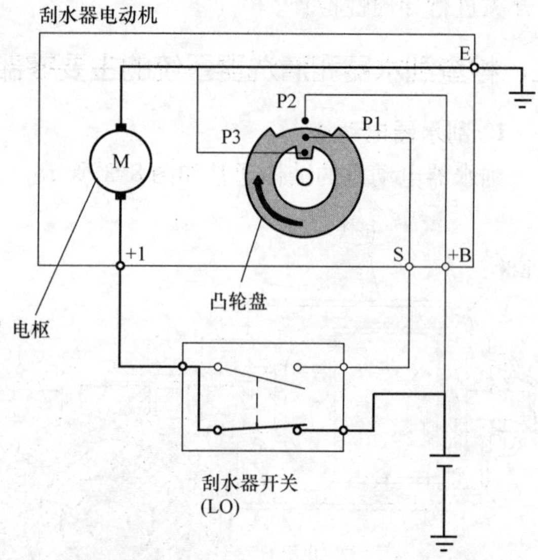

图8-5 刮水器电动机低速运转时的基本电路原理

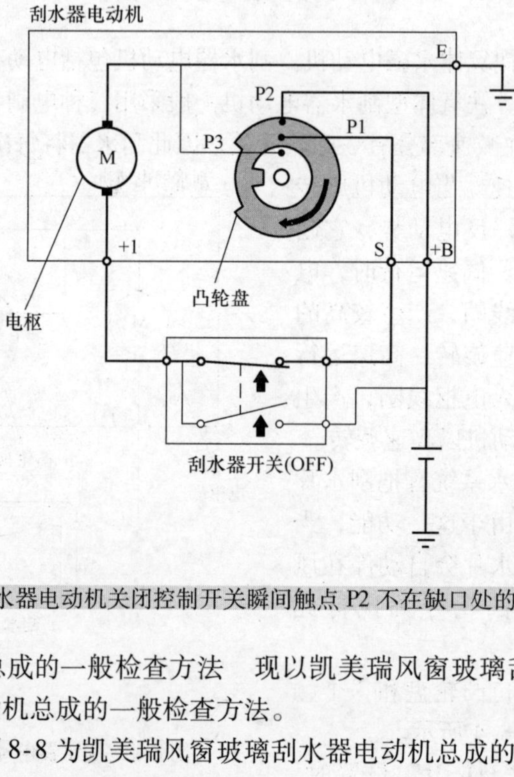

图8-6 刮水器电动机关闭控制开关瞬间触点P2不在缺口处的工作电路

（3）刮水器电动机总成的一般检查方法　现以凯美瑞风窗玻璃刮水器电动机总成的检查为例，说明刮水器电动机总成的一般检查方法。

1）LO操作检查。图8-8为凯美瑞风窗玻璃刮水器电动机总成的连接器端子前视图。将蓄电池正极（+）导线连接到连接器的端子A59－5（+1）上，并将蓄电池负极（－）导线连接到端子 A59－4（E）上，检查电动机是否低速运转（LO）。

2）HI 操作检查。将蓄电池正极（＋）导线连接到连接器的端子 A59－3（＋2）上，并将蓄电池负极（－）导线连接到端子 A59－4（E）上，检查电动机是否高速运转（HI）。

3）自动停止操作检查。将配合标记置于风窗玻璃刮水器电动机总成上。配合标记用于确认电动机轴回到驻停位置，如图 8-9 所示。

将蓄电池正极（＋）导线连接到刮水器电动机连接器的端子 A59－5（＋1）上，并将蓄电池负极（－）导线连接到刮水器电动机的端子 A59－4（E）上。当电动机低速运转（LO）时，断开端子 A59－5（＋1），将刮水器电动机停在一个配合标记没有对齐的位置。

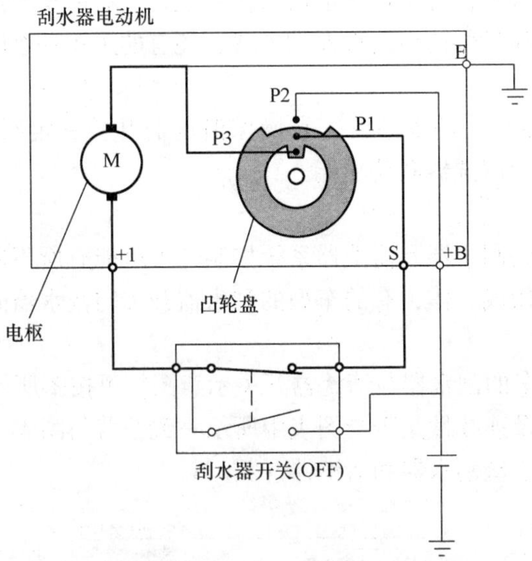

图 8-7　刮水器电动机处于停止位置时的工作电路（电力制动阶段）

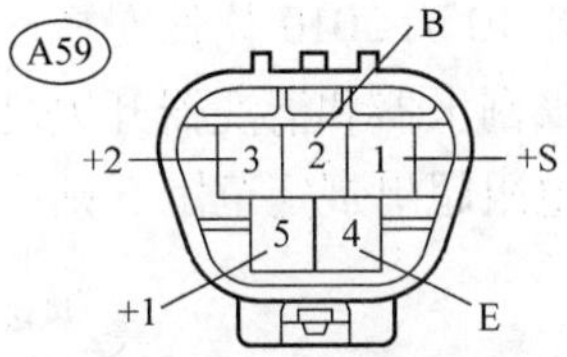

图 8-8　凯美瑞风窗玻璃刮水器电动机总成的连接器端子前视图

建议：

在下列步骤中，将在刮水器电动机处进行连接，以验证由刮水器电动机凸轮操作的驻停触点的工作情况。连接完成后，电动机不在驻停位置时，电流将从端子 A59－2（B），经过刮水器电动机中的驻停触点流入端子 A59－1（＋S）。然后，电流通过跨接线流入端子 A59－5（＋1），流经电动机到接地（使电动机运行）。当电动机到达驻停位置时，停止触点应开放，在正确位置停止刮水器电动机运行。当刮水器电动机不在驻停位置时，端子 A59－2（B）和 A59－1（＋S）由刮水器电动机中的内凸轮连接。当刮水器电动机在驻停位置时，端子 A59－1（＋S）和 A59－4（E）由刮水器电动机中的内凸轮连接。

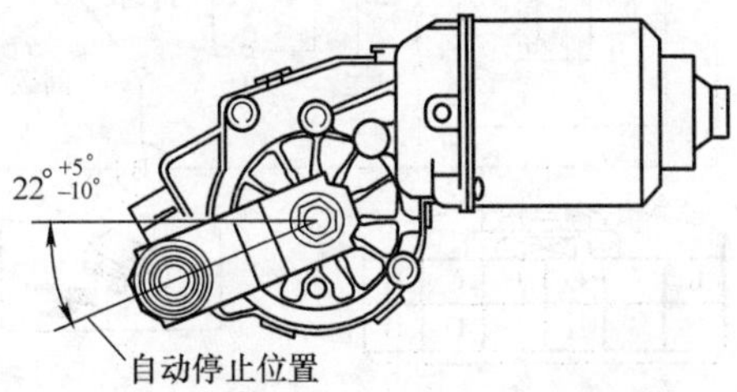

图 8-9　确认刮水器电动机曲柄臂的驻停位置

在接地导线仍然像前一步骤那样连接的情况下，在端子 A59－1（＋S）和端子 A59－5

（+1）间连接一条跨接线。下一步，将蓄电池正极（+）导线连接到端子 A59-2（B），以使刮水器电动机低速运转。如果刮水器电动机正确运转，刮水器将运行达到驻停位置。当它达到驻停位置时将自动停止。

确认风窗玻璃刮水器电动机总成上的配合标记已对直。

2. 清洗器电动机

（1）前清洗器电动机/后清洗器电动机　发动机室中的清洗器液槽加清洗液。清洗器液槽由半透明的树脂制成，通过清洗器液槽内部清洗器电动机的运行喷射清洗液。

清洗器电动机有叶轮泵（叶轮型），燃料泵也用过这种电动机。

带有后清洗器的车辆有多种布置方式：有的是清洗器液槽为前清洗器系统和后清洗器系统两者共同使用；有的则采用两个清洗器液槽，分别用于前后清洗系统；也有的车型采用通过使用清洗器电动机操作阀门切换清洗器喷嘴供前后清洗器的方式；还有的采用一个喷洗器液槽，有两只电动机分别用于前后清洗器。

（2）清洗器联动功能　有一种刮水器和清洗器系统，在操作清洗器开关一定时间后，在喷射清洗液时自动运行刮水器，这被称为清洗器联动功能。

3. 刮水器和清洗器系统控制开关

刮水器和清洗器系统不同，各种车型的刮水器和清洗器系统控制开关可能有所不同，有的车型将刮水器间歇控制器与刮水器开关做成一体，有的车型的刮水器开关与刮水器间歇控制器是分开的，有的控制开关为编码式。

图 8-10 为 2010 款长安马自达 3 两厢车的刮水器与清洗器开关示意图，可按图所示检查风窗玻璃刮水器和清洗器开关之间的电阻及连续性是否与图表中所示一致。若与图表中所述不符或电阻超出规定范围，则应更换风窗玻璃刮水器和清洗器开关。

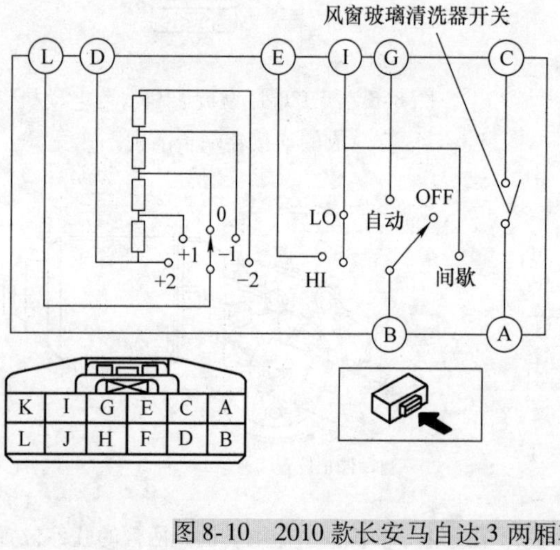

○—○ :连续性

开关位置		I	G	B	E	A	C
风窗玻璃刮水器开关	OFF						
	间歇	○		○			
	自动		○	○			
	LO	○		○			
	HI	○		○	○		
风窗玻璃清洗器开关	ON					○	○

开关位置	端子 D	端子 L	电阻/Ω
+2	○	○	0
+1	○	○	228～252
0	○	○	456～504
−1	○	○	684～756
−2	○	○	912～1008

图 8-10　2010 款长安马自达 3 两厢车的刮水器与清洗器开关示意图

4. 雨滴传感器

对于自动刮水器系统来说，系统内装有一个雨滴传感器。当刮水器开关处于 AUTO 位置时，使用安装的雨滴传感器，在风窗玻璃上检测雨滴量并相应的控制最佳的擦拭时间。

雨滴传感器的结构如图 8-11 所示，主要由放射红外线的 LED（发光二极管）和接收射线的光敏二极管组成。

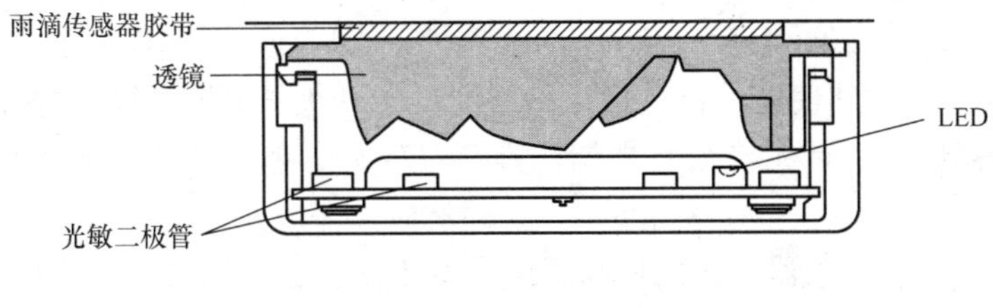

图 8-11　雨滴传感器的结构

雨滴传感器的工作原理如图 8-12 所示，通过从风窗玻璃反射的红外线检测雨量。

例如，检测区没有雨滴存在，LED 发出的红外线全部从风窗玻璃反射，并且被光敏二极管收到。雨滴传感器胶带位于透镜和风窗玻璃之间间隙内。

如果检测区存在雨滴，发射的一部分红外线通过雨滴渗透，改变了风窗玻璃的向外折射率，光敏二极管收到的红外线总量减少。此减少的量用于检测雨滴的数量。此功能就这样控制刮水器以最佳的擦拭时间，间歇/低速/高速操作。

故障防护：如果刮水器控制装置确定在雨滴感测功能中存在故障，它按照车速间歇运行刮水器。作为一种故障防护功能。刮水器也可以通过将刮水器开关开到 LO 或 HI 位置正常运行。

如果检测区域内有雨滴，由于玻璃与风窗玻璃外部区域间的折射率的变化差异（空气与水之间的差异），使发射的部分红外线穿透风窗玻璃。

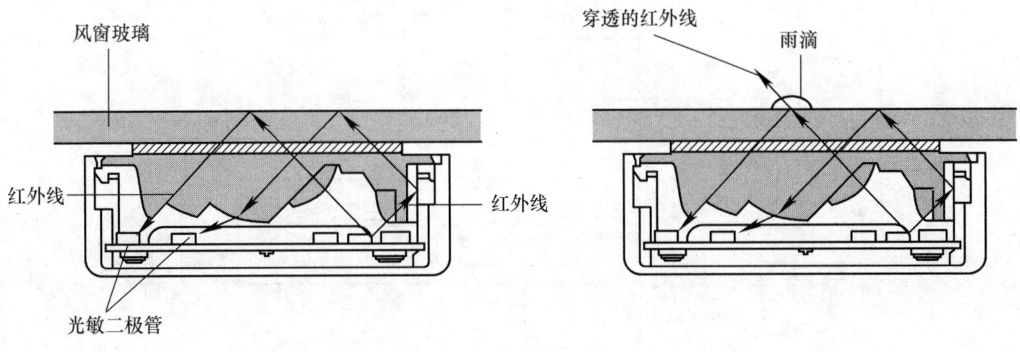

图 8-12　雨滴传感器的工作原理

一般说来，自动刮水器系统具有车速切换功能，即具有可根据车速控制刮水器运行间隔时间的功能。

为了执行此功能，要按如下所述确定车辆的停止和行车条件：

行驶判断：此时车速不是 0km/h（0mile/h），或停车灯和停车制动器为 OFF，且变速杆不在 P 或 N 位置。

停车判断：当探测到行驶判断之外的条件。

操作：当停车时，操作刮水器开关从 INT 或 HI 位置变到 LO 位置，导致刮水器以低速运行 3 次，然后自动切换到间隔时间大约为 2.5s 的间歇操作。

当车辆正在行驶，并且开关处于LO位置时，停车会导致刮水器运行两次，然后切换到间隔时间大约为2.5s的间歇操作。

带有防滴水的清洗器联动刮水器：当刮水器处于OFF或INT位置时，将清洗器开关开大约0.2s或更长一点时间使清洗器运行，以后清洗器开关被开到OFF位置，刮水器以低速运行3次。刮水器低速运行完成后，根据车速3~7s后，刮水器再次运行，擦去滴上的清洗液。

各车型不同，自动刮水器系统的控制程序会有不同，具体请参见原厂说明。在进行初始设定后，应进行雨滴传感器的检查，如不能正常工作，应先检查其电源供应情况，在确认电路正常时可试换雨滴传感器并做初始设定。

三、深刻理解各种刮水器和清洗器系统的控制原理

各种车型的刮水器和清洗器系统并不相同，常见的有以下几种：

1. 单独采用刮水器间歇控制继电器的类型

图8-13为桑塔纳志俊等大众车上较常使用的刮水器和清洗器系统电路原理图。

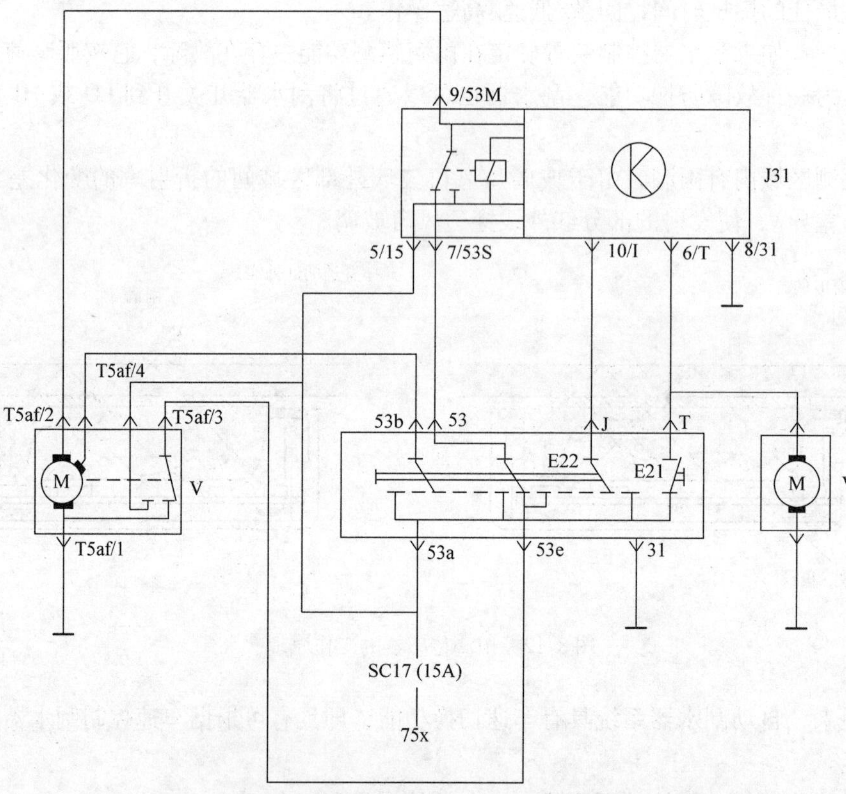

图8-13 桑塔纳志俊轿车的刮水器和清洗器系统电路原理图

由图8-13可知，间歇控制继电器J31内部有一对常闭触点和一对常开触点，常态下，常闭触点通过E22与负极相连，常开触点与75x连接。正常工作条件下，点火开关ON，75x有电→熔丝SC17（15A）→J31的5/15端子，与8/15端子将12V电压加在J31上，使其具

备了工作能力。

当刮水器开关 E22 置于低速档时，75x→SC17→E22 的 53a→内部的触点→E22 的 53 端子→J31 的 7/53S 端子→J31 内部常闭触点→J31 的 9/53M 端子→刮水器电动机 V 的 T5af/2 端子→电动机→T5af/1→接地形成回路。E22 处于 OFF，刮水器开关 E22 的 53 号端子失电，但刮水臂尚未回到风窗玻璃下沿时，回位电路起作用，其路径为 75x→SC17→刮水器电动机 V 的 T5af/5 端子（图中未标出）→T5af/3 端子→E22 的 53e 端子→E22 的 53 端子→J31 的 7/53S 端子→J31 常闭触点→J31 的 9/53M 端子→电动机→接地，电动机继续转动直到刮水器电动机内与电动机联运的回位触点断开失电，刮水臂处于风窗玻璃下沿停止。

当 E22 处于间歇档时，E22 的 J 端子接通有电，J31 的 I 端子有了 12V 电压信号，继电器线圈因此接通，线圈产生的电磁力使常闭触点打开，常开触点闭合，75x→SC17→J31 的 5/15 端子→常开触点（此时已闭合）→J31 的 9/53M 端子→电动机 V→接地。刮水一次后，J31 内部电容的作用使电磁线圈失电，常开触点断开，常闭触点闭合，刮水臂停止。此时到常开触点闭合周期内刮水器电动机不动作，形成间歇刮水控制。当需要清洗风窗玻璃时，E21 开关闭合，电压加在喷水电动机 V4 上，V4 动作喷水，与此同时，12V 电压信号输入 J31 的 T 端子，继电器工作使刮水器电动机刮水 3 次。

图 8-14、图 8-15 分别为刮水器开关 E22 各端子的导通原理图、刮水器间歇控制继电器 J31 的外形与端子图。

端子	53	53a	53b	53e	31	T	J
高速		●	●				
低速	●	●					
OFF	●			●			
间歇	●	●				●	
洗涤	●	●		●			●

图 8-14　刮水器开关 E22 的原理

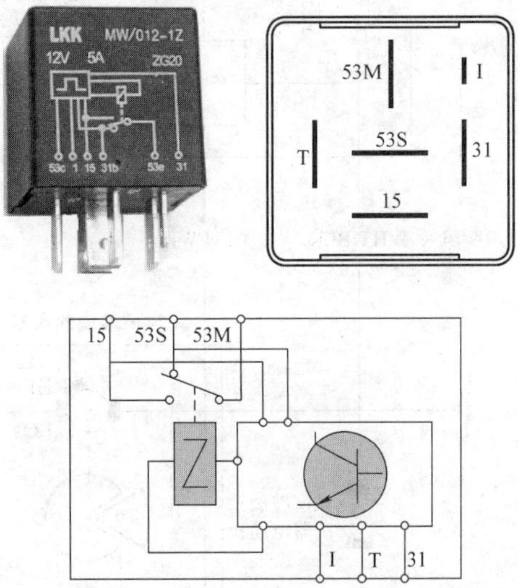

图 8-15　刮水器间歇控制继电器 J31 的外形与端子
15—电源（12V）　53S—复位开关
53M—刮水器低速档　I—间歇档　T—点动　31—地线

假设 J31 的常用触点烧蚀无法导通，且电容器存在不能放电的功能故障，使电磁线圈不能形成间歇失电的条件成立，E22 处于间歇档位置时，J31 的 I 端子有电，常开触点将始终被吸合，间歇档运行变成了低速档运行，E22 回到 OFF 位，I 端子的电压消失使电磁线圈失电，常开触点打开，由于常闭触点不能导通，使回位电路中断，刮水臂便无法恢复到风窗玻璃的下沿。故遇到这种故障时，应更换刮水器间歇控制继电器 J31。

2. 刮水器间歇控制器与刮水器开关做成一体的类型

在很多车型上，刮水器间歇控制继电器与刮水器开关做成一体，如丰田花冠、广州本田飞度等。图 8-16 为广州本田飞度轿车的刮水器和清洗器系统电路原理图。

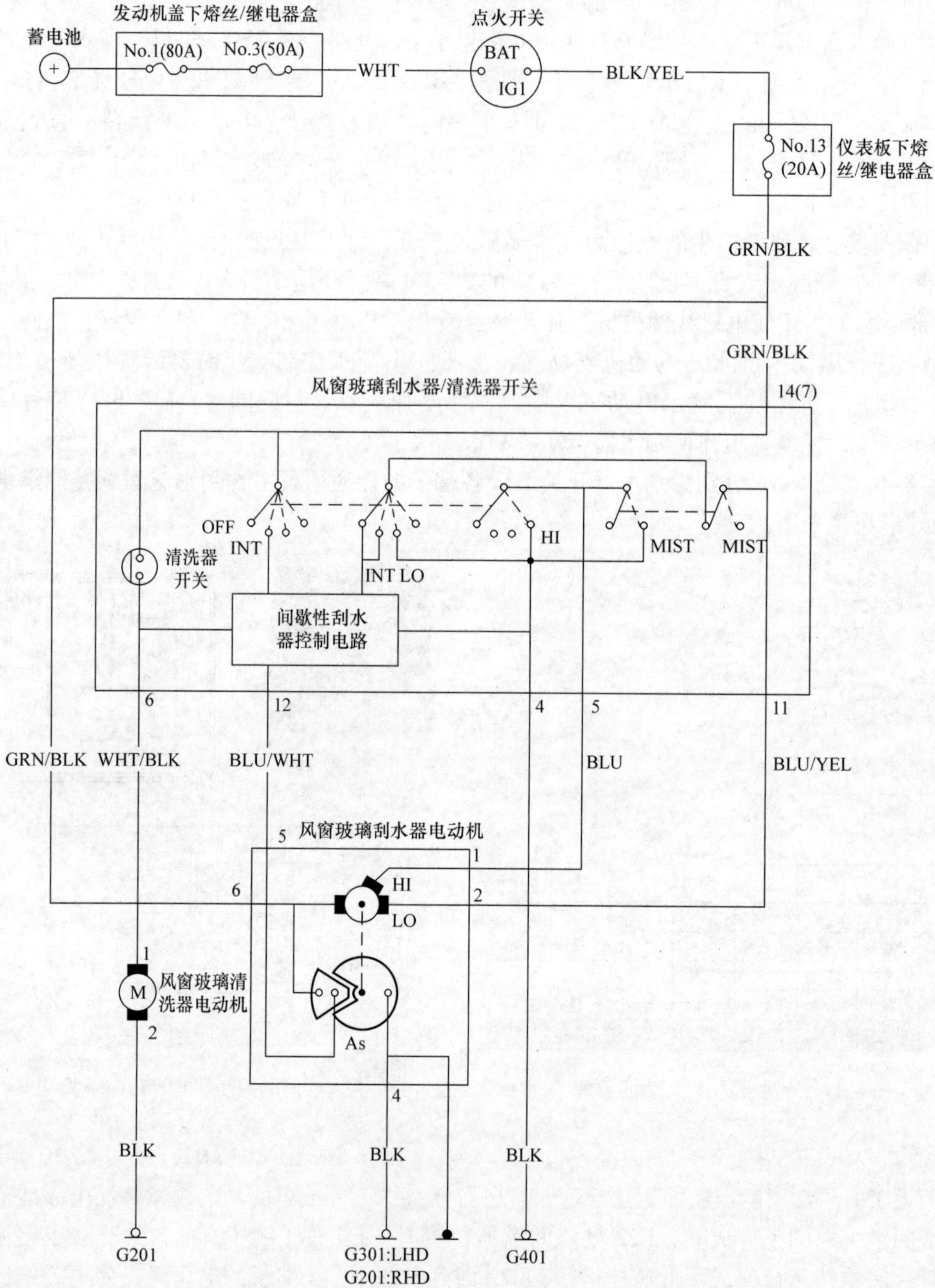

图 8-16 广州本田飞度的刮水器和清洗器系统电路原理图

现以丰田车系中常用的电路为例说明其工作过程。图 8-17 为丰田常见的刮水器和清洗器系统电路原理图。

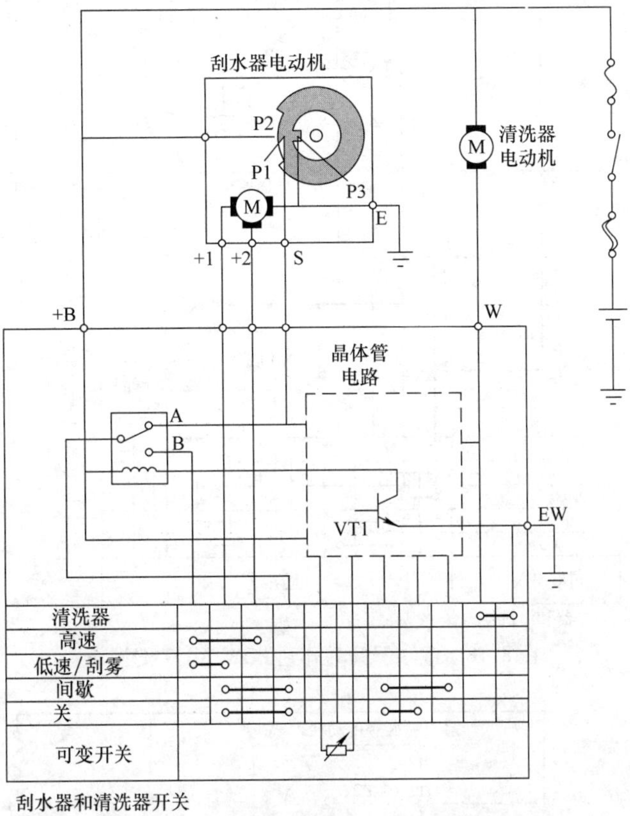

图 8-17　丰田常见的刮水器和清洗器系统电路原理图

（1）刮水器开关开到 LOW/MIST 的操作　当刮水器开关被移到低速位置或刮雾位置（LOW/MIST）时，如图 8-18 所示，电流流到刮水器电动机的低速电刷（此后缩写为“LO”），并且刮水器以低速运行。

（2）刮水器开关开到 HIGH 的操作　当刮水器开关被移到高速的位置时，如图 8-19 所示，电流流到刮水器电动机的高速电刷（HI），刮水器以高速运行。

（3）刮水器开关关掉的操作　如果刮水器电动机运行时，刮水器开关被关掉，如图 8-20 所示，电流流到刮水器电动机的低速电刷，刮水器以低速运行。当刮水器达到停止位置时，凸轮开关从触点 P3 一侧切换到 P2 一侧，电动机继续运转直到图 8-21 所示的 P1、P2、P3 对齐的停止位置。

维修提示：如果刮水器电动机损坏，并且刮水器开关导线连接和凸轮开关开路，将发生下列症状：

当凸轮开关损坏时：如果刮水器电动机运行时触点 P3 损坏，当刮水器开关关掉时触点 P1 与触点 P3 将不导通。结果不会对刮水器电动机施加电力制动，刮水器电动机不能在规定位置停止，引起刮水器电动机继续转动。

当刮水器开关端子 4 和刮水器电动机之间的线路开路时：一般当刮水器开关开到切断位

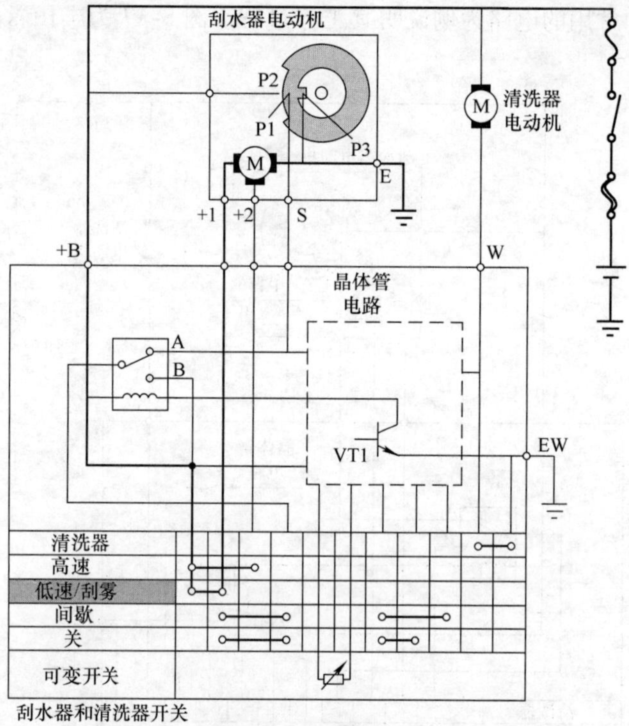

图 8-18 刮水器开关开到 LOW/MIST 的操作

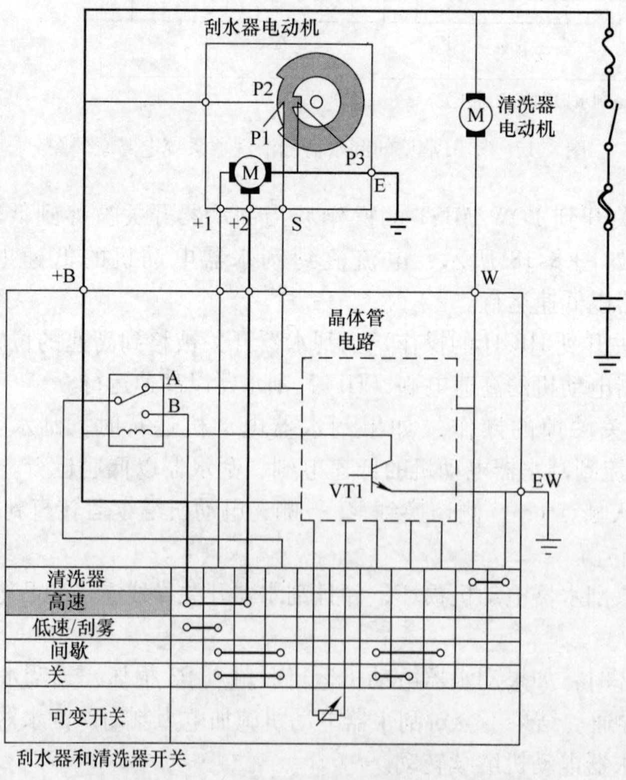

图 8-19 刮水器开关开到 HIGH 的操作

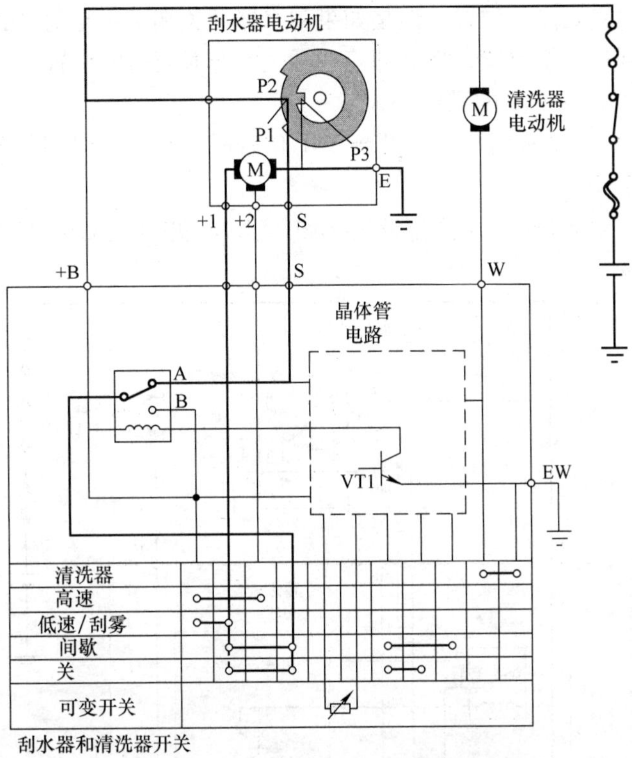

图 8-20　刮水器开关关掉瞬间（未回到规定的停止位置时）的工作电路

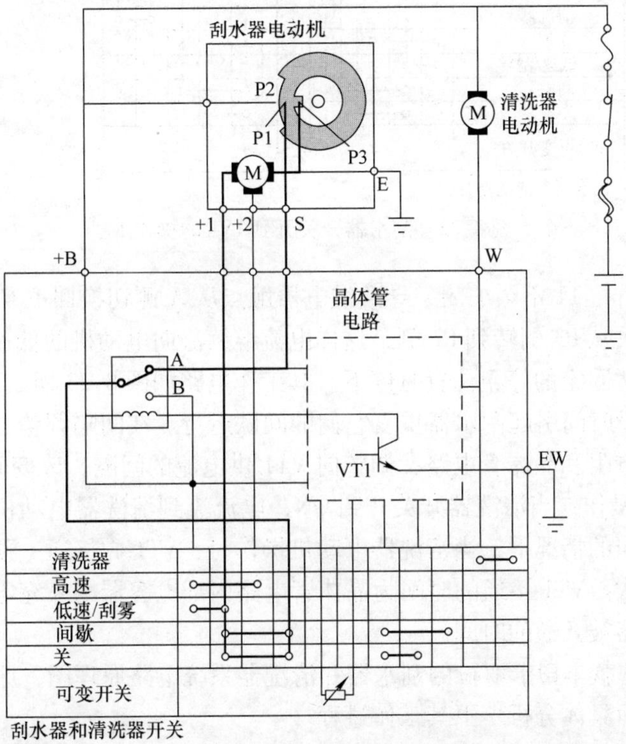

图 8-21　刮水器开关关掉后电动机运转至规定的停止位置时的工作电路

置时，刮刷片运行，直到停止位置。但是如果刮水器开关端子 4 与刮水器电动机之间的线路开路，刮刷片不会到达停止位置，将立即停在开关断开时当时的位置。

（4）刮水器开关开到 INT 的操作

1）VT ON 操作。当刮水器开关被开到 INT 位置时，VT1 短时间处于 ON，导致继电器的触点从 A 侧切换到 B 侧。

当继电器触点变到 B 侧时，电流流到电动机（LO）并且电动机开始以低速运行。其工作电路如图 8-22 所示。

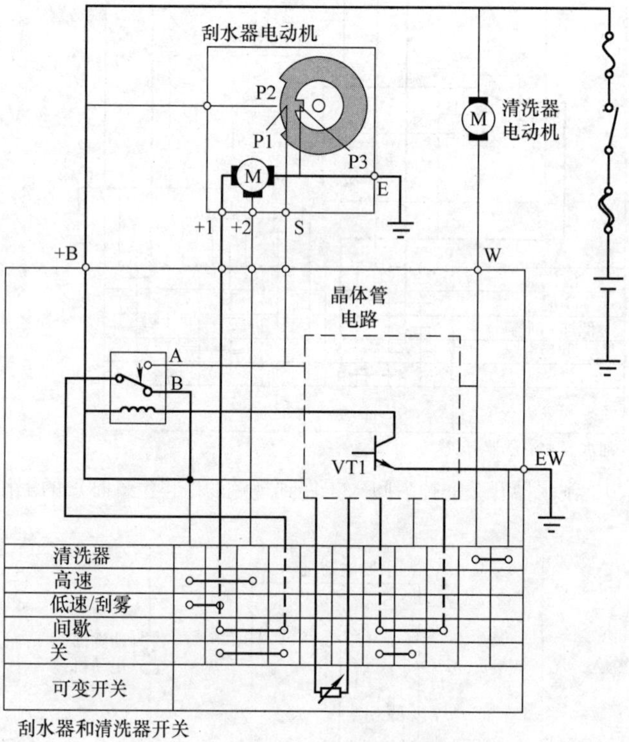

图 8-22 刮水器开关开到 INT 的操作 1

2）VT OFF 操作。T1 不久关闭，导致继电器触点从 A 侧切换回 B 侧。然而一旦电动机开始转动，凸轮开关从 P3 侧转到 P2 侧，这样电流继续流向电动机的低速电刷，并且刮水器以低速运行，当到达固定的停止位置时停下。其工作电路如图 8-23 所示。

VT1 又导通一段时间引起刮水器重复它们的间歇运行。在间隔调整方式中，通过旋转可变开关来变化可变电阻和晶体管电路，调整向 VT1 供电流的间隔，改变间歇运行。

（5）清洗器的操作 当清洗器开关开到 ON，电流流到清洗器电动机，如图 8-24 所示。在清洗器联动刮水器的情况下，当清洗器电动机操作时，VT1 先接通一预定的时间，使刮水器以低速运行一两次。VT1 接通的时间为晶体管电路内部电容器用来充电的时间。电容器充电时间取决于清洗器被开通的时间。

图 8-25 为 2007 款丰田卡罗拉的刮水器和清洗器系统电路原理图，原厂电路中画出了开关内部的电路，下面具体分析一下其工作过程。

它是开关控制电源线的刮水器电路，具有 MIST（除雾）、OFF（断开）、INT（间歇）、

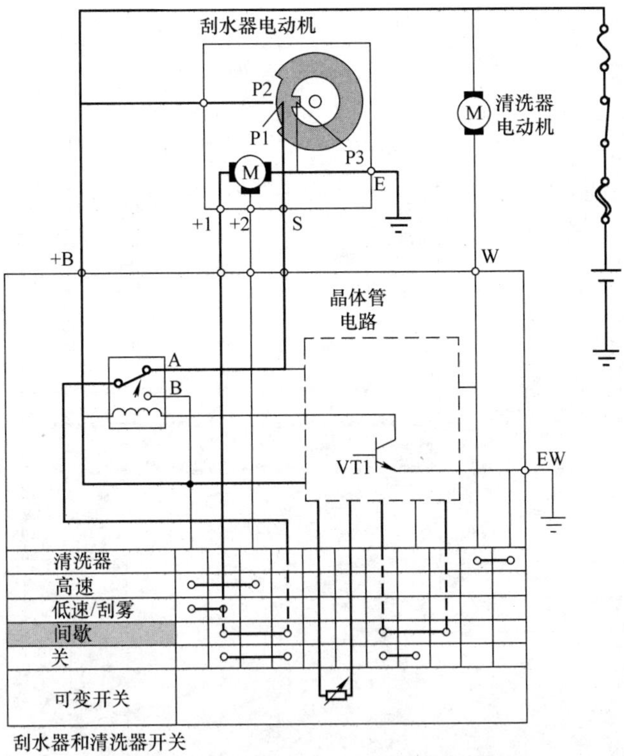

图 8-23　刮水器开关开到 INT 的操作 2

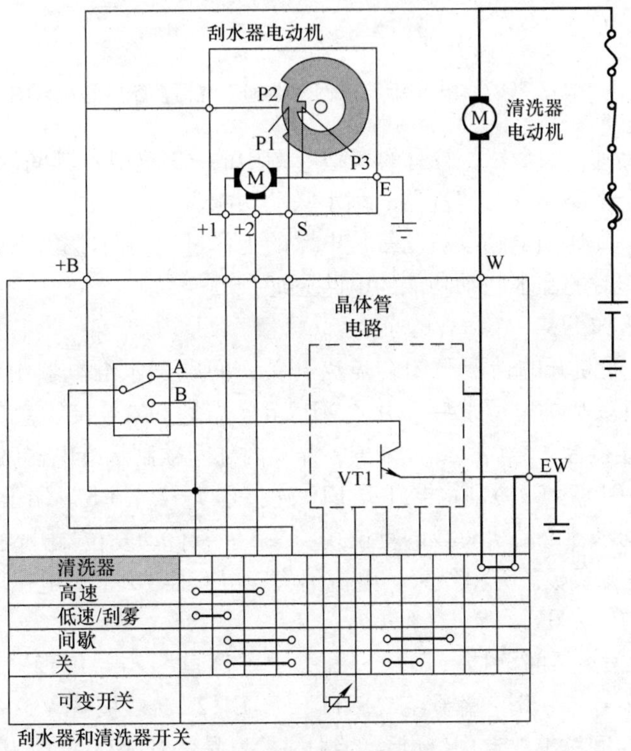

图 8-24　清洗器的操作

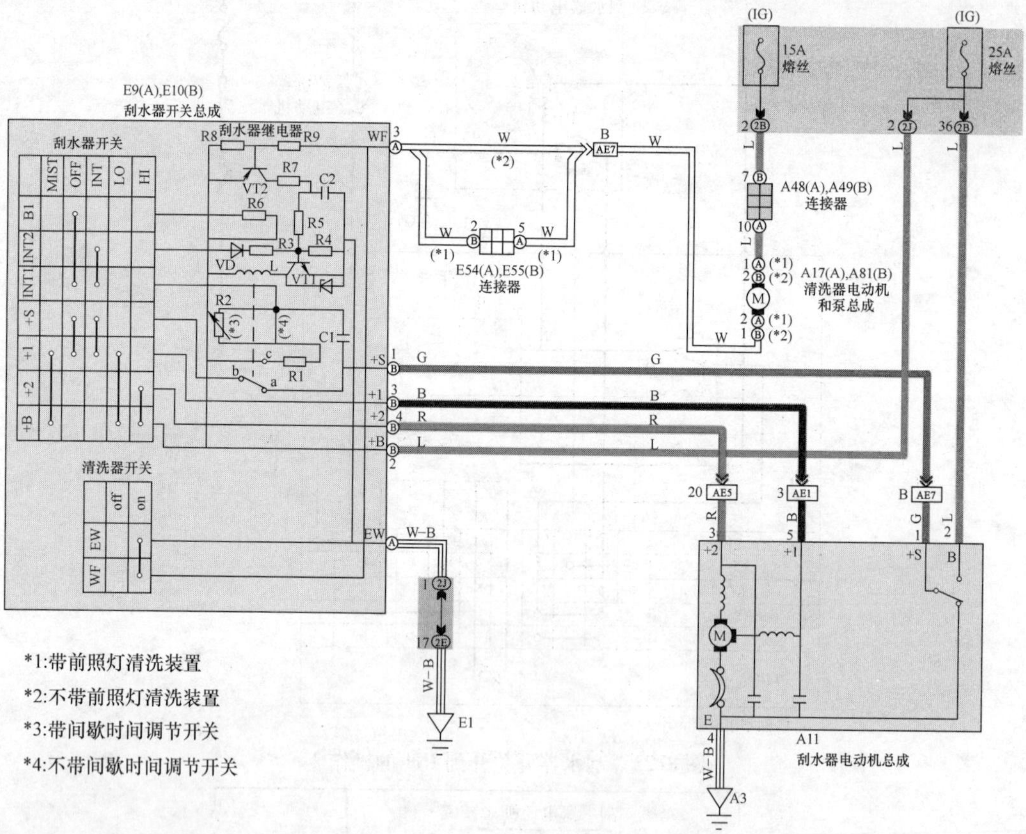

图 8-25 2007 款丰田卡罗拉刮水器和清洗器系统电路原理图

LO（低速）、HI（高速）5 个档，且有的车型（图中的＊3 车型）其间歇时间可用组合开关上的旋钮调整。这个电路还具有清洗器的刮水联动功能。

图中的低速档、高速档电路及自动复位电路的工作过程与前述相同，这里主要分析间歇档电路及清洗器工作时的刮水联动功能的电路原理。

间歇档电路分析如下：

1）在刮水器开关断开的情况下闭合点火开关，间歇刮水继电器中电容器 C1 被充电，电路走向为：点火开关后的电源 IG→25A“WIPER”熔丝→2 号接线盒 2J 连接器 2 号端子→刮水器开关 E10 连接器 2 号“＋B”端子→开关内部间歇刮水继电器触点 c→电阻 R1→电阻 R2（＊3 车型）→电容 C1→刮水器开关 E10 连接器 1 号“＋S”端子→线束中间连接器 AE7 的 6 号端子→刮水器电动机总成的复位线“＋S”→自动复位器开关→刮水器电动机总成的接地“E”→电源负极。充电结束，电流消失，电容器 C1 上侧电位等于电源正极电位，假定为 12V，下侧电位为 0V。

2）将刮水器开关拨至间歇档（INT），开关中“INT1”与“INT2”接通，电源由刮水器开关 E10 连接器 2 号“＋B”端子经“INT1”、“INT2”、二极管 VD、电阻 R3、R4 为晶体管 VT1 提供偏置，间歇继电器中继电器的线圈 L 与晶体管 VT1 集射极通电构成回路，继电器的触点 b 与 c 接通，也就接通了刮水器电动机的低速档电路：电源 IG→25A“WIPER”

熔丝→2 号接线盒 2J 连接器 2 号端子→刮水器开关 E10 连接器 2 号“ + B”端子→间歇刮水继电器触点 c→间歇刮水继电器触点 b→刮水器开关内部“ + S”“ + 1”→刮水器开关 E10 连接器 3 号“ + 1”端子→线束中间连接器 AE1 的 3 号端子→刮水器电动机总成的低速线“ + 1”→低速电刷→电枢绕组→接地电刷→刮水器电动机总成的接地“E”→电源负极。刮水器电动机低速运转，刮刷片低速摆动。

3）在刮刷片由最低位置开始摆动至再次回到最低位置期间，刮水器电动机中自动复位装置的“B”与“ + S”接通，间歇继电器中电容 C1 下侧充电，上侧放电，结果下侧电位为 12V，上侧电位大约等于二极管 VD、晶体管 VT 发射极及电阻 R3 上的电压降，假设为 3V，则上、下电位差为 9V。

4）当刮刷片摆至最低位置时，自动复位装置中“ + S”与“E”接通，电容器 C1 下侧接地，电位迅速降为 0，由于电容两端电位差不能突变，因而上侧电位瞬间降为 -9V，晶体管 VT1 截止，继电器线圈 L 断电，触点 b 与 c 断开、a 与 b 接通，刮水器电动机制动停转。晶体管 VT1 截止时间即为刮水器停歇的时间，可通过 R2 进行调整。

5）在刮水器电动机停转、刮刷片停摆之后，间歇继电器中电容器 C1 又开始反向充电，充电电路同 1）走向，随着充电的不断进行，电容器 C1 上侧的电位逐渐升高，当克服二极管 VD、R3 及晶体管 VT1 发射极死区电压之和时，晶体管 VT1 又重新导通，刮水器电动机再次接通运转，刮刷片进行第二次摆动。之后在 3）~5）之间重复，刮水器电动机间歇接通，刮刷片间歇摆动，主要在小雨天使用。

用以实现清洗器工作时的刮水联动功能的电路分析如下：

1）在刮水器开关断开的情况下闭合点火开关，接通清洗器开关，“WF”与“EW”接通，即刮水器开关 E9 连接器 3 号“WF”端子经清洗器开关接地，电源 IG→15A“WASHER”熔丝→清洗器电动机→刮水器开关 E9 连接器 3 号“WF”端子→清洗器开关“WF”“EW”端子→刮水器开关 E9 连接器 2 号“EW”端子→接地→电源负极。清洗器开始喷水。

2）由于刮水器开关 E9 连接器 3 号“WF”端子的接地，刮水器开关的“ + B”电源经 R8、R9 为晶体管 VT2 提供偏置，晶体管 VT2 导通，经 R7 给电容器 C2 充电，电容器 C2 左侧电位上升，电容器 C2 右侧电位为 0V，当电容器 C2 左侧电位上升至某一定值时，刮水器开关的“ + B”电源经晶体管 VT2 集射极、R7、R5 为晶体管 VT1 提供偏置，间歇继电器中继电器的线圈 L 与集射极通电构成回路，继电器的触点 b 与 c 接通，也就接通了刮水器电动机的低速档电路：电源 IG→25A“WIPER”熔丝→2 号接线盒 2J 连接器 2 号端子→刮水器开关 E10 连接器 2 号“ + B”端子→间歇刮水继电器触点 c→间歇刮水继电器触点 b→刮水器开关内部“ + S”“ + 1”→刮水器开关 E10 连接器 3 号“ +1”端子→线束中间连接器 AE1 的 3 号端子→刮水器电动机总成的低速线“ + 1”→低速电刷→电枢绕组→接地电刷→刮水器电动机总成的接地“E”→电源负极。刮水器电动机低速运转，刮刷片低速摆动。

3）从清洗器电动机主电路接通至电容器 C2 左侧电位上升至某一定值的这一段时间内，刮水电动机并不运转，也就是说刮刷片动作相对喷水动作有一定的滞后时间，避免了干刮现象的发生。显然，在这段时间内就断开清洗器开关的话，刮水器电动机不运转。如果再持续接通清洗器开关，则刮水器电动机持续低速运转。

4）在刮水联动后断开清洗器开关，喷水电动机停转，喷水停止，但 C2 通过 R5、晶体管 VT1 发射结放电，保持间歇继电器线圈继续通电一段时间，刮水器电动机延时运转，刮刷片继续动作 1～3 次。这是刮水联动的延时关闭功能。停止位置仍由复位电路予以保证。

图 8-26 为 2009 款丰田锐志的刮水器和清洗器系统电路原理图，其工作过程与卡罗拉相同。

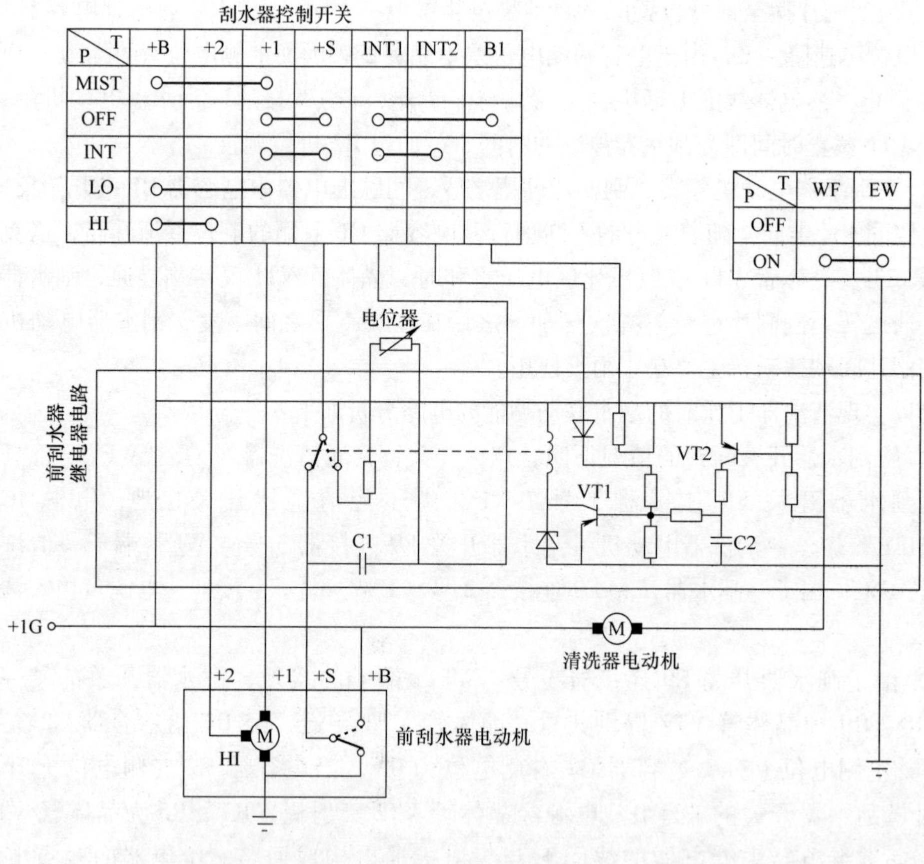

图 8-26 2009 款丰田锐志的刮水器和清洗器系统电路原理图

3. 用车身 ECU 控制的刮水器和清洗器系统

现以 2010 款长安马自达 3 两厢车的刮水器与清洗器系统为例，说明车身 ECU 控制刮水器和清洗器系统的一般工作原理。图 8-27 为 2010 款长安马自达 3 两厢车的不带自动灯光/刮水器的刮水器与清洗器系统；图 8-28 则为带自动灯光/刮水器的刮水器与清洗器系统电路原理图。

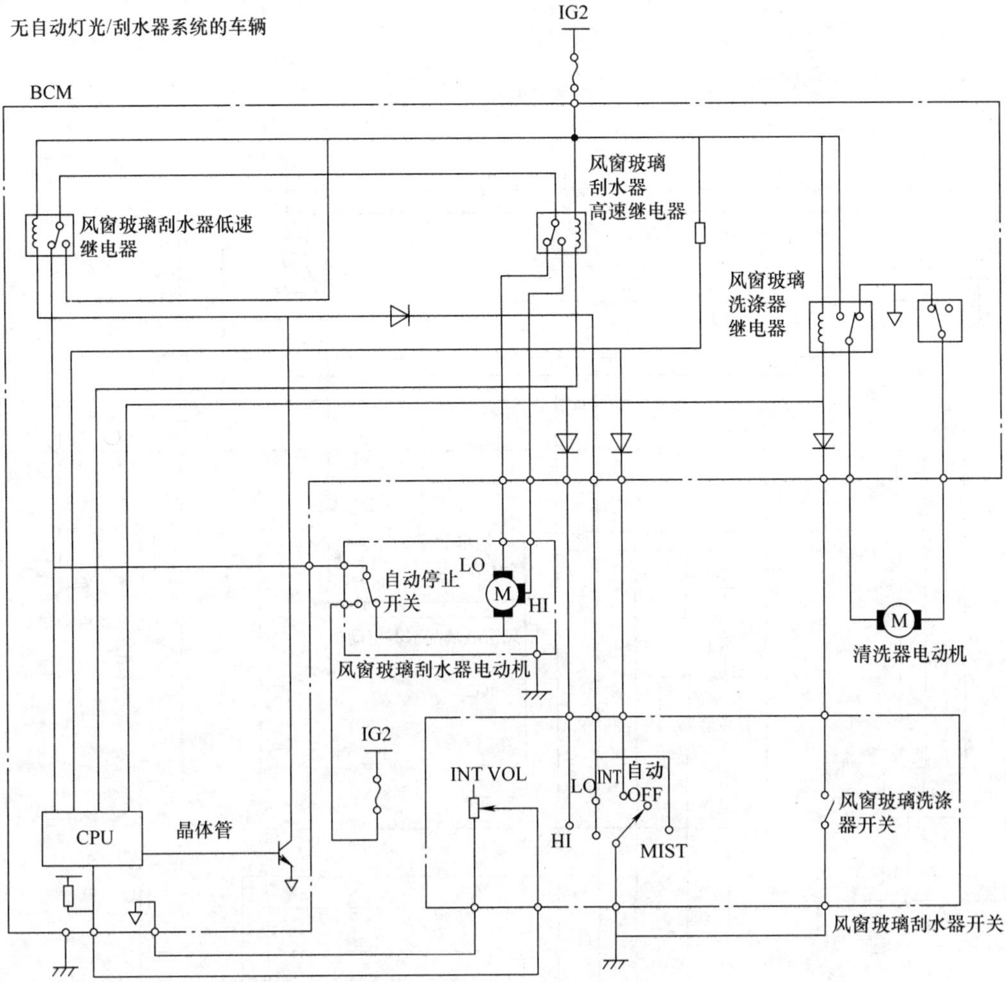

图8-27　长安马自达3两厢车刮水器与清洗器系统（不带自动灯光/刮水器）

（1）低速连续的工作原理　如图8-29所示，风窗玻璃刮水器开关切换到LO档时，电流流向BCM内的前刮水器低速继电器，并使其接通。风窗玻璃刮水器低速继电器接通时，电流流向风窗玻璃刮水器电动机，使风窗玻璃刮水器以低速工作。风窗玻璃刮水器开关切换到OFF档时，通过自动停止工作功能，刮水器停在其停止位置。

（2）高速连续的工作原理（图8-30）　风窗玻璃刮水器开关切换到HI档时，电流（1）流向BCM内的风窗玻璃刮水器高速继电器，电流（2）流向前刮水器低速继电器，使前刮水器高速继电器和前刮水器低速继电器接通。风窗玻璃刮水器继电器接通时，电流流向风窗玻璃刮水器电动机，使风窗玻璃刮水器以高速工作。风窗玻璃刮水器开关切换到OFF档时，通过自动停止工作功能，刮水器停在其停止位置。

（3）自动停止的工作原理（图8-31）　风窗玻璃刮水器开关切换到OFF档时，而刮水器正在工作中，电流流向自动停止开关，自动停止开关开启，风窗玻璃刮水器电动机保持运行，直到风窗玻璃刮水器返回到其停止位置，并停止刮水工作。

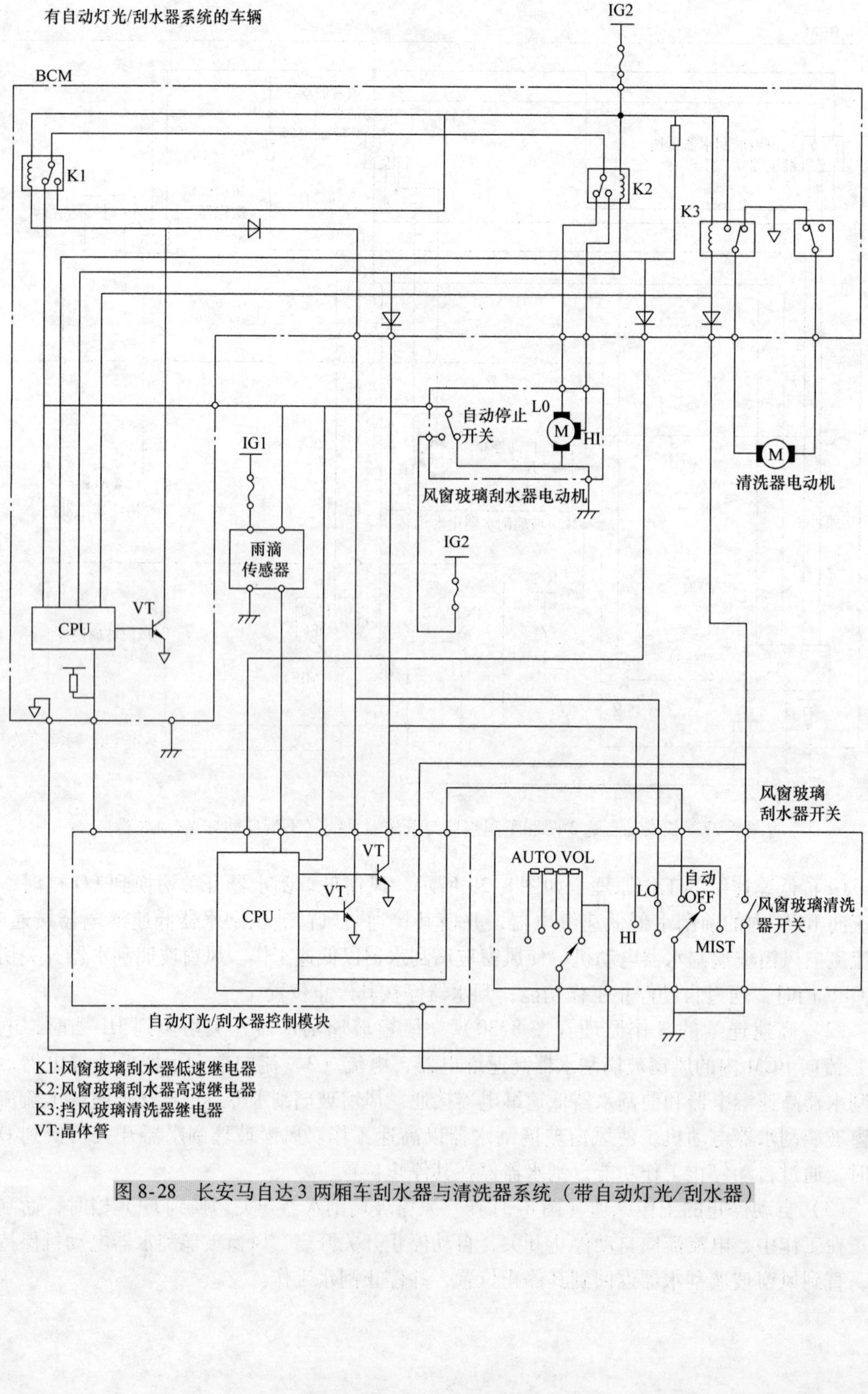

图 8-28 长安马自达 3 两厢车刮水器与清洗器系统（带自动灯光/刮水器）

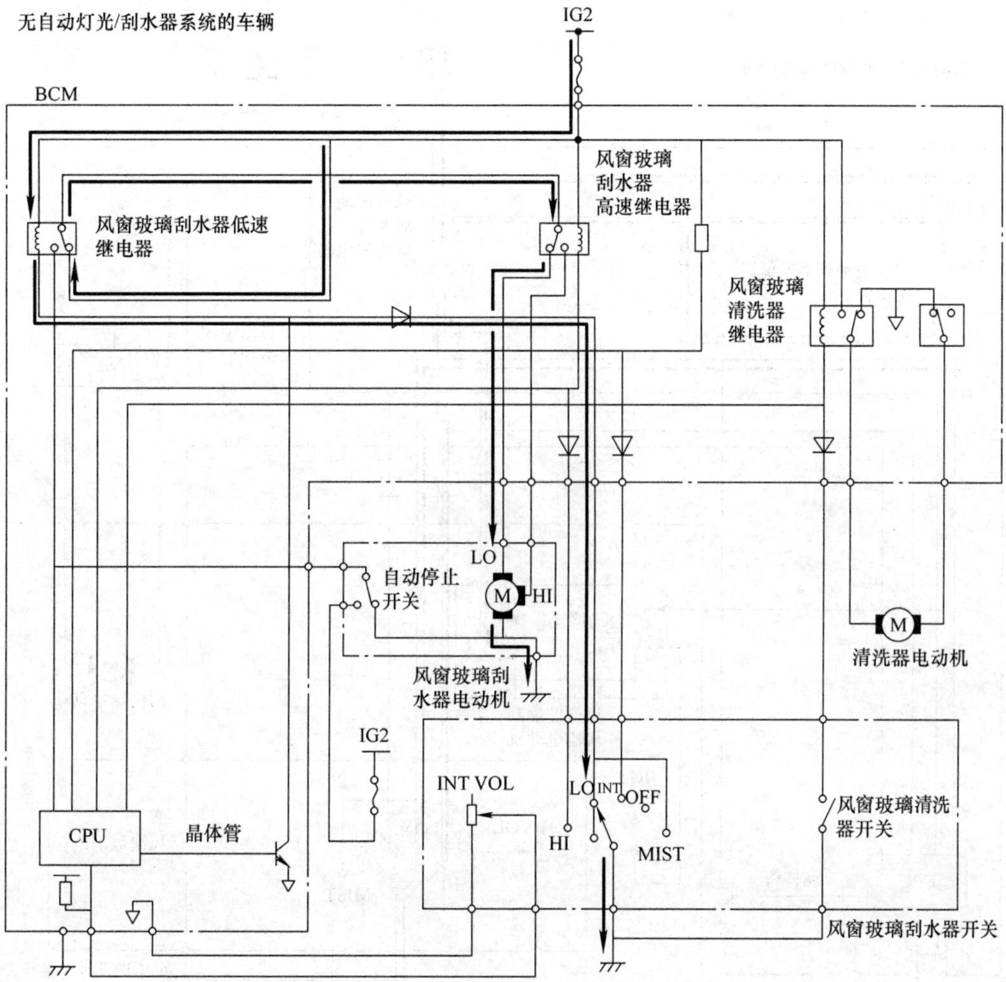

图 8-29　低速连续的工作原理

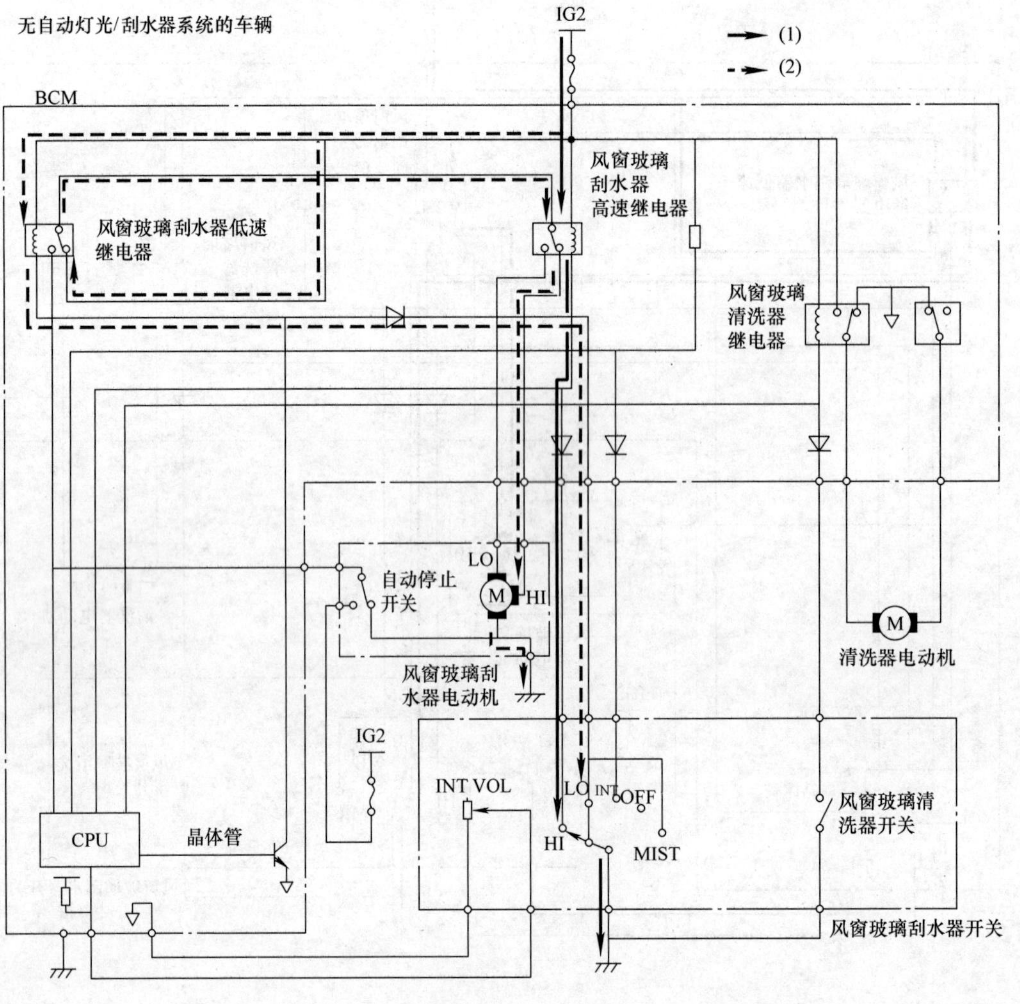

图 8-30 高速连续的工作原理

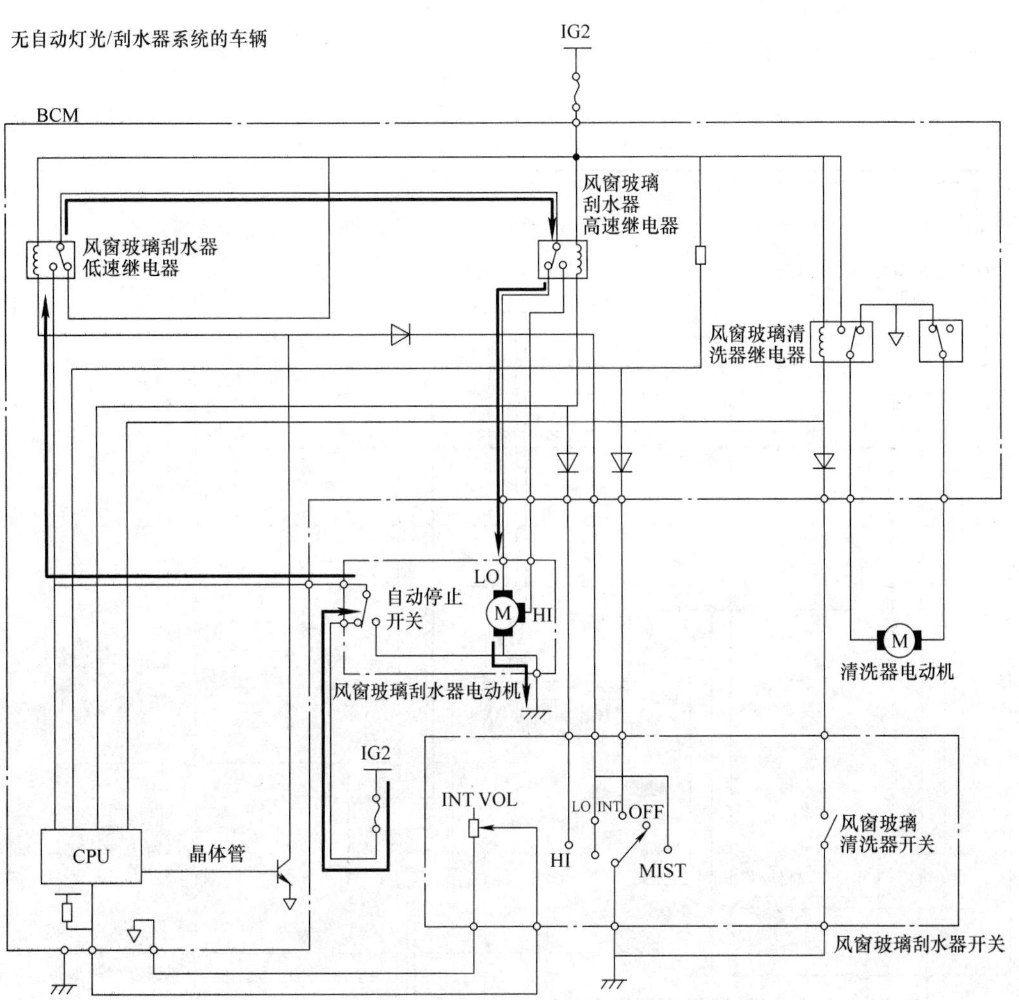

图 8-31　自动停止的工作原理

（4）一键式刮水器的工作原理　风窗玻璃刮水器杆拉起时，一键式开关开启，电流流动，使风窗玻璃刮水器电动机以低速工作，如图 8-32 所示。

风窗玻璃刮水器杆拉起时，风窗玻璃刮水器以低速工作。风窗玻璃刮水器杆释放时，通过自动停止工作功能，刮水器停在其停止位置。

一键式刮水器功能相当于前述的除雾（MIST）功能。

（5）间歇刮水器的工作原理（图 8-33）　风窗玻璃刮水器开关切换到 INT 档时，电流从 BCM 内的控制电路流至晶体管，风窗玻璃刮水器电动机以低速工作。

已经过预设时间时，控制电路不输出电流。电流相应停止流向风窗玻璃刮水器电动机，自动停止工作功能使刮水器停在其停止位置。此过程重复出现，从而使刮水器间歇式工作。

通过 INT 量可自由设置间歇刮水器工作定时。

（6）同步清洗器和刮水器的工作原理（图 8-34）　风窗玻璃清洗器开关开启时，电流（1）流向 BCM 中的风窗玻璃清洗器继电器，然后打开风窗玻璃清洗器继电器。

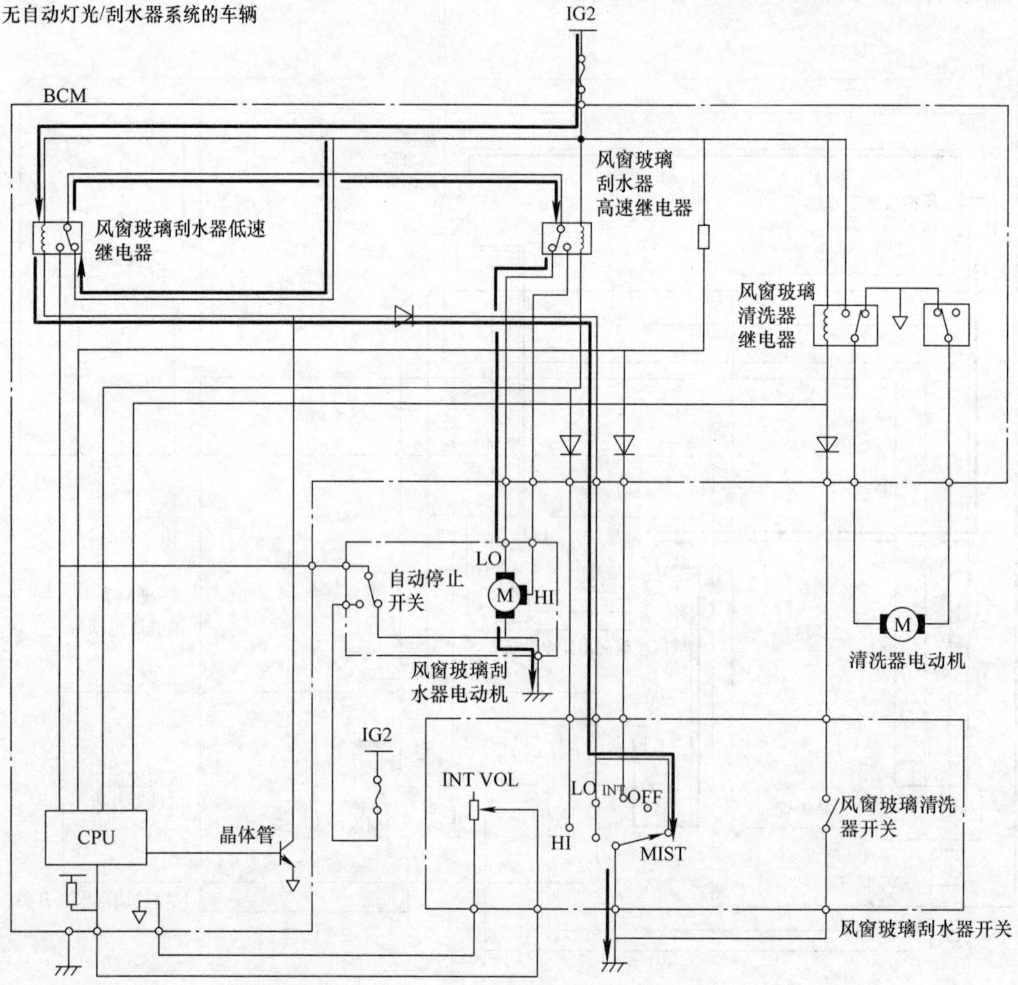

图 8-32 一键式刮水器的工作原理

当接通风窗玻璃清洗器继电器时，清洗器电动机工作，从风窗玻璃清洗器喷嘴喷出清洗液。同时，清洗器电动机工作信号发送到控制电路，使晶体管导通。相应地，电流（2）流向 BCM 中的风窗玻璃刮水器继电器，并接通风窗玻璃刮水器继电器。

风窗玻璃刮水器继电器接通时，风窗玻璃刮水器电动机以低速工作。

（7）后刮水器系统（图 8-35） 后刮水器系统具有自动停止功能、间歇功能、同步清洗器和刮水器功能。

（8）自动刮水器系统概述 采用自动刮水器系统，能检测落在风窗玻璃上的降雨量并控制所有操作（停止运行、时间间隔、低速和高速），从而减轻驾驶人操作各种按钮的负担。

自动刮水器系统组成部件在车上的布置如图 8-36 所示。

1）自动刮水器系统的工作原理（图 8-37）。如图中①所示，当刮水器和清洗器开关切换到 AUTO 位置时，安装在风窗玻璃中的雨滴传感器检测雨量。

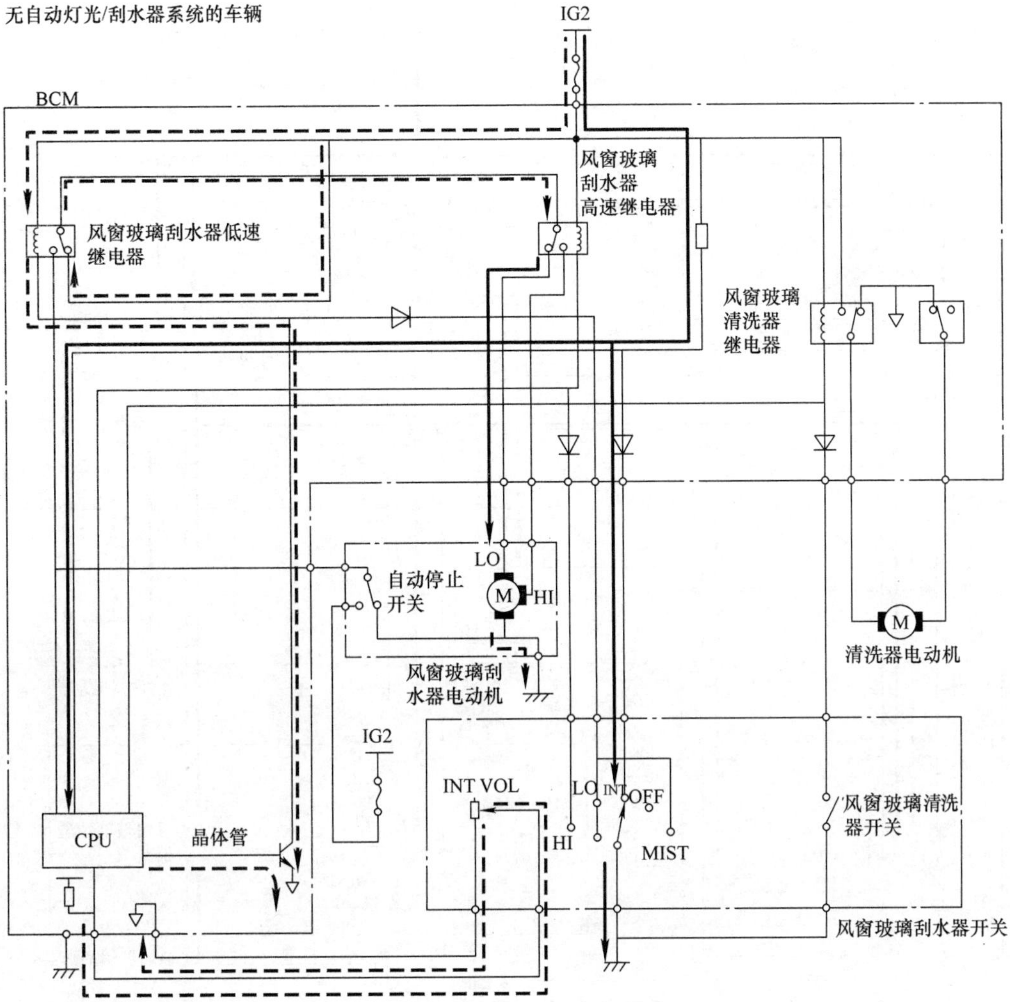

图 8-33　间歇刮水器的工作原理

探测到的雨量被转换成电信号并作为风窗玻璃刮水器运行控制信号发送到自动灯光/刮水器控制模块，如图中②所示。

如图中③所示，当自动灯光/刮水器控制模块内的微型计算机接收到控制信号时，接通晶体管。

如图中④所示，当晶体管导通时，风窗玻璃刮水器的继电器也接通。

风窗玻璃刮水器的继电器接通时，电流流向风窗玻璃刮水器电动机，刮水器以低速操作，如图中⑤所示。

间歇工作：若风窗玻璃刮水器停止工作，且雨滴传感器检测到指定的降雨量，则刮水器将以低速操作。时间间隔根据检测到的雨量进行调整。

低速操作：若风窗玻璃刮水器正在间歇工作，且雨滴传感器检测到相对于刮水器操作的雨量介于低速和高速之间，则刮水器将以低速持续工作。

高速工作：若风窗玻璃刮水器正以低速工作或停止工作，同时雨滴传感器检测到的相对

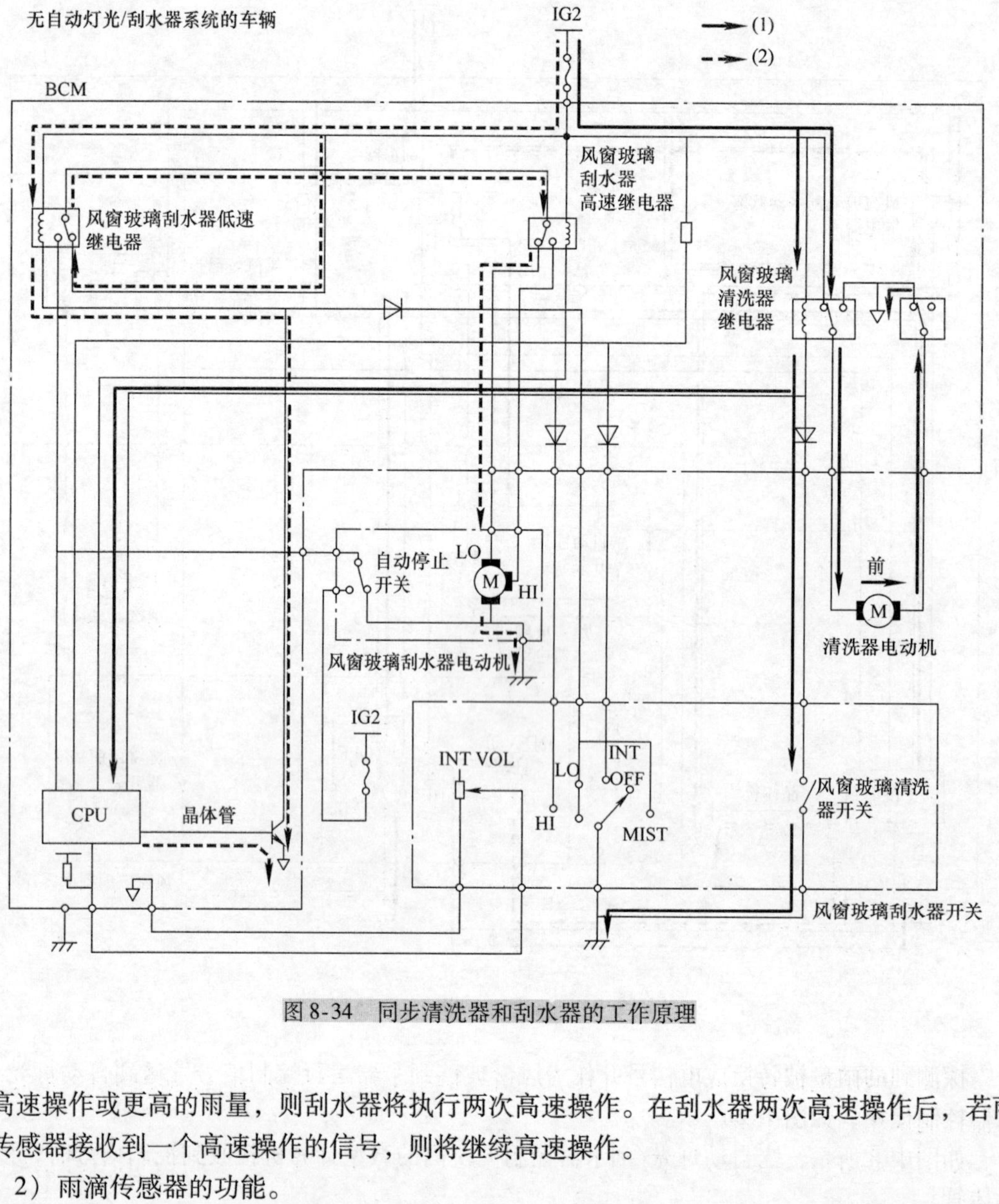

图 8-34 同步清洗器和刮水器的工作原理

于高速操作或更高的雨量，则刮水器将执行两次高速操作。在刮水器两次高速操作后，若雨滴传感器接收到一个高速操作的信号，则将继续高速操作。

2）雨滴传感器的功能。

① 雨量检测功能：雨滴传感器中的 LED 发出红外线，该红外线通过透镜传感器从风窗玻璃反射回来，然后由雨滴传感器中的光敏二极管接收。如果反射回的红外线的反射率降低，即可确定有雨水接触风窗玻璃，根据反射率减少量即可计算出雨量的强度。

如果雨滴传感器检测到雨量，并且在刮水器已经操作两次之后没有检测到检测值的任何变化，则可确定风窗玻璃已经变脏，同时风窗玻璃刮水器的操作被停止。

如果风窗玻璃变脏，则应将刮水器和清洗器开关转至 1 或 2 位置，以操作风窗玻璃刮水器；或者应在操作自动刮水器之前清除风窗玻璃上的污物。

当雨滴传感器内的温度传感器检测到的温度大约为 -10℃或更低，且车速为 0km/h 时，

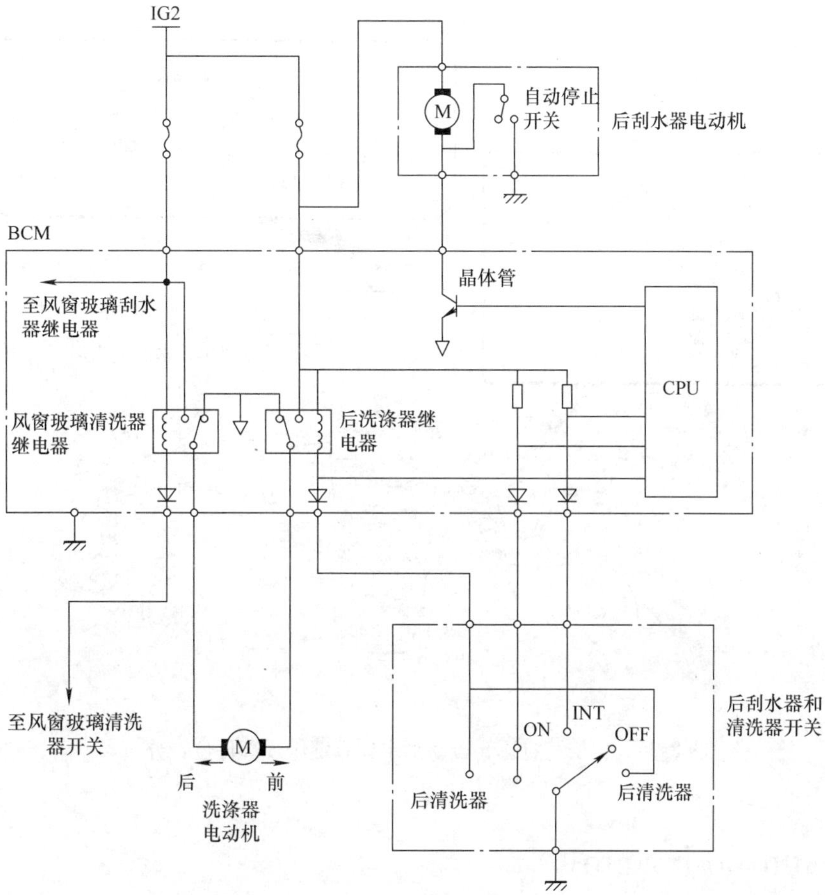

图 8-35 后刮水器系统电路

风窗玻璃刮水器不工作。

② 灵敏度的调整功能：通过改变被安装在刮水器和清洗器开关上的灵敏度调整量即可对雨滴传感器的灵敏感进行自由地调整。

③ 初始设置功能：如果在更换了新的雨滴传感器之后将点火开关转到 ON 位置，那么在确定风窗玻璃的状况之后，初始设定即被储存起来。可通过规定步骤进行选配雨滴传感器重新初始化。在下述情况下需再次执行初始设定：更换风窗玻璃，但重复使用雨滴传感器；自动刮水器系统异常工作。

初始设定步骤如下：清除风窗玻璃表面上的水和污物。将点火开关切换至 OFF 位置。将风窗玻璃刮水器开关转至 AUTO 位置。点火开关置于 ON 位置后 10s 之内，将风窗玻璃刮水器开关从 AUTO 位置转至 OFF 位置 5 次并将其返回到 AUTO 位置。当初始设定已正确执行时，风窗玻璃刮水器在低速下工作一次。注意：如果操作速度过快，则无法检测到风窗玻璃刮水器开关的位置，而且可能无法执行初始设定。对风窗玻璃刮水器开关执行每秒 1 个循

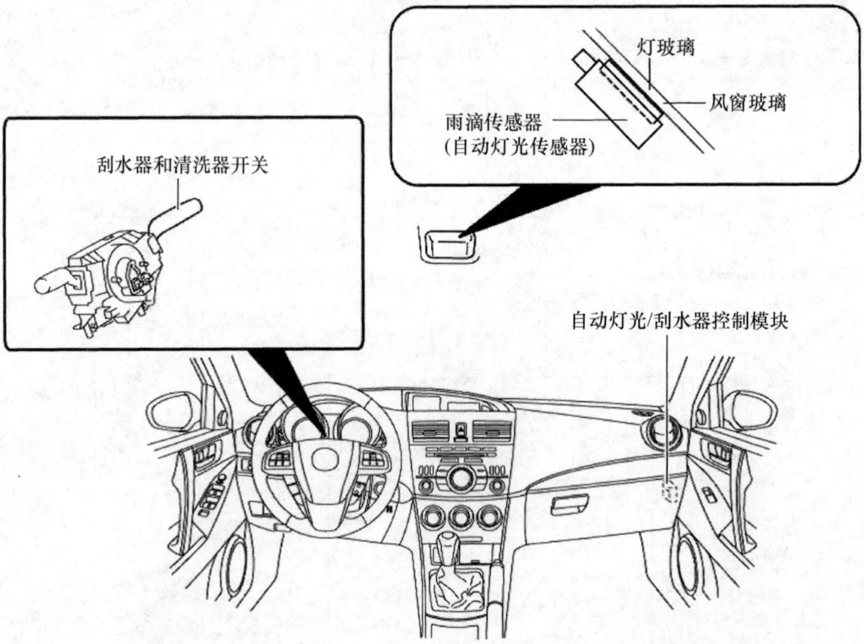

图 8-36 长安马自达 3 自动刮水器系统组成部件位置分布

环的操作（AUTO→OFF→AUTO）。

④ 车载诊断功能：若在雨滴传感器内有故障，则提示自动灯光/刮水器控制模块有故障并检测到 DTC。

注意：在以下情形中，雨滴传感器不能正确检测到雨量，这可能会导致风窗玻璃刮水器故障：在雨滴传感器上方的风窗玻璃上粘有贴纸或标签；在雨滴传感器上方的风窗玻璃变脏。

若用新的雨滴传感器进行更换，则当点火开关第一次切换为 ON 档时的反射速度将当作风窗玻璃上无雨的条件存储。因此，应在打开点火开关前清除风窗玻璃上的水和尘。

控制系统个性化功能设置程序：应使用专用诊断软件 IDS 进行“个性化功能设置程序”操作，步骤如下：将 M - MDS 连接至 DLC - 2。在车辆得到识别之后，从 M - MDS 的初始化屏面中选择“模块编程”。然后，按以下的顺序，从屏幕菜单中选择项目：选择“可编程参数”→“个性化”→“清洗器/刮水器”。按表 8-1 选择项目设置选项，进行“前刮水器与风窗玻璃清洗器开关互锁”“后刮水器与风窗玻璃清洗器开关互锁”设置。

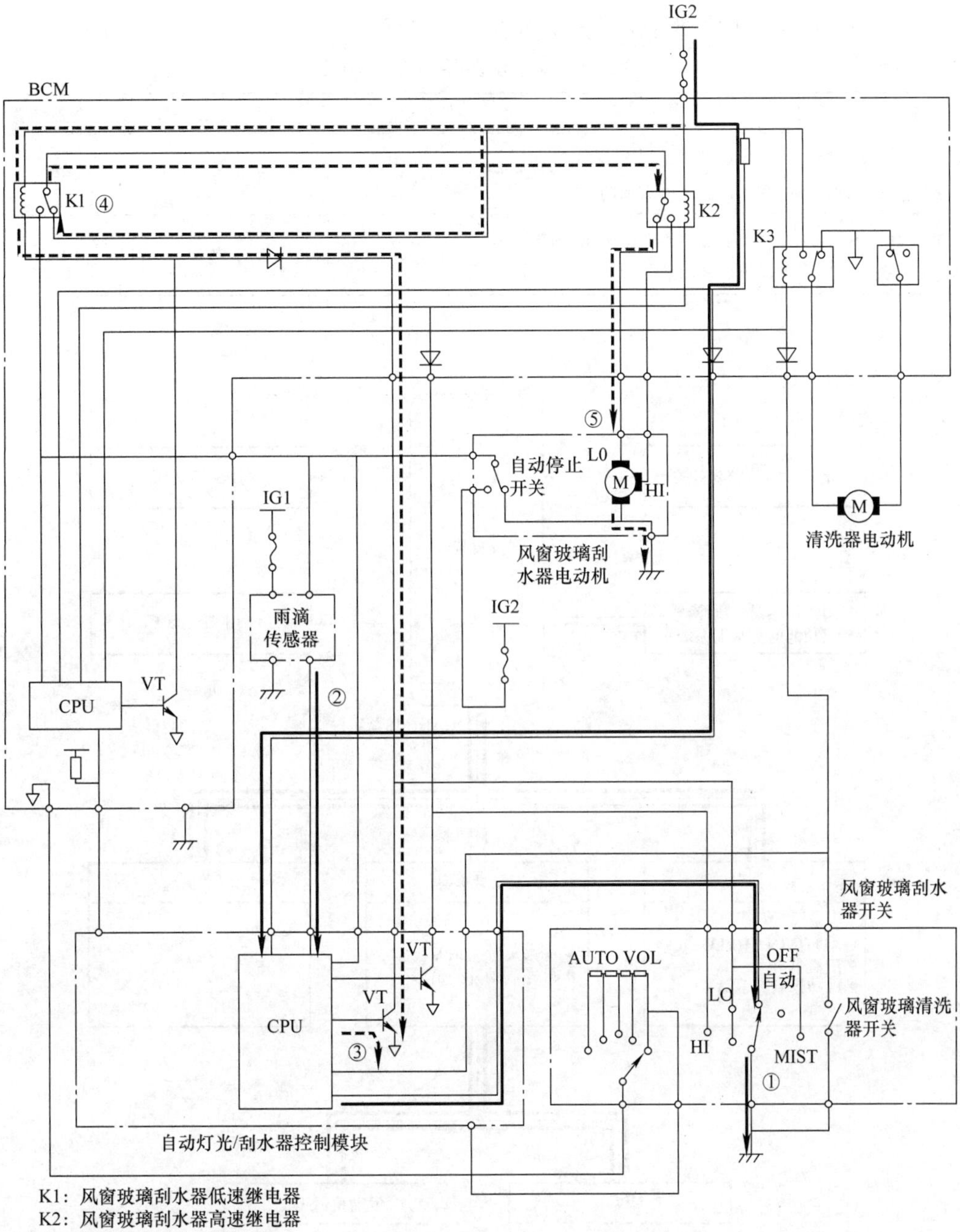

K1：风窗玻璃刮水器低速继电器
K2：风窗玻璃刮水器高速继电器
K3：风窗玻璃清洗器继电器
VT：晶体管

图 8-37 自动刮水器系统的工作原理

4. 采用车载网络控制的刮水器和清洗器系统

（1）雷克萨斯 LS460 轿车的刮水器和清洗器系统

带雨滴感应功能的刮水器系统是欧洲车型的标准配置、海湾国家车型的选装配置。清洗液警告功能是所有车型的标准配置。雷克萨斯 LS460 轿车的刮水器和清洗器系统网络组成示意图如图 8-38 所示。主要部件位置分布如图 8-39 所示。

表 8-1 “清洗器/刮水器”项目

M－MDS 显示	功能	初始化设置	设置目录	控制装置
前刮水器与风窗玻璃清洗器开关互锁	与风窗玻璃清洗器操作协同的刮水器操作可被取消	启用	启用/禁用	BCM
后刮水器与风窗玻璃清洗器开关互锁	与后清洗器操作协同的刮水器操作可被取消	启用	启用/禁用	BCM

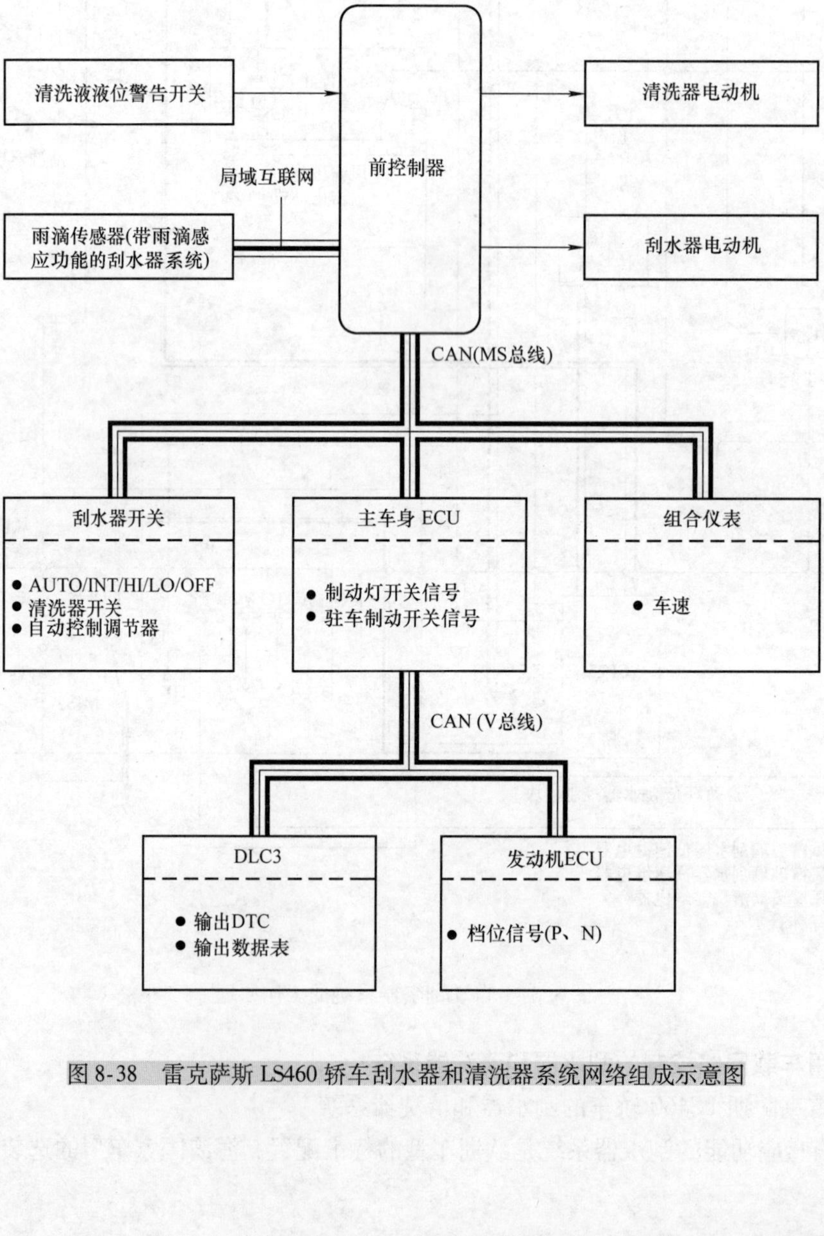

图 8-38 雷克萨斯 LS460 轿车刮水器和清洗器系统网络组成示意图

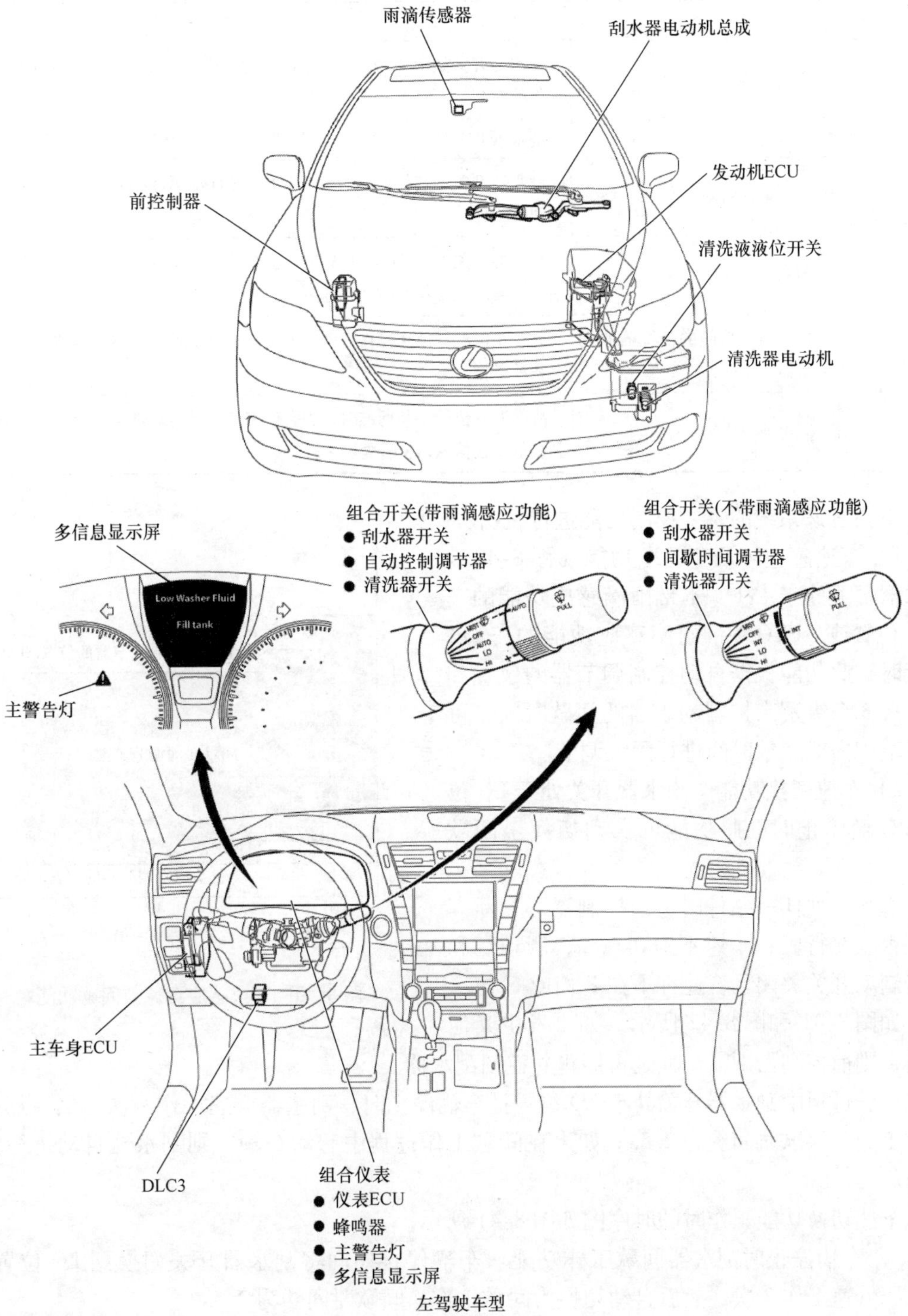

图 8-39　雷克萨斯 LS460 轿车刮水器和清洗器系统主要部件位置分布

此系统具有的功能见表 8-2。

表 8-2 雷克萨斯 LS460 轿车刮水器和清洗器系统的功能

功能		概 要
刮水器	车速感应可调节间歇	刮水器开关处于 AUTO 或 INT 位置时，此功能根据车速调节刮水器间歇工作的时间
	车速切换	刮水器开关处于 LO 位置且车辆停止时，此功能可自动选择间歇工作
	车辆停止时刮水器间歇工作	刮水器开关从其他位置切换至 LO 位置且车辆停止时，此功能可自动选择间歇工作
	雨滴感应	刮水器开关处于 AUTO 位置时，此功能根据雨滴量、车速和尾灯信号控制刮水器间歇工作的时间和速度
	带防滴流功能的清洗器联动刮水器	为防止清洗器停止操作后液体滴流，此功能使清洗器与刮水器再进行一次联动操作
清洗器	清洗液液位警告	清洗液液位低于某标准时，组合仪表使主警告灯亮起并在多信息显示屏上显示警告信息以警告驾驶人

下面对该系统的主要控制功能进行说明：

1）车速感应可调节间歇功能（图 8-40）。刮水器开关处于 INT（不带雨滴感应功能的车型）位置或 AUTO（带雨滴感应功能的车型）位置时，此功能根据自动控制调节器的位置和车速按 3 个级别来控制刮水器的间歇时间，可在各范围内对间歇时间进行无级调节。

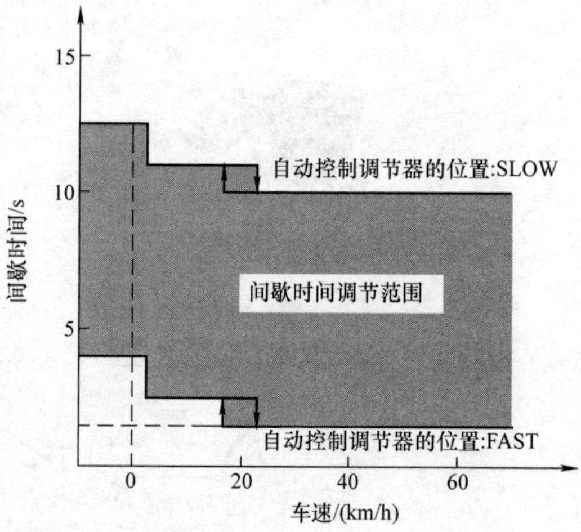

图 8-40 车速感应可调节间歇功能

2）车速切换功能。刮水器开关处于 LO 位置且车辆停止时，此功能可自动切换至间歇工作。

满足下列任一条件时，前控制器可判断车辆是否正在行驶：车速不为 0km/h；制动灯和驻车制动开关关闭且变速杆不在 P 档或 N 档。

如图 8-41 和图 8-42 所示，如果发生其他情况，则前控制器判断车辆是否停止并控制刮水器。

行驶过程中刮水器开关处于 LO 位置且车辆停止时，刮水器低速工作两次。然后切换为间歇工作，间歇时间约为 2.5s。如果在间歇工作过程中起动车辆，则刮水器自动进行低速工作。

车速切换功能工作时的时序图如图 8-41 所示。

3）车辆停止时刮水器间歇工作功能。车辆停止期间将刮水器开关切换到 LO 位置时，刮水器低速工作 3 次，然后自动切换为间歇工作，间歇时间约为 2.5s。

车辆停止且自动控制调节器处于 FAST 位置时，刮水器低速工作。

车辆停止时刮水器间歇工作功能时序图如图 8-42 所示。

4）带防滴流功能的清洗器联动刮水器。刮水器开关设定为 OFF 或 AUTO 位置，且打开清洗器开关至少 0.2s 时，此功能使刮水器低速工作的同时喷射清洗液。

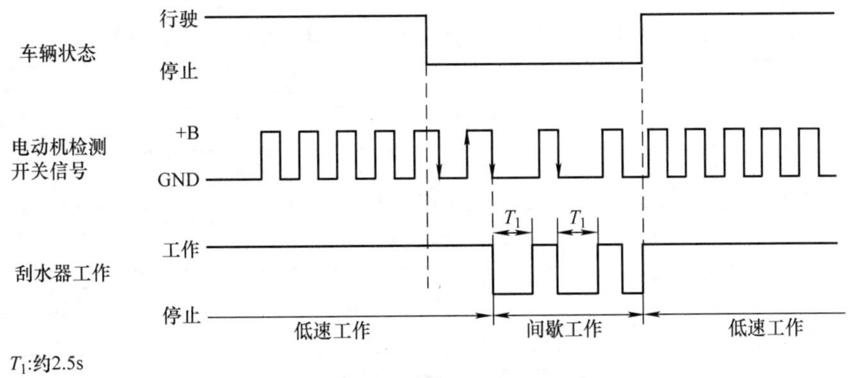

图 8-41　车速切换功能工作时序图

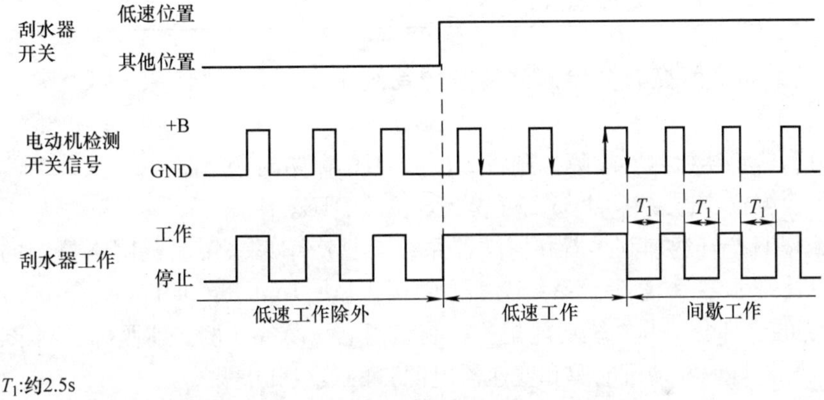

图 8-42　车辆停止时刮水器间歇工作功能时序图

关闭清洗器开关后，刮水器将低速工作 3 次。

如表 8-3 所示，刮水器完成上一次操作后，过了由车速判定的间歇时间后会再进行一次操作，这样可清除滴流的清洗液。

带防滴流功能的清洗器联动刮水器功能工作时序图如图 8-43 所示。

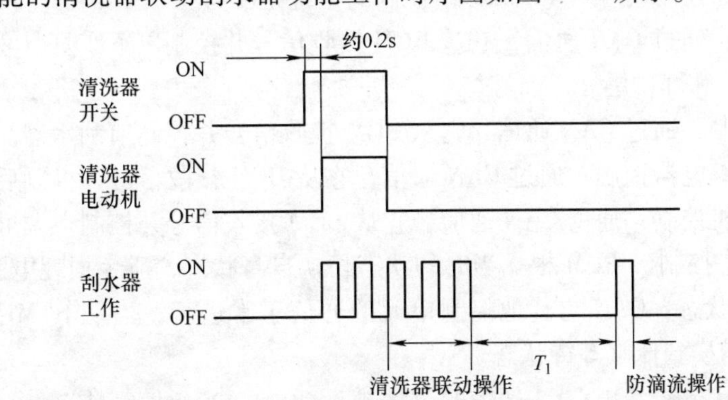

图 8-43　带防滴流功能的清洗器联动刮水器功能工作时序图

带防滴流功能的清洗器联动刮水器功能工作时的间歇时间见表8-3。

表8-3 带防滴流功能的清洗器联动刮水器功能工作时的间歇时间

车速/(km/h)	≈0~59	≈60~79	≈80~119	≈120~159	≈160~169	≈170或更高
间歇时间/s	≈3	≈5	≈7	≈5	≈3	无

5）失效保护。前控制器检测到发生任一故障时，采取表8-4所示的失效保护措施。

表8-4 失效保护措施

故障部位	条 件
刮水器电动机故障	取消雨滴感应功能的操作
通信信号故障	雨滴传感器：出现故障前刮水器持续工作，电源从IG-OFF切换至IG-ON或刮水器开关处于AUTO位置时，如果检测到雨滴传感器故障，则切换为间歇工作
	刮水器开关：出现故障前刮水器持续工作
	主车身ECU、ECM和组合仪表：持续低速工作

6）诊断。如果前控制器检测到清洗器系统出现故障，则将5位数DTC存储到存储器内。

如果雨滴传感器检测到故障，则将5位数DTC存储到存储器内。

将智能检测仪Ⅱ连接到DLC3，可读取5位数DTC。

（2）东风日产轩逸前刮水器和清洗器系统 日产车系采用车载网络控制的刮水器和清洗器系统，其刮水器和清洗器系统为智能配电模块（Intelligent Power Distribution Module，IPDM）系统的一部分。其系统功能是：控制车辆电气设备（例如前照灯、刮水器、车门锁、转向和危险警告灯、发动机电源和变速器电源）的负载和电源。

IPDM E/R（发动机舱内智能配电模块）系统集成了原来位于发动机舱内的继电器盒和熔丝盒。内置式继电器由IPDM E/R中的控制单元控制。继电器通/断、CAN通信和每个电气部件的激活都由此控制单元控制。

BCM（车身控制模块）安装在乘客室内，IPDM E/R（发动机舱内IPDM）安装在发动机舱内。BCM和IPDM E/R通过CAN通信连接。

1）IPDM E/R控制内容。IPDM E/R控制的系统主要有：

① 车灯控制：通过CAN通信，它从BCM接收信号并控制以下车灯（例如V35）：前照灯远光、近光，轮廓灯，尾灯，前雾灯。

② 刮水器控制：通过CAN通信，它从BCM接收信号并控制前刮水器。

③ 后除雾器继电器控制：通过CAN通信，它从BCM接收信号并控制后除雾器继电器。

④ 空调压缩机控制：通过CAN通信，它从BCM接收信号并控制空调继电器。

2）IPDM状态控制 IPDM根据当时的状态切换自身状态，避免损耗电源。

① CAN通信状态：CAN与其他控制单元的通信正常进行；当从BCM接收到休眠请求信号时，模式将切换到休眠等待状态。

② 休眠等待状态：终止CAN通信的过程被激活；CAN通信完成3s后，模式将切换到休眠等待状态。

③ 休眠状态：IPDM工作在低电流消耗模式下；CAN通信停止；如果检测到CAN通信

线中发生变化，模式将切换到 CAN 通信状态。

3）日产车系 IPDM 系统组合开关信号的读取。日产车系 IPDM 系统组合开关的状态由 BCM 读取，如图 8-44 所示，BCM 能读取 5 个输入端口“输入 1～5”和 5 个输出端口“输出 1～5”组合的 20 种开关信息和 5 种诊断信息。

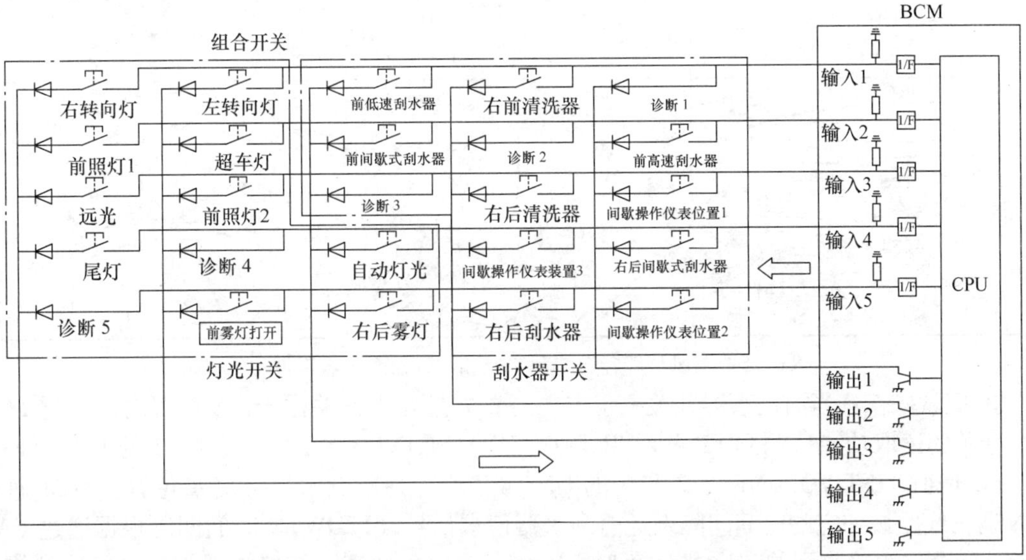

图 8-44　日产车系 IPDM 系统组合开关

BCM 读取组合开关的状态：BCM 不断地输出来自输入端口的电源电压。输出端口按照顺序控制晶体管并向电路提供电流。如果此时开关接通，CPU 就检测到电流流向相应的输入端口，因此 ECM 能判断开关接通。如仅当雾灯开关接通时，组合开关中的相应触点也接通，此时如果“输出 4”晶体管激活，则 BCM 检测到电流“输入 5”。当 BCM 在“输出 4”晶体管接通时检测到电流“输入 5”，它就判断雾灯开关接通，并将雾灯开关接通的信号通过 CAN 通信发送到 IPDM E/R。如果 BCM 在“输出 4”晶体管激活时再次检测到电流“输入 5”，它就判断雾灯开关的接通状态在持续。

4）轩逸前刮水器和清洗器系统的工作原理

东风日产轩逸前刮水器和清洗器系统零部件位置如图 8-45 所示。

BCM（车身控制模块）控制着前刮水器的低速、高速和间歇操作。IPDM E/R（发动机室智能电源分配模块）根据 BCM 发送的 CAN 通信信号控制前刮水器电动机。

① 刮水器低速操作：当前刮水器开关位于 LO 位置并且点火开关位于 ON 位置时，通过 BCM 组合开关的读取功能检测到 FR WIPER LOW（ON）。然后，BCM 通过 CAN 通信发出前刮水器请求信号（LO）。当接收到前刮水器请求信号（LO）时，IPDM E/R 打开前刮水器的继电器，然后前刮水器电机在低速下运行。

② 刮水器高速操作：当前刮水器开关位于 HI 位置并且点火开关位于 ON 位置时，通过 BCM 组合开关的读取功能检测到 FR WIPER HI（ON）。然后，BCM 通过 CAN 通信发出前刮水器请求信号（HI）。当接收到前刮水器请求信号（HI）时，IPDM E/R 打开前刮水器继电器和前刮水器高速继电器，然后前刮水器电动机在高速下运行。

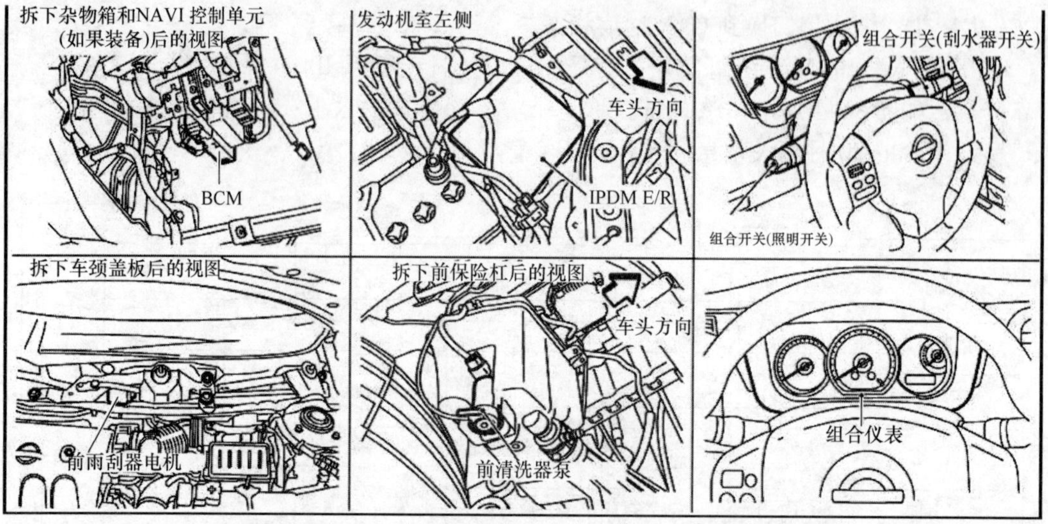

图 8-45 东风日产轩逸前刮水器和清洗器系统零部件位置

③ 间歇操作：当前刮水器开关位于 INT 位置并且点火开关位于 ON 位置时，通过 BCM 组合开关的读取功能检测到 FR WIPER INT（ON）和 INT VOLUME 1、2、3 的 ON/OFF 状态。BCM 通过 INT VOLUME1、2 和 3 的 ON/OFF 状态判断刮水器分度盘位置。BCM 通过 CAN 通信线路按一定的时间间隔发送前刮水器请求信号（1LOW）。时间间隔根据通过 CAN 通信从组合仪表接收到的刮水器分度盘位置和车速信号计算。当接收到前刮水器请求信号（1LOW）时，IPDM E/R 打开前刮水器的继电器，然后前刮水器电动机在低速下运行。然后 IPDM E/R 通过前刮水器电动机的刮水器自动停止信号检测到刮水器臂到达停止位置，IPDM E/R 关闭前刮水器继电器，并通过 CAN 发送刮水器自动停止信号（ON）给 BCM，并控制刮水器的间隔运行。

④ 自动停止操作：当点火开关将转到 OFF 位置、前刮水器开关转向 OFF 位置时，前刮水器电动机工作到刮水器臂到达停止位置。然后 IPDM E/R 通过前刮水器电动机的刮水器自动停止信号检测到刮水器臂到达停止位置，并通过 CAN 通信向 BCM 发送前刮水器自动停止信号（ON）。当接收前刮水器自动停止信号（ON）时，BCM 通过 CAN 通信发送前刮水器请求信号（OFF）。当接收到前刮水器请求信号（OFF）时，IPDM E/R 关闭前刮水器的继电器，然后前刮水器电动机将刮水器臂停在停止位置。当点火开关转到 ON 位置时，如果前刮水器停在不同位置，前刮水器将自动回复到停止位置。

⑤ 清洗器操作：当前清洗器开关位于 ON 位置并且点火开关位于 ON 位置时，前清洗泵工作，通过 BCM 组合开关的读取功能检测到 FR WASHER（ON）。BCM 检测到 FR WASHER（ON）0.4s 以上时，通过 CAN 通信发出前刮水器请求信号（LO）。IPDM E/R 控制前刮水器电动机在低速下运行。当 BCM 监测到前清洗器开关为 OFF，清洗器低速运转约 3 个周期后停止。

⑥ 除雾操作：当前清洗器开关位于 MIST 位置并且点火开关位于 ON 位置时，刮水器低速运转一周后停止。当前刮水器开关保持在 MIST 位置时，继续低速运转。

“安全－失效”模式功能：如果 CAN 通信发生故障，IPDM E/R 在“安全－失效”模式状态开始前将维持这种状态，直到点火开关转至 OFF 位置。如果在“安全－失效”模式状态开始之前，刮水器正低速运行，将继续低速运行，直到点火开关转至 OFF 位置。

图 8-46 为东风日产轩逸前刮水器和清洗器系统电路原理图。

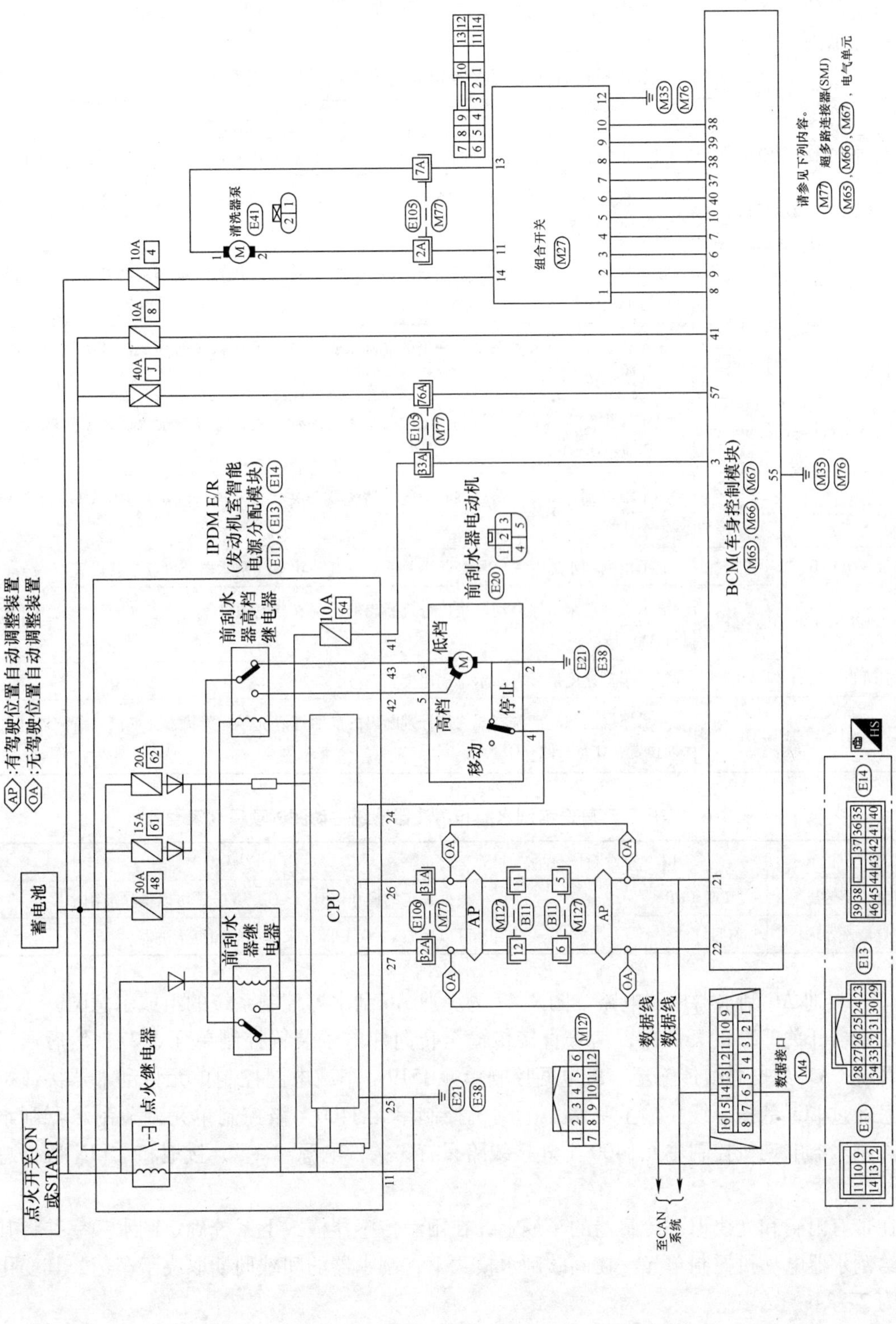

图 8-46　东风日产轩逸前刮水器和清洗器系统电路原理图

诊断这种车载网络控制的刮水器和清洗器系统时，一般应先使用诊断仪的读取故障码、数据流、主动测试的功能来缩小故障范围。

表 8-5 和表 8-6 分别为东风日产轩逸前刮水器和清洗器系统数据监控列表、主动测试功能中的显示项目列表。

表 8-5 东风日产轩逸前刮水器和清洗器系统数据监控列表

监控项目	目录
IGN ON SW "ON/OFF"	显示根据点火开关信号判断的点火开关状态（点火开关 IGN 位置：ON/其他：OFF）
IGN SW CAN "ON/OFF"	显示根据点火开关信号（CAN 通信线路）判断的点火开关状态（点火开关 IGN 位置：ON/其他：OFF）
FR WIPER HI "ON/OFF"	显示根据刮水器开关信号判断出的前刮水器高位开关状态（前刮水器开关高速位置：ON/其他：OFF）
FR WIPER LOW "ON/OFF"	显示根据刮水器开关信号判断出的前刮水器低位开关状态（前刮水器开关低速位置：ON/其他：OFF）
FR WIPER INT "ON/OFF"	显示根据刮水器开关信号判断出的前刮水器间歇开关状态（前刮水器开关间歇位置：ON/其他：OFF）
FR WASHER SW "ON/OFF"	显示根据刮水器开关信号判断出的前清洗器开关状态（前清洗器开关 ON 位置：ON/其他：OFF）
INT VOLUME "1 ~ 7"	显示根据刮水器开关信号判断出的间歇量开关状态（刮水器分度盘位置设置 1 ~ 7）
FR WIPER STOP "ON/OFF"	显示根据前刮水器自动停止信号判断出的前刮水器电动机停止状态（前刮水器停止位置：ON/移动：OFF）
VEHICLE SPEED "km/h"	根据车辆速度信号，显示车辆速度状态
H/L WASH SW "ON/OFF"	显示根据前照灯清洗器开关信号判断出的前照灯清洗器开关状态（前照灯清洗器开关 ON 位置：ON/其他：OFF）

表 8-6 东风日产轩逸前刮水器和清洗器系统主动测试项目列表

测试项目	CONSULT - Ⅱ诊断仪显示	说明
前刮水器输出	FR WIPER	根据规定的操作（HI、LO、INT），可以操作前刮水器
前照灯清洗器输出	前照灯清洗器	可以用 ON - OFF 操作来控制前照灯清洗器

（3）奥迪 A6 刮水器控制电路　图 8-47 为奥迪 A6 刮水器控制系统的组成示意图。

刮水器开关 E22 的开关位置信号直接传输至转向柱电子装置控制单元 J527，然后通过舒适系统 CAN 数据总线传输至车载电网控制单元 J519。车载电网控制单元将刮水器接通档位信息通过 LIN 数据总线传输至刮水器电动机控制单元 J400，该控制单元调节刮水器刮水过程。刮水器电动机控制单元 J400 上外接线路只有 3 条：电源" + "、接地和"LIN 数据总线"。

在带有雨滴和光线识别传感器的车辆上，在雨滴传感器模式下系统确定刮水频率并将其传输给刮水器电动机控制单元。在间歇刮水模式下，刮水器的间歇周期取决于车速，其变化范围为 2 ~ 24s。

当刮水器开关置于"INT"（间歇档）时，雨滴传感器就被激活了。司机可以通过刮水器间歇工作调节器设定4个灵敏度，在本系统上不再需要参考刮水动作（激活雨滴和光线识别传感器时的刮水动作）。于是刮水开关就可以总是保持在“INT”（间歇档）位置。出于安全考虑，只有在车速超过16km/h或通过刮水器间歇工作调节器来改变其工作灵敏度时，雨滴传感器才会被激活。车辆处于静止状态且打开了发动机舱盖时无法启用刮水器。

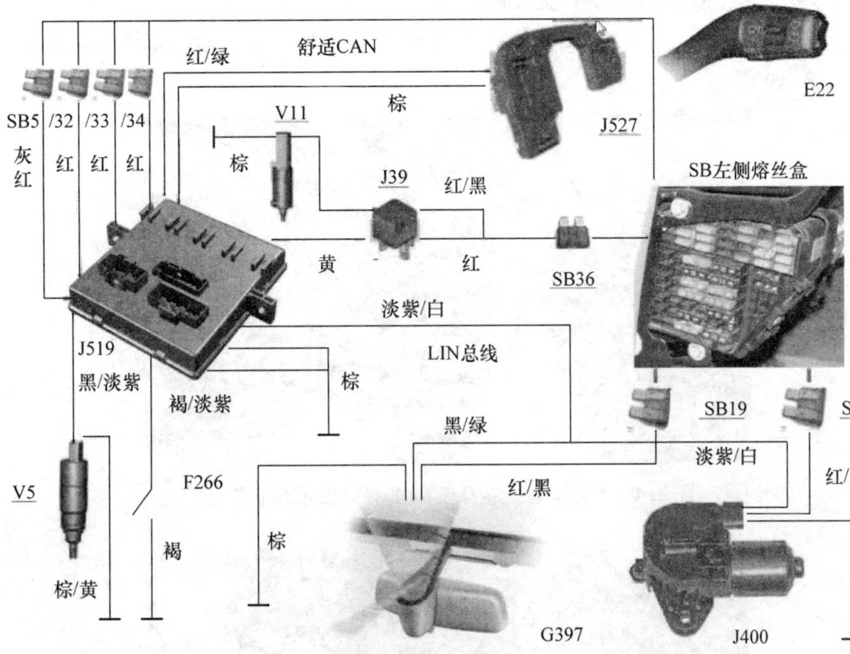

图8-47　奥迪A6刮水器控制系统的组成示意图

G397—雨滴和光线识别传感器　E22—刮水器开关　F266—发动机舱盖接触开关

J527—转向柱电子装置控制单元　J519—供电控制单元　J400—刮水器电动机控制单元

J39—前照灯清洗装置继电器　V5—车窗清洗泵　V11—前照灯清洗泵

供电控制单元J519除通过LIN-总线控制清洗电动机控制单元外，还控制风窗清洗泵、前照灯清洗装置继电器、左前和右前转向灯、左面和右面的侧面转向灯、左前和右前驻车灯、左和右近光灯、左和右远光灯、左和右前雾灯、前照灯防眩目调节电磁铁（左、右）、供电接线柱58、左前和右前脚坑灯、双音扬声器继电器、转向柱调节（垂直/轴向）、变速杆照明和警报闪光装置指示灯等用电器。

前照灯清洗装置通过车载电网控制单元来控制，与“清洗和刮水”功能配合使用。

诊断此系统故障时，应充分发挥诊断仪的数据流及动作测试功能。利用诊断仪进入转向柱电子装置控制单元J527中，可读取刮水器开关E22的操纵状态数据；利用诊断仪进入车载电网控制单元J519中，可利用动作测试功能对刮水器电动机控制单元J400发出动作指令。注意：在检查此系统电路时应使发动机盖处于关闭状态，也就是发动机舱盖接触开关F266处于断开状态。

四、更换刮刷片的注意事项

对于刮水器工作时出现的刮不干净或刮刷片振动的故障，多数可能需更换更换刮刷片。

有些车型的刮水器为半封闭刮水器或全封闭刮水器，全封闭刮水器在不工作时，摇臂与刮刷片隐藏在发动机罩内。因此，更换这种刮刷片时在专门的维护位置上进行操作更好。如宝马525车更换刮刷片的操作步骤如下：

1）打开点火装置，然后关闭点火装置。

2）霜冻时要注意刮水器刮刷片没有被冻住。

3）将刮水器杆向上拉过压力作用点并保持约3s（图8-48），直到刮水器臂静止在竖直维护位置（图8-49）。

图8-48 操作刮水器杆使刮水器臂处于维护位置

图8-49 刮水器停止在维护位置

翻开刮水器臂，如图8-50所示。

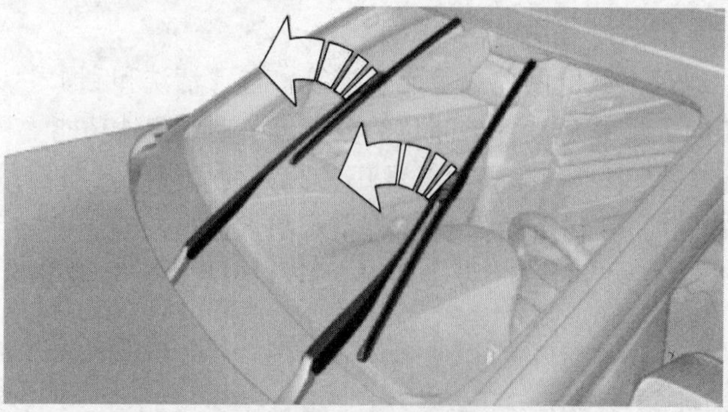

图8-50 翻开刮水器臂

旋转刮水器刮刷片至基本水平位置，如图 8-51 所示。

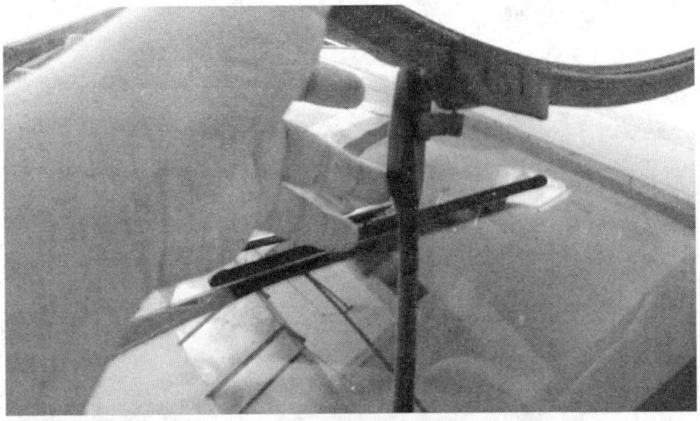

图 8-51　旋转刮刷片至基本水平位置

从侧面取下刮刷片，如图 8-52 所示，取下刮刷片后如图 8-53 所示。

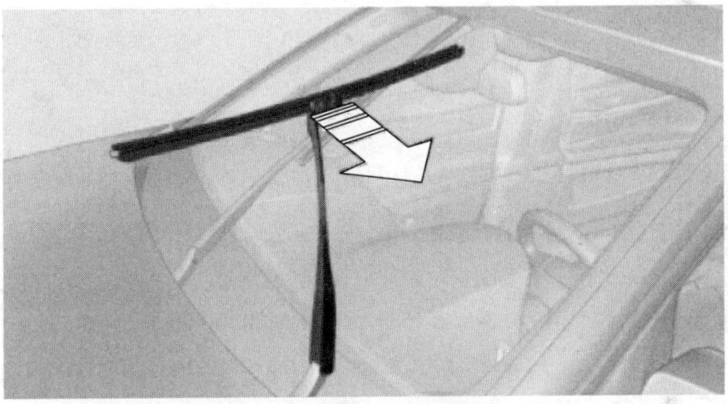

图 8-52　从侧面取下刮刷片

图 8-53　取下刮刷片后

折合刮水器后必须重新激活刮水装置。方法是：将刮水器折至风窗玻璃，将刮水器杆向下压。刮水器到达静止位置，并重新进入操作就绪状态。

在奥迪的一些车型上，更换刮刷片也应在维护位置上进行。按压功能按钮，在汽车菜单中选择系统，选择风窗玻璃刮水器。风窗玻璃刮水器菜单出现如图 8-54 所示的界面。

图 8-54 在菜单设定风窗玻璃刮水器的维修位置

选择“打开”，即可使刮水器进入维修位置，或者选择关闭，使车窗玻璃刮水器重新回到其初始位置。

只有将刮水器摆臂放置到维护位置上，才能更换车窗玻璃刮刷片。此外，在这个位置上对车窗玻璃刮水器进行作业时还可避免损坏发动机舱盖的油漆。

说明：例如，在冬季如果用户要用盖罩遮住风窗玻璃以防冻，也可以打开维护位置。如果用户操作了车窗玻璃刮水操纵杆，维护位置的状态便会自动关闭。

有的车型的前刮水器连杆具有半隐藏/全隐藏转换功能，如雷克萨斯 LS430 等，为了在全隐藏和半隐藏状态之间转换，当刮水器处于自动停止状态时，可沿着风窗玻璃顺着旋转方向手工移动右刮水器臂或左刮水器臂。如图 8-55 所示，当刮水器处于全隐藏状态时，在刮水器臂和刮刷片的连接处附近区域抓住刮水器臂，然后朝上拉，即可转换到半隐藏状态；当刮水器处于半隐藏状态时，用手掌朝下推动连接点以转换到全隐藏状态。为避免刮刷片变形，不要抓住刮刷片来执行该操作。所以，务必抓住刮水器臂来执行此操作。当使用冬季刮刷片时，务必将刮水器设置为半隐藏状态。

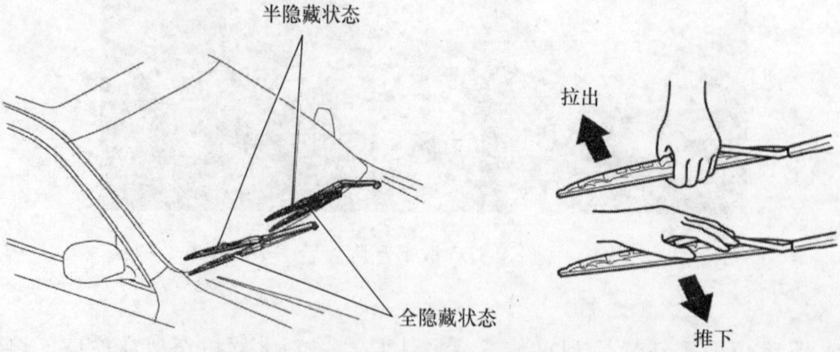

图 8-55 全隐藏和半隐藏状态之间转换（雷克萨斯 LS430）